古典文献说赤城

王金富 题

第四辑

王金富 辑点校注

中国文史出版社

目　录
CONTENTS

地理類二

22. 乾隆《宣化府志》

【题解】　《宣化府志》42卷，由于是志于乾隆年间刊刻，一般称为乾隆《宣化府志》。是志的编修过程略显复杂，它并不是一个人在一个时期内完成的，而是经历了一个曲折漫长的过程。

《宣化府志》的第一任编修者为清人王者辅。王者辅出生于安徽天长，雍正年间被安徽学政孙嘉淦荐举入京，得以走入仕途。他生性孤僻怪诞，仕途不振，颇多坎坷。乾隆六年，在宣化知府任上，他有志于编修一部宣化方志，并开始做一些准备工作，可惜不久后调任，修方志的计划也"去任未果"。但他的准备工作为后人提供了坚实的基础。新任知府王芥园与分守口北道按察使司佥事金志章继承王公的未竟之志，接力编写这部《宣化府志》，在此之后，王芥园"改秩清河"，乃由金志章主其事。当金志章与新任知府王畹主持编修之时，王芥园又由清河道回任口北道按察副使，于是在三人坚持不辍的努力下，最终完成定稿。从这里可以看出，这部乾隆《宣化府志》是三任宣化知府接力完成的，并非一人之力、一人之功。时任内阁三礼馆纂修官并负责总修的吴廷华在后序中对编修这部志书的情况进行了概括说明，这一阶段是"太守石梁王公（即王者辅）发其端，句容王公（即王畹）竟其事，观察金、王两公（即金志章、王芥园）实始终之"。这是乾隆初年《宣化府志》编修的第一个阶段。在志书完成之后，经直隶总督高斌、史贻直等鉴定写序，批准印行。宣化府天气寒冷，冬季需用煤火取暖。不料"刷布未几，典守经历郭廷帮不戒于火，志版毁过半"，造成难以弥补的损失。幸运的是，当时在任的宣化知府的张志奇与口北道道员良卿没有放弃，"念前人搜罗之不容易，恐其愈久而遂湮"，乃"谋复刻之"。在直

赤城縣

義倉六座　一在獨石口　一在馬營堡　一在雲州堡
乾隆二十年建　每座倉房三間　一在龍門所　一在滴水崖　一在鎮寧堡

龍門所倉厫六間　乾隆二十年知縣王錫祜建

留養局六座　一在雲州堡二間　營堡二間乾隆十八年建　一在縣城計五間　一在龍門所三間　一在獨石口三間　一在滴水崖二間　一在馬　生息本銀六百四兩

萬全縣

義倉四座　一在陽門堡　一在張家口各三間　一在上營屯　一在勝房　生息本銀六

留養局二處　一在張家口十二間　一在洗馬林六間　一百六十兩

龍門縣

《宣化府志》书影

隶总督方观承的帮助下，又得到金文淳所献其父金志章遗稿《口北三厅志》，于是由黄可润"考订而补辑之"，又经过数年的辛苦编纂，最终定稿完成，然后刊刻出版。乾隆《宣化府志》编修的第二阶段从乾隆初年延续到乾隆二十二年，我们现在看到的即是这第二阶段的版本。这种曲折离奇的问世经历，在书中卷首序文中体现的很明显：卷首共列序文5篇，依次为：乾隆八年署理口北道按察使司副使王芥园所撰，乾隆八年宣化知府王晥所撰，乾隆九年直隶等处提刑按察使司按察使方观承所撰，乾隆二十二年直隶口北道道员良卿所撰，乾隆二十二年宣化知府的张志奇所撰。通过阅览他们撰写的序文，便能够发现修志过程的艰辛。

该志将前志的订误，单设一门，是该志的特色之一，对宣地沿革变迁的考订尤有参考价值。

本辑据宣化区档案史志局影印乾隆二十二年刻本《宣化府志》辑录有关赤城内容。标题后所标页码，为原古籍中缝处所标页码。

◎纪恩（卷1《纪恩志》兼纪、天章及临幸、盛典）

○康熙九年①，上谕户部，今岁水灾，顺天府所属地方，田禾淹没、庐舍倾圯颇多，除被灾田亩，俟该抚亲行踏看，将轻重分数具题，酌量蠲免。时宣府前卫，清谿水冲沙压老荒等地一百四十三顷九十八亩，龙门卫地四十七顷二十五亩，应征本折钱粮，俱行开除。（第1页）

○康熙二十年十二月，诏免宣府圈拨田地城堡钱粮。时以平定滇、黔，颁行恩诏，载有此条。宣府城卫得蒙恩免者，共一十八处：宣府前卫、左卫、右卫，怀安卫，张家口，柴沟堡，蔚州卫，保安卫，怀来卫，永宁卫，四海冶，土木堡，开平卫，云州堡，赤城堡，滴水崖堡，保安州，延庆州。（第3页）

○康熙五十九年六月二十一日，上谕大学士：朕闻保安、怀来等处地震，宜速遣大臣前往赈济，若俟部中启奏，便致迟延，着派

---

① 康熙九年，1670年。

副都御史杨柱、屠沂，令伊等作速自京城出居庸关前往延庆州、保安州、怀来、沙城等处查阅。一面奏闻施恩，并探取蔚州、广昌、浑源州等处信息，如被灾果重，著一并施恩。派直隶守道李维钧酌量带地方官几员，自彼处前往。其派包衣官一员，将内库银带三万两之处，朕于阿哥处另下谕旨。本年十二月初十日，准户部咨开，查得直督赵奏称：今岁宣化府属延庆、保安、宣化、怀来、龙门五州县，六月内地震，蒙皇上特恩，蠲免康熙五十九、六十两年钱粮。查延庆等五州县，每岁应征地丁银止二万有奇，米豆谷杂粮有三万七千九百余石，是本色多于银两。恳请概赐恩蠲，或念民力未纾，准其暂缓分年带完等因。奉旨：延庆等五州县米豆谷石杂粮，俱着蠲免。（第8页）

　　〇雍正七年[1]八月二十日，上谕户部，直隶宣化府属挖运一事，前经部议改征折色[2]。令各州县照拨运之数，每米一石，折银一两。解交受运州县，支给兵丁，既免挖运之烦，又省挽输之累，是以降旨允行。但查宣属屯粮例于九月开征，而兵米例于季首支领，今改征折色，恐百姓输纳不前，兵丁支给有待，着该管官先于藩库，将应发银两预行给领，俟各州县征完之日，解司还项。至万全县及独石、张家二口，地势稍寒，每至春夏之间，米价不无增长，过往员役口粮及兵丁季米，折银一两，恐不敷采买之价，亦着该管官，于每年秋成米溅之时，约计需米若干，于藩库领银预行采买，存贮各处仓廒，以备支给。俟各州县折征完日，解司还项，则百姓既免从前挖运之累，而兵米口粮亦无需待不敷之虑矣。该部即遵谕行。（第11页）

　　〇雍正九年十月二十二日，奉上谕，沿边一带地方，最为紧要，向来额设之兵太少。昨已降旨，令古北口、宣化、大同三处，召募兵丁，添入防汛，以实营伍。今思独石口以东至山海关，皆属内地，

---

① 雍正七年，1729年。
② 折色，旧时谓所征田粮折价征银钞布帛或其他物产。亦用以称俸禄折发钱钞。

各处营汛仍照旧规。其独石口以西至杀虎口一带，中间紧要隘口，必须查勘明白，以定添兵多寡之数。至于边墙年久倒塌，而地当紧要者，亦应酌量修筑，以肃边境。著御史舒喜、天津总兵官补熙前往，会同古北口提督路振扬亲往踏勘。召募之兵，何处应添若干，何处应驻大员，或将参游改为副协，边城何处应行修理，路振扬等可会同各该提镇，详悉定议，具奏。（第 14 页）

◎天章① （卷 1《纪恩志》兼纪、天章及临幸、盛典）

○赤城 （第 20 页）

慈宫曾此驻②温泉，展转依稀（十）［廿］五年③。今日征途冰未解，当时冻岭雪还全。往年奉太皇太后临幸之际，即是此时。渐近边关风土别，长驱旌旆岳山连。孤城寒重深宵静，敢卜龙沙奏凯旋。

○龙门 （第 21 页）

绝巘何时凿五丁，双开④门屏。潺湲塞水嵯峨石，振旅归来定勒铭。

○过独石口 （第 21 页）

关名独石插遥天，路绕青冥绝嶂悬。翠壁千寻标九塞，黄云万叠护三边。霓旌晓度长城月，毳帐春回大漠烟。总为民生勤战伐，不辞筹画在中权。

◎临幸⑤ （卷 1《纪恩志》，第 21 页）

---

① 天章，指帝王的诗文。

② 曾此驻，《文渊阁四库全书》本《圣祖仁皇帝御制文集》作"曾驻此"。

③ 据《文渊阁四库全书》本《圣祖仁皇帝御制文集》改。按康熙帝于康熙十一年（1672 年）陪同孝庄皇后到赤城温泉洗浴，此诗当作于康熙三十五年征讨葛尔丹路遇赤城，两次到赤城正好相差二十五年，故"十五年"误。

④ 开，《文渊阁四库全书》本《圣祖仁皇帝御制文集》作"崖"。万仞辟辟，《文渊阁四库全书》本《圣祖仁皇帝御制文集》作"僻"。

⑤ 临幸，指帝王亲自到达某处。幸，指封建帝王到达某地。

○康熙十一年①正月，上出居庸关，奉太皇太后幸赤城汤泉行宫。三月初八日②，幸云州金阁山灵真观。回銮幸怀来，登琅山绝顶，下观琅山堡。

○康熙三十五年三月初一日③，上率诸王大臣亲统六师征葛尔丹，驻跸怀来城外行宫。初十日，次独石口。十一日，出边。

◎纪恩志（续修志卷1《纪恩志》天章、巡幸附）

○乾隆十六年④五月，奉上谕，方奏称宣化府州县，目下粮价昂贵，缸户率皆图利私烧，罔知撙节⑤，现饬地方官封禁缸房，暂免缸税等语。开烧耗费粮石，遇价贵之年，量为节制，原属应办之事，至免税封缸，概行饬禁。则恐税虽免，而缸终不封，徒使缸户潜自开缸居奇获利，奸胥猾吏更复乘机需索，以饱囊橐。而于民间食用市肆粮价，实无裨益。即如康熙年间之禁烟免税，而烟迄今不能禁，天下事有言之近理，而行之了无实际者，皆此类也。朕思向来缸户给领牙帖⑥，本属有数可稽。不但粮贵之年，即屡丰大有，亦应明定缸户之数。不令日加，则盖藏日裕矣。其偶遇歉收，于额设缸户，每日所烧粮石，亦约以定数。此外不得任意糜耗，即就成法之中，自可寓稽察撙节之道矣。朕办理庶务，惟求实际，不事虚名。着传谕督臣方，此事令其另筹。钦此。附总督方奏：臣当即密饬口北道吴炜，将各属额设烧缸若干，有无私开缸户，每日每缸约需粮石若干，是否悉系苦涩高粱，一年内开烧停止有无定期之处，逐一查明开报，以便分别丰歉立以限制，使

---

① 康熙十一年，1672年。
② 康熙十一年三月初八日，1672年4月5日。
③ 康熙三十五年三月初一日，1696年4月2日。
④ 乾隆十六年，1751年。
⑤ 撙节，撙音zǔn。节省；节约。
⑥ 牙帖，是牙行经营时用的营业执照。明清时期，牙商要呈官府批准才能领取，领了"牙帖"才能营业。"牙帖"大致分为上、中、下三等，按时换领。牙，旧时介绍买卖从中取利的人。

不得影射多烧，任意糜耗，一面先将筹办缘由，恭折具奏，奉到朱批，钦遵在案。臣复行令宣化署府朱邃协同查办去后，兹据该道府详称宣属十一州县，现在额设缸户共五百二十一座，每座每年征收税银一两二钱，俱经给有牙帖，缘前督臣李奏准，本地零星酿造，毋庸禁止，故通属除设之外，延庆、蔚州、保安、宣化、怀安、赤城、怀来七州县内，尚有无帖烧缸五百六十一座。今该州县晓谕无帖各缸户，有愿领缸帖者，据实呈明领帖完税，其不愿领帖者，即具停烧甘给，概不许无帖私烧。随据各户呈报，情愿领帖完税者，延庆州八十五户，保安州二十户，宣化县十六户，蔚州四户，怀来县二十五户，赤城县二户，怀安县三十一户，共一百八十三户，余皆结报停止等情。臣查宣属烧缸虽向有本地零星造，毋庸禁止之条，但既经设缸烧造，自不仅在本地零酤，而借名影射既属漏税，一遇歉岁，又复无从稽查，但恐日渐增多，尤为未便是。无帖之户，凡宜一概严禁，将现在呈明，愿领缸帖之一百八十三户，照例给帖，征税造册具报，与旧有缸帖之户，一体编作定额。此外已经结报，停烧各户，如再籍名本家自用，零星酿造，即按私烧例治罪。自此按帖查缸，凭缸核税。即遇屡丰大有，亦有明定之数，则影射可以永除，而漏卮不虞日广矣。又据详称，一年内开缸停止，虽无定期，而暑月易于作酸，寒天不能发变，又每当青黄不接之际，粮价既昂，烧缸减利，往往自行停止。大率一岁中二、三、八、九、十月蒸烧为多。其缸房一座中少者数缸，多者至三、五十缸，每日仅烧自一、二缸至五、六缸不等，需七八日轮转一次。而缸口又有大小，每日每缸所烧粮石，自六斗至一石二斗不等，是以各缸房日需粮石数目，难以逐户查核等情。臣查一家烧缸，既有多寡，而一缸所容又分大小，且一年之中，时烧时止，既非按日蒸烧，亦无必应蒸烧之期日，是就其一日所烧粮石，即可知其定数，而各按缸数、缸口以及烧停各日期，欲以通计年月，应需之粮石，殊难划一确查，又或所需粮石，出自本家收获，不尽向市集采买，尤无凭立以限制，应请嗣后额定。各缸户除丰年照旧听其自烧至，此外若遇歉岁，应就各州县缸户之多寡，酌定前后次序，轮流烧造。如宣化县新旧缸户六十四户，歉年即令分作两班，于一月之内各半分烧，此烧彼停，周而复始，获利维均，无偏枯之患，而所烧粮数较之丰年，业已减半。至稽查之法，应令各缸户出具连环互结，自相觉察，盖商贾之情，乐于专利。苟有越次争烧，岂肯隐匿不报，且各缸户声气相同一境之中，孰烧孰否，显而易见，但令彼此互相钤制，无待官役之稽查，自不得恣其销耗立法，似为简便。又据详称，各属所收苦涩高粮，丰年足敷烧用，自不致耗及别项粮石，歉岁粮食短少，间有用及黍子、荞麦者，然其未烧之酒醅①，已烧之酒糟②，是何粮食，最宜辨别，应责成印捕各官，不时亲身查访，如非苦涩高粮，即属违禁等情。臣查宣化府向不禁止烧缸者，原因本地所产高粮，味皆苦涩，止堪造酒之用，若耗及别项粮食有妨嗣后，应令各该州县严切示禁，将各户酒醅、酒糟不时查验。无论年成丰歉，概不许烧及别项粮食，违者即行枷责惩处，并治乡地不举之罪，则苦涩高粮一种之外，不致滥耗民食，盖藏自可日裕矣。以上三条，臣谨遵圣训，即就成法之中，寓以稽查，撙节之道，丰年使不至于日加，歉岁亦有所裁制，仍饬地方官实力奉行，严禁吏役需索等弊，期于事不扰，而人知节以仰副，圣主足食裕民，敦崇实政之至意。乾隆十六年七月二十九日奏，八月十二日奉到朱批：知道了。（第 26～29 页）

○赤城县（第 30～31 页）

乾隆十年秋，禾旱又被雹霜，蠲免钱粮。

○龙门县（第 31 页）

乾隆十年，旱，八十四村庄蠲免地粮。乾隆十五年，雹，三村庄蠲免地粮。乾隆十六年，雹，十五村庄蠲免地粮。

◎地理（卷 2《地理志》）

○本朝（第 4～6 页）

直隶宣化府。《畿辅通志》：初仍曰宣府镇，领宣府前卫及万全左右、怀安、怀来、永宁、龙门、开平、保安、蔚州共十卫，延庆、保安二州。康熙三十二年，改置宣化府，领州二县八。雍正六年，以山西大同府之蔚州属焉，领州三：蔚州、延庆州、保安州，县八：宣化县、赤城县、万全县、龙门县、西宁县③、怀安县、怀来县、蔚县。康熙三十年十一月十八日④，直抚郭世隆面奏：宣府一镇旧制设有十卫，外

---

① 酒醅，酿成而未滤的酒。
② 酒糟，酿酒后所剩余的渣滓。可供饲料、烹调之用。
③ 西宁县，今阳原县。
④ 康熙三十年十一月十八日，1692 年 1 月 5 日。

设厅官六员，总辖钱粮。因地方辽阔，复用营守备①二十员，把总七员，协收钱粮。驿站钱粮事务，亦系把总管理。文武殊途，以营弁而管民事，诸务掣肘，且佐贰武弁例不准民词。凡人命、盗案、户、婚、田土，正印官批发始准审理，行查文移往返需日，应将各营弁及六厅裁去，将宣化所属除延庆、保安二州外，改设一府八县七驿，俱设文官管理，似与地方有益。奉旨：宣府改为郡县，则文武职掌明晰，可具条奏。直抚因橄口北道董景祚及在城同知崔涵玺，查宣府改设郡县之处地制、民俗，应改设官员若干，钱粮作何征收，官役俸工作何支动，地方远近作何归并，务须便官便民，得以永遵，并造具图册以凭酌夺。至三十一年，内直抚据详具题。部覆以卫制年久，应无庸议。三十二年二月，内奉旨，九卿、詹事、科道，会同确议具奏。钦此。议得直抚郭疏称：宣府向设十卫六厅，并营弁分理钱粮驿务，然厅员限于佐贰，营卫皆属武弁，于以临民，所用非其所长。亦且政多扞格②，各卫既无清运屯田之责，以武弁而膺民社，似与官制未协。宜裁六厅十卫，改设一府八县，庶文武均有职守，军民知所适从等语，应如所题。除口北道保安、延庆二州，知州照旧存留外，将宣府改为府治，设知府③一员，统辖保、延二州。新设八县，同知④一员，驻札⑤保安卫，分辖宣府以东二州四县仓粮捕务。设通判⑥一员，驻札东城，分辖西路四县仓粮捕务。再设教授⑦一员，

---

①　守备，明清时武官名。明代设南京守备，节制本区各卫所，为重要军职；又总兵下亦设守备，驻守城哨。清代绿营统兵官，分领营兵，称营守备；又漕运总督辖下各卫分设守备，统率运军领运漕粮，称卫守备。此外清代于四川、云南等省土司中设守备一职，称土守备。

②　扞格，抵触，格格不入。

③　知府，官名。唐制于京都及创业驻幸之地特置为府，至宋则潜藩之地皆升为府。或置牧、尹，或以朝臣出任，权知府事，省称知府。明代始以知府为正式官名，管辖州县，为府一级的行政长官。清代因之。

④　同知，官名。称副职。宋代中央有同知阁门事、同知枢密院事，府州军亦有同知府事、同知州军事。元明因之。清代唯府州及盐运使置同知，府同知即以同知为官称，州同知称州同，盐同知称盐同。

⑤　驻札，同"驻扎"。军队在某地安营扎寨。

⑥　通判，官名。宋初始于诸州府设置，即共同处理政务之意。地位略次于州府长官，但握有连署州府公事和监察官吏的实权，号称监州。明清设于各府，分掌粮运及农田水利等事务，职务远较宋初为轻轻。清代另有州通判，称州判。亦指任通判之职。

⑦　教授，学官名。宋代除宗学、律学、医学、武学等置教授传授学业外，各路的州、县学均置教授，掌管学校课试等事，位居提督学事司之下。元代诸路散府及中州学校和明清的府学亦置教授。

经历①一员，司狱一员，各佐其事。前卫附郭宣府，改为一县，设知县②、典史③、教谕④各一员，以附近之在城厅所属及宣府驿、深井堡三处归并。万全右卫改为一县，设知县、典史、教谕各一员，以附近西路厅所属及张家口堡、膳房堡、新河口堡、洗马林堡五处归并。怀安卫改为一县，设知县、典史、教谕各一员，以附近之万全右卫、柴沟堡、西阳河堡三处归并。西城改为一县，设知县、典史、教谕各一员，以附近之南路厅所属及东城二处归并。蔚州卫改为一县，设知县、典史、教谕各一员，以附近之桃花堡及稍近之广昌城二处归并。怀来卫改为一县，设知县、典史、教谕各一员，以附近之东路厅所属及保安卫、怀来城、土木堡、榆林堡五处归并。赤城为一县，设知县、典史、教谕各一员，以附近之上北路厅所属及开平卫、龙门所、滴水崖、云州堡、镇安堡、马营堡、镇宁堡八处归并。龙门卫改为一县，设知县、典史、教谕各一员，以附近之葛峪堡、赵川堡、雕鹗堡、长安岭四处归并。其永宁卫、靖安堡、周四沟、四海冶四处地方无多，钱粮甚少，应归并附近之延庆州管理。又称同城之驿令，知县带管，其不同城之驿应各设驿丞⑤一员。惟张家、独石二口，建有新厂，应设县丞⑥一员，管粮事务。广昌城离蔚州远隔重山，应设巡检⑦一员，就近征收，稽查逃盗。其各官俸役工食、留支、岁办，俱照经制额设支销。改设各官衙舍，俱有各官旧署，无容议建。一应地丁钱粮、米豆仍照旧征收等语，均应如所题。其原设同知二员、通判四员、卫守备十员、卫教授六员，均应裁去，该抚给文赴部另补。又称管粮

---

①　经历，官名。金于都元帅府、枢密院置经历。元枢密院、大都督府、御史台等衙署，皆有经历。明清都察院、通政使司、布政使司、按察使司等亦置经历，职掌出纳文书。

②　知县，官名。掌管一县的政事。知县之名始于唐，宋代多以中央官员为县官，结衔称某官知某县事，至明始正式用作一县长官的名称，清代相沿不改，为正七品官。

③　典史，官名。始置，明清沿置，为知县下掌管缉捕、监狱的属官。如无县丞、主簿，则典史兼领其职。

④　教谕，学官名。宋代在京师设立的小学和武学中始置教谕。元、明、清县学亦置教谕，掌文庙祭祀，教育所属生员。

⑤　驿丞，掌管驿站的官。主邮传迎送之事。明清时设置，各府、州、县多寡有无不一。品级为未入流（明清称官阶不到从九品的职官）。

⑥　县丞，官名。始于战国，秦汉沿置，典文书及仓狱，为县令辅佐。历代所置略同。清代县丞为正八品官。

⑦　巡检，官署名巡检司，官名巡检使，省称巡检。始于五代后唐庄宗。宋时于京师府界东西两路，各置都同巡检二人，京城四门巡检各一人。又于沿边、沿江、沿海置巡检司。掌训练甲兵，巡逻州邑，职权颇重，后受所在县令节制。

驿营守备、把总四十一员，咨商镇臣，量为去留，再行题请等语，应俟该抚具题。到日兵部议覆。又称宣属原设军驿一十八处，自居庸、张家、独石二口，俱系冲衢，沿途榆林等一十二驿夫马，仍照旧应留外，改为驿丞经管。惟东城、西城、深井堡、蔚州卫、赵川堡、龙门等六驿，地处偏僻，差事无多，原设驿马、军夫均应裁去，量留递马四匹，马夫三名，以备递送。以上约计裁去俸银、马折等银，合之新设俸银各项等银，均属相等。此外仍裁省米、豆共八千余石等语，亦应如该抚所题。其裁省米、豆，备造清册，咨报户部查核。再查该抚疏称，同城之驿合知县带管，其不同城之驿，设立驿丞七员。榆林等一十二驿，改为驿丞经管等语，其何驿同城，何驿不同城，何驿令何处驿丞经管，此所设驿丞七员，张家、独石二口所设县丞各一员，应属何县之处，疏内并未声明其改设府县驿名，应给印信条记，亦未拟定字样，候命下之日，移咨该抚逐一查明，定拟具题，到日将改设员缺，吏部照例铨选，应给各员印信条记，礼部铸给可也。康熙三十二年三月十六日。奉旨：依议。

○赤城县（第 12～14 页）

前汉。上谷郡女祁县北境，为斗辟县之造阳。前汉《匈奴传》："汉弃斗辟县之造阳"。《匈奴传赞》："汉弃造阳之北九百里"。师古注："造阳，上谷地。斗，绝也，县之斗曲入匈奴界者，其地造阳也。"案：县为郡界极北之地，形如角突，斗出北边，所谓斗辟之造阳，地势大概可见。又汉上谷北境尽于女祁，女祁之北不设县邑，故《匈奴传》谓之"弃"，然《赞》明言弃造阳之北九百里，则所弃者特塞外之地耳。县在塞内，原未尝弃，故断为女祁北境。

晋。为广宁郡下洛县北境。

后魏。为赤城及御夷镇地。《魏书·明帝本纪》："泰常八年①，筑长城于长川之南，自赤城至五原，袤二千余里"。《通鉴纲目注》：即元云州之赤城站。案：《魏·本纪》：登国二年②，幸东赤城。据《水经》：桢陵赤城在西，故此言东，以别之。《水经注·沽水》注："大谷水南迳

---

① 泰常八年，423 年。
② 登国三年，387 年。

独石西，又南迳御夷镇城西，沽水又南出独固门，又西南迳赤城"。案：县为魏广宁郡之北境，则地隶广宁，可知御夷为魏六镇之一。六镇俱在塞外，御夷最东。然据善长注：御夷城在独石之南。则仍在塞内也。

北齐、后周、隋。沿革同宣邑。

唐。初为北燕州。后改妫川郡怀戎县。末又为新州龙门县北境。案：《唐书·地理志》："新州龙门县"，即今龙门县也。详下龙门。赤城接壤龙门，则未置县，时为龙门县北境矣。

辽。奉圣州武定军节度望云县地。《辽史·地理志》："县，本望云川地，后置望云县，直隶章愍宫，附庸于此。"《辽史·百官志》：诸行宫都部署，总契丹、汉人诸行宫之事，景宗为彰愍宫。《营卫志》：奉圣州彰愍宫提辖司。

金。德兴府望云县地。

元。上都路云州赤城站。详上。《元史·地理志》："云州，古望云川地，契丹置望云县，金因之。元中统四年①，升县为云州，治望云县。至元二年②，州存县废。二十八年③，复升宣德之龙门镇为望云县"。

明。万全都指挥使司赤城堡。《明史》："宣德五年④六月置"。《明史稿》："洪武四年⑤，置云门驿。宣德五年改置"。

本朝。初为赤城堡，后置赤城县。《畿辅通志》："初为宣镇上北路。康熙三十二年，改置赤城县，以开平卫、龙门所及滴水崖、云州、镇安、马营、镇宁等七堡并入，属宣化府"。

---

① 中统四年，1263 年。
② 至元二年，1265 年。
③ 至元二十八年，1291 年。
④ 宣德五年，1430 年。
⑤ 洪武四年，1371 年。

○龙门县（第 17～19 页）

前汉。幽州上谷郡女祁县。后汉省，入下洛说，见宣邑。

晋。为幽州广宁郡下洛县地。

后魏、北齐、后周、隋。沿革同宣邑。

唐。初为北燕州，后改妫州妫川郡怀戎县，末为新州龙门县。案：《唐书》："新州领永兴、矾山、龙门、怀安四县"。新州、永兴为今之保安州，矾山、怀安皆在保安西南，独龙门在东北百里之外，故或有疑唐之龙门县，即保安之龙门山者，然据《辽史·地理志》：奉圣州，本唐新州，领县四，曰永兴、矾山、龙门、望云。龙门在州东北一百八十里，望云在州东北二百六十里。则龙门即今之龙门县也。又《元史》：中统四年，升上都路望云县为云州。至元十六年，改宣德之龙门镇复为县。《明史》："宣德六年，置龙门卫于故龙门县城"。皆指今之龙门县而言，则其非保安州南之龙门山，明矣。

辽。西京道奉圣州武定军节度使龙门县。案：《辽史·地理志》：奉圣州，本唐新州，领龙门县。则奉圣州之龙门，犹唐之旧也。其汉女祁，晋已并入下洛矣。又案：郡北有两龙门，一为赤城县龙门，即云州之龙门峡，所谓诸河于此趣海者也。一为龙门卫，唐、辽、金及今之龙门县也，自元以望云为云州，龙门镇为望云县。合两龙门于一县，而龙门峡又为《水经注》之独固门，其名较著于龙门卫之龙门。故考古者，亦第知有龙门峡为龙门而已。然其误，实始于《辽史》之《地理志》。盖《志》所谓唐新州之龙门县者，今龙门卫之龙门也。而其言龙门县也，则曰徼外诸河、沙漠潦水皆于此趣海，是误龙门峡为龙门卫，不知龙门卫之龙门实不通水道也，故删之。《续宣镇志》以卫为西龙门。

金。西京路德兴府龙门县。《金史·地理志》：大安元年，升奉圣州为德兴府，县六：德兴、妫川、缙山、望云、矾山、龙门。

元。初为上都路顺宁府宣德县之龙门镇，后为云州望云县。《畿辅通志》：至元二年废为镇。《元史·地理志》：至元二年，并龙门县入宣德。二十八年，复升宣德之龙门镇为望云县，隶云州。

明。万全都指挥使司龙门卫。《明史·地理志》：宣德六年七月，置卫于故龙门县。

本朝。初因之，后复置龙门县。《畿辅通志》：康熙三十二年①，复置县，以葛峪、赵川、雕鹗、长安岭四堡并入，属宣化府。

◎灾祥（卷3《星土志_{灾祥附}》）

○宋

三年_{元中统三年}五月甲申②，西京宣德龙门，霜。_{同上③}。（第14页）

○元

元统中，帝尝驻跸云门，遇烈风暴雨，山水大至，车马人畜皆漂溺。脱脱抱皇太子单骑登山，乃免。《脱脱大用本传》。（第16页）

○明

武宗正德元年六月戊辰④，宣府马营堡大雨雹，深二尺，禾稼尽伤。_{同上⑤}。（第17页）

穆宗隆庆二年⑥夏四月，万全卫昼晦⑦，大雨雹，牛羊皆死。马营堡大雨雹，夜见火光。《续宣镇志·司天考》：是月，万全都司空中有赤黑二气相斗。三年五月癸丑，口北马营堡雨雹，杀稼七十里。《五行志》。（第18页）

---

① 康熙三十二年，1693年。

② 宋景定三年五月甲申，1262年6月17日。

③ 同上，即《元史·本纪》。

④ 正德元年六月戊辰，1506年7月10日。

⑤ 同上，即《五行志》。

⑥ 隆庆二年，1568年。

⑦ 晦，昏暗不明。

三十一年①四月，宣府镇城及下北、中二路地震有声。《神宗实录》。（第 19 页）

是年②，下北路滴水崖堡地大震。《续宣镇志》。（第 19 页）

四十四年③八月，晦，怀来地震。九月初三、初六两日，复震。滴水崖地震。同上④。秋七月，宣府天鸣。《宣化县志》。按：是年滴水崖地震之先一日巳时，日中出黑光一道，直射南山。见汪道亨《镇星记铭》。（第 19 页）

○本朝

二十二年五月十三日⑤，镇城大风，昼晦数刻。二十五日，龙门卫地震。《续宣镇志》。（第 22 页）

三十四年⑥七月，终旬连朝大霜，龙门合境禾稼灾。《龙门县志》。（第 23 页）

七年⑦夏五月，沙城、榆林等堡蚜蚄⑧生，俄⑨而大雨，虫尽死。龙门县蚜蚄生，有群鸦啄食之，立尽，秋大有年。（第 24 页）

◎灾祥（续修志卷 3《灾祥附》，第 28 页）

○赤城县。乾隆十年秋⑩，旱，又雹霜叠灾。

○龙门县。乾隆十年，旱。十三年，雹、旱。十五年，雹。十六年，雹。

---

① 万历三十一年，1603 年。
② 指万历四十一年，1613 年。
③ 万历四十四年，1616 年。
④ 同上，即《续宣镇志》。
⑤ 康熙三十二年五月十三日，1693 年 6 月 16 日。
⑥ 康熙三十四年，1695 年。
⑦ 雍正七年，1729 年。
⑧ 蚜蚄，音 zǐ fāng。粘虫。幼虫头褐色，成虫习惯迁飞，是农作物害虫。
⑨ 俄，短暂的时间，一会儿。
⑩ 乾隆十年，1745 年。

◎形势（卷4《形势疆域志》）

〇包狼山，上谷之阻，据野狐、独石之危。明李时敏《北京赋》。（第2页）

〇大翩越乎汤峪，妫川流于怀来。野狐、独石之嵬①垒，龙沙瀚海之濛洄。明黄佐《北京赋》。（第2页）

〇万全都司，前望京师，后控沙漠，左挹居庸之险，右拥云中之固。隆庆州，南挹居庸之翠，（此）[北]距龙门之险。保安州，地属京圻，北控险阻。《明一统志》。（第3页）

〇全镇飞狐、紫荆控其南，长城、独石枕其北，居庸屹险于左，云中结固于右，群山迭嶂，盘据错峙，足以拱卫京师，弹压边徼。宣镇旧志。（第3页）

〇北路重山突出，俯垂北荒。相传以为本镇地形类虎，此为虎首。同上。②（第3页）

〇北中三路，孤悬绝塞，扼冲为要。《北中三路志》。（第4页）

〇下北路，幅员仅七十里余，边长则二百十四里余，边外白草、瓦房，嵯峨突兀，林木深阻，寇骑伏藏，难于侦探，控险据要，最为重焉。同上③。（第4页）

〇上北路，乃上谷之咽喉，陵京之右臂，独出塞外，三面受敌，于九边中尤称冲要。同上④。（第4页）

〇龙门山，石壁对峙，高数百尺，望之若门，实塞北控扼之冲要。《辽史·地理志》。（第5页）

〇独石诸城，外为边境之藩篱，内为京师之屏蔽。明于谦《疏》。（第5页）

---

① 嵬，音wéi，古同"巍"。高大。
② 同上，即宣镇旧志。
③ 同上，即《宣镇图说》。
④ 同上，即《宣镇图说》。

○赤城治南跨长安岭，北控云州、独石、龙门卫、所分捍左右，随所向往，应援适均，诚重地也。《北中三路志》。以上赤城县。（第5页）

○背负层巘①，坐拥边城，当西北两路之冲，为万全唇齿之地。《下北路志》。（第5页）

○左独石城，右张家口，旧称冲剧②，依山一带地狭而长，势若横绠。《龙门县志》。以上龙门县。（第6页）

◎疆域（卷4《形势疆域志》）

○前汉（第8页）

为幽州上谷、代二郡地。上谷治沮阳，领县十五。沮阳、泉上、潘、军都、居庸、雊瞀、夷舆、宁、昌平、广宁、涿鹿、且居、茹、女祁、下洛。东至燕国界，西至云中郡界，南至涿郡界，北至塞。广八百余里，轮五百余里。

○唐（第9页）

为武、新、妫、蔚四州地。武州治文德。新州治永兴，领县四。永兴、矾山、龙门、怀安。妫州治怀戎。蔚州兴唐郡治灵邱，领县三。灵邱、飞狐、兴唐。东至范阳郡界，西至马邑郡界，南至易州郡界，北至长城。广轮不可考。

○辽（第9页）

为归化、可汗、蔚、儒、弘、奉圣六州，怀安一县地。归化即唐武州。可汗即唐妫州，治属与唐同。蔚治灵仙，领县五。灵仙、定安、飞狐、灵邱、广灵。儒州治缙山。奉圣州治永兴，领县四。永兴、龙门、矾山、望云。弘州治永宁，领县二。永兴、顺圣。怀安别属大同府。东至南京界，西至西京大同府界，南至涿州界，北至长城。广轮不

---

① 巘，音 yǎn。大山上的小山。

② 冲剧，冲要烦剧。

可考。

　　○金（第10页）

　　为德兴府及宣德、蔚、弘三州，怀安一县地。德兴府治德兴，即永兴，领县六。德兴、妫川、缙山、望云、矾山、龙门。宣德州治宣德，旧文德县。领县二，宣德、宣平。蔚州治灵仙，领县五。灵仙、广灵、灵邱、定安、飞狐。弘州治襄阴，领县三。襄阴、顺圣、阳门。怀安别属大同府。东至中都大兴府界，西至西京大同府界，南至涿州界，北至桓、抚二州界。广轮不可考。

　　○元①（第10～11页）

　　为顺宁府及云、蔚、保安、龙庆、弘五州，怀安一县地。顺宁府治宣德，领县三。宣德、宣平、顺圣。保安治永兴。龙庆治缙山，领县二。缙山、怀来。云州治望云。蔚州治忠顺军，领县五。灵仙、灵邱、飞狐、定安、广灵。弘州治襄阴。怀安县别属兴和路。东至大都界，西至浑源州界，南至涿州界，北至上都、兴和二路界。广轮不可考。

　　○明

　　为万全都指挥使司及保安、延庆二州地。都司治元宣宁，领卫十五，宣府左卫、右卫、前卫、万全左卫、右卫，怀安卫，保安卫，保安右卫，延庆左卫、右卫，蔚州卫，蔚州右卫，怀来卫，开平卫，龙门卫。所二，兴和守御千户所、龙门守御千户所，又广昌、美峪二所。堡五，长安岭、雕鹗堡、赤城堡、云州堡、马营堡。城二。顺圣东城、西城。保安州仍治德兴。延庆州仍治缙山，领县一。永宁。东至京师顺天府界，西至山距□同府界，南至直隶易州界，北至沙漠。广四百九十里，轮六百六十里。（第11页）

　　北路，东接潮河川，西距金阁山，南据长安岭，北据毡帽山。广六十里，轮一百八十里。辖开平卫、龙门卫、龙门守御所、长安岭、云州

----

①　以上前汉、唐、辽、金、元等疆域均为宣化府之疆域。

堡、雕鹗堡、赤城堡、马营堡、清泉堡、镇安堡、镇宁堡、金家庄、李家庄、牧马堡、隆门关、君子堡、松树堡、滴水崖。（第 12 页）

○本朝

上北路，南距雕鹗堡，东、西、北界至与前《志》同。按：前《志》嘉靖时，北路南距长安岭，彼时尚未分上、下北路，自万历十八年，割龙门所、滴水崖、雕鹗、长安岭等八城为下北路，以独石、马营、云州、赤城、镇安、镇宁等十一城堡为上北路，是在万历时长安岭已不属上北路矣，况本朝上北所属八城堡内又兼明万历时下北路之滴水崖、龙门所，而长安岭亦不属上北路，则谓之南距雕鹗堡为宜，轮广亦视昔不同。

下北路，东接赤城，西距张家口，南距长安岭，北距沙漠。此据今制而言也。今制革中路之名，而以龙门卫、葛峪、赵川、雕鹗、长安岭五城堡为下北路，又非明万历时之下北路矣。按前《志》，明嘉靖时制，龙门卫、赵川、葛峪诸堡为中路，东接隆门关，南连镇城，今为更正如右。轮广视昔加多。

以上《续宣镇志》所载疆域，盖自前明嘉靖以后，至本朝康熙三十年①以前，卫、所旧制也。其间因革分合，代各不同，故其里至近远轮广多少亦因时而异。至康熙三十二年，尽革厅卫之旧，改设府县，然后道里井疆秩然一定，为万世不易之制云。（第 13 页）

赤城县。《畿辅通志》：在府东北一百七十里，东四十五里至边界，西三十里至龙门县界，南二十里至龙门县界，北一百里至边界，东南九十里至延庆州界，西南十里至龙门县界，东北七十五里至边界，西北五十五里至边界。东西广七十五里，南北衺一百二十里。（第 14 页）

龙门县。《县志》：在府东少②北一百一十里，东六十里至赤城县界，西五十五里至宣化县界，南一百一十五里至怀来县界，北三十里至边界，东南一百七十里至怀来县治，西南七十里至宣化县界，东北五十里至赤城县界，西北二十五里至边界。东西广一百一十五

---

① 康熙三十年，1691 年。

② 少，稍稍，稍微。

里，南北袤一百四十五里。（第 14～15 页）

◎山川上（卷 5《山川志上》）

○赤城县（第 8～15）

赤城山，《宣府镇志》：城东二里，山石多赤，色如云霞，望之若雉堞①，故名赤城。

金阁山，《畿辅通志》：县北云州西南十五里，元建崇真观、长春洞于此，前有游仙峪，又有琼泉，在长春洞前。余详《古迹》。

九峰山，在云州。《元史·马扎儿台传》：仁宗尝建寺云州九峰，未成而崩，马扎儿台以私财成之，曰：先帝尝驻跸于此，诚不忍过其所，而坐视芜废也。

常宁山，《宣府镇志》：在独石城西十里。

东胜山，《宣府镇志》：在独石城东五里。

刘不老山，《畿辅通志》：在县东北十里。相传有刘姓者修炼于此，因名。

偏头山，《畿辅通志》：县西北十五里。

青羊寨山，《畿辅通志》：县西南十五里。

野鸡山，《畿辅通志》：县西北七十里，多雉，故名。

毡帽山，《畿辅通志》：在独石城东北五里，后改簪缨山。案《明史·李文忠传》：率师克大宁、高州，追奔至毡帽山，即此。

总高山，《畿辅通志》：在独石城东北十里，登眺即见辽海。

纱帽山，《畿辅通志》：一名冠帽山，在马营北二十里。

鹤山，《畿辅通志》：县西北马营堡东二里，俗名东山。柏桧森然，白鹤恒栖其上，故名。

雷山，《畿辅通志》：县西北马营东五十里，上有雷神庙。

---

① 雉堞，音 zhì dié。古代城墙上掩护守城人用的矮墙，也泛指城墙。

红山，《畿辅通志》：县西北马营东南二十里，山势高险，石色多赤，下有红泉东流，合大河，入龙门峡。

玉石沟山，《明一统志》：在赤城西七十三里。

棋盘山，《畿辅旧通志》：独石城南四十里，山峰高峻，人迹罕到，常有仙奕其上，方石棋局至今尚存。

鹰窝山，《畿辅通志》：县东龙门所东南四里，又有鹰嘴山在所西南四里。

七峰山，《宣府镇志》：在龙门所东北百里。

西高山，《畿辅通志》：龙门所西二里，又有北高山，在所北二十里。

孔宠山，《畿辅通志》：龙门所南十五里，崖有孔，径六七尺，透明，有笔架峰。

骆驼山，在滴水崖堡北。

盘道山，在滴水崖堡东北。

蹲象山，在滴水崖北一里。

龙门峡，在云州东北五里，即舍身崖。两山相对如门，壁立千仞①，其下塞外诸水循崖屈注，琮瑽有声，即《水经注》：沽水南出峡岸，所谓独固门是也。崖半凿石架木为观音阁，阁傍镵石，为舍身大士像，相传前明土木之变，仓上堡千户田坤战殁，其女投崖自靖于此。至今秋溪水落石上，血影尚隐然可辨，此即其像也。崖上诗文、题名、摩刻甚众，有"龙门峡"三字，"朔方屏障"四字，字皆大如屋，高十余丈，又有"雄峙畿辅""三路咽喉"二大刻，并元人畏吾儿字摩崖碑。其北有宝济乡，地涌暖泉七十二眼，散流南下，即此水也。

滴水崖，《宣府镇志》："在雕鹗堡东四十里，石崖滴水，去地

---

①　仞，古代长度单位。周制八尺，汉制七尺。

百余仞，隆冬不冻。东有香炉峰。"上有碧落洞，故又名碧落崖。汪道亨《填星记》①："滴水崖，仰视其巅，穹窿无际；平睨其体，柱础参天；俯视其基，旁无附丽。亭亭巃嵸②，霞䌽③烟喷。即记所载天柱、石笋之类，未有若斯之宏钜而嶙峋也"。又云"崖状瑰异，其右石崖中陡一穴，清泉沥滴，渗液而不流，因以命名。其东接宁远堡，西至马鞍山，南通黑峪口，绾毂④之交，崇岩通壑，各各环拱，绝无迤逦委蛇之形。矗矗直上，计一百八十丈。山之麓，俨一大圆盘盛之，计四十余里。腰以下，盘以上，若芙蕖散叶，片片玲珑。石居其中，直插霄汉；结根弥于华岱⑤，直指埒于九疑⑥。围而度之，计十九里。其西南隅，就石凿一窦，而为朝阳观。其它无量殿、西方景、萧太后殿基，种种旧迹，建置岁月俱不可考。惟朝阳者，闻有凤时栖于此，故土人取以名之。从无量殿小径及右方跃龙池，攀援旋绕，步一十七里，而始获跻于巅，仰攀璇玑，俯睨溟渤，则又一世界矣"。又云"余尝历武夷，登太华⑦，上二室日观，莫不有钜块细礧合之成山，独此山以巨石中天而立，巅不加少，基不加多，虽使巨灵操斧劈削，未之能也"。《巡边日记》："滴水崖，在堡西北三里许。山半千松岭，松阴茂密，其上平冈蜿蜒，有松十二株，亭亭如排衙，正对石壁上，有石幢，刻明汪道亨《滴水崖填星记铭》。又西上纡回复一里许，朝阳观在焉。观依傍石壁，面东南，故名'朝阳观'。傍凿石为楼，架木横度，有石室为三官殿，观前一石柱，高可百尺，上凿'天柱'二大字，石上有孔，土人谓前明人凿孔，架木为栈，周盘而上，筑亭其巅，为游乐所，今废，碑刻尚存。柱

---

① 　按清《赤城县志·艺文志》作"镇星记"。下同。
② 　巃嵸，音 lóng zǒng。山势高峻貌。
③ 　霞䌽，䌽音 xì，指如霞的赤红。
④ 　绾毂，音 wǎn gū。地处交通要道，可以扼制通行。
⑤ 　华岱，华山与泰山的并称。
⑥ 　九疑，指"九嶷山"。又名苍梧山。位于湖南省南部永州市宁远县境内。
⑦ 　太华，即西岳华山，在陕西省华阴县南，因其西有少华山，故称太华。

左石壁有'滴水崖'三大字，明御史安肃王汝梅书，左右各有汤（京兆）[兆京]、吴亮、吴礼嘉诗，碑碣四通，嵌置崖下。其左正西石壁上有'乾坤柱石'四大字，又摩崖题刻甚多，皆为风雨蚀剥。面东石壁半中，忽开豁二丈许，至地道人即于其中建楼三层，下层为水母殿，中有石门，门内一池泓然，崖水下滴，清冷不竭，即崖所由名也；上层为关帝阁，再上为佛殿，像设侍从，皆錾石而成。稍南有石级数层，登其上，架石为平台，内凿石真武殿，殿左凿石为门，曲折而入，上开石窗，行可二十许步，忽转东，凿石堂，祀观音神像其中，妙好庄严，颇极华饰。滴水崖，高几百仞，其下仰望不见巅际，稍远回望，则高崖之上，尚有石壁二层，石嵯一层，更倍于所见之壁也，关员外宁，曾登其巅，云：上平广，约二十里"。旧《隆庆州志》："滴水崖，一名洒水岩，在州城东北"。

苍崖，《畿辅通志》：马营南二十五里，上有飞泉。

千松顶，在龙门所东南长伸地堡东。

黑峪，《畿辅通志》：在赤城县东龙门所南十里，有仙鹤峪最深，常有鹤栖宿，又有燕窝石，形如燕窝，可容数十人。《宣府镇志》黑峪有仙鹤洞。

东猫儿峪，《畿辅通志》：在赤城县龙门峡北十里。

太保峪，《畿辅通志》：在赤城县北独石城西南十五里，内有古墓、石羊，盖有官太保者葬此，故名。

拂云堆，《宣府镇志》：在云州城北四里。案：拂云堆在河朔，此当是拂云山之讹。

龙王嵯，《畿辅通志》：在赤城县东龙门所西北八里，嵯峨高耸，夏月云从此出，则大雨。

磨盘嵯，《畿辅通志》：在赤城县东龙门所西，以形似名。

木龙王嵯，在滴水崖堡南十五里，悬崖峭壁，俨如蜀栈。

董家洞，独石城东南十里。

独石，《水经注》："独石孤生，不因河而自峙"。《宣镇图说》："一名星山，一名丈夫石"。《铭》见《艺文》。

沽河，《畿辅通志》：县东，其源有二，皆自塞外流入，一曰独石水，由独石口迳独石城西，为西河；一曰红山水，由红石山迳独石城东，为东河，俱流至城南而合。又南迳龙门山下，名龙门川。又南迳云州堡东。又南迳县东门外。又南迳龙门所南，曰扬田。又南与阳乐河合。

白河，《畿辅通志》：沽水东南迳滴水崖堡南，亦曰白河。又南迳延庆州静安堡，曰白河口。又东至东河口，出口由边外达顺天府密云县之石塘岭关，此通州白河之上源也。

样田河，《宣府镇志》：发源独石境外，在城南二十里。

龙门川，《明一统志》：在云州堡东，合独石、红山之水，从龙门峡南下，故名。案《两镇三关志》：独石有箕河。

望云川，《宣府镇志》：在云州。案：此即《辽史》置县之望云川也。

韭菜川，《畿辅通志》：县北开平卫城东，发源东山，流经卫城南，与毡帽山水合。

汤泉，《两镇三关志》：赤城有温泉，又有汤泉。《畿辅通志》：汤泉河在县西，源出西山，东流至城，西南合水泉河，又东合东河，其水泉河源出西北二堡子，南流入汤泉。《明一统志》有赤城汤，在宣府镇城东一百四十里，自龙门镇北乡赤城寺侧山根涌出暴热，而旁有冷泉，随人浴之，皆可愈疾。此即今汤泉河也。《续镇志》：明景泰间，昌平侯杨洪感墨蟒之异，疏涤①之。案《明一统志》：赤城汤，在镇城东百四十里，又汤泉在赤城西十五里。《续宣镇志》云，宣镇东百四十之汤泉，即在赤城西十五里，其实一也。

暖泉，《畿辅通志》：在县北云州堡宝济乡，有泉七十二眼，流

_____

① 疏涤，疏浚清理；疏通清除。

入沽河。

白龙潭，在县南七十里，河西堡西南五里，源出南山下。方广三丈许，澄澈见底，水纹如锦，外为小溪，中有鱼，其形类鳊而细鳞斑纹，复似鳜，岁旱祷雨辄应。西南流十余里，入于沽河。

独石泉，在城内东北，澄澈可鉴，其甘如饴，满而不溢。

神泉，《畿辅通志》：在马营堡北三里，池方一亩，其水迸出转流浅河，浴之愈疾。

东庄泉，《畿辅通志》：在龙门所东南七十里。

○龙门县（第 20 ~ 25 页）

龙门山，《县志》：在城西二十里，山上有关，额曰"控御"，碑曰"龙关天险"。关西山下有堡，故名。设官防守，今有戍楼存焉。案：此即龙门卫山，自唐及今，龙门县皆以此得名，山下之堡即古县城，与赤城龙门通水道者不同说，详上《地理志》。

红石山，《畿辅通志》：在县城东五里，产红石可供玩好。

双塔山，《宣府镇志》：在城西十五里，山小而陡削，上有浮屠两座。《畿辅通志》：两峰相峙，各有浮屠，元至元中建，一名塔沟山。

娘子山，《宣府镇志》：在城西二十里，上有巨石修立，土人指为娘子，下有泉。旧《宣镇志》：极高无险要之势，因名。

大松山，《宣府镇志》：在城西北四十里，上有古松盘曲，永乐曾驻跸于此。《两镇三关志》：成祖北伐驻此。

双峰山，《宣府镇志》：在县城北二十里，两峰相峙，有石笋二，细直而高。

西山，《畿辅通志》：在县西。《辽史》：重熙六年夏，猎龙门县西山。

南山，《金史》：大定六年八月，猎于望云之南山。

破台山，《两镇三关志》：在羊房堡。

明嵯山，《两镇三关志》：在大白阳。

南砦山，在县西北。

北砦山，在县城西北。

拂云山，《畿辅通志》：在雕鹗堡北百步，上人言其上常有云护。

凤凰山，《宣府镇志》：在长安堡南百步，长安岭城亦谓凤凰城。

松山，《畿辅通志》：长安堡东南二里。

石盘山，《畿辅通志》：在长安堡东南二十五里。

马鞍山，《宣镇旧志》：在长安堡西南二里，以形状名。

龙潭山，《畿辅通志》：在长安堡西一里，有瀑布泉。

八仙山，《宣府镇志》：在长安堡西二里，峰顶高耸者凡八，中有石室，深二丈，涧七尺。

双尖山，《宣镇旧志》：在长安堡北十里。

椵树山，《宣镇旧志》：在大白阳堡南四里，有古椵树。

青山，《宣府镇志》：在青边堡北八里，色比（郡）〔群〕山特青，此即宣化之青山，盖二县分界处也。

剪子岭，《宣府镇志》：在城东三十里，即大岭山，其形如剪，上有石凹，甃①石为门，为赤城、龙门往来径路。

李老谷，《畿辅通志》：在长安堡北十里。元周伯琦《近光集》诗注：谷中多子规。

雕鹗崖，《宣府镇志》：在雕鹗堡西里许，石壁一带，上割黑色，高十余丈，势危若倾，上有穴，深广八九尺，相传为雕所穴，因以名崖。

长安岭，《宣府镇志》：即枪竿岭，有石笋直立，如枪竿，故名。又名桑乾岭。《畿辅通志》：永乐中改名，今有堡。

浩门岭，《畿辅通志》：在雕鹗堡北二十五里，岭北多松，苍秀

---

① 甃，音 zhòu。砌，垒。

如画，与长安岭松并称奇胜。

洗马岭，《畿辅通志》：在龙门县北。

车头岭，《两镇三关志》：在大白阳。

南岩，《县志》：城南二里道院禅寺，上下相接，为本城游览之所。

虎窖，《两镇三关志》：在大白阳。

兔崖，《两镇三关志》：在常峪口。

石门，《县志》：在长安堡北施家冲东五里，有石岗横亘诸山，中断如门，每山雨暴涨，诸山之水从石门灌注而出，势若悬瀑。

阳乐河，《畿辅通志》：在龙门县南，东流至赤城县界，入沽河，即古阳乐水也。《水经注》：阳乐水出且居县，东北流，迳大翮山小翮山北，历女祁县故城南，世谓之横水，又谓之阳曲河。又东迳一故亭，又东左与旧卤水合。水出西北山，东南流迳旧卤城北。又东南流注阳乐水。阳乐水又东南迳旁狼山南，又东南迳温泉东，又迳赤城西，屈迳其城南，东南入赤城河。《畿辅通志》：按今龙门县有龙门河，源出县西娘子山，东南流迳县南二里，又东迳雕鹗堡西南，即《水经注》所云横水也。又有南河，源出县南狗儿村，东北流至堡西南七里，合龙门河，即《水经注》所云旧卤水也。龙门南河合而东迳堡南，统谓之南河，又东至赤城县界合沽河，即《水经注》所云阳乐水，东南入赤城河者也。

南河，《宣府镇志》：在雕鹗堡南，自剪峪、狗村，合流至此，东南流入通州白河。

龙门河，《县志》：按，龙门河下流与上龙虎村泉合，又与下虎龙村羊城温泉及剪峪诸水合而渐大。然其上流，土人传云出自朱家营泉，即有溯源更长者，亦概称娘子山下数泉，乃为星宿矣。及予亲探朱家营二泉甚微，即娘子山数泉，亦甚渺忽，惟北三里有大龙王堂潭在院内，水出地中，伏流数丈至矗树下，汹涌喷薄，流出数里，遂伏流至朱家营复出，是乃龙门河之巨源也。又按：龙门泉水极多，不下数十余处，俱无名，率皆涓涓细流，行砂碛间，或里许，或十数里许，即入地中伏流，虽龙门河夏时流过三岔口而止，不能与虎龙泉水合，若碾槽山之羊沟水，亦不过流踰小白阳而止，惟清水河发源塞外，流入青边口，行经六十余里，入宣化府城内。上虎龙泉及温泉流入雕鹗至合河寨，与滴水泉合流，冬夏不竭。案：龙门河即龙门川，《志》不以沽为源，而求之龙王潭，本误。但载诸小水甚明，存之。

大海陀山潭，《宣府镇志》：在雕鹗岭堡东三十里，山最高，俗传有黑龙居其中，岁旱，祷雨辄应。案《畿辅通志》：大海陀潭在大海陀，峰峪间有泉下汇为潭，祷雨辄应。《县志》误去"大"字，为增之。

翠屏山龙潭，《县志》：在小白阳东七里，山水葱鬱，石壁崚峋，故号翠屏，其潭祷雨辄应。

寺沟，《两镇三关志》：在大白阳。

娘子山泉，《宣府镇志》：在龙门县娘子山，泉水溢出，势甚浩瀚，可资灌溉，岁旱祷之即雨。正统十四年竭，今渐溢出。

鹰窝泉，《畿辅通志》：长安堡西北三里，引入堡东汇而为池，可给居人。

洪赞井，《宣府镇志》：在长安堡西十二里。

○怀来县（第 26 页）

大海陀山，《县志》：在城北四十里，高耸百仞，云生其巅，雨即随之，岩际巨石刻"大海陀峰"，古迹又名西岩山，与东岩官帽山相望。案《通志》《镇志》：大海陀山在怀来，大海陀山潭在龙门，其同异未详。

◎古迹（卷7《古迹志陵墓附》）

○赤城县（第5~7页）

古赤城，《畿辅通志》：今在赤城县治。《水经注》：沽水迳赤城东，（汉）［赵］① 建武年，并州刺史王霸败于燕，尝退保此城。案：《宣府镇志》赤城古蚩尤所都之地，此不足据。

御夷镇，《畿辅通志》：在赤城县东北，北魏太和中置，六镇之一。《水经注》："卤水出西北山，东南流迳旧卤城北，城在居庸县西北二百里，故名云候卤，太和中，更名御夷镇"。

云州故城，《畿辅通志》：在赤城县北，辽置县，元省，明初废，今为云州堡。案：辽、金本为望云县，至元始改望云为云州，则云州城即望云县城。《县志》以云州、望云二城并列，删之。

御庄，《辽史·地理志》：景宗建潜邸于望云川，因成井肆②，后入绍③国统，号御庄。

长春宫，《宣府镇志》：在县北，辽建，景宗尝游此。

太和宫，《宣府镇志》：在云州，金章宗避暑处。

祁志诚故居，《元史·邱处机传》：处机四传有祁志诚，居云州金阁山，道誉甚著。元李谦《祈真人道行碑》：志诚初至云州，择地卓庵处之，扁曰"乐全"。间出郭，入西山，至刘家谷，见其峰峦秀峙，爱之，土人谓其地昔金阁仙人隐所，乃诛茅卜筑④，名其山曰"金阁"，峪曰"游仙"，观曰"崇真"，寻徙居其中。

独固门，即龙门峡。《水经注》："沽水南出峡，［夹］岸有二城，世谓之独固门。以其籍险凭固，易为依据，（兼）［岩］壁（深）［升］⑤岽，疏通若门，故得是名也"。

---

① 据《水经注》改。

② 井肆，井市。做买卖的市街。古代因井为市，故称。

③ 入绍，藩王继承帝位。

④ 诛茅卜筑，诛茅，剪除茅草。卜筑，择地建屋。

⑤ 据《水经注》改。

海青驿，《元史·世宗纪》：中统三年①，（晋）［缙］山至望云立海青驿。

鸡田，《县志》：今为样田。《明史稿》：在龙门所。《明史志》：军官各种样田，以岁收之数为考校。案：《唐书·地理志》：羁縻州有鸡田州，侨治回乐，隶灵州都督，则此非古鸡田可知。

云州织染局，《元史·百官志》：大使主之。

浴堂，《宣府镇志》：在龙门所城东五十里，至元间置。

嘉禾亭，《畿辅通志》：在县南三里，明景泰年建。《明一统志》：景泰五年，堡西产嘉禾，因名亭。

屡丰亭，《县志》：在马营堡，明景泰年建。《明一统志》：参政叶盛以累岁丰稔，名之。

心远亭，《县志》：在县城内，明景泰年建。

咏归亭，《县志》：在赤城汤泉上。《明一统志》：正统四年，因旧重建。

燕然台，《畿辅通志》：在赤城道署前，明崇祯年修。

古石桥，《元史》：顺帝至正十四年，创建龙门等处石桥。

○龙门县（第 10 ~ 11 页）

女祁故城，《畿辅通志》：在龙门县东，汉县，为东部都尉治，后汉省，元改置望云县。《水经注》："阳乐水迳女祁县故城南"。

故羊城，《两镇三关志》："龙门有故羊城，辽筑，以便市易。"旧日苏武所居，非。案：羊城未详，据《县志》葛峪堡西有羊房堡，其是欤。又《通志》羊城在县东南二十里，疑即此故羊城也。

回光轩，元建。《宣府镇志》：在小白阳东南，有碑刻。

枪杆古城，葛罗禄②迺贤《金台集》诗注：山腰长城遗迹尚在。

官园，《元史·百官志》：龙门官园，龙庆栽种提举主之，管领

---

① 中统三年，1262 年。

② 葛罗禄，亦称葛逻禄，古族名。突厥族的一支。

瓜果桃梨等物，以奉上供。

枪杆岭驿，《元史·世祖本纪》：中统三年，立枪杆岭驿，以便转输。

望云驿，《元史·世祖本纪》：中统元年，立望云驿。

庆宁宫，《畿辅通志》：在龙门县界，金行宫。

刘丞相别墅，《宣府镇志》：葛峪东南，碑刻尚存。

故芦城，《两镇三关志》：长安所有故芦城。

雄武军。案《宣府镇志》云：正统间葛峪人穴地，见遗碣，谓其地为武川，唐建雄武军于此。《宣化县志》亦载此武川作武州。查武川在今山西，此不当又有武川，《县志》改"川"为"州"是也。但据《唐书·兵志》，雄武军虽为平卢道十六军之一，据《唐地理志》则雄武军在蓟州渔阳郡，不在今宣郡境内，惟《辽史·地理志》有归化州雄武军，为唐武州地，或遗碣本作辽，传者误辽为唐耳。

〇怀来县（第 12 页）

广边军城。《宣府镇志》：在今怀来卫，唐置为镇，北至张说所筑长城九十里。《唐书·地理志》："怀戎北有广边军，故曰白云城也"。案《通鉴注》广边军在妫州北百三十里，则非县境内地矣。又《水经注》：下洛城在鸣鸡山西南三十里，潘城又在下洛城西南四十里，则城当近今之桃花堡，但其地莫考，姑并系之怀来。

◎附冢墓（卷7《古迹志陵墓附》）（第 33~35 页）

元后妃太子陵，元迺贤《金台集》诗注：国朝诸后太子陵，皆在独石北毡帽山。杨允孚《滦京杂咏》注：尖帽山乃葬后妃之所，设街卒焉。案《读礼通考》载潘埙《楮记室》云，元园陵在直北，埋后用万马蹴平，无复考。志则后妃等陵当亦如之，今独石北无遗迹可求，以此。

元洞明真人祁志诚墓，在云州金阁山，有学士李谦碑，见《艺文》。

明昌平侯赠颖国公杨洪墓，在县北旧开平卫西山。

武强伯杨能墓，在开平卫西山。

总兵孙邦熙墓，在独石。

指挥同知王本墓，明嘉靖间死难，在县城外。

参将①张宪墓，在龙门所死难。

总兵欧阳安墓，

都督张守愚墓，在独石。

烈女田氏墓，在云州龙门峡。烈女投崖死，土人穴石壁瘗之，外封以石，上刻"夫人"二字，盖即死所以壁为墓云。故龙门峡今呼为舍身崖，以此。余详《烈女》。

本朝开封知府郭世荣墓，在独石。

都督王国勋墓，在马营。

芜湖道副使宋之屏墓，在县。

房县知县李承矿墓，《续镇志》：在龙门所。

都督张国勋墓，在县。

都督董继舒墓。

○以上赤城县

明户部郎中李琪墓，

都督倪尚忠墓，

都督张时杰墓，

都督张永墓，

都督唐璟墓，

副总兵赵文墓，

副总兵黄瑄墓，

---

①　参将，武官名。明置，位次于总兵、副总兵。清因之，位次于副将。凡参将之为提督及巡抚统理营务的，称提标中军参将、抚标中军参将。

副总兵黄镇墓，

本朝进士①李遵度墓。在朱家营北山下。

○以上龙门县

◎城堡（卷8《城堡志》关隘、桥梁、坊表及腹里墩汛附）

○赤城县（第6～10页）

县城

《北中三路志》：宣德五年②创筑。《明史》：宣德五年四月命薛禄、李贤率师筑赤城诸城。周三里一百八十四步，高三丈五尺，城楼四，角楼四，城铺十四，门二，东曰'崇宁'，南曰'大定'，景泰年砖甃，《畿辅通志》：景泰初都督杨洪重修，万历二十四年③增修。天启元年④开东南隅内墙。

县属

独石城，即旧开平卫城。《宣府镇志》：宣德元年左都督薛禄，奏允上都旧开平移驻于此，委指挥杜衡筑城包甃砖石。方九里九十二步，城楼四，角楼四，城铺八，门三，东曰'常胜'，西曰'常宁'，南曰'永安'。《宣镇图说》：宣德五年移驻，周六里余。《北中三路志》：宣德五年筑，万历十年始甃砖。总督郑洛《修独石城碑》："周围一千三十一丈七尺，高三丈七尺，展修五十八丈三尺，增建东南角敌台一座。起工于万历十年四月，讫工于十二年十月。"案：《明史·兵志》："宣德中开平徙独石，宣府遂称要地"。《列传·遂安伯陈瑛》：永乐中，出镇蓟州城、云州、独石，宣德五年，阳武侯薛禄建言，永宁卫团山及雕鹗、赤城、云州、独石无城堡，不可守，筑之。便于是发卒二万六千赴役，精骑五百护之，禄与丰城侯董筑之。据此开平之移驻与筑城皆非元年事。又《列传》："正统二年，刑部尚

---

① 进士，科举时代称殿试考取的人。明清时，举人经会试及格后即可称为进士。

② 宣德五年，1430年。

③ 万历二十四年，1596年。

④ 天启元年，1621年。

书魏源往大同、宣府督察诸将，源按行诸险要，令将吏分守，增修开平、龙门城，皆甃以砖。"此事诸《志》亦不载，附识之。

云州所城，《宣府镇志》：宣德五年，阳武侯薛禄筑，正统十四年①陷，景泰二年②都督孙安复守，五年参政叶盛奏设守御所治，委指挥沈礼甃以砖石，高三丈五尺，周三里百五十八步，城楼三、角楼四、城铺十七，门二，东曰'镇清'，南曰'景和'，关厢南北门二。《宣镇图说》：旧在金莲川，元改筑于此，宣德间重筑。《续镇志》：隆庆二年③甃砖。

君子堡，《宣镇图说》：宣德五年，被寇残破，嘉靖二十五年④修复，万历八年⑤砖甃。周一里三百五十步，高三丈五尺。

松树堡，《宣镇图说》：嘉靖二十五年筑，万历元年砖甃。周二里六步，高三丈五尺。《北中三路志》：堡角楼共五，门一座。

镇安堡，《宣镇图说》：成化八年⑥筑，正德六年⑦加修，万历十五年砖甃。周二里六十六步三尺，高三丈五尺。《北中三路志》：正统六年修。《宣府镇志》：城楼三，角楼四，铺一，门一。

镇宁堡，《宣镇图说》：弘治十一年⑧筑，万历十五年砖甃，周二里五十七步，高三丈五尺。《北中三路志》：堡角楼共六，门一座。

龙门所城，《宣府镇志》：高二丈六尺，方四里九十步。城楼七，角楼三，敌台楼八，城铺十五，门二，南曰'敷化'，北曰'统正'，南一关，高二丈，方一里三十步。《宣镇图说》：原名李家庄，又名东庄。宣德六年建，隆庆四年重修。

滴水崖堡，《宣府镇志》：弘治九年筑，嘉靖二十九年奏拨真保府民重筑。

---

① 正统十四年，1449 年。
② 景泰二年，1451 年。
③ 隆庆二年，1568 年。
④ 嘉靖二十五年，1546 年。
⑤ 万历八年，1580 年。
⑥ 成化八年，1472 年。
⑦ 正德六年，1511 年。
⑧ 弘治十一年，1498 年。

高二丈七尺，方三里百二十步，门楼二，角楼四，门二，南曰'望京'，西曰'翊镇'。《宣镇图说》：隆庆三年砖砌。《北中三路志》作隆庆四年。

青泉堡，《北中三路志》：景泰四年筑，隆庆五年加修，万历十五年砖包。周二百六十五步，高三丈五尺，堡楼二，角楼四，铺一，门二座。

伴壁店堡，《宣镇图说》：嘉靖三十七年因民堡改筑，隆庆元年加修，万历十一年石砌。周一里三十四步，高四丈五尺。《北中三路志》：堡楼一，角楼四，门一座。

猫儿峪堡，《宣镇图说》：创筑、加修与伴壁店堡同，高亦同，周一里二百二十七步，高三丈五尺。《北中三路志》：堡楼二，角楼二，门一座。

羊房堡，天启元年①筑。东西长二百六十八丈，南北长二百七十二丈，高三丈，顶宽九尺，底宽一丈八尺，门一。

仓上堡，万历十六年筑，周围一百五十九丈二尺，高三丈五尺，门一。

牧马堡，《宣镇图说》：弘治十年筑，万历十五年砖甃。《北中三路志》：周一里二百四十四步，高三丈五尺，楼四，铺二，南门一座。

样田堡，《北中三路志》：原民堡，嘉靖三十七年改为官堡。万历十六年砖砌，周二里六十六步，高三丈五尺，角楼四，门一座。

长伸地堡，《北中三路志》：嘉靖中为史、车二部盘据，隆庆四年内徙二部，于万历七年始开复疆土，修筑堡墙。周一里二百七十六步，高三丈五尺，皆砖甃，楼二座，南北二门。

宁远堡。《北中三路志》：嘉靖二十八年筑，四十五年砖甃。周二里七十八步，高三丈五尺，敌楼三，角楼四，门一座。

关隘

独石城水关，长一百四十二丈，水门三，上建炮台二座，陆门一，旧皆塌毁。康熙元年工部估修工料银七千四百余两，同知胡之浚督工，中军守备李万辉监工，至十二年告竣，雍正八年②又加修。

---

① 天启元年，1621 年。
② 雍正八年，1730 年。

牙头寨，《畿辅通志》：在赤城县北，明初华云龙出云州，袭元兵于牙头砦，即此。

李家庄。《畿辅通志》：在赤城县龙门所东北，其北有万松沟。

案：赤城沿边诸堡隘口极多，详见塞垣者，概不复赘，后诸县同。

桥梁

长源桥，县城南门外，监司李仙风书。

顺济桥，在开平城南三里许，正统年建。

样田河桥。在样田堡后四里许。

坊表

公署坊，县城察院署前有澄清坊，参将署前有振武坊，俱正统二年①建。云州堡分司前有右辅储台坊。

秩官坊，昌平侯杨洪有藩翰边鄙坊，尚书王軏有都宪坊、大司马坊，总兵张守愚有廉勇大帅坊，俱在独石城。

科第坊，县城进士王軏有进士坊，王承芳有凤鸣塞上坊，举人②独石城胡贯有耀奎坊，龙门所李琪有登科坊，钱鲲有登云坊。

旌表坊，赤城指挥杨玺妻申氏、独石庠生鄢惟高妻陈氏、龙门所百户郭英妻赵氏、总旗胡宁妻程氏、舍人王珙妻刘氏，俱有贞节坊。独石舍人池宽妻陈氏有贞烈坊。

大市坊。县城南门口有迎恩、镇静二坊，城中有泰宜、共泰、永丰三坊。独石城有承恩、长胜、长宁三坊，成化三年立。龙门所通衢有升阳、登丰、驭化、统政四坊。马营城通衢有文武、忠孝、毓秀三坊，又南门内坊曰承恩，北门内坊曰雄武。云州堡有望云古地、长安日边二坊。君子堡大街有北门锁钥、塞上藩篱二坊，万历二十五年建。

---

① 正统二年，1437 年。
② 举人，明清两代称乡试录取者。

○龙门县（第 12～14 页）

县城

《龙门县志》：明宣德六年建，隆庆二年①砖甃。周围四里五十六步，高三丈五尺，南关厢一，城楼二，角楼四，城铺二十有六。城门二，东曰'广武'，南曰'迎恩'。崇祯九年，从举人窦维辂条议，浚城壕。

县属

长安所城，《宣府镇志》：正统间，都督杨洪砖石甃修，高三丈，方五里十三步，城楼四，城铺十三，门二，南曰'迎恩'北曰'拱宸'。《畿辅通志》：在县东南九十里，明初置丰峪驿，永乐九年②筑城置戍。

赵川堡，《宣镇图说》：宣德三年创设，隆庆五年砖甃，周围七百三十八丈，高三丈五尺。《畿辅通志》：在县西五十里，明宣德五年筑，城外有濠。《县志》：楼二，铺四，门二，东曰'平定'，南曰'永安'。

葛峪堡，《北中三路志》：宣德五年土筑，嘉靖四十二年③增修，万历六年砖甃，周四里二百九十二步，高三丈五尺，堡楼三，角楼四，门二。《县志》：南曰'永安'，西曰'永宁'。

雕鹗堡，《两镇三关志》：宣德六年筑。《宣镇图说》：创于宣德六年，砖甃于成化八年，增修于隆庆四年。《宣府镇志》：永乐年间筑。方二里一百三十步，高二丈八尺，城楼四，角楼四，城铺六，门二：南曰'临流'西曰'清远'，关厢三。《北中三路志》：西一关。《县志》：西门曰'扬武'。《畿辅通志》：在县东四十五里，本元云州之雕窠站，明初置浩岭驿，永乐中改雕鹗堡，筑城置戍。

小白阳堡，《宣府镇志》：宣德五年筑，高二丈六尺，方一里一百六十步，城楼一，城铺四，南一门。《宣镇图说》：嘉靖四十三年土筑，万历二十三年砖包。

大白阳堡，《宣镇图说》：宣德五年上筑，万历十三年砖包，周围四百八十

---

① 隆庆二年，1568 年。
② 永乐九年，1411 年。
③ 嘉靖四十二年，1563 年。

五丈，高三丈五尺。《宣府镇志》：城楼一，城铺四，门一。

常峪堡，《宣府镇志》：成化五年展筑，高二丈五尺，方三里四十步，城楼三，城铺二，南西二门。《宣镇图说》：宣德五年建，万历十五年砖包。

案：上三堡及后隆门堡，《北中三路志》云隆门、小白阳俱嘉靖四十三年加修，万历十三年砖甃。大白阳景泰五年增修。常峪成化五年加修，万历十三年砖甃。与《镇志》及《图说》俱不同。

青边口堡，《宣镇图说》：宣德五年筑，万历九年砖包，周围五百十五丈，高三丈五尺。《宣府镇志》：城楼二，城铺四，南一门。《县志》：楼四，南一门，曰'平安'。

隆门关堡，《宣镇图说》：创自宣德三年，嘉靖四十三年土筑，万历四十四年砖甃，周围四百二十丈五尺，高三丈五尺。《北中三路志》：楼四，铺四，东西二门。《畿辅通志》：在县西二十五里，万历十三年增修。

三岔口堡，《宣镇图说》：原属民堡，土筑，嘉靖三十五年改，万历十七年砖包，周围三百七丈二尺。《北中三路志》：高三丈五尺，楼二，铺四，东西二门。

金家庄堡，《两镇三关志》：弘治十四年①筑。《宣镇图说》：成化二年②土筑，万历四年③砖包。周围三百七十八丈，高三丈五尺。《北中三路志》：堡楼四，角楼三，门一。

麻峪口堡，《宣镇图说》：洪武二十五年④筑，万历七年加修，高三丈五尺，周一里百九十步。

羊房堡。《宣府镇志》：成化元年筑，弘治二年展筑，高二丈三尺，方二里一百八步，城楼二，城铺四，东南二门。《北中三路志》：嘉靖四十三年复修。《宣镇图说》：万历十七年砖甃。

---

① 弘治十四年，1501 年。
② 成化二年，1466 年。
③ 万历四年，1576 年。
④ 洪武二十五，1392 年。

关隘

隆门关，《畿辅通志》：在隆门关堡东五里。

麻峪口，县南七十里。《宣镇图说》：地在腹里，当北路龙门卫之南口，入犯龙门则必由此。

桥梁。阙。

坊表

公署坊，巡按署前有澄清坊，左右有观风驻节、西塞行边二坊。

秩官坊，都督倪尚忠有一品元戎坊，兵科给事中王致祥有给谏访，卫辉同知窦文有诰敕显杨坊。

科第坊，举人魏清有飞腾坊，魏清、魏廷义有父子登科坊。

旌表坊，监生①曹贤妻沈氏、生员②沈洪妻邢氏、廪生③葛之覃妻王氏、窦维舆妻郭氏并有贞节坊。

大市坊，县城有迎恩、镇远二坊，长安岭堡有承恩、永安二坊，葛峪堡有澄清、威武、承恩、靖朔四坊。

◎墩汛（卷8《城堡志》关隘、桥梁、坊表及腹里墩汛附）

乾隆四年④四月，工部议覆直隶总督孙嘉淦疏称，直隶东西南北四大道，墩台营房，俱应兴修改建砖瓦。其州县所设墩台，不系来京驿路，仍循旧制，不必悉行更改。其应修改墩台，定以高一丈八尺，底见方一丈八尺，顶见方一丈四尺，上盖望楼并插旗杆，四面用砖用石或土性坚实，只须四角包砖，各就物料所宜，总期结实壮

---

① 监生，在国子监肄业者统称监生。初由学政考取，或由皇帝特许，后亦可由捐纳取得其名。

② 生员，明清两代称通过最低一级考试得以在府、州、县学读书的人，生员有应乡试的资格。通称秀才。

③ 廪生，明清两代称由公家给以膳食的生员。又称廪膳生。明初生员有定额，皆食廪。其后名额增多，因谓初设食廪者为廪膳生员，省称"廪生"。

④ 乾隆四年，1739 年。

观经久。营房每兵一名，定以六檩一间，每间面阔一丈，进深一丈，脊高一丈，檐高八尺，砌筑围墙，建设院门，并将马棚、铺房、告示房、界牌、烟墩等项一体修葺，等因。俱应如所题。改建砖瓦，俟工竣之日，再照郑禅实条奏之例，令州县官会同该管汛弁严督兵丁，嗣后加谨保护，遇有残缺坍损，报明印汛，各员协同修理完固，随倾随扶，随缺随补，及至文武离任时，并入册交代可也。奉旨，依议。钦此。（第 32 页）

○赤城县僻路墩汛共五十二处（第 36 页）

头堡子，双庙儿，以上二汛系独石协左营所管。马营沟，系独石协右营所管。浩门岭，天桥儿，杨善庄，铺儿沟，剪子岭，赤城底拨，七里墩，左所堡，以上八汛系赤城营所管。夏家村，八岔庙，观音寺，观门口，西宁堡，沙岭儿，戴家庙，古城梁，以上八汛系云州堡所管。桃树台，红沙嘴，穆家岭，唐家岭，石佛寺，八里墩，椵木冲，卜家庄，新庄儿，两明台，云州沟，以上十一汛系龙门所所管。黄家梁，暗门沟，东南路，木龙王嵯，殷家沟，打莺嵯，马市口，松树湾，以上八汛系滴水崖所管。威镇楼，施家嵯，胭脂村，杨家冲，双户墩，南户口，以上六汛系镇安堡所管。古城墩，柳沟梁，独石沟，杏叶沟，以上四汛系马营堡所管。云州岭，园子沟，雀儿沟，以上三汛系镇宁堡所管。头道梁。系君子堡所管。

○龙门县僻路墩汛共一十九处（第 37 页）

旧堡子，韩家坡，剪子岭，纪家梁，水泉梁，黑沙河，旧台子，石垛口，以上八汛系龙门城所管。达连沟，杨家沟，上桥儿，以上三汛系葛峪堡所管。行字铺，张四沟，以上二汛系雕鹗堡所管。新堡子，新井庄，真武庙，二炮儿，东山庙，施家冲。以上六汛系长安岭所管。

○附明制（第 39 ～ 43 页）

《宣府镇志》：镇城腹里墩台五十三座，守瞭官军二百六十五员名。东路腹里墩……北路腹里墩共二百一十五座，沿途空心墩共三十七座，守瞭官军共一千零八员名。开平卫腹里接火墩五十七座。马营堡腹墩三十四座。云州堡腹墩二十三座。赤城腹墩三十三座。龙门所腹里接火墩二十座，沿途空心墩六座。龙门卫腹墩八座，沿途空心墩一十七座。滴水崖沿途空心墩八座。雕鹗堡腹墩三十二座。长安所接火墩一十一座，沿途空心墩五座。中路腹里墩共八十七座，守瞭官军共四百四十六员名。葛峪堡三十座，常峪堡七座，青边口十座，羊房堡八座，大白阳一十一座，小白阳七座，赵川堡一十一座，隆门关二十座。……以上嘉靖以前腹里墩台分管数目。嘉靖三十七年，兵部尚书杨博请增筑各路墩台疏略曰：目前切要，第一在修饬城堡，其次则腹里接火墩台，一方耳目关系匪轻。今议于独石城、马营沟通马营大路，胡家庄、孔家庄添空心墩台二座，每座共高三丈三尺，上加女墙四尺，周围月城一道，外挑围堑一道。马营堡议添上哨，通君子堡、司家沟口、李树沟口、羊妳子沟口、二队沟口，下哨通松树堡、冯家科、尖岭儿，本营迤南羊房堡、段家冲、西川九寨窖冲口，东北独石沟通独石口城大路霍家庄共十座。云州堡议添夜妆岭墩一座。共十一座，高低广狭悉如独石之制。又疏……。

《续宣镇志》：东路傅烽路墩一百三十七座……下北路接火墩一百七十座。滴水崖二十九座，长伸地一十八座，龙门所三十九座，牧马堡七座，样田堡七座，雕鹗堡三十四座，长安岭三十六座。上北路接火路墩一百七十九座。镇安堡三十一座，青泉堡十座，云州堡三十二座，伴壁店九座，猫儿峪九座，马营堡二十一座，松树堡九座，镇宁堡二十座，赤城四十八座。……以上《续宣镇志》所载各路墩台分管数目亦与前志不同。

◎公署（卷9《公署志仓库及养济院等附》）

○赤城县（第3~5页）

县署，在本城旧分巡道署，明嘉靖三十八年①建，康熙三十二年改县署。署前有燕然台，明崇祯年巡道李仙风建。

儒学署。

---

① 嘉靖三十八年，1559年。

典史署。

赤城营都司署。

赤城营把总署。

独石口驿传道署，在独石城东街。

驿站笔帖式署，在独石城东街。

理事同知署，现赁民房。

赤城县县丞署，在独石城东门内大街南。

独石协副将署，在本城北街。明上北路参将署，《宣府镇志》：正统九年建。

左营都司署，在本城南街。

右营守备署，在本城西街。

协标左、右二营，千、把总署，共六所。

独石口防守尉署，在本城西后街。系圈拨民房改建。

守御、章京、笔帖式、骁骑校署，共六所。内骁骑校二员署，系现赁民房，未经请建，余俱民房圈拨。

云州驿驿丞署，在本驿。

云州守备署。

镇安堡守备署。

滴水崖守备署。

龙门所守备署。

马营堡千总署。

松树堡千总署。

君子堡把总署，在本堡，乾隆元年建。

镇宁堡把总署。

县库，在县署内。

　　仓廒。<small>县仓在城西北隅，</small>康熙二十年①<small>建。</small>独石口仓，<small>九间，在城西北隅，本</small>明<small>广积仓，</small>正统元年建。独石口新仓，<small>五间，</small>康熙二十四年建；<small>又新仓十间，</small>乾隆六年②<small>建；俱在城西北，系县丞管理。</small>

　　阴阳学。

　　医学。

　　僧会司。

　　道录司，俱在县城。<small>无专署。</small>

　　养济院。

　　漏泽园。<small>本县城西坡地六亩，</small>龙门所<small>西坡地六亩，</small>独石口<small>城南地十亩，</small>独石城<small>西地五亩，</small>马营堡<small>西坡地十六亩。</small>

　　○龙门县（第7~9页）

　　县署，在城东北隅，明保定行府署。《宣府镇志》：正德元年建。《龙门县志》：康熙三十二年改县署。

　　儒学署，在县学明伦堂后。《县志》：正统初为社学廨，弘治年改卫学署，康熙三十二年改县学署。

　　典史署，在城东南隅。《县志》：明卫经历署，后驻卫守备，康熙三十二年改建。

　　龙门路都司署，在县城，明城守守备署。《县志》：正德年建，顺治初葛峪堡参将移驻，十三年改都司署。

　　把总署，在县城。《县志》：中军守备署，顺治十三年③建，雍正十三年④裁守备改把总署。

　　葛峪堡守备署，明中路参将署。《宣府镇志》：嘉靖二年⑤建，顺治年改守备署。

---

① 康熙二十年，1681年。
② 乾隆六年，1741年。
③ 顺治十三年，1656年。
④ 雍正十三年，1735年。
⑤ 嘉靖二年，1523年。

赵川堡千总署，明守备官厅，宣德年建，雍正十年改建守备署，今为千总署。

雕鹗驿驿丞署，在本驿，康熙三十二年建。

雕鹗堡把总署，在本堡，明守备官厅。《宣府镇志》：正统十三年①建，康熙二年改建。

长安驿驿丞署，在本驿，康熙三十二年建。

长安岭都司署。在本城，明守备官厅。《宣府镇志》：景泰四年②建，顺治年改守备署，雍正十年改都司署。

长安岭把总署，在本城，雍正十三年建。

县库，在县署。

仓厫。

阴阳学。

医学。

僧会司。

道录司。

养济院。

漏泽园。县城东门外地五亩，雕鹗堡南门外地五亩，赵川堡东门外地二亩，葛峪堡东门外地二亩，长安岭北门外地二亩。

◎废署据旧志录存，余无考。（卷9《公署志仓库及养济院等附》）

○赤城（第 19 页）

巡抚都察院，在龙门所城，明景泰七年为守备太监建，嘉靖七年③改。

巡按察院，一在县东门内，明宣德六年建；一在龙门所城，景泰五年建；一在滴水崖堡；一在云州城东门内，景泰五年建；一在开平城南门内，正统七年

---

① 正统十三年，1448 年。
② 景泰四年，1453 年。
③ 嘉靖七年，1528 年。

建；一在马营城，正统八年都督杨洪建。

分守藩司，在开平城，明正统年分守太监建，嘉靖间改。

分巡臬司，明正统年建，本名分司，后改。

分司，一在县城，一在马营城，俱明宣德七年①建；一在龙门所，正统四年②建；一在云州城，景泰五年建。

兵备宪司，一在县城，嘉靖己未③增设兵备佥事时建。

真定行府，明正统八年建，正德间改徙马营城。

参将署，开平城，明正统间建，外又有公署。

守备官厅，一在县城，明正统六年建；一在滴水崖；一在龙门所城，宣德七年建；一在云州城，景泰二年建，嘉靖二年守备王麟修；一在马营城，正统八年建。

开平卫指挥使司，明正统七年建，经历、镇抚、五千户所附。

守御千户所，一在龙门所，明宣德五年建；一在云州所，明成化四年千户汪升建，吏目、镇抚附。

演武厅，一在县城南二里，明宣德七年建；一在龙门所南门外；一在滴水崖；一在开平卫，正统五年建；一在云州城东北二里，明永乐年建；一在马营城南百步，明正统十四年都指挥杨俊建；余无考。

官店，二在县城，一在龙门所城，一在开平，一在云州城，一在马营城，俱景泰七年建；一在滴水崖。

药房，一在县城，一在云州，一在滴水崖，一在龙门所，一在马营，俱景泰五年建；一在开平。

开平公馆。明正统中建。

仓库

广备仓，在县城西北隅，明正德五年④建。

---

① 宣德七年，1432 年。
② 正统四年，1439 年
③ 嘉靖己未，嘉靖三十八年，1559 年。
④ 正德五年，1510 年。

广盈仓，<u>在马营</u>城西南隅，<u>明宣德</u>五年①建。

广积仓，<u>开平</u>城。

备荒仓，一在<u>龙门所</u>治内，<u>明成化</u>七年②建；一在<u>云州所</u>治内；一在<u>开平</u>。

<u>云州堡</u>仓，八间，<u>明宣德</u>五年建。

<u>镇宁堡</u>仓，六间，<u>明弘治</u>十年③建。

<u>镇安堡</u>仓，二间，<u>明成化</u>八年建。

<u>龙门所</u>仓，八间，<u>明宣德</u>七年建。

<u>滴水崖</u>仓，八间，<u>明弘治</u>八年建

神机库，在<u>龙门所</u>，<u>明正统</u>六年④建。

神枪库，一在<u>滴水崖</u>，一在<u>云州</u>城东北隅，<u>明宣德</u>五年建。

草场，一在县南门内，一在<u>龙门所</u>，一在开平，一在<u>云州</u>城东北隅，一在<u>滴水崖</u>，一在马营城内北山上，俱宣德年建。

军器局。在<u>龙门所</u>，<u>明正统</u>六年建。

○龙门城（第20～21页）

巡按察院，一在县城，<u>明宣德</u>六年置；一在<u>长安城</u>，<u>明景泰</u>三年⑤建；一在<u>雕鹗堡</u>，<u>明天顺</u>七年⑥建；一在<u>葛峪堡</u>，<u>明成化</u>年建。

分司，一在城东南隅，建年同上；一在<u>长安所</u>，<u>明景泰</u>四年建。

<u>保定</u>行府，<u>明正德</u>年建，在县城。

<u>河间</u>行府，<u>明正德</u>年建，在<u>葛峪</u>。

<u>龙门卫</u>指挥使司，城西北隅，<u>明景泰</u>五年建，经历、镇抚、四千户所附。

<u>长安岭</u>守御千户所，<u>明弘治</u>三年建，吏目、镇抚附。

参将署，<u>葛峪堡</u>，<u>明嘉靖</u>二年建。

---

① 宣德五年，1430 年。
② 成化七年，1471 年。
③ 弘治十年，1497 年。
④ 正统六年，1441 年。
⑤ 景泰三年，1452 年。
⑥ 天顺七年，1463 年。

守备官厅，一在长安所，明景泰二年建；一在雕鹗，明正统十二年建，嘉靖二十三年移滴水崖；一在葛峪，明成化九年建。

把总官厅，一在雕鹗，一在赵川。

公馆，一在南关，一在龙门关堡，一在金家庄，一在三岔口堡，一在赵川，一在大白阳，一在小白阳，一在常峪，一在青边，一在羊房堡。

演武厅，一在县城东二里，明永乐年建；一在长安城北三里，明正德二年建；一在雕鹗，明宣德五年建；一在龙门关等堡；一在赵川；一在白阳；一在葛峪；一在常峪等堡。

操守官厅，大小白阳、常峪、青边、羊房各一。

防守官厅，龙门关、金家庄、三岔口各一。

官店，县城及龙门、长安二所各一，又雕鹗堡一。

药房。一在卫治东，明景泰间建；一在长安所，建年同；一在龙门所。

仓库

神枪库，一在卫城，明景泰四年建；一在雕鹗，明成化七年建；一在葛峪，明成化九年傅严建。

军器库，在卫城北隅，明景泰年建。

军器局，在龙门所，明正统六年建。

火药局，一在县城，明景泰七年建；一在雕鹗，一在长安，俱景泰中建。

广盈仓，卫城，明宣德五年建。

备荒仓，一在卫城，一在龙门所，一在雕鹗，一在长安城，俱成化中建。

各堡仓，龙门仓、隆门关仓、雕鹗仓、常峪仓、青边仓俱明宣德年建；三岔口仓、赵川仓、保安仓并宣德三年建；大小白阳仓并宣德五年建；长安仓，景泰年建；葛峪仓、金家庄仓并成化年建；羊房堡仓成化元年建。

草场。一在赵川，一在大白阳，一在小白阳并明宣德年建；一在龙门所，一在常峪，一在青边并宣德五年建；一在雕鹗，景泰五年建；一在卫城东关，天顺年建；一在葛峪，一在羊房并成化元年建；一在金家庄，成化三年建；一在三岔口，一在长安岭并成化十年建。

◎公署（续修志卷9《公署志仓库及养济院等附》）

○赤城县（第27页）

义仓六座，一在独石口、一在马营堡、一在云州堡、一在龙门所、一在滴水崖、一在镇宁堡，每座仓房三间，乾隆二十年①建。

龙门所仓厫六间，乾隆二十年知县王锡祜建。

留养局六座。一在县城，计五间；一在龙门所，三间；一在独石口，三间；一在滴水崖，二间；一在云州堡，二间；一在马营堡，二间，乾隆十八年建。生息本银六百四两。

○龙门县（第27~28页）

儒学署，在学宫西偏，乾隆六年。教谕杨宸捐俸，并劝捐绅士改建。

典史署，在城正西，旧署城东南隅，年久倾圮，且与监狱相距里许。乾隆十七年，西路通判蒋日杞兼摄县篆移建。

义仓五座，雕鹗堡、金庸堡、新井庄、小白阳、近北庄每座瓦房三间，乾隆十六年知县单烺捐建。

留养局三座，本城南街房五间，赵川堡北街房三间，雕鹗堡西关房三间，乾隆二十年知县王锡毂捐建。生息本银一百三十两。

养济院一座。乾隆十一年，知县李联元捐修。

◎乡都户口（卷10《乡都户口志》）

○赤城县（第4~7页）

本城并关厢编户七百八十三，内丁二千一百七十一，口一千二百七十六。

东路自张家窑至龙门所东口边墙界，共四十四村庄。张家窑、新兴堡、西红石窑、杨善庄、郭家屯、东红石窑、卜家庄、小峪沟、大峪沟、东山庄、新庄子、张家窑、李家窑、青平楼、牧马堡、丈房沟、潘家寺、高正墩、蘑菇沟、杜家窑、黑龙王沟、祁家窑、邓家窑、梨树沟、殷家窑、石灰窑、上马鞍

---

① 乾隆二十年，1755年。

山、沈家庄、灰窑子、下马鞍山、小堡子、样田堡、尚家堡、郝家堡、蒋家堡、水磨窑、郭家窑、于家沟、马营口、朱家庙、塘子口、东村、西村、龙门所。以上村庄共编户一千七百零三，内丁三千九百三十一，口二千三百四十七。

南路自张浩村至滴水崖、延庆州界，共二十五村庄。张浩村、柳林屯、双山寨、南庄子、老幼屯、兴仁堡、李常沟、石峡儿、郑家窑、委园儿、跳石河、董家庄、暗门沟、武家窑、炮炉石沟、青阳观、宁远堡、长伸地堡、上庄堡、巡检司、河西堡、青罗口、宁疆堡、常胜庄、滴水崖。以上村庄共编户一千零六，内丁二千三百一十三，口一千四百七十一。

西路自郑家庄至浩门岭龙门县界，又至君子堡边界共三十二村庄。郑家庄、唐房堡、沃麻坑、田家窑、青羊沟、浩门岭、小菅堡、镇宁堡、中所堡、东沟楼、三道沟、方家梁、野马盘、赵家沟、东栅口、郑家墩、盘石台、水泉儿、丁字路、右所堡、红石嵯、邱家岭、寺儿沟、西栅口、马菅堡、西窑子、黄峪沟、大水坑、仓上堡、羊房堡、君子堡、松树堡。以上村庄共编户一千四十五，内丁二千七百九，口一千一十四。

北路自杨家村至独石城北口边墙界，共二十九村庄。杨家村、头堡子、牛羊村、四道沟、黄土岭、孙家庄、王官村、周里沟、金家寨、李和堡、观门口、云州堡、北沙沟、永镇堡、胭脂村、窑子沟、夏家村、旧站堡、猫儿峪、青泉堡、镇安堡、施家嵯、打罗村、头墩庄、二墩庄、梨木沟、三山堡、半壁店、独石城。以上村庄编户一千六百三十九，内丁三千二百二十九，口一千八百四十。

○龙门县（第7~9页）

本城并关厢编户六百二十四，内丁一千二百六十二，口八百七十八。

东路自八里庄至浩门岭赤城县界，共三十八村庄。八里庄、三岔口、张家新窑、东水泉、韩家庄、大岭堡、上虎村、下虎村、康家庄、水碾堡、大榆树、李家寨、鞠家庄、雕鹗堡、黎家堡、东庄堡、尤家庄、孙家庄、倪家沟、羊官村、孤山堡、李冒堡、李呆堡、石头堡、小雕鹗、镇川堡、郑家梁、行字铺、向阳村、李洪堡、艾家沟、王良堡、上仓堡、灰窑堡、李家沟、周家沟、张四沟、浩门岭。以上村庄共编户九百五十，内丁二千零五十，口一千五百三十。

南路自安家窑至新井庄怀来县界，共六十一村庄。安家窑、尤家沟、叚家沟、李什沟、曾家沟、进北庄、倪家窑、白家堡、姜家寨、田家窑、郭家庄、王家窑、闫王沟、井儿寂、下瓦房、蔡家庄、白象寺、下仓堡、大虾蟆口、上仓堡、汤池口、上瓦房、上斗子营、朱家庄、东山庙、马家堡、官庄堡、冯家沟、二炮儿、郭家窑、头炮儿、东庄堡、于家庄、瓦房儿、金家口、蔡家窑、施家冲、大海陀、姜家庄、阎家平、闫家窑、光良寂、石香炉、高栅子、下斗子营、窑子沟、水场堡、麻峪口、旧站堡、长安岭、杏林堡、洪站堡、靖宁堡、王家楼、南山堡、焦家沟、头二营、兴旺堡、晏家庄、井儿寂、新井庄。以上村庄共编户一千零四十二，内丁二千四百三十，口二千二百五十二。

西路自朱家营至羊房堡宣化县界，共三十一村庄。朱家营、徐家窑、李家窑、西张家窑、榆村儿、房家沟、梁家窑、玉泉堡、西水泉、三贤庙、黄草梁、小龙王堂、隆门关、小虾蟆口、大龙王堂、赵川堡、董家窑、小白阳、前坝口、后坝口、大白阳、拒敌堡、葛峪堡、张全庄、郭龙庄、大营盘、小营盘、常峪口、青边口、李家窑、羊房堡。以上村庄共编户一千零八十八，内丁二千四百三十，口二千三百。

北路自周村堡至于家沟边墙共一十四村庄。周村堡、前所堡、盘道堡、南栅口、常家窑、张家口儿、金墉堡、老王沟、北栅口、宋家窑、张家后沟、金家庄、石垛口、于家沟。以上村庄编户共二百五十八，内丁四百五十，口三百一十。

◎续乡都户口（续修志卷10《乡都户口志》，第24页）

○赤城县

乾隆二十一年①编审，实在人丁共一千五百四十丁。

○龙门县

乾隆二十一年编审，实在人丁三千九百七十一丁。

◎田赋（卷11《田赋志》）

○赤城县（第4~6页）

《赋役全书》：原额地三千八百三十八顷二十五亩二分二厘零。乾隆五年新收垦荒地三十二亩七分。乾隆三年开除龙门县寄庄地二十四顷七十亩二分二厘零。实在地三千八百一十三顷八十七亩六分二厘零，共征银一千九百四两六钱一分一厘零，粮六千三石六斗四升二合零。内米三千一石八斗二升一合零，豆三千一石八斗二升一合零。军租谷一石二斗。

一、起运银无。

一、存留银二千二百九两四钱一分三厘三毫三丝一忽。内本府经历司俸银四十两；门子一名，工食银六两；皂隶四名，工食银二十两；马夫一名，工食银六两。司狱司俸银三十一两五钱二分；皂隶二名，工食银一十二两。知县俸银四十五两；门子二名，工食银二十二两；皂隶十名，工食银六十两；仵作二名，工食银一十二两；马快八名，工食银一百三十四两四钱；民壮五十名，工食银三百两；轿伞扇夫七名，工食银四十二两；库子二名，工食银一十二两，斗级四名，工食银二十四两；禁卒八名，工食银四十八两；铺兵十名，工食银六十两；吹手六名，工食银三十六两；更夫五名，工食银二十四两；火夫八名，工食银三十八两四钱。修理龙亭银五钱，文庙银一十两，文庙等春秋二大祭银四十两，关帝庙三大祭银四十两，社稷山川等春秋二大祭银三十两、三小祭无祀鬼神银一十两，朔望行香纸烛银一两，乡饮酒礼银一十两，时宪书银三两，农夫二名，工食

---

① 乾隆二十一年，1756年。

银一十二两，孤贫花布银六两。<u>独石口</u>驻防章京部马草价银七十八两，<u>独石口</u>县丞俸银四十两，门子一名，工食银六两；皂隶四名，工食银二十四两；马夫一名，工食银六两；斗级二名，工食银一十二两。典史俸银三十一两五钱二分；门子一名，工食银六两；皂隶四名，工食银二十四两；马夫一名，工食银六两。<u>云州驿</u>驿丞俸银三十一两五钱二分；皂隶二名，工食银一十二两。儒学教谕俸银四十两，斋夫三名，工食银三十六两；门斗三名，工食银二十一两六钱；廪生二十名，廪粮银六十四两；膳夫二名，工食银一十三两三钱三分三厘三毫三丝三忽。贡生①花红旗匾银二两五钱，会试举人盘费银五两，文举牌坊银二十六两六钱六分六厘六毫六丝六忽，文进士牌坊银三十三两三钱三分三厘三毫三丝三忽，武举花红旗匾银一两六钱六分六厘六毫六丝六忽，武进士花红旗匾银三两三钱三分三厘三毫三丝三忽。<u>赤城驿</u>轿扛夫三十七名，工食银三百九十九两六钱，遇闰加银三十三两三钱；驿马二十四匹，草折银一百五十五两五钱二分，遇闰加银一十二两九钱六分。**按：**<u>赤邑</u>额征银两不敷支放，缺额俸工在于布政司库地粮银内拨给外，额征当税银九十两，额征烧缸税银二十四两，额征牙僧税银五两一钱，征收田产及牛驴税银数目不等，俱尽收尽解，并无定额。<u>独石口</u>征收南北货税并盐车税银例，系<u>独石口</u>县丞监收数目不等，并无定额。盐课无。

　　仓粮。<u>独石</u>仓额贮米一万一十四石五斗六升，每年兵丁驿夫约放一千余石，于藩库领银买补。

　　○龙门县（第7~9页）

　　《赋役全书》：原额地四千三百顷二十二亩三分三厘零。乾隆三、四、五、六等年，新收地共二百三十三顷七十二亩三分一厘零。<u>乾隆四年</u>开除地二十一顷二十三亩八分三厘零。实在地四千五百一十二顷七十亩八分二厘零，共征银二千三百四十三两二钱四分六厘零，遇闰加银一十五两四钱二分零。粮六千四百九十五石一斗一升四合零，内改折银一千九十四两，米二千一百五十三石五斗五升七合零，豆二千一百五十三

_____

　　① 贡生，指科举时代，考选府、州、县生员（秀才）送到国子监（太学）肄业的人。

石五斗五升七合零。军租米六斗，谷八石八斗九升九合零。

一、起运银五百六十七两九钱八分零。

一、存留银一千七百七十五两二钱六分六厘零。内府学教授俸银四十五两，斋夫三名，工食银三十六两；门斗三名，工食银二十一两六钱；膳夫二名，工食银一十三两三钱三分三厘三毫三丝三忽；廪生四十名，廪粮银一百二十八两。知县俸银四十五两；门子二名，工食银一十二两；皂隶十名，工食银六十两；马快八名，工食银一百三十四两四钱；民壮五十名，工食银三百两；轿伞夫七名，工食银四十二两；库子二名，工食银一十二两；斗级四名，工食银二十四两；禁卒八名，工食银四十八两；铺兵一十四名，工食银八十四两；吹手六名，工食银三十六两；更夫五名，工食银二十四两；火夫八名，工食银三十八两四钱；仵作四名，工食银一十二两。修理龙亭银五钱，文庙银十两，文庙春秋二大祭银四十两，社稷山川等春秋二大祭银三十两，关帝庙三大祭银四十两。农夫二名，工食银一十二两，三小祭无祀鬼神银一十两，朔望行香纸烛银一两，乡饮酒礼银一十两，时宪书①三两，孤贫冬衣花布银六两。典史俸银三十一两五钱二分；门子一名，工食银六两；皂隶四名，工食银二十四两；马夫一名，工食银六两。皂隶四名，工食银二十四两，马夫一名，工食银六两。长安驿驿丞俸银三十一两五钱二分，皂隶二名，工食银一十二两。雕鹗驿驿丞俸银三十一两五钱二分，皂隶二名，工食银一十二两。儒学教谕俸银四十两，斋夫三名，工食银三十六两，门斗三名，工食银二十一两六钱，廪生二十名，廪粮银六十四两，膳夫二名，工食银一十三两三钱三分三厘三毫三丝三忽，贡生花红旗匾银二两五钱，会试举人盘费银五两，文举牌坊银二十六两六钱六分六厘六毫六丝六忽，文进士牌坊银三十三两三钱三分三厘三毫三丝三忽，武举花红旗匾银一两六钱六分六厘六毫六丝六忽，武进士花红旗匾银三两三钱三分三厘三毫三丝三忽。龙门城递马四匹，草折银二十五两九钱二分，遇闰加银二两一钱六分，马夫二名，工食银二十一两六钱，遇闰加银一两八钱。赵川堡递马四匹，草折银二十五两九钱二分，遇闰加银二两一钱六分，马夫二名，工食银二十一两六钱，遇闰加银一两八钱。**外盐课**

---

① 时宪书，历法名，即时宪历。制定于明末，清顺治二年（1645年）颁行，正式采用定气注历。这是我国历法史上第五次（即最后一次）大改革。清代因避高宗弘历讳，改称"时宪书"。

无。其典当、烧缸、牙帖、牛驴房地各税俱无定额，尽收尽解。

仓粮。米二千一百五十三石六升一合零，豆三千二百四十七石六升一合零。

◎学校（卷12《学校志义学、书院附》）

○赤城县学（第4~5页）

《县志》：在县治东，本社学也。明景泰五年①，令边卫各置社学。国初因之，康熙三十二年②置赤城县，改为县学。

○龙门县学（第5页）

《宣府镇志》：明弘治初置龙门卫学。《县志》：在城东南隅，本龙门卫学。前明正统元年③建，十四年毁。景泰三年，参政叶盛复建，又毁。弘治元年④，巡抚张锦奏请移建于社学旧地，在城之东北隅。今康熙三十二年改县学。《通志》：叶盛复建，寻废。张锦奏请重建，弘治元年参将都指挥周贤改建于卫治东北。

○学官书籍（第26~27页）

前明颁为《善阴隲》一部，《孝顺事实》一部，以上俱洪武十七年颁。《五经大全》各一部，《四书大全》一部，《性理大全》一部，以上俱永乐十三年颁。《孝经》一部，《小学》一部，以上俱崇祯六年颁。国朝颁《孝经衍义》一部，康熙三十五年颁。《圣谕广训》一部，雍正二年颁。《名教罪人诗》一部，雍正四年颁，《蔚县志》作《御笔赐钱名世书》一部，此当是《名教罪人诗》之误。《御纂周易折衷》一部，《钦定书经传说汇纂》一部，《钦定诗经传说汇纂》一部，《钦定春秋传说汇纂》一部，《性理》一部，《四书解义》一部，《钦定四书文》一部，乾隆六年颁。《钦定吏部满官品级汉官则例》一部，《畿辅通志》一

---

① 景泰五年，1454年
② 康熙三十二年，1693年。
③ 正统元年，1436年。
④ 弘治元年，1488年。

部，《学政全书》一部，《上谕》二十四本，_{自康熙六十一年至雍正七}
_年。《三教归一上谕》一本。以上各学并同。龙门县学藏书，《旧
志》："参政叶盛尝购书五千余卷，贮之学宫"。

○学田（第 29 页）

《龙门县志》：学田一顷十五亩，租米十一石五斗。

○入学出贡额数（第 29～30 页）

《畿辅通志》：顺治九年①，定入学分大学、中学、小学。大学
取四十名，中学三十名，小学二十名。十五年，入学大学府二十名，
大州县十五名，小学四、五名。十六年，并怀来、永宁两学归延庆
州，保安卫学归保安州，龙门所学归开平卫。康熙九年，定各直省
府学二十名，大州县学十五名，中学十二名，小学或七名或八名。
二十六年，题准怀来、永宁、保安三卫，仍各取童生八名；令各州
兼摄宣化府生员，酌拨二名以足数；宣化、怀安二县作大学定额十
五名，怀来、万全、蔚三县作中学定额十二名，西宁、龙门、赤城
三县作小学定定额八名。武生亦如之。五十四年，增广学额，府学
各增三名，州县卫大学各增三名，中学三名，小学二名。六十一年
十一月，恩诏大学加取七名，中学五名，小学三名。雍正元年，恩
诏大学例加取七名。二年，万全、蔚州、蔚县改大学，各取十八名；
西宁改中学，取十五名。廪增额数。顺治四年定府学四十名，州学
三十名，县学二十名，增广生数额同。京卫武童。雍正二年额取一
百名，分派九府。宣化取名就本籍考试，合州县查明廪保②，识认真
正卫籍，具结送考学臣，取进后移拨京卫武学。

○社学、义学书院③（第 31～32 页）

---

① 顺治九年，1652 年。

② 廪保，明代生员分廪生、增生、附生三等。成绩最好的称"廪生"，可自公家领取
廪米津贴，谓之廪保，又称廪膳生。

③ 社学，明、清两代在各府、州、县所设立教授民间子弟的学校。义学，旧时一种
免费学校，资金来源为地方公益金或私人筹资。

赤城县义学，《赤城县志》：在县署前。康熙二十五年，同知汪之涛建。四十五年，知县廖三友捐俸延师①教授。《册》：赤城八城皆有社学。

云州义学，《赤城县志》：在玉皇阁。

独石义学，《赤城县志》：在白衣庵，县丞张朝佐捐俸延师。《县册》：一在文庙西，乾隆四年建。

独石书院，《畿辅通志》：在旧开平卫治东南隅。

阳寿义学，《宣镇志》：云州。

二贤书院，《宣镇志》：怀来、马营俱有二贤书院，以祀范文正、欧阳二公，见《古迹》。

滴水崖堡义学，《通志》：雍正七年建。

龙门县义学，《龙门县志》：在县署东。

龙门关义学，《通志》：雍正七年建。

雕鹗堡社学，《龙门县志》：在本堡城，明嘉靖十一年建，内有文庙三间，西房三间，今康熙三十二年后，知县田仁更名义学，延师授徒。

长安岭义学，《龙门县志》：在麻峪口。

西关书院。《通志》：在龙门卫西南隅旧学后。

◎续学校（续修志卷12《学校志义学书院附》）
○龙门县（第40页）

书院一座。在梓潼庙西，乾隆十七年西路通判摄②县篆③蒋日杞率绅士捐建。

◎典礼（卷13《典礼志寺观附》）

---

① 延师，延，邀请；请。延师，聘请教师。
② 摄，代理，兼理。
③ 县篆，疑为"县掾"，掾音 yuàn，原为佐助的意思，后为副官佐或官署属员的通称。

○社稷坛（第 1 页）

《明史·礼志》：洪武元年[①]，颁社稷坛制于天下郡邑有司，俱设于本城西北，右社右稷。十一年，定同坛合祭如京师之制。《畿辅通志》：……赤城县坛在城东……龙门县坛在东门外……赤城县以下，俱照各州县志开列后并同。

○风云雷雨山川坛（第 2 页）

《畿辅通志》：汉、唐、宋，风雷雨各立坛以祭。明洪武二年，增祀云合为一坛；六年，又合山川共为一坛。八年，又以城隍合祭于坛。……赤城县坛在县城南。……龙门县坛在东门外南隅。……

○先农坛（第 2 页）

《畿辅通志》：雍正四年[②]八月，诏直省举行耕耤礼，各该地方设立先农坛，每岁仲春亥日，府州县官各率所属及乡耆老农诣坛处祀，各官次第扶犁，老农终亩。……赤城县坛在城南，此误，当在东。……龙门县坛在……[③]

○里社坛（第 3 页）

《畿辅通志》：在各里祀土谷神。

○厉坛（第 3 页）

《明史·礼志》：洪武三年定制，府州祭郡厉，县祭邑厉，皆设坛城北，一年二祭如京师。里社则祭乡厉，后定郡邑、乡厉，皆以春清明、秋七月十五日、冬十月一日。《畿辅通志》：在各州县北郊，清明、中元、十月朔日祭。又乡厉坛在各乡社，郡坛在府城东北。……赤城县坛在城北。……龙门县坛在东门外北隅。

○城隍庙（第 3~4 页）

《明史·礼志》：洪武二年，命加城隍封爵，府为鉴察司民城隍

---

① 洪武元年，1368 年。

② 雍正四年，1726 年。

③ 注：原书此处为空白。

威灵公，州为鉴察司民城隍灵佑侯，县为鉴察司民城隍显佑伯。三年，诏去封号，止称某府州县城隍之神。《畿辅通志》：清明、中元、下元专祭，春秋祭风云雷雨，又迎神合祭于坛。……赤城县庙，八城堡各一。……龙门县庙，一在城，明宣德三年建；一在龙门关；一在金家庄长安卫；一在三岔口堡；一在雕鹗堡石桥街，明宣德六年建；一在长安岭西坡，明宣德六年建；一在赵川堡，康熙五十年改建；一在大白阳堡西街，成化八年建；一在小白阳堡；一在葛峪堡，成化十年建；一在常峪口，明嘉靖二十四年建；一在青边口；一在羊房堡。……

　　○关帝庙（第5~6页）

　　《畿辅通志》：春秋仲月戊日二祭，五月十三日一祭。……赤城县，八城堡各一。……龙门县城三，龙门关、金家庄、三岔口、雕鹗堡、明万历二十二年建。赵川堡、明永乐二年建。小白阳堡、明永乐二年建。葛峪堡、明永乐二年建。常峪口、明[万]历十八年建。青边口、羊房堡各一，长安岭、大白阳堡各二。……

　　○旗纛庙①（第6页）

　　《畿辅通志》：霜降日迎祀于演武场。……龙门县城一，雕鹗、长安二堡各一。

　　○武成王庙（第6~7页）

　　《元史·礼乐志》：武成王立庙于枢密院公堂之西，以孙武子、张良、管仲、乐毅、诸葛亮以下十人从祀。每岁春秋仲月上戊，以羊一、豕一、牺尊、象尊、笾、豆、俎、爵，枢密院遣官行三献礼。按：此系京城庙祀之制，后则郡县皆有庙矣。……一在龙门西卫堂旧址，康熙七年建，移火药局于此。……

---

　　① 旗纛庙，旗纛dào，饰以鸟羽的大旗。古代军队出征前有许多祭祀活动，主要是祭天、祭地、告庙和祭军神。明代专门修建了旗纛庙，庙中祭祀的神有旗头大将、六纛大神、五方旗之神、主宰战船正神、金鼓角铳炮之神、弓弩飞枪飞石之神、阵前阵后神、五猖神等。但已不仅是征伐出师之前的祭祀，而是常设之祠。

○火神庙（第 6~7 页）

《畿辅通志》：春秋仲月上戊日祭。……赤城县、万全县各一。龙门县，一在县城，明天启二年①建；一在小白阳堡；一在葛峪堡，明嘉靖三十六年②建。……

○龙神庙（第 7~8 页）

……龙门县庙，在小东门外，明万历三十七年③建；龙门关、金家庄、三岔口、雕鹗堡、明万历三十二年建。长安岭、明正统三年④建。赵川堡、明崇祯十一年⑤建。大白阳、明弘治三年⑥建。小白阳、葛峪堡、明弘治二年建。常峪口、明天顺二年⑦建。青边口各一。……

○马神庙（第 8~9 页）

《畿辅通志》：春秋仲月上戊日祭。……龙门县，县城、明景泰三年建。龙门关、金家庄、三岔口、雕鹗堡、明景泰二年建。长安岭、同上。葛峪堡、明万历九年建。常峪口、明万历六年建。羊房堡各一。……

○八蜡庙（第 8~10 页）

《畿辅通志》：春秋仲月上戊日祭。……龙门县庙在县城大东门外，康熙四十七年建。……

○文昌祠又目文昌阁或曰梓童庙（第 10 页）

《畿辅通志》：春秋仲月丁日祭。……龙门县庙在城西北隅，窦文建；一在三岔口。……

○奎星阁（第 10~11 页）

《畿辅通志》：祀同文昌。……龙门县有奎星楼，在城东南隅，即角楼，康熙七年，通判□玉铉、守备王之屏改；又一在雕鹗。

---

① 天启二年，1622 年。
② 嘉靖三十六年，1557 年。
③ 万历三十七年，1609 年。
④ 正统三年，1438 年。
⑤ 崇祯十一年，1638 年。
⑥ 弘治三年，1490 年。
⑦ 天顺二年，1458 年。

○五岳庙（第 11 页）

《宣化县志》：在西阁北。《畿辅通志》：在赤城县云州堡。

○东岳庙（第 11 页）

……龙门县庙，在县城小东门外，又雕鹗堡、号泰山庙。长安岭、明万历二十一年建。赵川堡、明崇祯十一年建。小白阳、号泰山庙。常峪口明嘉靖三十二年建各一。……

○三皇庙（第 12 页）

……一在龙门县城，《县志》：像系刘澜塑。……

○药王庙（第 12 页）

……一在龙门县城东关厢。……

○水母庙（第 12 页）

《畿辅通志》：一在独石，一在马营，一在长安岭。《龙门县志》：长安岭水母庙，明嘉靖七年建。……

○温泉神庙（第 13 页）

《畿辅通志》：在赤城西汤泉上，明正统六年重修。

○独石神庙（第 13 页）

《畿辅通志》：在赤城县北，独石城南，明正统七年建，祀土神。

○轩辕庙（第 13 页）

《畿辅通志》：在独石。余详《古迹》。

○云州义烈祠（第 16 页）

《赤城县志》：在云州堡，正统十四年建。《宣镇志》：祀己巳也先陷云州殉难右副使京兆谷春、都指挥佥事①孙刚，千户池信子、妇上党陈氏等九十余人。都御史叶盛为记并列九十人姓氏于碑阴。《记》详《艺文》。

---

① 佥事，官名。金置按察司佥事。元时诸卫、诸亲军及廉访、安抚诸司，皆置佥事。明因之，都督、都指挥、按察、宣慰、宣抚等，皆有佥事。清初沿用，乾隆时废。

○三贤祠（第 16 页）

《畿辅通志》：一在独石，一在云州，一在龙门。……

○寺观（第 21~22 页）

赤城县

静海寺，在县城西南隅，明景泰四年①建。

镇疆寺，在独石城西北隅，明正统七年②建。

灵真观，在云州西南十五里，金阁山去观门一里，有冢，冢前一坊，大书祁真人蝉蜕处，有元学士李谦碑记。本朝康熙十一年二月，赐金修葺。

朝阳观。在滴水崖堡西北三里，明正统七年建。

龙门县

三官庙，一在县城西关外；一在金家庄；一在三岔口堡；一在雕鹗堡拂云山，明嘉靖甲申年③建；一在大白阳堡，明嘉靖三年建；一在葛峪堡，明嘉靖六年建；一在常峪口，明隆庆二年④建。

三元庙，长安岭西山，明万历十三年建。

元帝庙，一在县城，明正统初建；一在三岔口堡北山；一在雕鹗堡，明宣德九年建；一在常峪口，明弘治十五年⑤建。

普济寺，在县城，明正统十四年⑥都督杨洪建，万历中都督倪尚忠重修，今康熙十一年⑦二月钦赐香灯银两。

观音寺，县城二；雕鹗堡一；大白阳一，明成化二年⑧建；小白阳一；葛峪堡一，明弘治四年建；常峪口一，明正德元年⑨建；青边口一；羊房堡南瓮城

---

① 景泰四年，1453 年。

② 正统七年，1442 年。

③ 嘉靖甲申，明嘉靖三年，1524 年。

④ 隆庆二年，1568 年。

⑤ 弘治十五年，1502 年。

⑥ 正统十四年，1449 年。

⑦ 康熙十一年，1672 年。

⑧ 成化二年，1466 年。

⑨ 正德元年，1506 年。

有观音堂。

悬珠观，县城南门外南岩。

南岩寺，岩上。

上帝庙，龙门关。

子孙庙，金家庄。

玉帝庙，一在三岔口；一在雕鹗堡，明隆庆四年①建；一在小白阳；一在常峪口，明崇祯七年建；一在青边口；一在羊房堡。

三清庙，同上。

真武庙，一在羊房堡；一在长安岭，明正统中建，堡有五当庙。

寿星楼，雕鹗堡。

地藏寺，一在雕鹗堡，明万历五年②建；一在长安岭，明万历二十七年建；一在大白阳堡，明正德十四年建；一在葛峪堡，明嘉靖四十一年建；一在常峪口，明万历四十二年建。

普照寺，雕鹗堡，明成化二年建。

碧霞元君庙，雕鹗、赵川二堡各一。

龙恩寺，长安岭西山，明天启二年建。

元宁寺，赵川堡，明宣德年建。

白衣寺，赵川堡，明崇祯元年建。

普化寺，赵川堡。

大佛寺，一在大白阳堡，一在羊房堡。

妙峰寺。常峪口，明嘉靖二年建。

---

① 隆庆四年，1570 年。
② 万历五年，1577 年。

◎续典礼（续修志卷13《典礼志寺观附》，第28页）

○龙门县

梓潼庙，在城东南隅，明卫经历署，后为典史署，乾隆十七年①移署于城西，改建今庙。

◎塞垣（卷14《塞垣志》）

○独石口协所辖（第4～12页）

一、滴水崖堡。东至边十五里，西至雕鹗堡三十里，南至靖安堡三十里，北至长伸地三十里。

所管边口台汛十处，东南自靖安堡边界宁界墩起，北至龙门所边界双盘道楼止，计长五十九里二百八十二步，内依石山为边二十七里，其余边墙俱已塌毁，沿边墩台共一百三十六座。

奉开隘口一

盘道口。北至新墩窊楼二里一百二十五步，通口外黑河川千家店、大西沟等处地方，现设外委外委把总一员，守兵五名，营房三间。

封禁边汛九

水泉墩，南至靖安堡边界宁界墩三里二百六十步，北至靖平楼三里六十步，现设台兵三名。

靖平墩，北至石窑东顶墩七里一百七十步，现设台兵三名。

石窑东顶墩，北至新碗架墩九里三百七十步，现设台兵三名。

新碗架墩，北至盘道口三里二百六十六步，现设台兵三名。

新墩窊楼，南至盘道口二里一百二十五步，北至大石墙楼六里五十四步，现设台兵三名。

大石墙楼，北至中股楼十里六十步，现设台兵三名。

中股楼，北至千松顶楼七里一百四十步，现设台兵三名。

---

① 乾隆十七年，1752年。

千松顶楼，北至双盘道五里二百五十步，现设台兵三名。

双盘道。北至龙门所边界双镇墩十八里五十六步，现设台兵三名。以上俱无营房。

附《宣镇图·滴水崖形势说》。本堡北据悬崖，离大边不二十里，为蓟镇、古北之后冲。山多蹊径，拒守为难。堡东北盘道口极冲，西北新墩窎楼北苦菜口墩、鲍榆窎墩并次冲。堡东常胜、宁疆二堡皆可伏兵。又东有宁远堡，旧为朵颜易马市口。嘉靖二十八年，即战场筑为城堡，堡据高阜，西倚纯岭，东瞰深河，线路梯磴而上，行者仰视，可谓百二之险矣。迤左十五里外，即大边盘道口也。又北有长伸地堡，旧名外十三家，为通龙门之捷径。东西面背岗陵，南北止通一线之路。东北近大边双盘道，与北镇安台俱极冲，堡东四道树北石门儿并次冲，堡西巡检寺可设伏兵。

一、**龙门所堡**。东至边十里，西至赤城县三十里，南至长伸地四十里，北至镇安堡四十五里。

所管边口台汛九处，南至滴水崖边界双盘道起，北至镇安堡边界破鹿楼止，计长八十四里三百五十二步，所有边墙俱已塌毁，沿边墩台共一百五十六座。

奉开隘口二

塘子口，北至沙沟岭墩六里八十八步，通口外黑河川喜峰嵯等处地方。现设外委把总一员，守兵二名，台兵三名，营房三间。

清平口。北至平安墩十五里一百四十步，通口外黑河川东卯镇谷子房等处地方。现设外委把总一员，守兵二名，台兵三名，营房三间。

封禁边汛七

双镇楼，南到滴水崖边界双盘道十八里五十步，北至塘子口九里二百四十九步。现设台兵四名。

沙沟岭墩，南至塘子口六里八十八步，北至望关口楼六里六十步，现设台兵四名。

望关口墩，北至宣威楼一里九十步，现设台兵四名。

宣威楼，北至青平口楼六里五十四步，现设台兵四名。

平安墩，南至青平口楼十五里一百四十步，北至北高山墩十七里一百六十二步，现设台兵四名。

北高山墩，北至破鹿楼四里一百七十步，现设台兵四名。

破鹿楼。北至镇安堡边界镇岭口十里一百步，现设台兵四名。以上俱无营房。

附《宣镇图·龙门所形势说》。原名李家庄，又名东庄。沿边若塘子、望关诸隘口，皆旧时往来大宁故道，辙迹犹存。堡北盘道、塘子、青平、望关，西北正平诸口俱极冲，平卤、镇口、瞭望、双望、青山、沙沟诸墩并次之，堡西蒋家堡可设伏兵。

一、镇安堡。东至两河口七里，西至云州堡三十里，南至龙门所四十五里，北至青泉堡三十里。

所管边口台汛六处，南自龙门所边界破鹿楼起，北至独石口协左营边界团山儿墩止，计长七十三里一百步，所有边墙俱已塌毁，沿边墩台共七十九座。

奉开隘口一

镇岭口。南至龙门所边界破鹿楼十里一百步，北至靖鹿口楼十五里，通口外明沙滩、红旗、马厂、热河等处地方。现设外委把总一员，台兵五名，营房三间。

封禁边汛五

靖鹿口楼，南至镇岭口十五里，北至镇虎口墩五里，现设台兵五名。

镇虎口墩，北至镇塞墩十八里，现设台兵五名。

镇塞墩，北至户口楼五里，现设台兵五名。

户口楼，北至镇宁口墩七里，现设台兵五名。

镇宁口墩。北至独石口协左营团山儿墩三里，现设台兵五名。以上俱无营房。

附《宣镇图·镇安堡形势说》。本堡旧治金莲川东，近始改驻于此。重峦叠嶂，然山势不甚险峻。靖鹿楼即两河口，与镇岭口、镇虎墩俱极冲，其西青泉堡，四塞孤悬，虽小亦称要地。

一、独石口协左营。东至青泉堡四十里，西至马营堡三十里，南至云州三十里，北至边十里。

所管边口台汛五处，东自镇安堡边界团山儿墩起，西至本协右营边界北栅口止，计长三十五里三百四十六步，所有边墙俱已塌毁。

奉开隘口一

静虎楼。西至万胜台楼二里二百一十七步，通口外虹霓滩、土城子、多伦诺尔、黑龙山等处地方。现设外委把总一员，马兵四名，步兵十六名，营房四十间，马棚二间。

边门大口一

北栅口。东至万胜台楼五里二百一十三步，西至镇冲楼三里，通口外多伦诺尔、开平城、土城子、张家口等处地方。系左右二营分管防守，专司边门启闭。其蒙古朝贡往来，民人贸易耕种出入，均由驻防旗员稽查验放。现设马兵二名，步兵八名，营房二十间，马棚一间。

封禁边汛

东胜墩，东至镇安堡边界团山儿墩十里七十二步，西至青山墩九里二百四十步，现设步兵一名，台兵四名，营房三间。

青山墩，西至静虎楼七里三百二十四步，现设步兵一名，台兵四名，营房三间。

万胜台楼。西至北栅口五里二百一十三步，现设步兵一名，台兵四名，营房三间。

一、独石口协右营。四至与左营同。

所管边口台汛六处，东自本协左营边界北栅口起，西至君子堡边界南兔儿墩止，计长三十四里一百三十四步，所有边墙俱已塌毁，独石两协沿边墩台共六十二座。

奉开隘口一

镇冲楼。即西栅子，东至北栅口得胜墩六里一十三步，通口外开平城、上都河、红城、丁庄子湾等处地方。现设外委把总一员，马兵二名，步兵八名，营房二十间，马棚一间。

封禁边汛五

得胜墩，西至镇口墩六里三十八步，现设台兵五名，营房三间。

镇口墩，西至宁塞门五里二十八步，现设台兵五名，营房三间。

宁塞门，西至镇西楼八里二百九十三步，现设马兵四名，步兵十六名，营房四十间，马棚二间。

镇西楼，西至南兔儿墩三里一百步，现设守兵一名，台兵四名，营房三间。

南兔儿墩。西至君子堡边界接界墩止，现设守兵一名，台兵四名，营房三间。

附《宣镇图·独石形势说》。独石城为北路绝塞之地，三面孤悬，九边中最称冲要，乃上谷之咽喉，神京之右背。大边东（百）[至] 镇安堡边镇界墩，西至马营堡双望墩，沿亘一百八里。二边东至镇安堡边镇堡墩，西至马营堡马家门墩，沿亘一百三里余步，次冲，则平彝墩等一十二处，山俱险峻极冲。若镇安门等一十二处，地势平漫，有警则设伏于护口墩、护冲墩、北栅子、西栅子剿截堵御。云州、马营相去三十里，可以应援；伴壁相去二十里，可以邀击；而青泉堡相去四十里，可以击尾矣。

一、君子堡。东至独石城三十里，西至松树堡十五里，南至马营堡二十里，北至边五里。

所管边口台汛五处，东自独石口右营边界接界墩起，西至马营堡边界中高墩止，计长二十二里二百一十步，所有边墙俱已塌毁，沿边墩台共二十一座。

奉开隘口一

新镇楼口。西至苏庄楼一百五十八步，通口外缸房窑、榛子沟、丁庄湾、金莲花滩等处地方。现设外委把总一员，马兵二名，步兵八名，营房二十间，马棚一间。

封禁边汛四

马家门墩，东至独石右营接界墩九十八步，西至静虎墩九里一百二步，现设步兵一名，台兵二名，营房三间。

静虎墩，西至新镇楼口五里三百一十六步，现设步兵一名，台兵二名，营房三间。

苏庄楼，东至新镇楼一百五十八步，西至中高墩六里二百五十六步，现设步兵一名，台兵一名，营房三间。

中高墩。西南至马营堡边界四明口墩一里一百四十六步，现设步兵一名，台兵二名，营房三间。

附《宣镇图·君子堡形势说》。君子堡，当马营堡正北之冲，北距马营冲隘仅五里。若敌从此入犯，径逼马营，则本堡首先受困。此堡虽小，乃马营之唇齿，唇亡则齿寒，最称要地焉。新镇楼口川原平坦，一望内外，毫无阻隔，尤为极冲。

一、马营堡。东至独石城三十里，西至松树堡十五里，南至云州堡三十里，北至君子堡二十里。

所管边口台汛三处，北自君子堡边界中高墩起，南至松树堡边界镇虎墩止，计长一十九里一百三十步，所有边墙俱已塌毁，沿边墩台共五十九座。

封禁边汛三

四明口墩，北至中高墩一里一百四十六步，南至小石嘴墩五里三百三十九步二尺。现设马兵二名，步兵六名，守兵二名，营房二十间，马棚一间。

小石嘴墩，南至永太墩七里五十三步三尺，现设步兵三名，守兵二名，营房三间。

永太墩。南至松树堡边界镇虎墩七里三百步，现设守兵二名，步兵三名，营房三间。

附《宣镇图·马营堡形势说》。本堡两角枕冠帽山，西山险隘非不可恃，然三面悉临平川，敌登山俯瞰城中无遁形矣。次冲，如大石磋墩等五处，山势险峻，拒堵非难。若极冲，如镇门、威远、厦儿岭等墩，四处平漫，可通大举。有警设伏镇宁墩堵剿，伴壁店、仓上堡相为应援，松树堡可以邀击，君子堡为之击尾。平时分布既定，庶几多算则胜乎。

一、<u>松树堡</u>。东至<u>马营堡</u>十五里，西至边五里，南至<u>云州堡</u>四十五里，北至<u>君子堡</u>十五里。

所管边口台汛六处，北自<u>马营堡</u>边界镇虎墩起，南至<u>镇宁堡</u>边界镇贼墩止，计长二十里二百六十四步，所有边墙俱已塌毁，沿边墩台共二十三座。

奉开隘口一

<u>四望砖墩</u>。南至总望墩六里二百四十步，通口外<u>大小城滩</u>、<u>龙门沟</u>等处地方。现设外委把总一员，马兵三名，步兵七名，营房二十间，马棚一间。

封禁边汛五

<u>威远墩</u>，北至<u>马营堡</u>边界镇虎墩一里二百六十步，南至<u>镇口墩</u>一里三十八步。现设步兵四名，台兵一名，草房三间。

<u>镇口墩</u>，南至<u>营盘梁墩</u>三里一百三十六步，现设步兵四名，台兵一名，土营房三间。

<u>营盘梁墩</u>，南至<u>四望砖墩</u>一里二百四十二步，现设步兵三名，台兵二名，土营房三间。

<u>总望墩</u>，北至<u>四望砖墩</u>六里二百四十六步，南至<u>镇贼墩</u>七里一十九步。现设步兵三名，台兵四名，土营房三间。

<u>镇贼墩</u>。南至<u>镇宁堡</u>边界宁朔墩六里三百步，现设步兵三名，台兵二名，草房三间。

附《<u>宣镇图·松树堡形势说</u>》。本堡在<u>马营</u>正西，与<u>君子堡</u>相为犄角，盖<u>马营</u>屏翰也。次冲，如<u>光葫芦梁</u>等四处。极冲，如<u>总望墩</u>，平漫，可通大举，真围地也。堡西<u>黄家岗</u>可伏兵。

一、<u>镇宁堡</u>。东至<u>云州堡</u>三十里，西至<u>金家庄</u>三十里，南至<u>赤城</u>三十里，北至<u>马营堡</u>四十里。

所管边口台汛七处，北自<u>松树堡</u>边界镇贼墩起，东至<u>龙门路</u>边界静新墩止，计长三十里一百一十步。所有边墙俱已塌毁，沿边墩台共二十五座。

奉开隘口一

野鸡山门楼。北至镇虎墩四里二十步，南至永安墩三里，通口外南山窑并张、独二口道路。现设外委把总一员，步兵五名，营房三间。

封禁边汛六

宁朔墩，北至松树堡边界镇贼墩六里三百步，南至镇虎墩三里。现设步兵二名，守兵一名，台兵二名，营房三间。

镇虎墩，南至野鸡山门楼四里二十步，现设步兵二名，台兵二名，守兵一名，营房三间。

永安墩，北至野鸡山门楼三里，南至玉石沟小墩二里一百八十步。现设步兵五名，营房三间。

玉石沟小墩，南至莺窝墩三里，现设步兵二名，台兵二名，守兵一名，草房三间。

莺窝墩，南至松林墩二里一百二十步，现设步兵二名，台兵二名，守兵一名，草房三间。

松林墩。东至龙门路边界宁静墩五里，现设步兵二名，台兵二名，守兵一名，草房三间，

附《宣镇图·镇宁堡形势说》。本堡当西来入犯之冲，盖赤城之外屏也。东北擒虎墩二处最为冲要，堡西侯家冲可以伏兵。

○**龙门路所辖**（第12～13页）

一、**龙门城**。东至赤城六十里，西至隆门关二十里，南至麻峪口七十里，北至边三十里。

所管边口台汛七处，东自独石路镇宁堡边界松林墩起，西至赵川堡边界永宁台止，计长四十四里二百七十三步。所有边墙俱已塌毁，沿边墩台共四十一座。

奉开隘口二

安边墩，即南砦口，西至石门墩七里，东至平顶二墩六里，通口外太子城、中山沟等处地方。现设外委把总一员，马兵一名，守兵一名，台兵三名，营

房五间，马棚一间。

静楼墩。即北砦口，西至分镇二墩三里，东至制楼墩七里，通口外化林子、龙门沟等处地方。现设外委把总一员，马兵一名，守兵一名，台兵三名，营房五间，马棚　间。

封禁边汛五

宁静墩，东至镇宁堡边界松林墩五里，西至平顶二墩八里。现设守兵一名，台兵二名，并无营房。

平顶二墩，西至安边墩六里，现设守兵一名，台兵一名，并无营房。

石门墩，东至安边墩七里，西至制楼墩六里。现设台兵三名，守兵二名，营房五间，马棚一间。

制楼墩，西至静楼墩七里，现设台兵三名，守兵二名，营房五间，马棚一间。

分镇二墩。东至静楼墩三里，西至赵川边界永宁台三里三十步。现设台兵二名，并无营房。

附《宣镇图·龙门城形势说》。龙门城，在镇城之北，倚山为边，真北面藩篱也。内外祇隔一墙，倚金家庄堡为后卫，以三岔口为要害，而龙门关其孔道也。城北制楼墩为极冲，西北永安墩次之，城东北杨家冲可设伏兵。

〇案：塞垣始于战国之末，而燕、秦之长城则俱上谷北塞之长城。蔚人尹耕《两镇三关志》云，秦长城起临洮至辽东，则上谷在其中矣。如其说，则燕长城所谓自造阳至襄平师古曰：造阳，在上谷界。襄平，辽东所治者，与秦长城俱为今宣府之塞垣。彼汉所谓斗辟之造阳，固俨然在塞垣中矣。而《匈奴传》何以谓之弃？《匈奴传》：汉弃斗辟之造阳。师古曰：斗，绝也。县之斗曲入匈奴界者，其中造阳也。夫欲知古当证之今，今之自陕至辽亘万里以为限者，一长城也。其自四海冶以至河东亘二千里以为固者，又一长城也。则古今明明有两长城，此两长城者，又相接而仍有断不可合一之势。尹氏而必欲合之，则将使今之郡地廓之。至于襄平而后，可以合燕之长城，又将使燕之长城约之止于四海冶，而后可以合今之郡地，且将使秦长城之自临洮而东者，至大同西境，又折而北而东而南，举今宣大之地，悉收之长城之中，然后折而东，筑以尽于辽东而内三关之间，不当复有版筑之迹矣。乃今内三关之间不但有城，而且与起临洮至辽东者为一城，与四海冶至河东之城，截然为二，则尹氏之说不可通矣。若据今之两长城，而证以史氏之所云，则燕与秦之长城，俱在上谷之南，其宣大之长城则不始于燕、秦，而始于元魏。元魏长城起赤城止于五原，长二千里，与今宣大两镇外垣无一不合，盖魏都平城故于此筑为外垣，与大同西千八百之河朔，并亘内垣之外，北塞之形势至是乃大备也。若秦人所筑，则今宣府之南山万里长城是也。其自居庸至辽东，当因燕城之旧而整饬之，燕南山之长城，而亦谓之造阳者，盖居庸本隶上谷，则亦造阳地耳。要之，《汉书》斗辟之造阳为上谷之北境，燕筑长城之造阳，则实上谷之南境也。但自魏迄元兵燹代起，而筹边者曾不之顾隋唐所筑，又俱在北塞之南。拓拔旧址湮没久矣，自明永乐间筑为石垣，《明史》虽不言元魏旧址，而地形有可想见者，迨嘉靖间翁万达合二千七百之城尽加修筑，又设百户甲士以守之，盖庶几古制之重新焉。考《魏书》高闾请筑长城，其说谓六镇不过千里，一夫一月之功可城三步之地，不过用十万人，一月可就，万达筑城不过数月而成，当亦用此法耳。据《明史》修筑边垣之后以通市，不复为防，半为敌所毁，惜哉！国家守在四夷，漠南北皆成内疆，而墩台屯戍务列星罗，虽垣墙有倾圮，而守卫既密，边计自严，则城与戍之交，相为用者，大也。特附明制，为筹边者备采择焉。（第21~23页）

〇附明制（第23~25页）

《宣府镇志》：边垣，东自四海冶镇南墩，接顺天府蓟州火焰墩起，西至西阳河南土山墩，接大同府界牌墩界止，沿长一千一十五里。东路……北路，边墩共五百六十二座。滴水崖新宁界墩起至接嵯墩止，垣五十四里，边墩一百一十八座，守瞭官军六百七十二员名。⊙龙门所靖边墩起，至北高山墩止，垣九十七里，边墩一百十六座，守瞭官军六百七十一员名。⊙云州岩梁墩起，至镇堡墩止，垣四十里，边墩四十二座，守瞭官军二百五十二员名。⊙独石崇宁墩起，至南兔儿墩止，垣一百二十一里，边墩一百二十六座，守瞭官军七百九十员名。⊙马营三岔口墩起，至磨台嵯墩止，垣一百一十里。边墩九十七座，守瞭官军六百一十九员名。⊙赤城宁界墩起，至松林墩止，垣三十九里，边墩四十二座，守瞭官军三百八十九员名。⊙龙门卫盘道墩起，至分镇二墩止，垣四十九里。边墩六十座，守瞭官军三百七十五员名。……

以上嘉靖以前边垣，分管延袤里数与《两镇三关志·边垣图》同。

《续宣镇志》：宣镇东自昌镇界火焰山起，西至大同府平远堡界止，延袤一千一百一十六里。照万历年间，本镇边图开载其各管延亘里数与前志不同。东路……下北路，北起牧马堡，东际大边，西抵样田，南至长安岭，边垣二百一十三里，边墩一百九十座，冲口二十一处。上北路，东至镇安堡边，北至大边，西至金家庄，边垣二百六十一里，边墩三百六十三座，冲口四十七处。中路，东起赤城，西至张家口，边垣一百七十九里，边墩二百二十九座，冲口一十三处。……

以上正、续二志所载前明边垣里数，俱与今制不合。盖昔多虚浮，而今皆覆实，故也。噫！即一事，而政治之得失，亦可见矣。

○附修理边防事宜（第 25 页）

《明史·本纪》：永乐十年①八月，敕边将自长安岭迄洗马林，皆筑石垣，深壕堑，以固防御。

《明史稿·兵志》：自居庸北戍口，宣府屯堡，长安、野狐二岭及兴和迤西洗马林，迄山西缘边诸烟墩，罔不筑塞，峻垣、深濠、

---

① 永乐十年，1412 年。

城卫、军戍；其隘口，通车骑者百户守之，通樵牧①者甲士十人守之。

《边防志》：正统元年②，给事中朱纯请修塞垣。谭广亦言：自龙门至独石二百五十余里，独石至黑峪三百余里，筑墙浚濠工甚艰，不若益墩瞭守，乃增置赤城等堡烟墩二十二。

《明史·本纪》：正统十四年十一月，修治沿边关隘。

《宣镇志》：嘉靖二十三年③，都御史王仪请筑宣府北路之龙门许家冲，中路之大小白阳，西路之膳房、新开、新河口、洗马林诸要冲垣墩，配兵乘守。从之。

《两镇三关志》：……嘉靖二十六年，万达又请自西阳河镇西界台起，东至龙门所灭狐墩止，为垣七百一十九里，堑如之。敌台七百一十九，铺屋如之，暗门六十，水口九，工役则垣堑民夫日以五寸计，军夫日以三寸五分计，防守军日以三寸计，又请于北路次冲自独石兔儿墩起，南至赤城野鸡山止，为垣八十六里有奇，堑如之。敌台一百七十有三，铺屋如之，规制大略无减，前画役以镇兵务求有济。从之。

嘉靖二十八年，万达又请自东路新宁墩，北历雕鹗、长安岭、龙门卫至六台子，别为内垣一百六十九里有奇，堑如之。敌台三百有八，铺屋如之，暗门一十有九，以重卫京师，控带北路。又请补筑东路，镇南墩与火焰山中空，而镇南而北而西，历永宁至新宁墩，塞垣以成全险。俱从之。

《续宣镇志》：明穆宗隆庆元年④，兵部请浚边壕。从之。隆庆二年总督方逢时请筑北路龙门所外边，起龙门所之盘道墩，迄靖虎堡之大衙口，俾北路之兵，由此以入援南山，东路之兵由此以出援

---

① 樵牧，采柴、放牧。
② 正统元年，1436 年。
③ 嘉靖二十三年，1544 年。
④ 隆庆元年，1567 年。

独石。从之。神宗万历元年①从宣大督抚所请，修南山及中北二路诸边墩营寨。龙门所、马营堡、独石城、大小白阳、龙门卫、葛峪堡、常峪等边，云州堡、马家营、靖虏、罗圈嵯、马家门、兔儿、照庆等墩，南山、岔西、大山口各营寨共三十二处。

万历七年修复十三家墩。在龙门所东南四十里，地名长伸地堡，原名外十三家，毁于嘉靖年间，至是始得修复。

万历八年增置长伸地堡五楼。

本朝世祖章皇帝顺治四年②，诏置西北东三路台兵。西路……北路独石三十名，镇安堡三十六名，马营三十名，镇宁十五名，龙门所四十二名，滴水崖二十七名，龙门城十八名，赵川堡二十八名，葛峪三十名；东路……

圣祖仁皇帝康熙九年③，诏修独石口边垣，计沿长一百四十二丈，隘口门一，水门三，炮台二，工部估计工料共银七千四百八两五钱，督工同知胡之浚，监督守备李万辉，至十二年始竣工。

◎兵志上（卷15《兵志上》）

○宣化镇。辖张家口、独石二协，龙门、怀来、蔚州、永宁四路。康熙八年，兼管关内昌平、石匣二营。二十九年，仍归古北镇管理。

○独石协。雍正十年④，改独石口路设。辖云州、赤城、镇安、镇宁、龙门所、滴水崖、马营、松树、君子、靖安十城堡。（第17～26页）

副将一员。雍正十年改参将设。

左营

中军都司一员，雍正十年增设。

---

① 万历元年，1573年。
② 顺治四年，1647年。
③ 康熙九年，1670年。
④ 雍正十年，1732年。

千总^①一员，雍正十年增设。

把总^②二员，原设路标一员，雍正十年增设一员。

马、步、守兵。康熙十二年，原额独石路兵三百五十名，额外台兵二十八名，节经裁拨缺额兵共一百七十六名，雍正九年分左右二营，左营分拨旧额马、守、台兵共一百一名，本年为议奏添设兵丁事，添设马兵八十名，步兵一百二十名。现设马、步、守兵，三百一名内除亲丁马兵一十五名，守兵二十五名，公费步兵三名，守兵二名。实在差操防汛马兵八十三名，内外委马兵三名。步兵一百一十七名，守、台兵五十六名。

岁支官俸、兵饷、马干^③、米折等银八千八百八十二两零，本色米三百六十三石六斗。

营、备马一百二十四，内营马九十八匹，各官备马二十二匹。

随营军器。大小炮二十一位，神功炮一位，神威炮二位，子母炮五位，鸟枪九十二杆，腰刀一百五十七口，钺斧一百一十一把，牌刀五十二面口，弓九十三张，战箭四千六百九十枝，撒袋九十三副，马、步、守、台兵盔甲二百六十二副，虎衣五十二身，旗帜六堂，储备铅四百三十三斤，储备火药二千二十六斤。

右营

守备一员，雍正十年，改路标中军守备设。

千总一员，雍正十年增设。

把总二员，雍正十年增设。

马、步、守兵。雍正九年分拨旧额马守兵共一百一名，本年为议奏添设兵丁事添设马兵八十名，步兵一百二十名。现设马、步、守兵三百一名内，除亲丁马兵一十五名，守兵二十四名，公费步兵三名，守兵二名。实在差操防汛马兵八十三名，内外委马兵二名。步兵一百一十七名，守、台兵五

---

① 千总，官名。明初京军三大营置把总，嘉靖中增置千总，皆以功臣担任。以后职权日轻，至清为武职中的下级，位次于守备。

② 把总，明清各地总兵属下以及明驻守京师三大营、清京师巡捕五营皆设把总，为低级武官。

③ 马干，饲养马匹的草类食料。

十六名。

岁支官俸兵饷、马干、米折等银八千三百二十五两零，本色米三百六十三石六斗。

营、备马，内营马九十八匹，各官备马十四。

随营军器。大小炮一百六十八位，神功炮一位，神威炮二位，子母炮五位，鸟枪九十一杆，腰刀一百五十六口，钺斧一百一十一把，牌刀五十三面口，弓九十三张，战箭四千一百四十枝，撒袋九十三副，马、步、守、台兵盔甲二百六十二副，虎衣五十三身，旗帜六堂，储备铅四百二十斤，储备火药一千九百九十斤。

⊙云州堡

守备一员。

马、步、守兵。康熙十二年，原额兵二百名，实存兵一百二十八名，节经裁拨并缺额未补兵共六十名，实存马守兵六十八名。雍正十二年为遵旨议奏事，添设马兵八名，步兵一十二名。现设马、步、守兵八十八名内，除亲丁马兵二名，亲丁守兵九名，公费守兵一名。实在差操防汛马兵一十九名，步兵一十二名，守兵四十五名。

岁支官俸、兵饷、马干、米折等银一千八百一十二两零，本色米二百四十四石八斗。

营、备马二十五匹，内营马二十一匹，守备备马四匹。

随营军器。大小炮一百三十七位，子母炮一位，生铁炸炮九百四十二个，鸟枪三十四杆，钺斧三十一把，腰刀一十七口，牌刀五面口，弓一十张，战箭一千八百四十枝，撒袋十副，马、步、守兵盔甲八十七副，虎衣五身，旗帜二堂，帖房五架，锣锅二口，储备铅一百二十三斤，储备火药六百六十四斤。

⊙赤城营

都司一员。原设守备，雍正十年改设。

把总一员。

马、步、守兵。康熙十二年①，原额兵二百名，实存兵一百二十一名，节经裁拨并缺额兵五十三名，实存马守兵六十八名，雍正十二年②为遵旨议奏事，添设马兵八名，步兵一十二名。现设马、步、守兵八十八名内，除亲丁马兵三名，守兵一十四名，公费守兵一名。实在差操防汛马兵一十八名，步兵一十二名，守兵四十名。

岁支官俸、兵饷、马干、米折等银一千九百二十一两零，本色米二百四十四石八斗。

营、备马二十七匹。内营马二十一匹，都司把总备马六匹。

随营军器。大小炮二百四位，子母炮一位，鸟枪四十五杆，钺斧三十二把，腰刀一十六口，牌刀七面口，弓十张，战箭一千四百七十枝，撒袋十副，马、步、守兵盔甲八十七副，虎衣七身，旗帜二堂，帐房四架，锣锅二口，储备铅一百九十三斤，储备火药五百五十斤。

⊙镇安堡

守备一员。

马、步、守兵。康熙十二年，原额兵一百五十名，实存一百三十七名，额外台兵三十名，节经裁拨缺额兵四十四名，实存马守兵九十三名，额外台兵三十名，雍正十二年为遵旨议奏事，添设马兵二名，步兵三名。现设马、步、守、台兵一百二十八名内，除亲丁马兵四名，守兵六名，公费守兵二名。实在差操防汛马兵一十五名，内外委兵一名。步兵三名，守、台兵九十八名。

岁支官俸、兵饷、马干、米折等银二千一百三十九两零，本色米四百四十二石八斗。

营、备马二十三匹。内营马一十九匹，守备备马四匹。

随营军器。大小炮九十五位，子母炮四位，鸟枪五十二杆，钺斧五十二把，腰刀四口，牌刀六面口，弓二张，战箭一千九百四十枝，撒袋二副，马、步、

---

① 康熙十二年，1673 年。
② 雍正十二年，1734 年。

守兵盔甲一百三十四副，虎衣六身，旗帜二堂，锣锅二口，储备铅三百一十一斤，储备火药一千一百三十五斤。

⊙镇宁堡

守备一员。

马、步、守兵。康熙十二年，原额兵五十名，实存四十三名，节经裁拨并缺额未补兵九名，实存守、台兵三十四名，雍正十年为钦奉上谕事，添设马兵二十名，步兵三十名。现设马、步、守、台兵八十四名内，除亲丁马兵一名，守兵四名，公费步兵一名。实在差操防汛兵一十九名，步兵二十九名，守、台兵三十名。

岁支官俸、兵饷、马干、米折等银二千六十一两零，本色米一百二十二石四斗。

营、备马二十二匹。内营马二十匹，把总备马二匹。

随营军器。大小炮四十五位，铁炸炮五百五十四个，鸟枪二十七杆，腰刀三十九口，钺斧三十把，牌刀一十一面口，弓二十三张，战箭一千一百五十枝，撒袋二十三副，马、步、守、台兵盔甲七十五副，虎衣一十一身，旗帜二堂，储备铅六十斤，储备火药一百一十斤。

⊙龙门所

守备一员。

马、步、守兵。康熙十二年，原额兵一百五十名，实存兵一百四十九名，额外台兵四十名，节经裁减兵五十七名，实存马守兵九十二名，额外台兵四十名，雍正十二年为遵旨议奏事，添设马兵二名，步兵三名。现设马、步、守、台兵一百三十七名内，除亲丁马兵二名，守兵十名，公费守兵二名。实在差操防汛马兵一十七名，内外委马兵二名。步兵三名，守、台兵一百三名。

岁支官俸、兵饷、马干、米折等银二千二百四十七两零，本色米四百七十五石二斗。

营、备马二十三匹。内营马一十九匹，守备备马四匹。

随营军器。大小炮二百四十五位，子母炮四位，生铁炸炮九十三个，鸟枪五十四杆，钺斧五十八把，腰刀四口，牌刀七面口，弓二张，战箭二千二百一十枝，撒袋二副，马、步、守兵盔甲一百三十六副，虎衣七身，旗帜二堂，帖房五架，锣锅二口，储备铅三百斤，储备火药一千三十七斤。

⊙滴水崖堡

都司一员。原设守备，雍正十年改设。

马、步、守兵。康熙十二年，原额兵一百五十名，实存一百三十四名，额外台兵二十五名，节经裁拨兵四十三名，实存马守兵九十一名，台兵二十五名，雍正十二年为遵旨议奏事，添设马兵二名，步兵三名。现设马、步、守、台兵一百二十一名内，除亲丁马兵五名，守兵六名，公费守兵二名。实在差操防汛马兵一十五名，内外委马兵一名。步兵三名，守、台兵九十名。

岁支官俸、兵饷、马干、米折等银二千一百二十八两零，本色米四百一十七石六斗。

营、备马二十四匹。内营马二十匹，都司备马四匹。

随营军器。大小炮一百七十六位，子母炮四位，生铁炸炮九百四十五个，鸟枪四十九杆，腰刀四口，牌刀六面口，弓二张，战箭一千七百四十枝，撒袋二副，马、步、守兵盔甲一百二十副，虎衣六身，旗帜二堂，储备铅三百斤，储备火药九百七十五斤。

⊙马营堡

千总一员。原设把总，雍正十年改设。

马、步、守兵。康熙十二年，原额兵五十名，实存兵四十三名，节经裁汰，实存守兵二十二名，额外台兵二十六名，雍正十年为钦奉上谕事，将原设台兵二十六名，分拨松树、君子二堡，添设马兵二十五名，步兵三十八名。现设马、步、守兵八十五名内，除亲丁马兵一名，守兵四名，公费步兵一名。实在差操防汛马兵二十四名，步兵三十七名，守兵一十八名。

岁支官俸、兵饷、马干、米折等银二千三百二十四两零，本色米七十九石二斗。

营、备马二十七匹。内营马二十五匹，千总备马二匹。

随营军器。大小炮一百八十二位，生铁炸炮五百六十个，鸟枪二十八杆，钺斧三十二把，腰刀五十口，牌刀一十二面口，弓二十九张，战箭一千二百六十枝，撒袋二十九副，马、步、守兵盔甲七十四副，虎衣一十二身，旗帜二堂，储备铅一百二十三斤，储备火药五百五斤。

⊙松树堡

千总一员。雍正十年设。

马、步、守兵。雍正十年设马兵二十二名，步兵三十三名，又马营堡拨至台兵一十三名。现设马、步、守兵六十八名内，除亲丁马兵一名，台兵五名，公费步兵一名。实在差操防汛马兵二十一名，内外委马兵一名。步兵三十二名，守、台兵八名。

岁支官俸、兵饷、马干、米折等银一千九百八十一两零，本色米四十六石八斗。

营、备马二十四匹。内营马二十二匹，千总备马二匹。

随营军器。大小炮十位，鸟枪二十三杆，腰刀四十四口，牌刀九面口，钺斧二十五把，弓二十六张，战箭一千二百六十枝，撒袋二十六副，马、步、守、台兵盔甲五十九副，虎衣九身，旗帜一堂，储备火药四百斤，储备铅四十斤。

⊙君子堡

把总一员。雍正十年设。

马、步、守兵。雍正十年设马兵一十五名，步兵二十二名，又马营堡拨至台兵一十三名。现设马、步、守兵五十名内，除亲丁马兵一名，守、台兵四名，公费守、台兵一名。实在差操防汛马兵一十四名，内外委马兵一名。步兵二十二名，守、台兵八名。

岁支官俸、兵饷、马干、米折等银一千三百九十六两零，本色米四十六石八斗。

营、备马一十七匹。内营马一十五匹，把总备马二匹。

随营军器。大小炮九位，鸟枪二十杆，钺斧一十八把，腰刀二十九口，牌刀九面口，弓一十七张，战箭八百九十枝，撒袋一十七副，马、步、守、台兵盔甲四十二副，虎衣九身，旗帜一堂，储备铅三十二斤，储备火药一百三十五斤。

⊙靖安堡旧属永宁路，乾隆四年改独石协管辖

千总一员。旧设守备，雍正十年改设都司，乾隆四年改设千总。

马、守兵。康熙十二年，原额兵一百五十名，实存兵一百三十一名，节经裁汰，缺额兵二十九名，实存兵一百二名，雍正六年拨归延庆州兵四名，乾隆四年拨归岔道城兵一十五名，又拨归怀来城兵二十三名。现设马、步、守、台兵六十名内，除亲丁马兵一名，守兵五名，公费守兵二名。实在差操防汛马兵七名内外委马兵一名，守、台兵四十五名。

岁支官俸、兵饷、马干等银九百七十二两零，本色米二百一十六石。

营、备马一十匹。内营马八匹，千总备马二匹。

随营军器。大小炮一百一十九位，子母炮四位，鸟枪二十五杆，钺斧二十一把，牌刀四面口，战箭七百九十枝，马、守、台兵盔甲六十二副，虎衣四身，旗帜一堂，帖房四架，锣锅四口，储备铅一百三十六斤，储备火药六百六十五斤。

○龙门路顺治十三年，改中路设，辖龙门城，葛峪、赵川、雕鹗三堡（第26~29页）

都司一员。顺治初设参将，十三年改。

把总一员。原设城守，守备一员，后改龙门路中军守备，雍正十三年裁。

马、步、守兵。顺治十三年①，原额兵四百八名，康熙年陆续裁留马守等兵一百八十二名。雍正十年②，为钦奉上谕事，添设马步兵二百名，连旧共三百八十二名。雍正十二年，为遵旨议奏事，内裁调马兵六十九名，步兵二名。现设马、步、守兵二百一十名内，除亲丁养粮马守兵十七名，公费步守兵四名。实在巡防马、步、守兵一百八十九名。

岁支官俸、兵饷、马干、米折一百石零等银四千七十两零，本色米六百五十五石零。

---

① 顺治十三年，1656 年。
② 雍正十年，1732 年。

营、备马五十匹。内营马四十四匹，都司把总备马六匹。

随营军器。神功炮二位，神威炮二位，大小熟铁炮二百九十六位，大小生铁炸炮一千二百六十四个，乌枪八十杆，三眼枪一百八十一杆，五眼枪五杆，独眼枪四杆，拒马枪九杆，长枪一杆，连花枪四杆，双头枪一杆，雁翎刀二十九口，线枪一百杆，夹靶枪九杆，拨刀三口，钺斧八十把，腰刀二十三口，牌刀二十七面口，铁铳一个，弓十三张，战箭二千三百七十枝，撒袋十三副，马兵盔甲三十二副，步兵盔甲十三副，守兵盔甲一百四十九副，虎衣二十七身，旗帜四堂，帖房二顶，锣锅二口，大小铅子二千八百七十二个，小铅子一百一十一斤，生铁子五百个，铁子一万五千五百九十八个，随炮火药一千三百五十七斤，储备火药一千六百四十斤，储备铅六百四十五斤。

葛峪堡

赵川堡[①]

⊙雕鹗堡

把总一员。原设守备，康熙元年改。

守兵。康熙十二年，原额守驿兵共一百名，于康熙三十二年后陆续裁汰，守驿兵八十名。现设守兵二十名内，除丁守兵三名。实在防汛守兵一十七名。

岁支官俸、兵饷等银二百九十七两零，本色米七十二石。

营马无。把总自备马二匹。

随营军器。西洋大炮一位，捐助炮一位，平西炮一位，大将军炮十一位，平寇炮三十位，灭寇炮十三位，大连珠炮八位，小连珠炮十四位，涌珠炮十一位，佛郎机八位，三眼枪二杆，长枪四杆，大刀四口，雁翎刀四口，乌枪七杆，钺斧七把，战箭五百五十枝，守兵盔甲二十副，帖房一架，锣锅一口，新旧旗帜十四面，大小铁子三千八百四十个，储备火药一百一十五斤。

---

① 葛峪堡、赵川堡今属宣化区，不在县境内，本辑不录。

◎兵志下（卷 16《兵志下》）

○长安岭（第 4～5 页）

都司一员。原设守备，雍正十年改。

把总一员。雍正十三年设。

马、步、守兵。康熙十二年①原额二百名，实在一百七十八名，节经裁汰，缺额九十九名，实存马、守兵七十九名。雍正十二年为遵旨议奏事内于龙门路派拨马、步兵二十一名。现设马、步、守兵一百名内，除亲丁马兵六名，亲丁守兵八名，公费步兵一名，公费守兵一名。实在差操防汛马兵一十四名，步、守兵七十名。

岁支官俸、兵饷、马干等银二千五十四两零，本色米三百六十石。

营、备马二十六匹。内营马二十匹，都司把总备马六匹。

随营军器。大小炮三十三位，子母炮一位，鸟枪四十杆，三眼枪六杆，长枪四杆，拨刀一十二口，腰刀一十八口，牌刀六面口，钺斧四十把，弓九张，战箭一千五百枝，撒袋九副，马兵盔甲二十副，步兵盔甲十副，守兵盔甲六十四副，虎衣六身，旗帜二堂，帐房二架，锣锅二口，生铁子二千五百五十个，储备铅二百三十四斤，储备火药七百四十五斤。

○独石口驻防顺治元年②设。（第 13～14 页）

防守尉一员，雍正七年③设，乾隆四年④添设。副都统一员驻札，乾隆六年裁。

防御二员，顺治元年设，镶黄、正白二旗各一员。康熙二十二年添设二员，康熙五十年移驻千家店一员，雍正七年裁汰一员，现设二员。

笔帖式⑤二员，顺治元年设。

---

① 康熙十二年，1673 年。
② 顺治元年，1644 年。
③ 雍正七年，1729 年。
④ 乾隆四年，1739 年。
⑤ 笔帖式，官名。清代于各衙署设置的低级文官。掌理翻译满汉章奏文书。

骁骑校①二员，乾隆元年设。

满洲甲兵，顺治元年设，满洲兵四名。顺治十年添设兵八名。康熙二十二年添设兵六十八名，连旧兵共八十名。康熙五十年调拨驻防千家店兵四十名。雍正二年复行添补兵六十名。现设甲兵一百名。

岁支官俸，防守尉一百五两。章京二员，每员八十两。骁骑校二员，每员六十两。七品笔帖式一员，三十三两。兵饷共银三千三百三十九两。甲兵一百名，每名月支银二两，内拨什库二名，每名每月增给银一两。

官兵马匹。雍正十三年，直隶总督李卫奏请，将驿站部马二十匹，拨给旗员拴养，仍协济驿递。

○校场（第 14～15 页）

独石协左右二营，校场一处，在本城南门外，地六十亩。

云州堡，校场一处，在本堡城北，东西一百六十步，南北一百二十步。

赤城营，校场一处，在县南门外，东西二十八丈，南北七十丈。

镇安堡，校场一处，在本堡城东，南北一百二十步，东西一百八十步。

镇宁堡，校场一处，在本堡南门外，地十亩。

龙门所，校场一处，在所城南门外，地四十亩。

滴水崖堡，校场一处，在本堡城东，地十亩。

马营堡，校场一处，在堡南门外，地一百一十亩。

松树堡，校场一处，在堡东，地一十五亩。

君子堡，校场一处，在堡南门外，地二十亩。

靖安堡，校场一处，在本堡西，地六十亩。

龙门路，校场一处，在县城东门外三里。

葛峪堡，校场一处，在堡城东南，地一百六十亩。

赵川堡，校场一处，在堡南门外，地一十亩。

雕鹗堡，校场一处，在堡南门外，地三十六亩。

---

① 拔什库，清代小吏名。满语，"催促人"的意思。汉名"领催"。管理佐领内的文书、饷糈庶务。又有"分得拔什库"，是佐领的副手，汉名"骁骑校"。

<u>长安岭</u>。校场一处，地三亩。

○官庄军地马厂（第 16 页）

<u>独石</u>协左右二营，官庄地四段，二在<u>独石</u>城，一在<u>松树堡</u>，一在<u>君子堡</u>，每年租种充协标公用。马厂一处，在<u>独石城</u>西<u>宁塞门明嵯儿</u>一带地。

<u>松树堡</u>，马厂一处，在<u>摩天岭</u>。

<u>龙门路</u>，都司官房地一处，在本城南。把总官房地二处，在瓮城内。东门外草场地二十四亩。马厂一处，在<u>安边墩</u>，离城三十里。

<u>葛峪堡</u>，校场余一百五十亩。

<u>赵</u>（州）[<u>川</u>]<u>堡</u>，本堡城濠官地二十亩，马厂一处，在<u>永安台</u>，离堡三十里。

<u>雕鹗堡</u>。校场官地二十五亩。

○附明制（第 17 页）

《明史》：<u>正德</u>八年①设<u>宣大</u>总制，置常员。<u>嘉靖</u>二十八年②，定设总督<u>宣大</u>军务。<u>嘉靖</u>三十六年，置<u>山西</u>按察司副使，备兵<u>怀隆</u>。三十八年置<u>山西</u>按察司金事，备兵<u>赤城</u>。

○官弁（第 18 页）

分巡<u>怀隆</u>、<u>赤城</u>兵备道二员。以上典兵文臣。

○分戍（第 19 页）

《宣府镇志》：<u>洪武</u>二十五年③，镇城官军五万六千一百五十二员名，<u>东路</u>官军六千七百六十二员名，<u>北路</u>官军二万九千二百十员名，<u>中路</u>官军三千五百二十四员名，<u>西路</u>官军二万五千一百三员名，<u>南路</u>官军五千六百四十二员名，分属城堡无考。<u>嘉靖</u>年核存。

镇城总兵官正奇游三营，后增新游兵共四营。存籍官军二万三千二百七十四员名，<u>弘治</u>后旧额。实有官军一万八千九百三十员名，新增

---

① 正德八年，1513 年。
② 嘉靖二十八年，1549 年。
③ 洪武二十五年，1392 年。

官军四千八百二员名。北路参将戍城堡十四：开平卫城，参将驻守，守备一员。龙门卫城，守备一员。龙门所城，守备一员。云州所城，守备一员。长安所城，守备一员。赤城堡，守备一员。马营堡，守备一员。雕鹗堡，守备一员。滴水崖堡，守备一员。金家庄堡，防守一员。青泉堡，防守一员。牧马堡，防守一员。镇宁堡，防守一员。镇安堡。防守一员。本路存籍官军总二万五千五百八员名，弘治后额。实有官军一万五千一十一员名，新增官军四千九百七十五员名。

〇附民兵（第 21~24 页）

上北路参将分戍城堡十一：开平卫城、赤城堡、马营堡、青泉堡、镇宁堡、镇安堡、云州堡、俱旧北路戍。伴壁店、增设防守一员。猫儿峪、增设防守一员。君子堡、增设防守一员。松树堡，增设防守一员。本路官军总一万八百三十七员名。

下北路参将分戍城堡八：龙门所、参将驻守，守备一员。滴水崖堡、牧马堡、雕鹗堡、改设防守。长安岭、以上俱北路旧戍。宁远堡、增设防守。长伸地、增设操守。样田堡，增设防守。本路官军五千八百二十三员名。

中路参将分戍城堡十一：葛峪堡、大白阳堡、小白阳堡、开边口堡、羊房堡、常峪堡、赵川堡、隆门关、改设防守。以上俱中营旧戍。龙门卫城、金家庄堡、二城旧北路戍，万历中改属。三岔口堡，增设防守。本路官军五千一百九十四员名。

《续宣镇志》：崇祯八年①核实兵数。……赤城道所属，道标营守备一员统领，中协营副将一员统领，上北路、下北路、中路三援兵营，各路参将统领，赤城新兵营游击一员统领。以上六营及北中二路各城堡分戍官军共二万二千七百四员名。

---

① 崇祯八年，1635 年。

○马政（第 26～27 页）

北路。原额操马八千一百九十二匹，嘉靖三十七年①合开平卫城、马营城、青泉、云州、镇安、镇宁、松树、君子、赤城、龙门所、金家庄、牧马、雕鹗、滴水崖、长安岭诸堡马骡驴共二千二百七十五匹头只。开平卫地十二处②：一在麻地沟，七十五顷；一在黄家冲，五十二顷；一在明嵯儿，四十顷；一在鄢家湾，九十九顷九十八亩；一在刘太保沟，九十八顷；一在怀家冲，九十八顷三十亩；一在董家沟，一百一十顷；一在大王庙，一百三十顷；一在窑子沟，一百五十顷；一在黄土堡，九十五顷；一在邹家沟，八十顷。开平驿地二处，一在头炮沟，一在马营沟，共地二十五顷七十亩。龙门卫地五处：一在城南斗子营，一十五顷；一在城东叚家沟，七顷；一在城西趄柳树，五顷；一在山葱坡，一十二顷；一在烟子沟，一十三顷。龙门所地四处：一在双井儿，二顷三十亩；一在青羊冲，二顷二十亩；一在椴木冲，二顷二十亩；一在云州岭，二顷五十亩。云州所地二处：一在夏家冲，一十五顷；一在龙门口甘家冲，四顷八十亩。长安所地二处：一在城北二里，一在李老岭，离城二十里，共一十九顷四十五亩。丰峪驿地，在驿东南十里瓦房沟庙儿岭，共一十顷三十亩。马营城地十有一处：一在红山嘴高山梁，七十顷；一在邓安儿大梁山，六十顷；一在张安梁，五十顷；一在苏家梁，三十顷；一在毛家冲，四十顷；一在苏家梁北，六十顷；一在杨虎沟，五十顷；一在羊胡儿沟，八十顷；一在李牢冲，六十顷；一在侯家冲，四十顷；一在王线沟，五十顷。赤城地五处：一在欧阳冲，六顷；一在杨家冲，四顷；一在黄土岭，四顷；一在王家冲，三顷；一在太峪冲，八顷。云门驿地，在小峪冲，三顷。雕鹗堡地四处：一在西碱场，周围四千七百五十步；一在城西苗家沟，周围二千四百一十八步；一在城东朱家沟，一在城北赵家沟，俱沿山一带约三四里许。浩岭驿地三处：一在碱场，周围一千三十步；一在火烧沟，周围一千九百七十步；一在大石头沟，周围二千七百一十步。《宣镇图说》万历年分。

上北路。原额马骡驼二千九百九十八匹头只。

下北路。原额马骡驼一千六百三十七匹头只。

---

① 嘉靖三十七年，1558 年。
② 以下载开平卫地共 11 处，检嘉靖《宣府镇志》缺"一在□木匠沟，九十七顷八十九亩"。

○屯田（第 30 页）

《宣府镇志》：……<u>开平卫</u>、屯田地一百五十三顷。<u>龙门卫</u>、屯田地一百三十七顷四十五亩。<u>云州千户所</u>、屯田地十五顷。<u>龙门千户所</u>、屯田地二十二顷五十亩。<u>长安千户所</u>。屯田地四十七顷五十亩。

◎驿递军站（卷 17《驿递军站志铺司附》）

○驿站（第 3～5 页）

赤城县

云州驿，次冲。在县北三十里，本<u>元</u>驿，<u>明洪武</u>年重置，<u>康熙三十二年</u>设驿丞管理。旧额马二十二匹，马夫扛轿等夫三十三名，半岁支草折银一百四十二两零，豆五百四十五石一斗六升，麸一百五十八石四斗，工食银四百五两，月米一百三十五名。<u>雍正五年</u>①奉文照九折支给。续增<u>康熙三十四年</u>②为冲驿，额马不敷等事内。马二十匹，马夫二十三名，马牌子一名，铡草夫四名，额设夫马工料并买马杂支等银一千三百九十二两零。

<u>赤城驿</u>，次冲。在县治东北，<u>明永乐</u>中置<u>云门驿</u>，<u>宣德</u>五年改今名，<u>康熙三十二年</u>后系知县管理。旧额马二十四匹，马夫扛轿等夫三十七名，岁支草折银一百七十二两零，豆六百四石八斗，麸一百七十二石八斗，工食银三百九十六两零，月米一百一十八石八斗。<u>雍正五年</u>奉文照九折支给。续增<u>康熙三十四年</u>为冲驿，额马不敷等事内增设。马二十匹，夫一十二名，马牌子一名，铡草夫四名，额设夫马工料并买马杂支等银一千四百九两零。

龙门县

<u>长安驿</u>，次冲。在县东南九十里，<u>明洪武</u>初置<u>丰峪驿</u>，<u>永乐</u>九年改今名，<u>康熙三十二年</u>设驿丞管理。旧额马二十二匹，马夫扛轿等

---

① 雍正五年，1727 年。

② 康熙三十四年，1695 年。

夫四十一名，岁支草折银一百五十八两零，豆五百五十四石四斗，麸一百五十八石四斗，工食银四百九十二两，月米一百四十七石六斗。雍正五年奉文照九折支给。新增康熙二十九年为驿递，困苦异常等事，内增设。马夫一十二名，买马杂支等银四百二十四两零。照九折支给。续增康熙三十四年为冲驿，额马不敷等事内增设。驿马二十匹，马夫一十二名，马牌子一名，铡草夫四名，额设夫马工料银一千九十九两零。

雕鹗驿，次冲。在县东四十五里，明洪武初置浩岭驿，永乐中改今名，康熙三十二年设驿丞管理。旧额马三十匹，马夫扛轿等夫四十一名，雍正八年，为敬陈管见事内改归军站，马七匹，马夫三名半。实留旧额马二十三匹，马夫扛轿等夫三十三名，雍正三年，为请核马驿夫役事内裁去原额扛夫二名。岁支草折银一百六十五两零，豆五百七十九石六斗，麸一百六十五石六斗，工食银四百五十两，月米一百三十五石。雍正五年奉文照九折支给。新增康熙二十九年为驿递，困苦异常等事，内增设。马夫一十二名，买马杂支等银五百三十六两零。照九折支给。续增康熙三十四年为额马不敷等事，内增设。马二十匹，马夫一十二名，马牌子一名，铡草夫四名，额设夫马工料银一千九十九两零。

龙门城递，僻。在县西二十五里，康熙三十二年设，系知县管理。旧额递马四匹，马夫二名，岁支草折银二十八两八钱，豆一百石八斗，麸二十八石八斗，工食银二十四两，月米七石二斗。

赵川堡递，僻。在县西五十里，康熙三十二年设，系知县管理。旧额递马四匹，马夫二名，岁支草折银二十八两八钱，豆一百石八斗，麸二十八石八斗，工食银二十四两，月米七石二斗。

○铺司（第14~16页）

赤城县。本城铺兵二名，南路沃麻坑铺兵二名，北路云州堡铺兵二名，三山堡铺兵二名，独石口铺兵二名。额设铺兵十名，每岁共支工食银六十两。原额铺兵十名，内除本城沃麻坑共设四名，余六名拨派龙门县协济。乾隆六年①，为独石等处公文稽延，于严行饬查等事，内掣回龙门协济铺兵三名。又本县捐募民夫三名，安设云州等三铺。详道咨司在案。

龙门县。本城铺兵三名，东路三岔口铺兵三名，东山庙铺兵二名，郭家窑铺兵二名，杏林铺铺兵二名，新井庄铺兵二名，石河铺铺兵二名；西路龙门关铺兵二名，赵川堡铺兵二名。额设铺兵一十四名，每岁支工食银八十四两。外旧派赤城县协济六名，乾隆六年为严行饬查等事内，赤城县掣回铺兵三名，现在缺额三名。本县捐募民夫应差在案。

○附明设驿馆铺站今现设及改设者，俱见前，不重载。（第 17 页）

北路

开平城。开平驿，《宣府镇志》：正统元年②建。康熙三十二年③裁。智字暖铺，《镇志》：在城南十里黄土岭；仁字暖铺，《镇志》：在城南二十里三山堡；圣字暖铺，《镇志》：在城南三十里猫峪堡。

龙门卫。乐字暖铺，《镇志》：在城东北三里；射字暖铺，《镇志》：在城东十里；御字暖铺，《镇志》：城西十里。

龙门所。睦字暖铺，《镇志》：在城南十里；姻字暖铺，《镇志》：在城南二十里；任字暖铺，《镇志》：在城西北三十里。

云州堡。孝字暖铺，《镇志》：在城南十里；友字暖铺，《镇志》：在城北十里。

长安所。信字暖铺，《镇志》：在城北二十里；教字暖铺，《镇志》：在城北十里；物字暖铺，《镇志》：在城南十里；忠字暖铺，《镇志》：在城南四十里。

马营堡。中字暖铺，《镇志》：在城南十里；和字暖铺，《镇志》：在城南二十里。

---

① 乾隆六年，1741 年。
② 正统元年，1436 年。
③ 康熙三十二年，1693 年。

赤城。恤字暖铺，《镇志》：在城西二十里；礼字暖铺，《镇志》：在城西三十里；书字暖铺，《镇志》：在城南十里；数字暖铺，《镇志》：在城东北十里。

雕鹗堡。文字暖铺，《镇志》：在堡北十里；行字暖铺，《镇志》：在堡南十里；信字暖铺，《镇志》：在堡南二十里。

◎驿递军站（续修志卷17《驿递军站志铺司附》）

○十驿（第20～22页）

乾隆二十年，两江总督鄂容安奏准，驿站钱粮改归州县管理，驿丞惟应差务司喂养通行案内，宣化府属除宣化、赤城、怀安三驿，旧系知县管理，并无驿丞官员，雕鹗驿丞裁缺[①]，归并龙门县外，其万全、榆林、土木、鸡鸣、长安、云州六驿，夫马工料等银，各归并该州县管理。乾隆二十一年，直督方观承议覆安抚卫哲治奏请，添给驿丞养廉疏称：驿丞向未定有养廉，今驿站钱粮既归州县支用，而驿务仍令各员承办，应请将驿丞各员，每岁酌给公费银八十两，即于该州县办公银内拨给。

赤城县

赤城驿，南至雕鹗驿五十里，北至云州驿四十里。额马四十四匹，马夫扛轿等夫五十名，乾隆七年裁夫一十九名，银三百六十二两零，月米一十八（名）[石]。实存夫三十一名，岁支夫马工料等银一千七百九十两零，照九折支给。豆六百四石八斗，麸一百七十二石八斗，月米一百石八斗。

云州驿，南至赤城驿四十里，北至独石口六十里。额马四十二匹，马夫扛轿等夫五十名半，乾隆七年，奉裁夫十八名半，银三百四十六两零，月米十九石八斗。实存夫三十二名，岁支夫马工料等银一千七百六

---

① 裁缺，谓官吏免去原任官职，等候补缺。

十两零，照九折支给。豆五百五十四石四斗，麸一百五十八石四斗，月米一百石八斗。

龙门县

长安驿，南至土木驿六十里，北至雕鹗驿六十里。额马四十二匹，马夫扛轿等夫六十五名，乾隆七年①，裁夫十九名，银三百六十二两零，月米一十八石。实存夫四十六名，岁支夫马工料等银一千七百九十八两，照九折支给。豆五百五十四石，麸一百五十八石四斗，月米一百一十一石六斗。

雕鹗驿，南至长安驿六十里，北至赤城驿五十里。乾隆二十年，驿丞裁缺，归知县管理。额马四十三匹，马夫扛轿等夫六十二名半。乾隆七年，裁夫一十九名，银三百六十二两零，月米一十八石。实存夫四十三名半，岁支夫马工料等银一千七百八十二两零，照九折支给。豆五百七十九石六斗，麸一百六十五石六斗，月米一百石六斗。

○十递（第20~22页）

龙门县

赵川堡递，西至宣化驿六十里，东至龙门递四十里。递马四匹，马夫二名，岁支夫马工料等银五十二两零，照九折支给。豆一百石八斗，麸二十八石八斗，月米七石二斗。

龙门递，西至赵川堡递四十里，北至赤城驿六十里。递马四匹，马夫二名，岁支夫马工料等银五十二两零，照九折支给。豆一百石八斗，麸二十八石八斗，月米七石二斗。

◎职官一（卷18《封建职官志一》）

○北魏

赤城典作都将，张陵。《魏书·列传》：衮孙。（第12页）

---

① 乾隆七年，1742年。

○金

望云县令，翟永固。《金史·本传》：良乡人，天会六年①进士。（第20页）

龙门主簿②，刘仲洙。《金史·本传》：大兴人，大定三年③进士。（第21页）

◎职官二（卷19《职官志二》）

明

○分巡道（第4~5页）

《宣府镇志》：弘治五年④置分巡按察司佥事，颛除给敕，列衔山西。《续宣镇志》：驻赤城。

赵缙，河南人，弘治五年任。

贾时，归德人，弘治八年任。

彭程，瓯宁人，弘治十四年任。

侯直，华亭人，弘治十六年任，列衔山东。

黄伟，潼川人，正德四年⑤任，列衔山东。

钱俊民，宛平人，正德五年任。以下列衔山西。

姜佐，滨州人，正德九年任。

盛鹏，襄城人，正德十三年任。

倪玑，咸宁人，正德十六年任。

---

① 天会六年，1128年。

② 主簿，官名。汉代中央及郡县官署多置之。其职责为主管文书，办理事务。至魏晋时渐为将帅重臣的主要僚属，参与机要，总领府事。此后各中央官署及州县虽仍置主簿，但任职渐轻。唐宋时皆以主簿为初事之官。明清时各寺卿也有设主簿的，或称典簿。外官则设于知县以下，为佐官之一。后省并。

③ 大定三年，1163年。

④ 弘治五年，1492年。

⑤ 正德四年，1509年。

王讴，西安右卫人，嘉靖三年①任。

樊準，南昌人，嘉靖六年任。

周允中，金乡人，嘉靖九年任。

赵迎，洛阳人，嘉靖十三年任。

刘耕，兰州人，嘉靖十五年任。

张愚，天津人，嘉靖十七年任。

程绶，通州人，嘉靖二十年任。

冯时雨，景州人，嘉靖二十六年任。

赵文耀，莱阳人，嘉靖三十年任。

朱笈，桃源人，嘉靖三十一年任。

许用中，东阿人，嘉靖三十四年任。

范大儒，沾化人，嘉靖三十七年任。

王惟宁，兴平人，嘉靖三十八年任。

牛山木。曲周人，嘉靖四十年任。

案：《宣镇志·制置考》称弘治五年置分巡道，嘉靖三十八年置赤城兵备道。据此则赤城兵备与分巡自是两缺，乃《续宣镇志》以分巡即赤城道，故所列职官并而为一，则又似赤城兵备乃分巡改衔也。顾其改设及沿革之制，前志迄于嘉靖四十一年，明系二道并列。《续志》起自隆庆元年②，又不载设官之始，其间或裁或并莫可详考。但孙氏③论著当时官秩，乃身所亲见。胡氏④由后溯前，未必无流传之误，或分巡一道乃嘉、隆时裁革，未可知耳。今以孙氏前志为据，其赤城兵备别立名衔不复连属于下。

---

① 嘉靖三年，1524 年。
② 隆庆元年，1567 年。
③ 孙氏，指嘉靖《宣府镇志》纂修者孙世芳。
④ 胡氏，指康熙《续宣镇志》纂修者胡以温。

○赤城兵备道（第6~7页）

《宣府镇志》：嘉靖三十八年，置按察司佥事，兵备赤城，颛除给敕，列衔山西。

张时，易州人，嘉靖三十八年任。

孟官，西安人，嘉靖四十年任，兼管怀隆道。

范大儒，见前，隆庆元年任。

方逢时，见前。

廖逢节，嘉靖末任，隆庆中复任。

温如璋，洛阳人。

王汝梅，安肃人。以上隆庆年任。

吴善言，成安人。

王璇，太康人。

刘葵，见前，兼管怀隆道。

宁化龙，新安人。

郑汝璧，缙云人。

孙维成，见前。

张国玺，任邱人。

张我续，见前。

张存意，华容人。

张经世，见前。

薛国用，渭南人。

王之臣，见前。以上万历年任。

张三杰，观城人。

张翼明，永城人。

李澍初，见前。以上天启年任。

王钟岱，濮州人。

刘象瑶，富顺人。

张守约，三原人。

李仙凤，高陵人。

江禹绪，见前。

朱寿鋆。宗室。以上俱崇祯年任。

〇北路理饷万历中分上北路。（第 9～10 页）

《宣府镇志》：正德元年①，云州等仓场置通判一员管理，列衔真定。《续宣镇志》：万历十六年②升云州理饷通判为上北路同知，列衔如故，驻赤城。

夏仁，潞城人，正德元年任。

邓端，广安人。

郭璋，邠州人。

王泽，璧山人。以上正德年任。

魏琦，平定州人。

杨伯谦，亳州人。

李勤，代州人。

郭选，胶州人。

李杜，信阳州人。

邹驰，宜兴人。

高淳，徐州人。

魏经纶，怀仁人。

马追，同州人。以上嘉靖年任。

何鉦，东流人。

赵维屏，寿光人。以上隆庆年任。

江橹，兰州人。

李朴，南昌人。

① 正德元年，1506 年。
② 万历十六年，1588 年。

李一鹗，应州人。

冯明世，阳信人。

任秉干，鄜①州人。

阎廷梓，项城人。

张循吉，蒲州人，万历十三年任。以上俱通判。

毛似荀，掖县人。

贾朝臣，岢岚州人。

陆南至，仁和人。

郭逵，密县人。

屈受善，华阴人。

高体金，临安人。

孙可僎，见前。

杨承栋，富顺人。

廖彀，万安人。以上万历年任。

冯一鸿，钱塘人。

涂应选，延庆州人。以上天启年任。

余文龙，莆田人。

阮维岳，黄冈人。

王懋素，贵州人。

夏扬名。昌邑人。以上崇祯年任，皆同知。

○下北路理饷（第 10～11 页）

《宣府镇志》：正德元年，葛峪等仓场置通判一员管理，列衔河间。《续宣镇志》：万历十八年，移葛峪堡粮储通判于龙门所，为下北路通判，列衔保定府。

郭通，延安人，正德元年任。

――――――――――――

① 鄜，音 fū。

宁辉，常德人。

刘爵，东昌人。以上正德年任。

第五德，西安人。

梁绘，曲沃人。

王金，延安人。

龚承恩，昆山人。

李用中，乐安人。

李调元，汝宁人。

刘知之，清源人。

和夏，封邱人。以上嘉靖年任。

任国相，绥德人。

朱梯，山阴人。

李精，桐柏人。

郭可畏，

师多识，武陟人。

詹一纲，惠来人。

赵有容，寿光人。

相邦教，安邑人。以上万历年任。

何其盛，莱州人。

杨惟休，丰城人。

高佐，翼城人。

李犹龙，蕲州人。以上天启年任。

张景星，平定州人。

甘许国，广济人。

李日新。新会人。以上崇祯年任。

〇中路理饷（第 11～12 页）

《宣府镇志》：正德元年，龙门等仓场置通判一员管理，列衔保定府。《续宣镇志》：万历十八年，改中路通判，列衔如故。

谢鹏，汲县人，正德元年任。

王金，桐城人。

彭漳，宝鸡人。以上正德年任。

符瑞，成武人。

杨惠，沁州人。

郭珊，巩昌人。

史录，陇西人。

石文，巩昌人。

赵佐，高平人。

杨佳，宜山人。

张希整，宝应人。

曹汝鞠，富平人。

吴勋，歙县人。以上嘉靖年任。

徐之蒙，

薛承珠，以上隆庆年任。

赵世爵，

王从诏，洛阳人。

程一才，禹州人。

王印，登封人。

朱蕡，新乡人。

王升，黄冈人。

郭铣，承天人。

宋日就，沂州人。

李遇时，宁羌人。

张世熙，文县人。

姚明魁，湖州人。以上万历年任。

马承绪，_{山东宁海人。}

张王佐，_{广州人。以上天启年任。}

张国绮，

王宪周，_{六安人。}

王道明，

刘光，

朱敏（上大下水）①。_{宗室，崇祯十七年②殉难。以上崇祯年任。}

○教职附纪（第 23 ~ 24 页）

北路开平卫学，_{正统八年③设。}教授程预等三十九人。中路龙门卫学，_{弘治元年设。}教授雷美等二十人。_{以下并缺名。}

○卫职佐贰杂职附纪（第 24 ~ 25 页）

永宁、怀来、保安、开平、龙门、蔚州、怀安等七卫经历各一员，兴和、美峪、云州、龙门、长安、广昌等六所吏目各一员。_{未入流。}……杂职。宣府镇城、独石、赤城、柴沟、赵川、葛峪、青边、常峪、张家口、西阳河、洗马林、龙门所、大白阳、小白阳草场十五，每场大使、副使各一员。_{俱未入流。}……万全左、右两卫，雕鹗、马营两堡，云州、长安两所，草场大使各一员。龙门卫草场副使一员。……怀来、赤城、独石、龙门、马营、云州、龙门所等七仓，仓大使、副使各一员。

◎职官三（卷 20《职官志三》）

明

○分守北路参将_{万历十八年后称上北路。}（第 8 ~ 10 页）

---

① "上大下水"，检《中华字海》，音 tài，义未详。

② 崇祯十七年，1644 年。

③ 正统八年，1443 年。

《宣府镇志》：景泰初称镇守，成化八年①置分守参将，驻独石。

周贤，镇人，景泰五年②任镇守。

江福，万全右卫人，天顺元年③镇守。

黄宣都，京卫人，天顺五年任。

李纲，京卫人。

杨伸，洪从子，成化八年任。以下始设分守。

吴俨，京卫人。

朱谦，开平卫人。

盛忠，镇人。

绳律，开平卫人。以上成化年任。

白玉，见前。

杨彪，镇人。

姚信，镇人。

杨英，镇人。

王本，镇人。

黄镇，开平卫人。以上弘治年任。

卻永，见前。

詹冕，万全右卫人。

江桓，见前。

张镇，见前。以上正德年任。

李彬，怀安人。

黄锐，镇人。

杜辉，见前。

祁岳，蔚州卫人。

---

① 成化八年，1472 年。
② 景泰五年，1454 年。
③ 天顺元年，1457 年。

钟杰，_{永平人。}

李懋，_{镇人。}

郝镗，_{镇人。}

许国，_{山东人。}

史俊，_{大同人。}

李彬，_{再任。}

颜世忠，_{大同人。}

刘环，_{镇人。}

董麟，_{营州人。}

祈勋，_{蔚州卫人。}

欧阳安，_{见前。}

刘钦，_{大同人。}

田畸，_{蔚州卫人。}

李俸，

李贤，_{庆阳卫人。}

柴缙，_{大同人。}

张缙，_{见前。}

刘汉，_{见前。}

赵臣，_{山西人。}

吕渊，_{镇人。}

刘国，_{怀安卫人。}

李节，_{临洮卫人。}

袁世械，_{榆林卫人。以上嘉靖年任。}

刘潭，_{大同人。}

麻贵，_{大同人。以上隆庆年任。}

李如桢，_{绥德卫人。}

李如梗，_{绥德卫人。}

潘忠，_{阳和卫人。}

董一元，_{见前。}

麻承勋，_{大同人。}

麻承诏，_{大同人。}

马栋，_{蔚州人。}

郭有光，_{榆林卫人。}

杨德泽，_{镇人。}

王宣，_{榆林卫人。}

张功□①，_{高山卫人。}

李良才，_{平鲁卫人。}

高应节，_{涿鹿卫人。}

文应奎，_{榆林卫人。}

柳汝植，_{榆林卫人。以上万历年任。}

董继舒，_{见前。}

黑云龙，_{见前。}

张承宪，_{龙门卫人。}

查官正，_{开平卫人。以上天启年任。}

郭起柱，_{四川人。}

刘永寿，_{金吾卫人。}

靳文炳，_{镇人。}

马明英，_{开平卫人。}

邱守仁，_{金吾卫人。}

颇重耀，_{镇人。}

薛光□②，

----

① 阙字为"胤"缺首笔"丿"。疑为清世宗宪皇帝爱新觉罗氏名胤禛，避偏讳"胤"字，以缺笔代"胤"字。

② 阙字为"胤"缺首笔"丿"。同上。

程大远。以上崇祯年任。

〇下北路参将（第 10 页）

《北中三路志》：万历十八年，以马营、龙门所、样田、雕鹗、滴水崖、长伸地、宁远、长安岭分置下北路，参将一员，驻龙门所。

杭天才，陕西人，万历十八年任。

薛来□①，万历四十八年任，见《实录》。

韦子宣，镇人。

孙继业，山西人。

文应奎，见前。

陈鸣凤，大同人。

张应奎，会州卫人。

薛来□②，咸阳人。以上万历年任。

王之麒，开平卫人。

李懋赏，大同人。

马士麟，镇人。

张应乾，大同人。

张懋功，怀安卫人。以上天启年任。

贾秉廉，镇人。

管鸣珂，金吾卫人。

岳可，延安人。

饶□③。开平卫人。以上崇祯年任。

〇分防各城堡守备附纪（第 18～19 页）

北路开平卫守备一员，马营守备一员，云州守备一员，赤城守备一员，长安岭守备一员，龙门所守备一员，雕鹗堡守备一员，内

---

①　阙字为"胤"缺首笔"丿"。同上。
②　阙字为"胤"缺首笔"丿"。同上。
③　阙字为"胤"缺首笔"丿"。同上。

赤城守备严敏等十九人，马营守备杨佶等十九人，雕鹗守备姚宣等十八人。见《宣府镇志》，余悉无考。中路葛峪堡守备一员，龙门卫守备一员，大白阳、小白阳、赵川堡、常峪、青边、羊房、隆门关七城堡操守各一员，内葛峪堡守备刘镛等二十四人，龙门卫守备黄瑄等四十三人。见《龙门县志》，余悉无考。

　　○卫所职官附纪（第 24~25 页）

　　宣府前、左、右三卫，万全左、右二卫，隆庆左、右二卫，保安右卫，永宁，怀来，保安，开平，龙门，怀安，蔚州等七卫掌印都指挥使一员，正三品。余带俸指挥无定员，指挥同知，从三品。指挥金事，正四品。镇抚司镇抚，从五品。率世官或流官俱无定员。经历、吏目等官别见文职。兴和、美峪、永宁、四海治、云州、龙门、长安等九所，掌印千户一员，正五品。余带俸无定员，副千户，从五品。镇抚，从六品。率世官或流官俱无定员。以上各卫掌印指挥，嘉靖四十一年以前者，见《宣府镇志》，后无考；各所千户见隆庆、永宁二州县志，余悉无考。

　　◎职官四（卷21《职官志四》）

　　本朝

　　○赤城兵备道仍明制。（第 4 页）

　　贺久邵，湖广人，举人。

　　朱国诏，顺天人。

　　王化淳。河南人，生员，顺治年任。

　　《续宣镇志》：顺治十一年裁缺，归并怀隆道。

　　○上北路理饷同知仍明制。（第 5~6 页）

　　龚懋学，奉天人，顺治二年任。

刘翰明，山东泗水人，拔贡①。

胡士梅，奉天人，生员。

余廉征，浙江遂安人，进士。

路坦然，陕西泰安人，贡生。以上俱顺治年任。

胡之浚，江南休宁人，贡生，康熙二年任。

董延祚，奉天人，荫生②。

汪之涛，江南怀宁人，监生。

康熙三十二年改设赤城县，裁缺。

○下北路理饷通判仍明制，顺治六年裁中路通判，归并移驻龙门卫。

（第6页）

张玮，顺天人，副榜③，顺治元年任。

冯登朝，山东济南人，岁贡④，顺治二年任。

游启运，湖广江陵人，拔贡，顺治四年任。

刘建邦，奉天人，贡生，顺治七年任。

郭凤翔，山东陵县人，贡生，顺治九年任。

孔印邵，曲阜人，圣裔⑤，恩贡⑥，顺治十一年任。

---

① 拔贡，科举制度中选拔贡入国子监的生员的一种。清制，初定六年一次，乾隆七年改为每十二年（即逢酉岁）一次，由各省学政选拔文行兼优的生员，贡入京师，称为拔贡生，简称拔贡。同时，经朝考合格，入选者一等任七品京官，二等任知县，三等任教职；更下者罢归，谓之废贡。

② 荫生，因先世荫庇（庇护）而入国子监读书的称为荫生。明代荫生入监有两种：凡按品级取得的称为官生，不按品级而由皇帝特给的称为恩生。清代亦分两种：凡现任大官遇庆典给予的称为恩荫，由于先代殉职而给予的称为难荫。

③ 副榜，科举时代会试或乡试取士，除正榜外另取若干名，列为副榜。始于元至正八年。明永乐中会试有副榜，给下第举人以作官的机会。嘉靖中有乡试副榜，名在副榜者准作贡生，称为副贡。清只限乡试有副榜，可入国子监肄业。

④ 岁贡，科举时代贡入国子监的生员的一种。明清两代，每年或两三年从府、州、县学中选送廪生升入国子监肄业，故称。

⑤ 圣裔，圣人的后代。常专指孔子的子孙。

⑥ 恩贡，明清科举制度规定，每年由府、州、县选送廪生入京都国子监肄业，称为岁贡。凡遇皇帝登极或其他庆典而颁布恩诏之年，除岁贡外再加选一次，称为"恩贡"。

徐允，河南固始人，拔贡，顺治十五年任。

刘晋，河南人，拔贡，顺治十六年任。

黄玉铉，四川梁山人，举人，康熙元年任。

王治国，奉天人，康熙九年任。

张爽，山东莱芜人，拔贡，康熙十四年任。

杨国士，陕西潼关人，拔贡，康熙十七年任。

王佐，浙江山阴人，吏员，康熙二十二年任。

李涵。山西人，监生，康熙二十八年任。

康熙三十二年改设龙门县，裁缺。

○中路理饷通判仍明制。（第6页）

姓名无考。《续宣镇志》：顺治六年，归并下北路，裁缺。

○独石口理事同知隶口北道。（第10页）

雍正十二年设，分驻独石口城，管理延庆、怀来、赤城、龙门四州县旗民互讼人命之事。

关宁，满洲正白旗人，生员，雍正十二年任。

伍云泰。见前，乾隆六年任。

○赤城县知县（第11页）

张㑤，山西人，拔贡，康熙三十二年任。

张良标，汉军①正白旗人，康熙三十九年任。

廖三友，广西全州举人，康熙四十五年任。

陈元度，江南江都人，进士，康熙五十六年任。

陈国丙，江南江宁人，监生，雍正四年任。

朱煐，云南石屏人，进士，雍正六年任。

孙昺，云南举人，雍正十三年任。

徐轩，江南上元举人，乾隆二年任。

---

① 汉军，清旗籍的一种。凡汉人于明季降清者，依满洲兵制，编入汉军各旗。

孙酉，<u>河南</u>淮宁举人，<u>乾隆</u>五年任。

傅璜，<u>江西</u>南城举人，<u>乾隆</u>六年任。

孟思谊。<u>安徽</u>河州人，进士，<u>乾隆</u>七年任。

○<u>龙门县</u>知县（第 11~12 页）

田仁，<u>山东阳信</u>人，贡生，<u>康熙</u>三十二年任。

海凤翥，<u>湖广衡阳</u>人，进士，<u>康熙</u>三十八年任。

董绍儒，<u>奉天</u>人，监生，<u>康熙</u>四十三年任。

章煓，<u>浙江山阴</u>人，举人，<u>康熙</u>四十五年任。

王拱垣，<u>奉天</u>人，<u>康熙</u>五十一年任。

黄敬中，<u>山东</u>即墨举人，<u>康熙</u>六十五年任。

胡承璘，<u>江南</u>泾县人，进士，<u>雍正</u>四年任。

钱孙振，<u>浙江</u>归安人，进士，<u>雍正</u>五年任。

陈僴，<u>江南</u>太仓人，<u>雍正</u>十年任。

杨大崑，<u>山东</u>历城廪生，<u>雍正</u>十一年任。

涂基，<u>江西</u>南昌人，<u>雍正</u>十三年任。

彭萼采，<u>河南</u>夏邑人，<u>雍正</u>十三年任。

傅咏，<u>山东</u>高密人，进士，<u>乾隆</u>元年任。

解承毓，<u>湖北</u>天门人，监生，<u>乾隆</u>二年任。

杨作梅。<u>四川</u>巴县举人，<u>乾隆</u>三年任。

○<u>赤城县</u>儒学教谕（第 16~17 页）

<u>康熙</u>三十二年设。

韩日炋①，<u>康熙</u>五十四年任。以前无考。

张敩②，大兴人。

李琦，衡水人。

冯浩。<u>河间</u>人，举人，<u>乾隆</u>四年任。

---

① 炋，音 pū。火烈。

② 敩，音 xiào，教导。效法。又音 xué，古同"学"。

○开平卫儒学附纪（第 17 页）

北路开平卫学教谕一员，明设，国初仍之。顺治十六年，裁龙门所学来并。历任教谕：黄应奎、刘于甗、高标、俱顺治年。袁若启、郑选、陈性天、郭浚、孙麟、高之翰。俱康熙年。以上九人见《续宣镇志》。康熙三十二年设赤城县学，裁缺。龙门所学，明设训导①一员，国初仍之，顺治十六年裁缺，历任姓氏无考。

○龙门县儒学教谕（第 17~18 页）

《续宣镇志》：龙门卫儒学，明设，训导一员，国初仍之，康熙五年改教授。《龙门县志》：康熙三十二年，改设县学，教谕一员。

邢清，文安人。

姚时俊，滦州人。

白方岳，河间人，俱顺治年任。

李维楫，定州人。以上卫学训导。

胡懋谦，顺天人。

宋可继，宛平人。

吴涧，宛平人。

鹿遇明，武邑人。

谢孟灿，延庆州人。

徐应升，直隶人。

徐祖望，通州人。以上卫学教授。

汪养纯，宛平人，康熙三十二年任教谕。

贾汝霖，大城人。

郭清远，满城人。

李质，房山人。

杨元科，河间人。俱康熙年任。

---

① 训导，学官名。明清府、州、县儒学的辅助教职。

赵耀甲，_{祁州人，雍正七年任。}

石清，_{清苑人，举人，乾隆二年任。}

杨宸。_{宛平人，举人，乾隆六年任。}

○赤城县管粮县丞（第 24 页）

康熙三十二年设，分驻独石口城。

张宏，_{上海人。}

张朝佐，_{萧山人。}

李广德，_{奉天人。}

张廷佩，_{桐城人。}

刘重熏，_{湖广人。}

李保之，_{山东人。}

何如桐，_{丹徒人。}

赵可观。_{山西人。}

○赤城县典史（第 26 页）

苏世望，_{慈溪人。}

王淳，_{含山人。}

郭鳌，_{旌德人。}

冯文运，_{乐陵人。}

沈文奎。_{江宁人。}

○龙门县典史（第 26~27 页）

温秉喆，_{富平人。}

方必魁，_{池州人。}

章允俞，_{石埭人。}

杨廷召，_{怀庆人。}

李蕡。_{萧山人。}

○赤城县云州驿丞（第 28 页）

方之宽，_{金华人，康熙五十八任。以前无考。}

虞公相，上虞人。

周灏，金溪人。

张林，山阴人。

俞铨。山阴人。

○龙门县长安驿丞（第 28 页）

冯克明，禹城人。

史言，浙江人。

严之敏，富平人。

牛维翰，山阳人。

张炜，平阳人。

沈茂林，肤施人。

蒋世寿。诸暨人。

○龙门县雕鹗驿丞（第 28 页）

王兰英，沁源人。

金元楷，浙江人。

侯君锡，绛州人。

阎梦骏，山西人。

汤永暹，旌德人。

张芝，富平人。

任文，四川人。

李纪。程乡人。

◎续职官（《续职官志》，第 30～37 页）

○独石口理事同知

明山保，镶红旗蒙古人，翻译举人，乾隆十四年①任。

---

① 乾隆十四年，1749 年。

巴海。镶黄旗满洲人，乾隆十四年任。

○赤城县知县

王锡佑，山东海阳人，举人，乾隆十八年任。

黄绍七。安徽桐城人，乾隆二十年任。

○龙门县知县

李联元，云南新平人，举人，乾隆十年任。

单烺，山东高密人，丙辰进士，乾隆十四年任。

正锡榖，江西兴国人，举人，乾隆十七年任。

苏宗文。广东新会人，举人，乾隆二十一年任。

○赤城县儒学教谕

陈福成，赵州人，举人，乾隆十年任。

张乔。滦城人，举人，乾隆十九年任。

○龙门县儒学教谕

杨宸。□□人，乾隆□□年任。

○赤城县管粮县丞

郑锡璋，浙江平阳人，乾隆十五年任。

单系姬，山东高密人，乾隆二十年任。

○赤城县典史

易安民，江西雩都人，乾隆十七年任。

陈名远。浙江会稽人，乾隆十九年任。

○龙门县典史

娄湘，江南上元人，乾隆十二年任。

陶如谦，安徽和州人，乾隆十九年任。

包昌业。奉天海城人，乾隆二十一年任。

○赤城县云州驿丞

张晖，江苏元和人，乾隆十七年任。

马王锡，江苏人，乾隆二十年任。

贾栋。<u>山西</u><u>汾阳</u>人，<u>乾隆二十一年</u>任。

○<u>龙门县长安驿丞</u>

李纪，<u>广东</u><u>程乡</u>人，<u>乾隆八年</u>任。

周德公，<u>浙江</u><u>会稽</u>人，<u>乾隆十年</u>任。

胡礼煌，<u>浙江</u><u>山阴</u>人，<u>乾隆十三年</u>任。

黄再英，<u>四川</u><u>三台</u>人，<u>乾隆十七年</u>任。

萝玙。<u>浙江</u><u>山阴</u>人，<u>乾隆十九年</u>任。

○<u>龙门县雕鹗驿丞</u>

蒋世寿，<u>浙江</u><u>诸暨</u>人，<u>乾隆八年</u>任。

朱大成，<u>浙江</u><u>仁和</u>人，<u>乾隆十六年</u>任。

黎民章。<u>广东</u><u>嘉应州</u>人，<u>乾隆十九年</u>任。

<u>乾隆二十一年</u>裁缺，归并<u>龙门县</u>兼理。

◎职官五（卷22《职官志五》）

本朝

○<u>独石协副将</u>（第2页）

《畿辅通志》：原设参将一员，<u>雍正十年</u>①改设。

任怀德，<u>山西</u><u>北楼</u>人，<u>雍正十年</u>任。

何祥书。<u>镶白旗汉军</u>人，<u>乾隆元年</u>任。

○<u>上北路参将</u><u>仍明制</u>。（第2页）

侯永宁，<u>天津卫</u>人，<u>顺治元年</u>②任。

郑春。<u>满洲</u>人，<u>顺治五年</u>任。

《续宣镇志》：<u>顺治十一年</u>，改设<u>独石路</u>参将，裁缺。

○<u>下北路参将</u><u>仍明制</u>。（第2页）

姓名无考。《续宣镇志》：<u>顺治八</u>裁缺。

---

① 雍正十年，1732年。

② 顺治元年，1644年。

○中路参将仍明制。（第 2 页）

罗映台，天成卫人，顺治四年任。

郭承□①。天成人，顺治八年任。

《续宣镇志》：顺治十三年，改设龙门路都司，裁缺。

○独石路参将（第 4 页）

《续宣镇志》：顺治十一年改北路参将设。

吴成凤，奉天镶白旗人，顺治十一年任。

王洪仁，宁夏人，康熙二十三年②任。

郭玉明，汝宁人，康熙二十八年任。

罗美才，建昌人，康熙三十四年任。

吴廷龙，绍兴人，康熙三十七年任。

蓝珠，漳州人，康熙四十二年任。

牛化麟，延安府人，康熙四十五年任。

高弘肇，镶红旗汉军，康熙四十九年任。

张伏，陕西人，康熙五十二年任。

马建邦，陕西人，康熙五十八年任。

丁士杰，蓟州人，康熙六十年任。

王泰运，大同人，雍正元年任。

张汉，正黄旗汉军，雍正三年任。

吕杰。陕西人，雍正八年任。

雍正十年改设独石口副将。

○龙门路游击③（第 9 页）

《畿辅通志》：雍正十年改都司设。

王道。池州人。

---

① 阙字为"胤"缺首笔"丿"。同上。
② 康熙二十三年，1684 年。
③ 游击，武官名，游击将军的简称。清代，从三品，次于参将一级。

雍正十二年裁游击，仍设都司。

○独石协中军都司（第 9 页）

《畿辅通志》：雍正十年设。

雷育，_{灵州人。}

孙锽，_{奉天人，未任。}

曾三元。_{四川人，乾隆元年任。}

○龙门路都司（第 9～10 页）

《续宣镇志》：顺治十三年裁中路葛峪参将改设。《畿辅通志》：雍正十年改设游击，十二年复裁游击，仍设都司。

王振国，_{西安人。}

李世官，_{宣府人。}

吴国栋，_{宁夏人。}

杨焕斌，_{余姚人。}

郑玉，_{宛平人。}

杨嘉瑞，_{江宁人。}

章金韶，_{仁和人。}

张浚英，_{宣府人。}

杨明，_{漳浦人。}

娄含辉，_{会稽人。}

殷辅，_{宁夏人。}

王兴，_{宁夏人。}

徐元勋，_{兖州人。}

姚福，_{宁夏人。}

陈果汉，_{榆林人。}

张祥，_{宣化人。}

王道，_{池州人，雍正十年仍任游击。}

徐汝南，_{延庆卫人。}

张文魁。_{阜平人。}

〇长安岭都司（第 10 页）

《畿辅通志》：原设守备，雍正十年改设都司，标属把总一员。

雒璧，_{西安人。}

王日信，_{大同人。}

鲁宗稷。_{钱塘人。}

〇赤城堡都司（第 10 页）

《畿辅通志》：原设守备一员，雍正十年改设都司，标属把总一员。

白纬，_{榆次人，雍正十年守备改升都司。}

朱廷佐。_{金华人。}

〇滴水崖都司（第 11 页）

《畿辅通志》：原设守备一员，雍正十年改设。

陈魁，_{西宁人，雍正十年守备改升。}

舒鼐。_{满洲镶蓝旗人。}

〇独石协中军守备（第 14 页）

韩泽，_{大兴人。}

李万辉，_{雄县人。}

张朝佐，_{直隶人。}

雷育。_{灵州人，雍正十年改升都司。}

〇云州堡守备（第 14～15 页）

戴信，

石光，_{榆林人。康熙五十七年以前无考。}

解鹏，_{四川人。}

傅元弼，_{忻州人。}

王启明，_{赣州人。}

王廷赞，_{保定府人。}

夏武祥，大同人。

王象谦，浙江人。

李之麟。遵化州人。

〇赤城堡守备（第 15 页）

郭之俊，怀安人。

李起富，庆阳人。

吴彪，武进人。

李翰，宛平人。

南文瑞，陕西人。

曹贵，陕西宁州人。

郭时忠，湖广人。

胡振龙，南阳人。

白纬。榆次人。

《畿辅通志》：雍正十年改设都司裁缺。

〇镇安堡守备（第 15 页）

彭益友，广东人。康熙四十八年以前无考。

赵之琳，正黄旗汉军。

刘永年，陕西人。

邵光宗，赣县人。

何敦，荆门州人。

塔鼐。满洲人。

〇龙门所守备（第 15 页）

《畿辅通志》：顺治九年裁下北路参将改设，辖镇宁堡。

万达，浙江人。

呼有功，湖广人。

李永茂，陕西人。

商佐清，湖广人。

余镇国，_{江南人。}

李光玉，_{湖广人。}

程纶，_{宣化人。}

潘广，_{陕西人。}

李发枝，_{江西人。}

雍启魁，_{陕西人。}

马士骏，_{宁夏人。}

永昌。_{满洲正黄旗人。}

○滴水崖守备（第 15 ~ 16 页）

杨钫，_{江宁人。康熙十六年以前无考。}

李如广，_{绥德州人。}

刘自义，_{巩昌人。}

张宾立，_{陕西人。}

岳泰华，_{福州人。}

杨铎，_{宣化人。}

陈魁。_{见前，雍正十年改升都司。}

雍正十年改设都司裁缺。

○龙门路中军守备（第 16 页）

顺治初设龙门城守营守备，十三年改都司标中军守备，辖把总
一员。

刘璇，_{本卫人。}

王启元，_{□□人城守。}

何光前，_{会稽人。}

钱青选，_{杭州人。}

王福，_{河南人。}

陈范，_{富平人。}

孙天丽，_{上元人。}

陈毓秀，<u>高平人</u>。

刘秉文，<u>奉天人</u>。

田秀明，<u>山东人</u>。

孙昌世，<u>江南人</u>。

刘超成，<u>山西人</u>。

刘瀛。<u>宣化人</u>。

○长安岭守备（第16~17页）

顺治三年设。

王大义，<u>卫人</u>。

王光前，

李昌楣，<u>开封人</u>。

李虎，

徐士祥，

王成功，<u>江西人</u>。

李英，<u>祥符人</u>。

程世雄，<u>旌德人</u>。

高起隆，<u>奉天人</u>。

刘承业，<u>宣化人</u>。

傅弘礼，<u>阳曲人</u>。

雏璧。<u>西安人</u>。

雍正十年改设都司裁缺。

○雕鹗堡守备<u>仍明制</u>。（第17页）

王信，<u>山西人</u>。

周国兴，<u>陕西人</u>。

堵圭白，<u>顺天人</u>。

李际春，<u>昌平人</u>。

苏宗轼，<u>宣府人</u>。

周国兴。复任。

《龙门县志》：康熙元年裁缺。

○马营堡千总凡千总、把总非专城防汛者，不备载。（第 25 页）

雍正十年设。

史先觉，宣化人。

赵起重，万全人。

○松树堡千总（第 25 页）

雍正十年设。

王景龙，宣化人。

马士骏，宁夏人。

姚廷栋，宣化人。

齐得禄，河间人。

何达色。满洲人。

○镇宁堡把总（第 26 页）

姚廷标，宣化人。

盛明，赤城人。

○马营堡把总（第 26 页）

李呈瑞，永清人。

李奇功，凉州人。

杨名臣，保安州人。

田生玉，赤城人。

王家相，大名人。

赵暎旭。宣化人。

○君子堡把总（第 26 页）

雍正十年设。

贾登朝，赤城人。

查化元，宣化人。

高明。_{宣化人。}

〇雕鹗堡把总（第 26 页）

康熙元年改守备设。

娄含辉，_{浙江人。}

曾得胜，_{顺天人。}

叶魁，

何应举，_{宣化人。}

杨尚武，_{宣化人。}

张国正，_{宣化人。}

何崇先，_{宣化人。}

徐兆凤，_{宣化人。}

张跃龙。_{宣化人。}

〇国初卫职附纪（第 28 页）

开平卫：叶芳春、武超王、孙潢、赵光义、李延春。

龙门卫：何嘉庆、张炳、刘梦谦、之屏、_{俱顺治年任。}杨粹、常泰运、戴元楷、田廷绩。_{俱康熙年任。}

以上俱见《续宣镇志》，康熙三十二年改卫设府县，裁缺。

〇独石口副都统_{兼管台站事务。}（第 30 页）

乾隆四年设。

宝善。_{满洲镶红旗人。}乾隆六年裁缺。

〇独石口驿传道（第 31 页）

康熙三十二年设。

沙洪，_{镶蓝旗人。}

西希纳，_{正白旗人。}

色纳，_{镶红旗人。}

张克丹，_{镶红旗人。}

万柱，_{镶黄旗人。}

吴得利，<u>镶红旗</u>人。

恩太，<u>正白旗</u>人。

多罗岱，<u>镶黄旗</u>人。

盛住，<u>正黄旗</u>人。

赫硕色，<u>正红旗</u>人。

艾阿尔哈图，<u>正蓝旗</u>人。

关宁，<u>正白旗</u>人，<u>雍正</u>年任。以上任事岁月无考。

岱通，<u>蒙古镶白旗</u>人，<u>雍正</u>十二年任。

黑色。<u>正白旗</u>人，<u>乾隆</u>二年任。

○<u>独石口</u>防守尉（第 31 ~ 32 页）

雍正七年设，辖防御二员，笔帖式二员，骁骑校二员。

阿尔岱，<u>满洲正蓝旗</u>人。

巴琅，<u>满洲镶黄旗</u>人。

勒世太，<u>满洲镶红旗</u>人。

宝善。<u>满洲镶红旗</u>人，<u>乾隆</u>七年任。

◎续职官（续修志卷 22《职官志五》）

○<u>独石口</u>协副将（第 33 页）

鄂海，<u>满洲正白旗</u>，<u>乾隆</u>九年任。

什格，<u>满洲镶红旗</u>，<u>乾隆</u>十年任。

额尔格图，<u>满洲镶蓝旗</u>，<u>乾隆</u>十二年任。

五十九，<u>满洲正蓝旗</u>，<u>乾隆</u>二十年任。

○<u>独石口</u>协中军都司（第 34 页）

卢成举，<u>广西马平</u>行伍①，<u>乾隆</u>十三年任。

周岐伯，<u>湖广东湖</u>行伍，<u>乾隆</u>十八年任。

————————

① 行伍，古代兵制，五人为伍，五伍为行，因以指军队。

五云保。满洲厢红旗，乾隆二十一年任。

○独石口右营守备（第35～36页）

武精阿，满洲正红旗，乾隆十七年任。

多隆阿，满洲正红旗，乾隆十八年任。

观德。满洲镶黄旗，乾隆十九年任。

○赤城堡都司（第36页）

塔鼎，满洲镶蓝旗，乾隆十年任。

张凤洲，云南临安行伍，乾隆十一年任。

胡文雄。贵州贵阳行伍，乾隆十八年任。

○龙门所城守（第36页）

富新，满洲镶白旗，乾隆十一年任。

五新泰。满洲正白旗，乾隆十二年任。

滴水崖都司（第36页）

觉罗丰，满洲镶蓝旗，乾隆八年任。

阿林泰，满洲镶白旗，乾隆十六年任。

觉罗爱隆阿。满洲镶蓝旗，乾隆二十年任。

○龙门路都司（第36页）

僧保住，满洲正白旗，乾隆十二年任。

定柱。满洲正蓝旗，乾隆二十年任。

○长安岭都司（第37页）

瓦尔大，满洲镶红旗，乾隆十三年任。

塞楞泰，满洲镶白旗，乾隆十八年任。

德仪。满洲镶黄旗侍卫，乾隆二十一年任。

○镇安堡守备（第37页）

录米。满洲镶白旗，乾隆十二年任。

○云州堡守备（第37页）

万事礼，山西清源武举，乾隆十一年任。

林天溁，广东万州行伍，乾隆十二年任。

孙璧，山西交城武生，乾隆十五年任。

李现弼。甘肃宁夏荫生，乾隆十六年任。

○马营堡千总凡千总、把总非专城防汛者，不备载。（第 39 页）

王培，万全行伍，乾隆十二年任。

任三畏，山西右玉武举，乾隆十八年任。

赵良曾。万全行伍，乾隆十九年任。

○松树堡千总（第 39 页）

党云龙，蔚县行伍，乾隆十三年任。

尤柱国，陕西武威行伍，乾隆二十年任。

○镇宁堡把总（第 40 页）

周通海。宣化行伍，乾隆十一年任。

○雕鹗堡把总（第 40 页）

谈文忠。蔚县行伍，乾隆十四年任。

○长安岭把总（第 40 页）

牛士单。宣化行伍。

○独石口防守尉（第 41 页）

西陵阿。满洲正黄旗，乾隆九年任。

◎宦迹（卷 23、24《宦迹志》）

○元

案：《镇志·名宦》有汉上谷太守李广，《本传》无上谷事可纪。……元云州守赵致安。事迹无考。龙门令阎完。据云延祐三年①官龙门令。案《元史·地理志》前至元二年②已并龙门入宣德，延祐中安得有龙门令？此当有误。（卷 23，第 11 页）

———————

① 延祐三年，1316 年。

② 前至元二年，1265 年。

○明

薛禄，胶人，封阳武侯。宣宗初，佩镇朔大将军印巡边，陈备边五事。二年夏，复佩印督输开平还，军宣府，禄谍寇退，率精兵追击，败之。五年，建言筑永宁、团山及雕鹗、赤城、云州、独石诸城堡。临行赐诗，以山甫、南仲为比。疾作，召还。卒，赠鄞国公，谥忠武。《明史·本传》。（卷23，第13页）

罗亨信，字用实，东莞人。永乐进士。正统三年，巡抚宣府、大同，汰诸卫冗官老弱者四百八十余人。时遣官度二镇军田，一军八十亩外，悉征税五升。亨信言："文皇帝时，诏边军尽力垦田，毋征税，陛下复申命之，今奈何忽为此举？塞北诸军，防边劳苦，无他生业，惟事田作。每岁自冬徂春，迎送瓦剌使臣，三月始得就田，七月又复刈草，八月以后修治关梁，计一岁中曾无休暇。况边地硗瘠，霜早收薄，若一收税，则民不复耕，必至窜逸"帝纳其言。土木变，作人情汹惧。有议弃宣府城者，官吏军民纷然就道。亨信仗剑坐城下，令曰："出城者斩！"又誓诸将曰："朝廷付亨信此城，以死守之。"人心始定。也先奉车驾至城南，传命启门。亨信登城语曰："奉命守城，不敢擅启闭。"也先乃去。赤城、雕鹗、怀来、永宁、保安诸守将弃城，并按举其罪。时天子既北狩，寇日薄城下，关门左右皆战场，亨信与总兵杨洪以孤城当其冲，洪既入卫，又与朱谦共守，外御强寇，内屏京师，以劳进左副都御史。景泰元年，年逾七十，乞致仕，不许，入京陛见辞，益力免冠叩首，帝见其著兜鍪①，颠发皆尽，乃许焉。归八年卒，祀昭德祠。《明史·本传》。（卷23，第14～15页）

叶盛，字与中，崑山人。正统十年进士，授兵科给事中。土木师覆，诸将多遁，盛率同列请先正扈从失律者罪，然后选将练兵，

① 鍪，亦作"兜牟"。古代战士戴的头盔。秦汉以前称胄，后叫兜鍪。

为复仇计。郕王即位,例有赏赉,盛以君父蒙尘辞,不许。推右参政,督饷宣府。寻以李秉荐,协赞都督佥事孙安军务。初安尝领独石、马营、龙门卫所四城备御。英宗既蒙尘,安以四城孤悬塞外,其势难全,奏弃之内徙。至是廷议修复,仍以命安。盛与辟草莱庐舍,庀战具,招流移,为行旅置暖铺,请帑金买牛千头以畀屯卒,立社学,置义冢,疗疾扶伤。两岁间,四城及赤城、雕鹗诸堡次第修复皆为完城,安遂进副总兵。与守备中官弓胜不相能,奏安疾宜代。帝以问盛,盛言:"安为胜所持,故病。今诸将无逾安者。"帝乃且遣医视安疾。已又劾胜,帝虽宥不问然,卒调之他镇。宪宗立,迁左佥都御史,巡抚宣府。复举官牛官田之法,垦田四千余顷。以其余积市战马千八百匹,修屯堡七百余所,边塞益宁。独石镇守内官进保贪暴,盛劾奏之。累进吏部右侍郎,卒,谥文庄,祀昭德祠。《明史·本传》。(卷23,第15~16页)

孙安,字景康,左都督同知。正统己巳,独石、马营等八城失守,残毁未复,议者欲弃之。兵部尚书于谦曰:"弃之,不但宣府、怀来难守,官兵不免动摇。"乃荐安授以方略,且战且守,八城完复。已而相筑墩台,督率耕种,凡事便军民者,朝夕弗懈,后行边至马儿冲,疾作,参政叶盛以闻,上赐医来治,随愈,公益感激勤事,寻升总兵。边人德之,立生祠,岁时祝其寿云,祀名宦。《宣府镇志》。(卷23,第16页)

李秉,字执中,曹县人。正统元年进士,授户部主事。宣府屯田多为豪右所占,秉往视,归田于军,罢科,率边人赖之。景泰二年,宣府督饷侍郎刘琏病,命秉往佐之,至则发琏侵牟状。即擢秉右佥都御史代琏,兼参赞军务。宣府数遭寇,军民牛具悉被掠。朝廷遣官市牛万五千分给屯卒。人予市谷种。琏尽以畀京军出守者,一不及屯卒,更停其月饷,征屯粮甚急。秉尽反琏政,厚恤。屯军发帑市牛种士卒自城守外,悉令屯作。凡使者至及宦官镇守供亿科敛者，皆奏罢之，以官钱给费。故事军有家者，月饷一石，无者减十四。军妻死虽有父母兄弟，概以无家论，秉力言其非请优给之，帝方加意边事，览宣府亿万库，所上财物悉命秉给诸军，军愈感悦。三年冬命兼理巡抚事。顷之，又命提督军务。秉益尽心边计，不恤嫌怨。都指挥杨文、杨鉴，都督江福贪纵，劾罪之。守独石内官弓胜田猎扰民，请征还。又劾总兵官纪广、副总兵杨能罪。先是寇乱边地，民悉流移内郡，秉广行招徕，奏给月廪。瘗土木、鹞儿岭暴骸万五千，乞推行于诸塞。军为寇杀掠家无依者，官为养赡，或资遣还乡。所条奏百十章，帝及大臣知其贤，朝奏夕下，弊政悉厘。谍报寇牧近边，廷议遣杨俊会宣府兵剿之。秉曰："塞外故诸部牧地，非犯边也。掩杀幸功，非臣敢闻。"乃止。天顺初，改督江南粮储。宪宗立，复巡抚宣府。成化二年，又命巡宣府、大同，更将帅，申军令而还。未几，命为总督，数破敌。帝劳以羊酒，赐麒麟服，加太子少保。弘治初，卒，赠太子太保，谥襄敏，祀昭德祠。《明史·本传》。（卷23，第17～18页）

　　胡宗宪，字汝贞，江南绩溪人，嘉靖中以御史巡按宣大，诏徙大同左卫，军于阳和、独石卒聚而哗，宗宪单骑慰谕，许勿徙乃定。《明史·本传》。（卷24，第5页）

　　杨博，字惟约，蒲州人。嘉靖八年进士，三十六年以兵部尚书总督宣大、山西军务。数出奇兵袭寇，寇稍徙帐。因议筑故总督翁万达所创边墙，招还内地民为寇掠者千六百余人。又请通宣大荒田水利，薄其租，报可。召还，加少保。帝忧边甚，倚若左右手，博上言："请敕宣大诸将，从独石侦情形，预备黄花、古北诸要害，使一骑不得入关，即首功也。"帝是之。隆庆中卒，赠太傅，谥襄毅。《明史·本传》。（卷24，第7页）

　　方逢时，字行之，嘉鱼人。嘉靖进士。隆庆初，改宣府口北道。万历初，总督宣大、山西军务。始逢时与崇古共决大计，招徕俺答，至是复代崇古，乃申明约信。两人首尾共济，边境遂安。逢时巡口北，时亲行塞外，自龙门盘道墩以东至靖胡堡山梁一百余里，形势联络，叹曰："此山天险。若修凿，北可达独石，南可援山陵，诚京陵一藩篱也。"及赴阳和，道居庸，出关见边务修举，欲并遂前策。上疏曰："独石在宣府北，三面邻敌，势极孤悬。怀、永与陵寝止限一山，所系尤重。其间地本相属，而经行之路尚在塞外，以故声援不便。若设盘道之险，舍迂就径，自龙门黑峪以达宁远，经行三十里，南山、独石皆可朝发夕至，不惟拓地百里，亦可渐资屯牧，于战守皆利。"遂与巡抚吴兑经营修筑，设兵戍守。累进兵部尚书加少保，告归，御书"尽忠"字赐之。逢时练达边事，其功名与崇古相亚，称"方王"云。《明史·本传》。（卷24，第9~10页）

吴兑，字君泽，绍兴山阴人。嘉靖进士，隆庆五年秋，巡抚宣府。时俺答初封贡，而昆都力、辛爱阴持两端，助其主土蛮为患。兑有智计，操纵驯伏之。尝侦俺答离营猎，从五骑直趋其营。遍阅庐帐，抵暮还。市者或潜盗所鬻马，兑使人棓击之，曰："后复盗，即闭关停市。"诸部追所夺马，并执其人以谢。辛爱扰边，掠车夷，以其长革固去，其二比妓来驻龙门。兑使使诘责辛爱，令还革固而勒其比妓远边。辛爱又使其比妓，岁盗葛峪堡牛羊。兑皆付俺答妻三娘子罚治。昆都力尝求封王，会病死，其子青把都拥兵至塞，多所要挟。兑谕以祸福，而耀武震之。青把都惧，贡如初，其女东桂嫁朵颜都督长昂，尝随父入贡，诉其贫。兑谕其昆弟，每一马分一缯界之。后东桂报土蛮别骑掠三岔河，得豫为备，有功。万历五年夏，代方逢时总督宣大。时俺答西掠瓦剌，声言迎佛，寄帑于兑，留旗箭为信。俺答留青海。青把都部下复入寇。兑趣俺答东还约束之，款贡益坚。七年秋，召还，累进兵部尚书太子少保。《明史·本传》。（卷24，第10~11页）

刘象瑶，字君岫，四川富顺人。分巡口北，见墩台亭障多颓，戈甲器具弗精，力为修举。时方市马，公约束严整，不令滋事。常借大司农白金万两为籴本，岁权之以市铁，弗置官冶，即于产铁处所令置输焉。其它心计率类是。万历间巡按吴析龙门卫所为二学，而廪员不加，多置学田饩之。善九章法，左手握算，右手操觚①，不差圭撮②。性廉洁，布衣蔬食泊如③也。初以户部郎司饷易水，朝廷嘉其洁，已两赐玺书劳焉。《续镇志》。（卷24，第14页）

　　汪道亨，怀宁人，万历癸未进士。四十年巡抚宣府，因款贡时久，创置来远堡于张家口。又因滴水崖地震上书执政，极言灾异之由，得发帑金三十万以饷军民。同时直指周师，旦日为社稷臣。《宣化县志》。（卷24，第14~15页）

　　各旧志所载文职有巡抚邦奇、刘永祚，巡按秦廷奏、梁云构，怀隆道丁应璧、张经世，北路同知阮维岳，柴沟堡仓场通判张进言，上北路粮储通判孙可儁，西路通判屈可贤，入西宁名宦东路通判杜齐名，南路通判徐铭、戴宾、刘芳闻、屈必昌，蔚州知州史魁、姜鄁、宇宾、武信、曹俊，西宁知县侯职、常凤，延庆知州刘璡、一作胡璡。耿继武，保安知州刘必绍，怀来卫教授单元、郑德、詹洲，怀来卫经历田广。武职有万全都司岳可，独石参将李刚，龙门守备马骥，怀安守备宋晟、周隆、邓英、宋赟、李琼、吴汝珍，并有政绩。（卷24，第21页）

　　○本朝

　　张倈，字鼎实，山西拔贡。康熙三十二年改县来任赤城，时宣府养旗马，十州县分领库帑供喂所费草料，他邑多派百姓驼运，公一切自理，不以病民。三十四年夏灾，力为详请蠲赋，本邑独石口

----

　　①　操觚，意即拿木简写文章。觚音gū。本义古代盛行于商代和西周的一种酒器，用青铜制成，口作喇叭形，细腰，高足，腹部和足部各有四条棱角。是处指古代一种写字用的木板。

　　②　圭撮，古代两种很小的容量单位，比喻微量或微小。

　　③　泊如，恬淡无欲貌。

税务旧属县收，三十七年改归张家口监督，𬶠恐滋事累及商民，详请咨部复得照旧量征，商民赖之。《赤城县志》。（卷24，第24页）

案：各旧志所载文职有口北道徐元珙……赤城县知县张良标、廖三友，龙门知县田仁、海凤翥、董绍儒、章焞……赤城典史苏世望。武职有宣镇总兵闫可权……开平卫守备王天益，龙门所守备李光玉，云州守备戴信。……（卷24，第25页）

◎选举上（卷25《选举志上》）

○进士

明

天顺庚辰科王一夔榜

徐演。云州所籍，开平卫学生。历任广西按察司佥事。（第3页）

隆庆辛未科张元忭榜

王致祥。龙门卫学生，历任右副都御史，巡抚顺天。（第5页）

本朝

顺治丙戌科傅以渐榜

李遵度，龙门卫拔贡生，任浙江德清知县。

宋之屏，开平卫拔贡生，历任江南副使。（第6页）

顺治己丑科刘子壮榜

李承矿，宣府人，龙门所拔贡生，任湖广房县知县，死节有传。（第6页）

康熙己丑科赵熊诏榜

黑天池。宣化县人，赤城县学生，历任苍梧道。（第8页）

○举人明万历间，宣镇屡科阙额。四十一年，举人胡守训等公疏请照辽东事例，另额取中，得旨，允行，始加额三名，另编旦字号较阅。本朝顺治十七年，裁减各直省中额，裁去一名。康熙四十一年，仍增一名。雍正十三年，奉旨特增一名，每科共中四各，各属贡监生仍编入北皿字号，不在此例。

明

正统丁卯科（第 9 页）

胡贯。开平卫学生，国子监学正①。

景泰庚午科（第 9～10 页）

林春。龙门籍，都司学生，应天府通判。

成化丁酉科（第 11 页）

魏清。龙门人，都司学生。

正德庚午科（第 12 页）

张棐。龙门卫学生。

正德丙子科（第 12 页）

魏廷义。龙门卫人，都司学生，山东邱县知县。

正德己卯科（第 13 页）

李琪。龙门卫学生，户部郎中。

嘉靖戊子科（第 13 页）

钱鹍。龙门所监生，陕西苑马寺丞。

嘉靖丁酉科（第 14 页）

裴璜。龙门卫人，湖广常德府经历。

万历乙酉科（第 15 页）

王承芳，开平卫学生，陕西咸阳知县

周职迁。龙门卫人，河南辉县知县。

崇祯庚午科（第 17 页）

郑在时。开平卫学生。

崇祯癸酉科（第 17 页）

窦维辂。龙门卫学生，河南武安知县。

---

① 学正，宋、元、明、清国子监所属学官，协助博士教学，并负训导之责。地方学校学官，宋、元路、州、县学及书院设学正；明、清州学设学正，掌教育所属生员。

本朝

<u>顺治戊子科</u>（第 18 页）

<u>纪肇修</u>。<u>开平卫</u>学生，<u>浙江龙泉</u>知县。

<u>顺治庚子科</u>（第 19 页）

<u>谢孟灿</u>。<u>延庆州</u>学生，<u>龙门卫</u>教授。

<u>康熙丙午科</u>（第 19 页）

<u>胡显祖</u>。<u>龙门卫</u>学生，<u>贵州永从</u>知县。

<u>康熙己酉科</u>（第 19 页）

<u>郭世昌</u>。<u>开平卫</u>学生，<u>福建闽县</u>知县。

<u>康熙丁巳科</u>（第 19~20 页）

<u>胡维桢</u>。<u>龙门卫</u>副榜，<u>交河县</u>教谕。

<u>康熙戊午科</u>（第 20 页）

<u>陈正谊</u>。<u>龙门卫</u>学生，<u>柏乡县</u>教谕。

<u>康熙辛酉科</u>（第 20 页）

<u>王衮</u>。<u>龙门卫</u>人，中式<u>陕西</u>乡试。

<u>康熙壬午科</u>（第 21 页）

<u>黑天池</u>，见进士。

<u>胡以济</u>。<u>龙门县</u>学生。

〇贡生《明史·选举志》：<u>洪武</u>中，因谏官<u>闵贤</u>奏，设为定例。府、州、县学岁贡生员各一人。二十一年，定府、州、县学以一、二、三年为差。寻改，府学岁二人，州学二岁三人，县学岁一人。<u>永乐</u>八年，更定州、县户不及五里者，州岁一人，县间岁一人。<u>正统</u>六年，更定府学岁一人，州学三岁二人，县学间岁一人。<u>弘治</u>、<u>嘉靖</u>间，更定府学岁二人，州学二岁三人，县学岁一人，遂为永制。后都司卫学等，其按年充贡之法，亦间有增减又云。<u>弘治</u>八年，国子监祭酒<u>林瀚</u>以监中坐班人少，请开科贡，礼部尚书<u>倪岳</u>议，从之。<u>嘉靖</u>十年，礼部尚书<u>李时</u>引<u>岳</u>前议言，<u>岳</u>权宜二法，一增贡额以足坐班生徒，府、州、县学以一岁二贡，

二岁三贡，一岁一贡为差行之，四岁而止。今国学缺人，视宏治①间更甚，请参酌举行，未允。未几，复以祭酒许诰、提学御史胡时善之请，诏增贡额，如岳时议。又《宣府镇志·学校考》：成化二年，礼部奏准，卫学照县学例，二年贡一人。成化十六年，令都司学照州学例，三年贡二人。宏治八年奏准，自九年起至十三年止，府学一年贡二名，州学二年贡三名，县学每年贡一名，以后仍照现行例。十四年，都指挥王祥奏准，万全都司照府学例，一年一贡。案此是宏治增贡额，时都司学尚照州学例，祗应二岁三贡也。乃《镇志·选举表》于都司学宏治八年下注云，是年令都司学一年贡二名，五年止，遂自九年至十三年，每年开列二名。其说与《学校考》不合。且又于隆庆州学注云，是年令州学三年贡四名，则又非二岁三贡之说矣。而自九年至十三年，亦每年开列二人，辗转错误如此，至宏治增额之例，史谓四年，《镇志》则谓五年，其于嘉靖年间亦未详复行增额之说，岂《镇志》载至四十年而止，许诰、胡时善所请，犹在后欤。宣府选拔贡生，明万历二十二年，选贡一次，天启元年选贡一次，崇祯八年拔贡一次，俱每学一名。本朝顺治元年拔贡一次，顺治五年拔贡一次，顺治十一年拔贡一次，后即停止。康熙十一年，礼部复请拔贡一次，二十五年拔贡一次，三十七年拔贡一次。雍正元年拔贡一次，雍正七年礼部题准，本年为始，每六年拔贡一次，府学一名，县学一名。乾隆七年，复议定嗣后仍，十二年拔贡一次，永著为例。

赤城县

明

王伦，	翟祥，吏目。
郭德，主簿。	葛升，溧水知县。
胡渊，溧阳知县。	尹安，
王纪，文县知县。	周琮，鸿胪寺主簿。
黄镒，以上弘治年。	郭俊，余杭知县。
黄明，永和知县。	陈荣，
杭洪，照磨。	智海，
黄钺，主簿。	窦俊，以上正德年。

---

① 宏治本为"弘治"，当系避清高宗纯皇帝爱新觉罗弘历名讳，以"宏"代"弘"。

张钦，主簿。

赵铨，太原知县。

王道嘉，主簿。

张文嘉，经历。

曹镗，主簿。

杜乐，安庆府通判。

白思诚，

杨仲春，

郭应元，

李斧，永宁知县。

周万全，

汪国栋，县丞。

郭应登，海丰知县。

荣禄，县丞。

张本，巩昌通判。

王承祥，

李蠧，州判。

郭立都，兴山知县。

李郊，

刘汝桢，主簿。

孙尚伦，训导。

张廷极，凤翔府通判。

张国政，训导。

马二麟，训导。

王承蒙，训导。

张锡，

胡熙，汾水知县。

侯润，照磨。

具鉴，

杜承绪，偃师知县。

汪湛，吏目。

汪洋，重庆府通判。

张沂，

萧云凤，

李钺，以上嘉靖年。

刘继宗，县丞。

郭应试，

郭铎，

李岑，主簿。

姚相舜，

冀忠，

陶成德，

王承蕙，乡宁知县。

冀德，州同。

申以孝，县丞。

马一麟，县丞。

王一元，恩贡，长寿知县。

萧卿，

鞠承忠，县丞。

李矿，

刘应星，训导。

朱世业，

李鈵。按《续镇志》所载，俱不详年代，故自嘉靖以后无考，后同。

国朝

周易，教谕。　　　李竞秀，拔贡，常州府通判。

蔡元宁，教谕。　　　董正位，昆山知县。

张士志，　　　　　　朱瑞祥，

梁振廷，以上并龙门所学顺治十六年并入开平卫学，前明贡生无考。

张国宠，文县知县。　　张进仁，县丞。

纪国典，教谕。　　　郭世荣，拔贡，开封知府。

王廷试，县丞。　　　张进玮，拔贡。

饶绍德，拔贡，县丞。　殷本忠，府通判。

张允祚，　　　　　　刘悌，

郭祚隆，县丞。　　　张允扬，

刘家桢，　　　　　　门应诏，

马跃龙，　　　　　　宋之辅，

鞠□□，　　　　　　陈王策，恩贡，教授。

刘光显，　　　　　　陈明扬，

郭宪璞，训导。　　　陈明志，

石之琇，　　　　　　孟养浩，副榜。

郭志璞，拔贡，教谕。　刘裔汉，

宋梿，以上开平卫学康熙三十二年并入赤城县学。按：赤城旧无志乘，自后据《学册》所载康熙年仅得五人，阙略之处尚俟续考。

朱焕霞，　　　　　　饶杰，

侯天职，　　　　　　王天佑，

王天祥，以上康熙年。　刘愈芳，雍正元年恩贡。

纪炳，元年拔贡。　　纪芳跻，二年贡。

张允若，四年贡。　　朱尔超，六年贡。

饶佐，八年贡。　　　温廷奭，十年贡。

饶弘道，十二年贡。　郭坤，十二年贡。

孙昌运，乾隆元年恩贡。　郭永盛，元年贡。

李发荣，三年贡。　　　　柳淳，五年拔贡。

朱尔翰，五年贡。　　　　王秀升。七年贡。

龙门县

明（第35~38页）

黄锦，新泰知县。　　　　艾纶，隆德知县。

魏真，安阳知县。　　　　林浃，林春子，崇明县知县。

萧贤，主簿。　　　　　　曹贤，

倪仁，金绣，训导。

裴琮，河曲知县，以上宏治年。　魏廷仁，教授。

王敏，灵石知县。　　　　朱玟，浙江市舶提举司。

窦钢，潞安府通判。　　　许安，浮山知县。

李仁，判官。　　　　　　吕熙，延长知县。以上正德年。

马杰，县丞。　　　　　　钱鲤，河州判官。

陈文，县丞。　　　　　　魏国，布政司理问。

程璧，　　　　　　　　　罗绮，县丞。

李大经，县丞。　　　　　魏廷哲，主簿。

王金，磁州同知。　　　　裴瑀，永寿知县。

魏祚，县丞。　　　　　　徐凤，

李孟春，　　　　　　　　魏时，

魏德，　　　　　　　　　窦文，

陈栋，　　　　　　　　　马宗孝，大同府通判。

郝凌辅，　　　　　　　　李仲春，主簿。

陈霁，主簿。　　　　　　董汉儒，房山知县。以上嘉靖年。

林士芳，醴泉知县。　　　王致和，遂平知县。

马维行，县丞。　　　　　潘维高，博平知县。以上隆庆年。

张德威，县丞。　　　　　马应箕，县丞。《县志》作魏应箕。

孙显宗，府同知。　　　　傅梦弼，州判。

王美，府经历。　　　　　朱绍颜，县丞。

陈九畴，　　　　　　　　陈自勉，知县。

张大教，　　　　　　　　魏应益，济南府通府。

郭自震，府同知。　　　　王一柱，

陈继皋，　　　　　　　　周宗文，

李舒，　　　　　　　　　阎守礼，县丞。

徐德言，州同。　　　　　安邦彦，永宁知县。

刘乾，　　　　　　　　　陈继召，

赵铣，　　　　　　　　　李继祥，县丞。

魏希征，主簿。　　　　　赵思中，训导。

罗达，　　　　　　　　　李德增，

倪承恩，澄城知县。以上万历年。殷登云，恩贡。

郝鸣皋，县丞。　　　　　李正中，

卜渊。州判。以上天启年。　陆腾蛟，训导。

张允贤，恩贡，县丞。　　沈横，《县志》作沈模。

丁应录，训导。　　　　　史篆，

季志，　　　　　　　　　高崇，秦州知州。

孙举，　　　　　　　　　徐毓光，中牟知县。

李伟。以上崇祯年。

国朝

赵之远，学正。　　　　　季敏，宿州同知。

汤应武，拔贡教谕。　　　阎可衡，恩贡州判。

武维扬，拔贡，布政司理问。文时成，县丞。

王志，州同知。　　　　　王佐，

徐琨，以上顺治年。　　　方锡隆，训导。

安邑，　　　　　　　　　徐章，拔贡，

李遵制，　　　　　　　季敬，恩贡。

陈师泰，训导。　　　　李养正，

陆起鸿，　　　　　　　严钦明，训导。

魏日崇，　　　　　　　姚之益，拔贡。

王象春，训导。以上龙门县学。康熙三十二年改龙门县学。按：龙门及怀来两县《选举志》按年序列甚详，以诸州县未能画一，故不备记。

王际泰，康熙三十二年贡。　　武之召，

姚文郁，　　　　　　　倪重光，

徐方澄，　　　　　　　安昌晋，《续志》作方晋。

赵维伦，　　　　　　　徐方杲，

胡宪祖，恩贡。　　　　胡以汉，恩贡。

董师圣，　　　　　　　张又龄，

刘延社，　　　　　　　宋征殷，

李琳，　　　　　　　　刘楫，

徐颖，训导。以上康熙年。　陈琦，雍正元年恩贡。

李琳，元年拔贡。　　　徐方震，二年贡。

窦声，四年贡。　　　　王廷相，六年贡。

申嘉庆，八年贡。　　　赵纬，十年贡。

陈世泽，十二年贡。　　要应奎，乾隆元年恩贡。

李元功，元年贡。　　　王际隆，三年贡。

范孔范，五年拔贡。　　田犹彪，五年贡。

王儒。七年贡。

◎选举下（卷26《选举志下》）

〇武科 《明史·选举志》：武科，自吴元年定。洪武二十年俞礼部请，立武学，用武举。武臣子弟于各直省应试。天顺八年，令天下文武官举通晓兵法，谋略出众者，各省抚、按三司，直隶巡抚御史考试。中式①者，兵部同总兵官于帅府试策略，教场试弓马。策答二问，骑中四矢，步中二矢以上者为中式。成化十四年，从太监汪直请，设武科会试，悉视文科例。弘治六年，定武举六岁一行。十七年，改定三年一试，出榜赐宴。嘉靖初，定制，各省应武举者，巡按御史于十月考试，两京武学于兵部选取，俱送兵部。次年四月会试，后又仿文闱南北卷例，分边方、腹里。每十名，边六腹四以为常。万历三十八年，定会试之额，取中进士以百名为率。其后有奉诏增三十名者，非常制也。万历末，科臣又请特设将材武科，报可而未行。崇祯四年，武会试榜发，论者大哗。帝命中允方逢年、倪元璐再试，取翁英等百二十人。逢年、元璐以时方需才，奏请殿试传胪，悉如文例。乃赐王来聘等及第②，出身有差。武举殿试自此始也。又案《续镇志》：明天启以前，会试取中者，皆称兵部中式武举。崇祯四年，从大司马熊明遇请，始赐为武进士。

明

兵部中式武举

成化癸卯科（第 21 页）

刘宝。开平卫人，锦衣卫都指挥。

正德庚辰科（第 22 页）

龚勋。龙门所人，任守备。《怀来志》作参将。

嘉靖癸未科（第 22 页）

翟钦。开平应袭舍人，历任参将。

嘉靖己丑科（第 22~23 页）

田锦。开平卫人，任守备。

嘉靖辛丑科（第 23 页）

张铉，龙门卫人。

许泰。开平卫人，任守备。

---

① 中式，科举考试合格。

② 及第，科举应试中选。因榜上题名有甲乙次第，故名。隋唐只用于考中进士，明清殿试之一甲三名称赐进士及第，亦省称及第。

嘉靖甲辰科（第 23 页）

刘楷，<u>开平卫人</u>，充操守。

翟瀚。<u>开平卫应袭舍人</u>，任守备。

嘉靖癸丑科（第 24 页）

刘绅。<u>开平武生</u>，署职管操。

嘉靖己未科（第 25 页）

刘淳。<u>开平冠带舍人</u>，署卫镇抚管操。

隆庆戊辰科（第 25 页）

姚凤。<u>开平舍人</u>。

隆庆辛未科（第 25 页）

孟尚义，<u>龙门卫武生</u>。

魏应振，<u>龙门卫武生</u>。

张守愚。<u>开平武生</u>。

万历丁丑科（第 26 页）

孙邦熙，<u>开平舍人</u>。

郑济民。<u>长安所武生</u>。

万历甲辰科（第 27 页）

张承宪。<u>龙门卫人</u>。

万历丁未科（第 27 页）

查官正。<u>开平人</u>。

万历庚戌科（第 27 页）

饶□。^① <u>赤城人，龙门参将</u>。

万历癸丑科（第 27 页）

张时杰。<u>龙门卫人</u>。

天启壬戌科（第 27 页）

---

① 阙字为"胤"字缺首笔" 丿 "。疑为清世宗宪皇帝爱新觉罗氏名胤禛，避偏讳"胤"字，以缺笔代"胤"字。

张时杰，<u>龙门卫</u>人，历任后府都督同知。

倪承祚。<u>龙门</u>武生。

崇祯丁丑科（第 27 页）

胡献章。<u>龙门卫</u>人。

崇祯癸未科（第 29 页）

王之熙，<u>开平</u>人。

王开泰，<u>龙门卫</u>人。

张应凤。<u>龙门卫</u>人。按：《宣化县志》有<u>阎可久</u>任<u>三岔口</u>守备，<u>祝永年</u>任都司；《万全县志》有……<u>刘天禄</u>任<u>独石</u>守备……俱不详科分，无从叙入。

国朝

顺治丙戌科（第 29 ~ 30 页）

王守德，<u>开平</u>人。张允中，<u>开平</u>人。

葛太荣，<u>龙门卫</u>人。张王玺，<u>龙门卫</u>人，任守备。

王乘龙，<u>龙门卫</u>人，任守备。陶杰，<u>龙门所</u>人。

顺治己丑科（第 30 页）

梁希舜，<u>龙门卫</u>人，<u>陕西凉州卫</u>守备。

梁希灏。<u>龙门卫</u>人，守备。

顺治乙未科（第 30 页）

张进瑶。<u>开平卫</u>人，<u>山东临清</u>都司。

顺治辛丑科（第 31 页）

张浚英。<u>左卫</u>人，任<u>龙门路</u>都司。

康熙丁未科（第 32 页）

刘延祉。<u>龙门</u>人，<u>襄阳</u>守备，死王事。

康熙庚戌科（第 32 页）

赵光宗。<u>龙门卫</u>人，<u>江南金山卫</u>守备。

康熙壬戌科（第 32 页）

李玮。<u>龙门卫</u>人，《县志》作乙丑。任<u>松江</u>提标。

康熙乙丑科（第 32 页）

魏相业。龙门卫人，《县志》作癸丑。太平卫守备。

康熙庚辰科（第 33 页）

赵仁基。龙门籍万全人，甘肃参将。

〇武举明制，三科连中式者，为三科武举。

明

徐九锡，开平武举。　　马愈龙，龙门卫武生。

郑向时，开平武生。　　汪国枢，开平武学。（以上第 35 页）

苏国栋，龙门卫武生。　　鹿万年，开平武生。

阎有恩，浩岭驿应袭。①　　李际元，开平武举。

阮济刚，开平武生。（以上第 36 页）

南朝杰，开平武生。　　姜跃礼，龙门武生。

张国威，开平武生。　　阎有思，开平武举②。（以上第 37 页）

田尚忠，龙门卫武生。　　倪如玉，龙门卫武生。

贾权，龙门所武生。　　窦维辕，龙门卫武生，《县志》三科中式
以功，历任福建游击。（以上第 38 页）

马翼龙，开平武举。　　王之燨，开平应袭。

李文焕，开平武生。③　　刘承业，独石守备。④

按：《宣镇志》不载武乡试，《续镇志》始自万历戊午，而崇祯年科分并阙，
今从各州县志增补，故详略不同，如此。（以上第 39 页）

国朝

张玉振，龙门卫人。以上顺治戊子科。

徐泰裕，龙门卫武生，湖广竹溪营都司。

---

① 以上万历戊午科。
② 李际元至此为天启辛酉科。
③ 田尚忠至此为天启甲子科。
④ 刘承业，崇祯庚午科。

徐永康，<u>龙门卫武生。</u>① 　　郭光先，<u>开平武生。</u>（以上第 40 页）

田瑾，<u>开平武举。</u> 　　刘希哲，<u>开平武生。</u>

王量，<u>龙门卫武童。</u>② 　　马载图，<u>龙门卫武生。</u>

周凤竹，<u>龙门卫武举。</u> 　　张威，<u>开平武举。</u>

汪溪如，<u>开平武生。</u>③ 　　张进瑶，<u>开平武生。</u>（以上第 41 页）

张印泰，<u>龙门卫武童，《县志》作应泰。任千总</u>④。

吴士龙，<u>龙门卫武童。</u> 　　张应麟，<u>龙门卫武举。</u>（以上第 42 页）

刘世显，<u>开平武生。</u> 　　张玉佩，<u>龙门武童，千总。</u>

陈邦振，<u>龙门卫武生。</u> 　　杜邦璪，<u>龙门所武童。</u>⑤（以上第 43 页）

白云鹄，<u>龙门人，授都司。</u>⑥ 　　张允璪，<u>赤城（卫）[堡]人。</u>

杜永成，<u>龙门卫人。</u>⑦（以上第 44 页）

潘希岳，<u>龙门人，任把总。</u>⑧ 　　张飜，<u>龙门卫人。</u>⑨

王永升。<u>赤城独石口人。</u>⑩（以上第 45 页）。

○附武职<u>游击以下及世袭等职与凡附见人物志者概不登录。</u>

明（第 47 页）

绳律，<u>宣镇参将。</u> 　　靳英，<u>西安总兵。</u>

陆锐，<u>葛峪堡参将。</u> 　　王承业，<u>东路参将。</u>

张国麒，<u>石匣副将。</u> 　　杨钺，<u>马营参将，升副总兵。</u>

王浚，<u>累官副总兵，善骑射。以上并赤城人。</u>

---

　　① 武生，明清时代，凡经过本省各级考试取入府、州、县学的武童生，通称武生员。习称武秀才。文秀才称生员，武秀才则只称武生。

　　② 武童，明清时应武科生员之试者，称"武童生"。亦省称"武童"。

　　③ 徐泰裕至此为顺治辛卯科。

　　④ 张进瑶、张印泰为顺治甲午科。

　　⑤ 吴士龙至此顺治丁酉科。

　　⑥ 白云鹄，康熙己酉科。

　　⑦ 张允璪、杜永成为康熙乙酉科。

　　⑧ 潘希岳，康熙戊午科。

　　⑨ 张飜，康熙辛酉科。

　　⑩ 王永升，康熙辛卯科。

赵文，都督佥事，充镇守宣府副总兵。

黄瑄，都督佥事，充协守宣府副总兵。

黄镇，都指挥佥事，充协守宣府副总兵。

张林，任参将。

刘江，任参将。　　　　　张润。任参将，并龙门人。

按：选举各途第据旧志及各州县册，开列不无遗漏，尚祈谅之。

◎续选举（续修志卷 26《选举志下》）

○贡生

赤城县（第 50 页）

王秀升，乾隆七年①岁贡。　　杨枝正，九年岁贡。

饶俊，十二年岁贡。　　　　朱尔奇，十三年岁贡。

刘邦柱，十五年恩贡。　　　纪芳勋，十七年岁贡。

王象格，十九年岁贡。　　　饶弘仁。二十一年岁贡。

龙门县（第 50 页）

范孔彰，乾隆七年拔贡。　　王儒，七年岁贡。

魏永锡，九年岁贡。　　　　王廷佐，十一年岁贡。

范兴祖，十三年岁贡。　　　任光第，十五年岁贡。

管意，十五年恩贡。　　　　王元魁，十七年拔贡。

潘润，十七年恩贡。　　　　王继熙，十七年岁贡。

要翱，十九年岁贡。　　　　李瑛。二十一年岁贡。

◎人物中（卷 28《人物志中》）

○明

张信，独石城镇抚。卢让，独石城百户。宣德四年②六月，寇入

---

① 乾隆七年，1742 年。

② 宣德四年，1429 年。

开平，二人同战死。《明史·宣宗本纪》。

孙刚，宣府前卫人，由军功升都指挥佥事，守备永宁。正统十四年①秋，敌寇独石、马营，守臣杨俊弃城遁，遂犯云州，刚率永宁兵援之，至中途遇贼数万骑，且战且行，兵寡不敌，死之。赐祭祀义烈祠。子成，官至辽阳总兵。《宣镇志》。（第1页）

王敬，字子修，隆庆右卫人，性亮直，孤介行，不类己者，虽贵勿与交。初为指挥同知，与永宁指挥张澄同学，于学正李彝居职，并以廉洁称。正统己巳，寇犯云州，随守备孙刚赴援遇战，与澄及怀来百户陈显，共以身蔽刚，刚敬显，俱死，澄欲得杀三人者，力战不退，随亦被害是役也。吏民父子夫妇死难，显名者九十余人，俱赐恤典。参正叶盛奏建义烈祠祀之，有碑记其事。《宣镇志》。陈显子震，年十九，痛父之死，不避危险寻尸，阵所竟得尸而还。《怀来志》。（第1~2页）

向通，隆庆左卫人，少读书，每见古名将所建立，辄欣慕之。长承父荫，为卫指挥同知，戍永宁。孙刚云州之役，通往从之，贼众围我师数重，势不能敌，乃随刚死。景泰元年，遣礼部郎中白璧谕祭荫其子，又有右少监谷春者，正统十二年监守永宁，偕刚赴援云州，及刚至中途遇贼，春已先入云州，既而闻刚死，奋然曰："人熟无死，死沙场乃得为忠义鬼，吾将从刚地下矣"。遂自缢死。上闻，义之，赐赠祭如刚。《宣镇志》。（第2页）

杨洪，字宗（远）［道］②，开平百户。善骑射，成祖北征，至斡难河，获人马还。帝曰："将才也。"令识其名，累功进都指挥佥事。英宗立，时先朝宿将都尽，洪后起，敢战，大臣并知其能，有毁之者，辄为曲护，洪由是得展其才。自宣德以来，迤北未尝大举，其扰边者，多不过数百。他将率选愞，洪独敢战。遇敌辄有斩获，

① 正统十四年，1449年。
② 据《明史》卷173《杨洪传》改。

迤北亦惧之。呼为"杨王"。尝建议加筑开平城，拓龙门所，自独石至潮河川，增置墩台六十，形势相接。十二年，充总兵官镇宣府。景泰接位，也先逼京师，诏洪将兵入卫。比至，寇已退。追击余寇之霸州还，所掠人畜万计。以功进侯，命留京师，督军营训练，掌左卫事。朝廷以洪宿将，所言无不纳。尝陈御寇三策，又奏简汰三千诸营将校。又与石亨等请释宫聚、王喜、张斌三人罪，帝并从之。其秋，予世券。佩镇朔大将军印，还镇宣府。居数月，以疾召还京，卒，帝震悼赐祭葬，赠颍国公，谥武襄。洪为一时边将冠。颇好文学，亲儒者，尝请建学宣府，教诸将子弟，识者多之。子杰嗣爵，早殁，无子，庶子俊袭之。天顺中，以罪伏诛。其兄子能、信。天顺初，以左都督为宣府总兵，与石彪破敌磨儿山，封武强伯。信，字文实。景泰中，累进都督佥事，代兄能镇宣府。上言："每阵宜置鹿角十具，临阵可捍敌马，结营可卫士卒，遇敌团牌拒前，鹿角列后，神铳弓矢相继迭发，则守无不固，战无不利。"从之。天顺初，移镇延绥，累功封彰武伯。成化六年，分道出塞，击敌胡柴沟，获马五百匹，玺书褒之。信在边三十年，镇以安静，人乐为用。卒，赠侯，字武毅。《明史·本传》。（第3～5页）

朱谦，开平人。宣德元年，以北征功由指挥使进万全都指挥佥事。正统六年，与参将王真巡哨，遇敌连击败之。八年，与杨洪破兀良哈于克列苏，累功进都督同知。帝北狩，也先拥帝至宣府城下，令开门。谦与参将纪广、御史罗亨信不应，遂去。寻代杨洪镇守宣府。景泰元年五月，敌入犯。谦率兵御之，次关子口。数千骑突至，拒以鹿角，火器击之，少却，如是数四。谦退军，敌复追之。都督江福来援，失利。谦军亦伤，卒力战却敌。逾月，敌二千骑复南侵。遣都指挥牛玺等御之，战南陂。谦见尘起，率参将（范）［纪］广①

---

① 据《明史》卷173《朱谦传》改。

等驰援。自巳至午，敌败遁。论功，封抚宁伯。敌屡扰宣府、大同，意二城可旦夕下。而谦守宣府，郭登守大同，数以羸师，挫其劲骑。也先知边城难犯，始有还上皇意。明年，卒于镇。成化中，谥武襄。子永，字景昌。既嗣爵。分领宣威营，改督团营。成化二年，荆、襄盗刘通作乱。永与尚书白圭讨平之。阿罗寇延绥，永偕都御史王钺，都督刘玉、刘聚等击，大败之牛家寨。明年，复败之浤忽都河。十九年秋，小王子大入边，宣、大告急。以永为镇朔大将军，督诸将周玉、李玙等击败之。永治军严肃，所至多奏功。前后八佩将军印，内总十二团营兼掌都督，累进保国公，赐世袭加太保。弘治九年卒。追封宣平王，谥武毅。《明史·本传》。（第5～6页）

案：《明史》杨洪、朱谦列传所传世爵，洪昌平侯爵，早废，独信爵袭封，三传至曾孙炳，隆庆时掌京营戎政屡加少师，谥恭襄，炳传至孙崇猷，闯贼陷京师，被杀，赠彰武侯。朱永子晖，袭爵总督京营，加太保，晖子骐袭侯，出镇两广，以军功加太子太保，骐数传至国弼，天崇间尝请正魏逆罪，及劾辅臣温体仁，福王立，复进保国公，以与马阮①相结，今名不终，盖二姓袭爵并传至国亡云。

周贤，世袭宣府前卫千户。景泰初，累功至都指挥佥事，守备西猫儿峪，助副总兵孙安守独石八城。寻充右参将，代安镇守。兀良哈入寇，总兵官过兴令宣府副将杨信及贤合击。贤不俟信，径击败之。被劾，都御史李秉言信缓师，贤亦弃约。帝两宥之。天顺初，总兵官杨能奏擢都督佥事。能以寇驻塞下，檄贤与大军会，失期，征下狱。以故官赴宁夏，隶石彪军。寇入安边营，贤击之，大败。穷追，中流矢而卒。《宣镇志》：贤守开平，敌寇陕西，诏贤往援至野马涧等处，力战六日，斩获甚众，复战于榆林安边营，援兵不继，遂死于敌。又《五边典则》：三年正月，总兵官石彪奏，比者敌二万余入安边营抢掠，臣与彰武伯杨

---

① 马阮，指马士英和阮大铖二人。于明亡后，拥立福王，共领朝政，相互勾结，专权误国。

信、右佥都御史徐瑄、都督佥事周贤、都指挥李鉴等，统领军马往剿之，与贼连战，掣夺旗号喇叭，斩获酋长鬼力赤平章首级，余众奔溃，追至昌平墩出境，敌仍聚众复回，对敌转战六十余里，交锋四十余合，至野涧半坡墩，敌众大败，生擒四十七人，斩五百一十三级，夺驼六十七只，马五百一十四匹，被掠男妇一十八人，驴骡牛羊二万余。都督佥事周贤被贼射死，都指挥李鉴亦陷没，诏贤赠都督同知，遣官祭葬。贤初下吏，自以不复用，及释罪，感激誓死报，竟如其志，赠都督同知。子玉，字廷璧，充宣府游击。成化九年，诏举将才，玉为首。命率所部援延绥，从王钺袭红盐池，还守宣府。寇入马营、赤城，击败之。又破敌红崖儿，累进署都督同知，佩（征）[镇]朔将军印。十九年，小王子犯大同。败总兵许宁。入顺圣川大掠，以六千骑寇宣府。玉将二千人前行，巡抚秦纮继进，至白腰山击败之。时寇乘胜，气锐甚，为玉等所挫，一时称其功。未几，寇复入，玉伏兵败之。复会朱永军败之鹁鸽谷。进署右都督。后调镇宁夏，卒，谥武僖。《明史·本传》。案：《明史》：杨洪六合人，朱谦夏邑人，周贤滁人，而《宣镇志·乡贤传》以洪、谦为开平人，《忠义传》以贤为宣府人，盖当时军官隶某卫者，大率即入籍，于是余仿此。（第 6 ~ 7 页）

王继，开平卫指挥同知，弘治十一年①任云（川）[州]堡守备，有勇略，数御寇有功。十三年，寇大掠宣西北路，选锐赴援，寇旋从两河口突入，继领本部卒堵截，身先奋勇，击以乏援，死于阵。《赤城志略》。（第 10 ~ 11 页）

仝胜，龙门卫旗校，弘治乙丑御寇虞台岭，战死。《宣镇志·贞烈传》。（第 12 页）

王轼，开平卫人。弘治十二年进士。嘉靖初，官顺天府尹，房山地震，轼言召灾有由，语多指斥，忤旨切责。寻迁右副都御史，巡抚四川，讨芒部土官四十九砦，玺书奖劳，及为户部侍郎，核九

---

① 弘治十一年，1498 年。

门首藉地，以余地归之民。勘御马监草场，厘地二万余顷，募民以佃。时帝锐意除弊，近幸①莫敢挠，房山民以牧马地献中官韦恒，轼厘归官，奸人冯贤等复献中官李秀，秀为请于帝，轼抗疏劾之。帝虽宥秀，竟治贤等如律。出核勋戚②庄田，请如周制，计品秩，别亲疏，以定多寡，非诏赐而隐占者俱追断。户部尚书梁材采其言，兼并者悉归官。轼居身俭素，为缙绅③仪表，累迁兵部尚书，参赞机务。诏举将材，荐郑卿、沈希仪等二十一人，帝皆擢用焉。《明史·本传》。（第14~15页）

王本，龙门人，少有膂力④，奋志树功。嘉靖丙戌，报敌三万人由开平路入寇，镇巡官令副总兵陈时领兵剿之，本以指挥同知总五百随陈北行。至瓦房沟，猝遇敌，本直前与战，兵少弗克，被贼射死。有司建祠祀之。《龙门志》。（第18页）

高怵山，本姓雪，葛峪堡人，任本堡参将。寇至，奋往御之，因从寡不敌，被杀。《龙门志》。按：《龙门县志·忠节传》云：寇至，怵山奋往击之，众寡不敌，被杀首扑地。值地有羊首，即抓置颈上，复上马杀数人，锐莫能御。寇悉惊走，始堕马。军中相顾错愕。事闻于朝，赐姓高氏，封高昌王。子孙图其像仍系以羊首，以见忠勇之气，虽死犹生也，裔孙标今为邑庠生⑤。夫羊头之事，怪诞不经，固不足辨。其赐姓封王云云，历考前史，北魏有高昌王爵号，然魏不赐姓，间有命与某人同族者，亦其人本姓如是，未尝别以某姓赐

---

① 近幸，宠幸；也指君主宠信的人。

② 勋戚，有功勋的皇亲国戚。

③ 缙绅，原意是插笏（古代朝会时官宦所执的手板，有事就写在上面，以备遗忘）于带，旧时官宦的装束，转用为官宦的代称。缙，也写作"搢"，插。绅，束在衣服外面的大带子。

④ 膂力，膂音 lǚ，脊梁骨。膂力，体力；力气。

⑤ 庠生，科举时代称府、州、县学的生员。明清时为秀才的别称。

之。后周赐姓最多，如纥豆陵①普六茹②之类，然高氏是其所仇，不赐也。隋赐姓杨，唐赐姓李，未闻以他姓赐人。辽之赐姓惟韩德让姓耶律，其后族皆姓萧，然其封爵则曰某国某大王，无高昌王号。金之纥石烈氏，其汉姓为高，哀宗时尝以赐有功将士，然名封国邑皆有定制，亦无高昌王号。元有氏无姓，一朝之内未闻以姓赐人，高昌王为世属国，国号亦都护。《元史·巴而术阿而忒的斤传》：仁宗始稽故实，封纽林的斤为高昌王，以金印赐之。传帖木儿补化、至治中封。篯吉，天历中封诸王表，又有太平奴，至顺中封。无怵山其人，且系仍其旧号，非赐姓也。据《县志》云，怵山官葛峪参将，考葛峪堡，明以前未见，《两镇三关志》《北中三路志》皆以为筑自宣德五年，从前无是堡，并无是称，葛峪堡参将置自成化八年，是怵山系明代之官也。查明代葛峪堡参将题名碑，自李延至姜瑄，崇祯年任。共五十五人，并无所为雪怵山者。若云封王赐姓，明高帝制，异姓者不王，功臣中间有赠王者，然典甚巨，非史所得，遗也。高帝时，徐、常、李、邓、汤、沐六赠王。成祖时，张玉、朱能亦赠王。英宗时，张辅亦赠王。然其人皆有大功，且生已列爵上公矣，恐未必能及一死事之参将也。明无赐姓，唯正德中，佞幸③江彬、钱宁等赐姓朱，更无别赐他姓者，且未闻以是为恤功之典也。且考葛峪武臣之死难者，前后亦不一矣。如嘉靖六年④，关山以都指挥死，赠一官，荫子。三十四年，李光启以都指挥死。三十五年，祁勉以指挥佥事死，皆赐祭荫，光启且赐祠矣，岂祀忠大典以赠王，赐姓之怵山而独遗之乎？是传所载语，语无征雅，欲削去其人，特以事关忠

---

① 纥豆陵，古代北方鲜卑姓氏，赐姓。
② 普六茹，鲜卑诸姓之一。北魏孝文帝改茹氏。隋文帝之父杨忠曾因功被赐姓普六茹。
③ 佞幸，佞音 nìng，本义用花言巧语谄媚。引申为巧言谄媚的人。佞幸，指以谄媚而得到宠幸或以谄媚得到君主宠幸的人。在更广泛的应用上，凡不通过仕途正路而以柔媚便辟获宠者皆可称之为佞幸。
④ 嘉靖六年，1527 年。

节，广为根寻，惟考前明叶盛《水东日记》有云《高昌王世勋碑》副本：在帖木儿补花史作化之五世孙宣府前卫指挥使宁家。元帖木儿补花二子，长不答试里嗣，亦都护高昌王尚阿哈也。先忽都公主卒，传子和赏，次子伯颜不花的斤，为太常典簿，鲜于枢之甥，官江东廉访副使。和赏以亦都护高昌王，镇甘肃。洪武三年归附，除和阳卫指挥同知。子伟，字怀英，袭职，后调宣府前卫，子永传宁云。详见《杂志》。《元史·巴而术阿而忒的斤传》：帖木儿补化乃亦都护高昌王纽林的斤长子，与其弟篯吉，皆八卜义公主所生。大德中，尚公主曰朵儿只思蛮。至治中，领甘肃诸军。泰定中，拜湖广行省平章政事①。天历中，拜中书左丞相。其弟篯吉乃以让嗣为亦都护高昌王。又《伯颜不花的斤本传》伯颜不花的斤，字苍崖，驸马都尉、中书丞相、封高昌王雪雪的斤之孙，驸马都尉、江浙行省丞相、封荆南王朵尔的斤之子也。至正十六年②，擢江东道廉访副使。十八年，陈友谅寇信州，力守城而死，母鲜于氏太常典簿枢之女也。按此二《传》，惟伯颜不花的斤官爵及为鲜于氏甥，与《水东日记》相合，余俱不同。但叶氏系亲见其《世勋碑》，而记者当必无误。《元史》自中统以后，载籍散失，且以蒙古色目翻译易讹，此殆有未之祥考者与，据《水东日记》伯颜不花的斤为帖木儿补化次子，则纽林的斤当即为雪雪的斤，《高怃（出）［山］传》云本姓雪，疑此之讹。据此，则自伟以后世，为宣府前卫指挥或因祖上原封高昌，遂改姓高。高昌之先世居畏兀，而地遂呼畏兀，而氏无姓，畏兀又作畏吾。考明初各堡，原系指挥分守，怃山疑即其世袭指挥，有葛峪死难事，而无知之徒，欲张大其说，假之衔曰参将，重其典曰赐王、曰赐姓，操笔者，亦略弗深考，以讹传讹，漫为记载，转使其人实在死事之节，不彰鄙谬。如是，岂不重可痛惜哉！故欲削而复录之，特加辨论，以俟识

---

① 平章政事，古代官名。唐代以尚书、中书、门下三省长官为宰相，因官高权重，不常设置，选任其他官员加同中书门下平章事之名，简称"同平章事"，同参国事。唐睿宗时又有平章军国重事之称。宋因之，专由年高望重的大臣担任，位在宰相之上。金元有平章政事，位次于丞相。元代之行中书省置平章政事，则为地方高级长官。简称平章。明初仍沿袭，不久废。

② 至正十六年，1356 年。

者博考焉。又案：元欧阳元^①词有："高昌家赛羊头福"。语羊头之说，想亦因此传会耳。（第 18 ～ 21 页）

王经，龙门人，以都指挥同知充参将，分守万全、怀来等处。嘉靖丁亥^②，闻敌入葛峪，率兵赴援。行至华家营，灰尘蔽空，知寇连营而下，遂列垒严卫。少顷，大至。接战数十次，皆当先，为士卒倡，中流矢死。事闻，赐赠恤褒忠祠。《龙门志》。（第 21 页）

刘傅，蔚卫人，正德庚辰^③，兵部中式，任赤城守备。嘉靖九年，率所部援马营，直前搏战。久之，围未解，令军士悉弃马步斗，中矢如猬，皆赤卧，病月余，卒。事闻，赐赠荫祀褒忠祠。《蔚县志》《州志》作（传）［傅］中矢阵亡。（第 22 页）

刘海，开平人，少袭父荫，为前所试百户。巡抚刘源清奇其貌^④，选为官军百夫长，呼前戒曰："若有奇貌，当贵否？即为忠义人，宜自力"。海顿首谢。嘉靖庚寅^⑤夏六月，哈真率众寇马营，陈兵冯家梁。时海为北路参将，先锋奋勇前进，遇贼万余骑，从山谷中突出，海语旗牌官张宣等曰："我辈今必不得脱，惟死可以报国。"遂犯阵，手刃二贼，皆堕马。各殊死战，贼从旁睨视忿甚，合围射之，势不支，遂被执。时海衣着红袖，贼意为帅领，挫尸三段，剖腹取胆，乃去。源清闻之，曰："我固知海忠义士也，即不贵，死有余荣矣"。疏请赠荫祀褒忠祠。《宣镇志》。（第 22 ～ 23 页）

董旸，宣府前卫人。嘉靖中为宣府游击将军，俺答犯滴水崖，旸力战死。赠官锡荫，春秋世祀。《明史·董一元传》。《续镇志》：旸字子升，与指挥江瀚齐名。嘉靖辛丑秋^⑥，俺答阿不孩率十万众寇山西，阵太原城下。

---

① 欧阳元，本为欧阳玄，疑为清代避清圣祖爱新觉罗氏名玄烨讳，以"元"字代"玄"字。

② 嘉靖丁亥，嘉靖六年，1527 年。

③ 正德庚辰，正德十五年，1520 年。

④ 貌，音 ní，古同"猊"，也称狻猊 suān ní，传说中的一种猛兽。

⑤ 嘉靖庚寅，嘉靖九年，1530 年。

⑥ 嘉靖辛丑，嘉靖二十年，1541 年。

旸时以游击将军领所部兵往援，遇之突入其阵，即毙数贼，已而，敌四面合围，旸奋臂大呼，跃马舞剑而出，万众辟易。己酉，敌寇隆庆、永宁，镇守官赵卿方被论①，旸、瀚代领其兵御之，敌分为二，背面夹攻，兵败。二将犹挥刃力战，杀数十贼而死。（第 25 页）

易纲，字驭政，蔚卫人。素知兵能以少击众，著有劳绩。嘉靖二十四年，以指挥佥事，守备云州，后调山西行都司，战死。得旨，优恤，赠镇国将军。子简，历官永宁城参将。《两镇三关志》。（第 25～26 页）

黄尧臣，延庆卫指挥使，任周四沟操守。嘉靖庚申②，贼寇赤城，臣奋勇大呼，直犯前锋，贼惧引去。寻控知臣无援兵，复合围之，中流矢，死。赠昭勇将军。《延庆志》。（第 27 页）

任怀，马营城军校，随营御寇，死于阵。（第 28 页）

贺郁，龙门卫总旗，御寇战死。（第 28 页）

范瑾，马营人，为备御指挥，累任参将。自京营回籍居乡，志行不苟。嘉靖三十三年，贼寇马营，指挥赵堂率兵堵截，被困君子堡。贼知其无援，合围数重，期在必克。瑾约诸弁耆老③于城头交拜，设誓愿与城为存亡。众跃然大呼曰："惟公教"。于是分陴④设守，部署甫定，贼负梯临城，城上炮矢交发，守御咸备，贼惊骇撤围去，而堡无恙。乡人至今犹称之。《赤城志略》。（第 30 页）

王国勋，开平卫指挥同知。万历中，累迁左军都督佥事。善抚将士，有余廪，尽散给之。父殁，特疏请效文臣终制，不获允，事继母孝，居恒浣衣淡食，以清苦风励其子弟。《续宣镇志》。（第 36 页）

倪尚忠，字肖泉，先世盐城人，五世祖保一随靖难兵南征至东

---

① 论，判罪；判决。
② 嘉靖庚申，嘉靖三十九年，1560 年。
③ 耆老，年老而有地位的士绅。耆，音 qí，年老，六十岁以上的人。
④ 陴，音 pī。城上的矮墙。亦称"女墙"；俗称"城垛子"。

昌，大战阵亡。子凯累官明威将军，以孝称。宣德间调宣府，遂占籍①龙门卫，袭封至尚忠。万历中，累官至大同总兵，初防守金家庄，适兵备巡边，询一切险阻要害，主将不能对，尚忠对如指掌，兵备奇之。后闻寇警，子身往探虚实，寇大叱之，射死一人，生擒一人而还。主帅壮之，及为镇将。寇入口甚众，麾下②偏裨③数请战，尚忠坚壁不动，会日暮，下令秣马④饱食，遂奋击大破之，夺其辎重无算。寇畏惧，不复入口。尚忠任边疆数十年，始终不怠，性孝、友爱、贤礼士，多与名辈交。《龙门志》。（第37页）

张承宪，龙门所将家子，有节气，娴⑤文艺，历任独石参将。天启三年⑥，调署龙门所参将事。时北寇毛乞炭驻牧龙门所边外，适直指行边至滴水崖。承宪虑有不虞，遣健丁随卫，寇果拥众至塞挟赏，承宪詟⑦以正理，酋词屈而心益嗔⑧，夜从滴水边入，伏鲍鱼窊，纵火焚劫。承宪闻警，挥兵疾驰进战，贼稍北，跃马追之。至鲍鱼窊，伏兵四起，路险隘不能回旋，与从骑下马靠窊对射，飞矢贯顶，尚握刀杀贼，从骑偕死。是时，龙门所营兵守兵以承宪为权事，官不用命，故及于难。事闻，赐祭荫，入褒忠祠。《赤城志略》。（第38页）

黄钺，字禹门，万历乙未⑨，兵部中式，授守备，累擢蓟镇东协副总兵，从总兵马林战死三岔口。追赠总兵官，谥忠愍，祀褒忠祠。《宣化县志》：钺，总兵黄明臣子，阵亡，参将黄鈇弟。（第42页）

---

① 占籍，上报户口，入籍定居。

② 麾下，麾音 huī。即部下。

③ 偏裨，裨音 pí。偏将、副将。

④ 秣马，秣音 mò，牲口的饲料；喂牲口。秣马，喂马。

⑤ 娴，音 xián。熟练。

⑥ 天启三年，1623 年。

⑦ 詟，音 zhé。丧胆；惧怕。

⑧ 嗔，音 chēn，怒，生气；对人不满，怪罪。

⑨ 万历乙未，万历二十三年，1595 年。

◎人物下（卷29《人物志下》）

○明

刘汉臣，赤城人，善骑射，骁勇惯战。愍宗时，从龙门所参将杭大才出口杀贼有功，后随征援辽，偕刘国登孙刘科俱殁于军。《赤城志略》。（第1页）

张国威，赤城人，任龙门所守备。天启七年①春三月，有崔原者突入龙门所，跃马持刀逐杀居民。国威单骑出，挺枪戳之，堕地缚至骟马冲墩下，生埋之。崔原，故滴水崖人，与夏、欧二姓人逃去边外，屡引寇入边为害。至是，崔既授首②，夏、欧两贼亦先后擒戮，沿边诸堡遂获宁居。《续宣镇志》。（第2页）

薛昌润，赤城伴壁店防守。崇祯七年甲戌③，大兵入独石口边至伴壁，昌润死焉。《赤城志略》。自此至张国瑞止，俱甲戌殉难。（第3页）

江腾龙，长安岭守备。崇祯七年，御战长安岭，大兵登巅注射④，守卒惊散，城陷。腾被执⑤，愤激而死。母杨氏，妻张氏皆死焉。事闻，赐恤典⑥，命立祠祀之。《续镇志》江腾龙作江腾。同时死难者，掌印都指挥邓国昌，千、百户徐文魁、李化龙、王科、张文采、李儒、郭九崇，生员安汝盘、杨植、乔云路、任大受、任大才，以上皆奉旌表。（第4~5页）

周允益，雕鹗堡防守。甲戌六月，堡受攻，允益偕备御指挥沈明泰暨诸军生分陴拒敌，允益首撄锋镝，明泰力战益猛，铳炮矢无虚发。忽城岭火药自焚，趋朴之，西北角遂陷。诸家妇女死于水者，数井皆满，后俱赐祭、赐赠、赐荫、赐匾旌之。同时死难者把总冯

---

① 天启七年，1627年。
② 授首，指投降或被杀。
③ 崇祯七年，1634年。
④ 注射，用弓箭集中射击。
⑤ 执，捕捉，逮捕。
⑥ 恤典，一种旧时朝廷抚恤已故官员的礼法。

世官，指挥耿思诚，千百户姚世纯、胡大贵、姚进纲、《续志》作王。徐承祚、曾三聘、李衍，省祭①双成，以上赐祭荫。生员张国昌、牛化麟，武举阮立都，乡约②申谭，民总郭宠，以上俱赐祭。妇女殉节者，俱见《烈女》。（第5页）

张国瑞、张国英，雕鹗堡人。崇祯七年，自京师归至长安岭，闻大兵入口，乘夜归视母及本堡被围兄弟，登城守护，以枪击杀，城下兵众怒，重围之，堡破。寻至张氏家兄弟，复杀死数人，被环箭射死并支解之，母倪氏，率媳章氏、王氏投井死。自江腾龙至此并龙门人，见《续镇志》及《龙门志》。（第5页）

窦维辂，字鹿野，龙门卫人，乡大夫窦文子，为诸生时，尝条议本卫宜浚城壕，以备不虞，当事韪之中。崇祯癸酉③，乡试④任河南武安令，时流寇所经，邑多残破。维辂至，招垦殆⑤遍境内，积贮中州冠。忽有流寇伪令至，维辂衔须⑥齿剑⑦，几断要害，以救得不死。及归里，复有伪官强其出见，奋怒震呼，创痕复裂而死。所著文集若千卷，俱失散。《续镇志》。（第6页）

徐毓光，字子玉，龙门人，崇祯癸酉拔贡。庚辰，朝廷破格用人，举贡生二百六十三人，俱赐秩出身，谒庙立石，以昭典礼。毓光除河南中牟令，时流寇猖狂，亟为募乡兵、缮城垣、实仓廪，备

① 检民国《龙关县志》卷14《人物志·忠烈》"省祭"后有"官"字。省祭官即"省察官"，祭，古察字。省察官的职能即"纠察""督察"。
② 乡约，明清时乡中小吏。由县官任命，负责传达政令，调解纠纷。
③ 崇祯癸酉，崇祯六年，1633年。
④ 乡试，科举考试名。金人科举分乡试、府试、省试、御试四级。士子先于诸州分县赴试，号为"乡试"，榜首曰"乡元"，亦曰"解元"。后于章宗明昌元年废乡试。元代每三年一次，十一个行省，河东、山东二宣慰司与直隶省四路举行乡试。中式者仅可由此应会试，不可入仕。明清两代每三年一次在各省省城举行乡试。中式者称"举人"。即会试不第，亦可依科选官。
⑤ 殆，大概，几乎。
⑥ 衔须，口含胡须。一种愤怒的表示。
⑦ 齿剑，犹伏剑。指被杀害或自杀。

御严密。监军道黄澍荐其御侮才，命守开封省城，适剧寇围城，凡三阅①月，援兵不至，城中乏食，会天雨连绵，贼乘夜决河，遂死于难。《龙门县志》。（第6～7页）

各志所载人物事迹不甚详者，类载于左②：（第9～11页）

林春，随父戍龙门所，入籍，文学为士人倡，以孝廉判应天，有廉声，赤城人。

范銶，任雕鹗守备，倡义学教习。

宋杰，贡生，孝行化及乡人，与赤城张荣并祀乡贤，并宣化人。

张荣，孝事母，遇火扶父柩哀号，火随灭。

刘桂，生员，事父母及兄桐克，尽孝友，并赤城人。

范元彩，妻许氏，弟元英、元奇，一门并孝事其父，并龙门人。

杨清澄，五岁询知父死，拜且泣，母病，割股，并赤城人。

沈源，龙门人。

董继舒，天启中赐金蟒为总兵，屡立战功，进左都督，荫一子，赤城人。

李质，守备云州，屡战却敌，民德之，祠祀，并万全人。

张时杰。崇祯时守安定门，报捷赐金蟒，历都督同知，居乡多善行，并龙门人。

○本朝

宋之屏，字维都，赤城人。父奎力田③养母，以纯孝称。之屏举顺治丙戌④进士，授山东恩县令，有政声，行取历礼、兵二部曹。甲午⑤典试⑥山东，终陕西参议。其为兵部郎中，时多所建白⑦，尝以

---

① 阅，经历，经过。
② 类载于左，原古籍为竖排从右向左排版，故称载于"左"，即今横排之"下"。特此说明。
③ 力田，致力于农事。
④ 顺治丙戌，顺治三年，1646年。
⑤ 甲午，顺治十一年，1654年。
⑥ 典试，主持考试之事。典，主持，主管。
⑦ 建白，谓对国事有所建议及陈述。

畿地驿马疲于供应，疏请酌定勘额，严禁滥差，随准发部详议。居家躬尽孝友，父母前终身未尝有忤色①，与诸弟同己，财不分尔我，乡人称之。卒，祀乡贤。《赤城志略》。（第15页）

张文衡，号聚垣，先世湖广江陵人。祖以战功，授开平卫指挥使，因入籍。文衡早孤，事母以孝闻。崇祯七年②，于独石遇大兵，携之去。擢文书馆参机务，与范太傅同事，特简大臣女配之，入籍黄旗。比定鼎，枚卜③相臣，太傅荐文衡为储相。寻出守山东，历徽宁道副使，计擒青州贼孽赵应元，剿灭徽宁土寇，累功升江南按察司巡抚甘肃。文衡至，自潼关抵肃州三千余里置十驿，募递运，教边人刈获④法，贫不能具牛种者，给以赀。又为置医药疗疾。月课⑤士子出膏火⑥资之。适徊徊⑦米喇印结族，种连生羌，乘总督孟槠调征蜀，夜半造逆杀总兵官刘某。文衡仓猝闻变，标下兵俱从贼，率亲丁三十四人巷战。既遇害，尸僵立不仆，贼惧，罗拜⑧誓：不敢惊犯夫人公子。尸乃偃⑨。文衡精阴阳家⑩学，其将抚甘肃也，僚友燕集，忽大风起，众请占之，曰："此应在关西，极边有变，殒二大僚⑪，其一即我。"至是，其言果验。卒年四十七，赠都察院右副都御史，赐祭葬，建坊，荫一子入监，崇祀⑫乡贤。《赤城志略》。（第15～16页）

---

① 忤色，怨怒之色。
② 崇祯七年，1634年。
③ 枚卜，木条为工具的占卜。古代以占卜法选官，因以指选用官员。
④ 刈获，收割；收获。刈音 yì，割。
⑤ 月课，明清时每月对学子的课试或对武官武艺的考校。
⑥ 膏火，供学习用的津贴。
⑦ 徊，音 huí，同"回"。
⑧ 罗拜，四面围绕着下拜。
⑨ 偃，仰面倒下，放倒。
⑩ 阴阳家，战国时期提倡阴阳五行说的一个学派。以择日、占星、风水等迷信为业的人。
⑪ 大僚，大官职；指大官。
⑫ 崇祀，崇拜奉祀。

刘国兴，字振宇，赤城人。父汉鼎任参将。国兴长入闽为福协张所知补军职，剿灭古田山寇。复随提督段平漳州，累功升守备。又以解海澄之围，进游击。漳州东，金、厦二门为贼渊薮①，国兴由山后出奇兵击之，射毙伪都督，生擒伪总兵，乘胜招安，反侧②悉平已。乃抚流离，招垦种，瘗③暴骼，捐赎所掠子女，人咸德称之。擢都督同知，陕西西安副将。又以平夏逆，功升河北总兵。乙亥随征噶尔旦，管理事务有功，调广东碣石卫总兵，以疾卒于官。《赤城志略》。（第19页）

张云，字六御，其先大同朔州人。祖以谏官言事，谪戍龙门所，遂入籍。云由恩贡入太学，补兖州通判。时河水为患，乃相度形势，檄二十七州县合力为堤障，复建议于延袤二百余里增置数牐④，以防旱涝。以忧⑤去，补湖广汉阳通判。值大兵南征，军需旁午⑥，有藩臬⑦差役，借端逞凶，云坐河上，悉重杖之，上官咸重其风力，以卓异，擢四川潼州知州。时阆南贼炽，云出抚残黎⑧，伪国主突至，抱置马上，去，抵伪营下马挺立，责以大义。伪众错愕，举觞以奉，责詈⑨如故，乘懈率同难裹米走归阆中。总督李国英为具疏，略曰："二载抚摩，实为民望，被执不屈，历险归来，孤踪苦节⑩，可拟古人。"给咨令赴部改补⑪，竟议罢归。卒年八十。《赤城志略》。（第20

---

①　渊薮，音 yuān sǒu。渊：深水，鱼住的地方；薮：水边的草地，兽住的地方。比喻人或事物集中的地方。

②　反侧，不顺从；不安定。

③　瘗，音 yì。掩埋，埋葬。

④　牐，音 zhá，古同"闸"，旧时城门的悬门；泛指以门控制通道的设施。

⑤　忧，指父母之丧。

⑥　旁午，比喻事物繁杂。

⑦　藩臬，藩司和臬司。明清两代的布政使和按察使的并称。

⑧　残黎，指残留的民众；疲敝的民众。

⑨　詈，音 lì。骂，责骂。

⑩　孤踪苦节，孤踪，孤独的踪迹；前人遗迹。苦节，指过分节俭；坚守节操。

⑪　改补，官制名。清代官员之升迁调转均有一定班次和员缺，凡不按原定班次及员缺而补用者，称为改补，吏部即将该员归入改班。

~21 页）

纪肇修，赤城独石堡人。顺治戊子举人，由学正于康熙十一年[①]升授浙江龙泉知县。莅任年余，值耿逆[②]乱闽[③]。肇修招集义兵为防守计。十三年五月，内逆兵骤至，众寡不敌，被擒至闽，誓死不屈，以大义谕之。逆怒，复差伪弁王三，勒兵围龙泉，擒修家人，并系之狱。会皇师破闽得释，统兵□康，亲王怜之，赐以忠慣益坚额，改授沙县知县。《赤城志略》。（第 22 ~ 23 页）

董正位，字贞家，赤城样田堡人。父继永封镇国将军，家故武世胄。正位独以文学显，年十七补庠生。甲子选拔授粤西上林令，上林地处岭峤之表，奸宄叵测。正位乃缮城堞，严保甲，擒峒贼渠魁[④]，民得安堵已。又辟地垦荒，兴学课，士邑称治平[⑤]，以丁艰[⑥]去任，旋补苏州昆山县。岁荒，亟请蠲赈民，赖以全活。又请疏浚七十二支河，开瓦浦三十六里，水利兴焉。时奉行五米十银一事，正位严剔积弊，弁丁诟谇[⑦]，持之愈坚，上官并为叹，奖后罢归，卒。《赤城志略》。（第 27 ~ 28 页）

黑天池，字南溟，号鹏飞，赤城籍宣化县人，前明殉节都督云龙之曾孙也。幼敦行好学，有声胶庠[⑧]中。康熙己丑[⑨]科进士，辛丑[⑩]选授广西义宁知县。邑有积盗泰某窝窃逞奸，前任官俱莫能制，

---

① 康熙十一年，1672 年。

② 耿逆，指耿精忠，清朝靖南王，康熙十二年，清廷下诏撤"三藩"，耿精忠反，自称总统兵马大将军，蓄发恢复衣冠，与吴三桂合兵入江西，被清军镇压，遂降。

③ 闽，古种族名。生活在浙江南部和福建一带，后因称福建为闽。

④ 渠魁，大头目；首领。《书·胤征》："奸宄渠魁，胁从罔治。"孔颖达疏："'奸宄渠魁'，谓灭其元首，故以渠为大，魁为帅，史传因此谓贼之首领为渠帅，本原出于此。"

⑤ 治平，政治清明，社会安定。

⑥ 丁艰，指遭逢父母丧事。

⑦ 诟谇，音 gòu suì。辱骂。

⑧ 胶庠，周代学校名。周时胶为大学，庠为小学，后世通称学校为"胶庠"。

⑨ 康熙己丑，康熙四十八年，1709 年。

⑩ 康熙辛丑，康熙六十年，1721 年。

天池甫下车即设法缉捕，并余党就擒，境内赖以宁息，居官清慎自矢。而尤善拊循①士民，应试生童有资斧②不给者，出余俸佽③助之。又尝请发仓储之粟，赈贷穷黎，以给农事，上官嘉其才，会疏保荐特擢南宁知府，莅任六年，兴利除弊，威惠所至，汉土官民群帖焉。庚戌④升任桂平梧郁驿盐道⑤，以疾卒于官。（第29页）

〇附录各旧志人物（第29~32页）

窦文，通判，孝行笃挚⑥，居官有声，龙门人。

徐章，贡生，勤学孝母，并龙门人。

李竞秀，通判，学识渊通，赤城人。

饶承德，参将，擒判屡立功绩，卒无余财，赤城人。

王起印，捐修桥梁，并龙门人。

鞠应宸，都司，并赤城人。

汪珍，寿一百一岁，妻为马氏九十九岁，龙门人。

王承蕙，贡生。

董维舒。前明中书舍人，二人并赤城隐逸。

〇附流寓迁谪（第39页）

本朝

李思邺，字长源，浙江会稽人。康熙乙酉⑦举人，会试不第⑧，馆⑨于龙门。为人渊静，谦谨好学，工诗，县令章煜纂修邑志，延⑩

---

① 拊循，安抚；抚慰。
② 资斧，利斧。引申为旅费、盘缠。
③ 佽，音 cì。帮助，资助。
④ 雍正八年，1730年。
⑤ 盐道，官名。掌管一省盐政。清代于不设盐运使各省设置，或以分巡各道兼理。
⑥ 笃挚，真诚；真挚。
⑦ 康熙乙酉，康熙四十四年，1705年。
⑧ 不第，参加科举考试（一般指进士考试）没有被录取。也叫"落第""下第"。
⑨ 馆，旧时指教学的地方。
⑩ 延，邀请；请。

思邺属草①焉。《龙门县志》。（第 39 页）

◎列女上（卷 30《列女志上》）
○赤城县（第 10～12 页）
明

陈氏，开平卫人，年十六归②指挥池信子宽，信监云州城操练，携家与俱。正统己巳③，也先入寇，信率兵援马营，宽从之，寇攻云州城，陷，氏先令夫女弟及子女九人投环④，乃从容自缢。景泰初，诏立祠祭之。

田氏，千总田坤女。明己巳之变，坤战殁，女年十九，以君掳父亡，不胜义忿，投龙门峡死，即所谓舍身崖也。土人穴石壁瘗⑤焉。事闻，天顺初特旨旌之。员外关宁有《记》。

杨氏，开平宦族女，年十七适⑥千户李宗，事⑦舅姑，处卑幼，咸得其欢心。二十六宗殁，杨抚遗孤敬成立⑧，袭父职，寻亡。复偕婺妇⑨孤孙同守几四十年。闺阃⑩之内严肃整齐，终日寂无笑语也。景泰初旌表。

冯氏，云州人，名妙秀。年二十适马营百户王贤。居五岁，贤御寇战死。其姑⑪苦无子侍养，哀恸弗止。冯泣慰曰："姑母自苦，妇即儿也。"乃以织纴⑫养姑，姑死，殓葬如礼，衣缟⑬食蔬三年。

冯氏，马营堡人，少适士人钱恂。恂亡，以死自誓，守节终身。

---

① 属草，作文起草。
② 归，古代称女子出嫁。
③ 正统己巳，正统十四年，1449 年，是年发生"土木之变"。
④ 投环，同"投缳"。上吊；自缢。
⑤ 瘗，音 yì。掩埋，埋葬。
⑥ 适，旧称女子出嫁。
⑦ 事，服侍。
⑧ 成立，成人；成长自立。
⑨ 婺妇，丈夫外出，没有随从的少妇。婺音 wù，不顺从。
⑩ 闺阃，家庭；家族。②古称女子所居住的内室。借指妇女。
⑪ 姑，旧时妻称夫的母亲：翁姑。舅姑。
⑫ 织纴，指织作布帛之事。
⑬ 衣缟，缟音 gǎo，白色。居丧或时所著的白色衣服。

　　刘氏，名妙善，马营人。年十六归军校任怀。居五年，怀死于阵。所亲有以更嫁言者，刘含泪默然，已而，入室，手握发断之，仰天誓曰："发断易长，颈断难续，不信，吾其断颈乎!"言者惊，避去。于是，日鬻①女红②，供舅姑甘旨③，自奉则日一粝食④而已。苦节⑤三十年，未尝一日为容⑥。乡人呼为刘女师。

　　刘氏，龙门所人，舍人王洪妻，事舅姑孝，洪死，生遗腹子经，抚之成立，苦节五十年，旌表。洪一作珙。

　　晁氏，马营人，年十八妻百户张钦。钦病革⑦呼晁与诀⑧，虑及身后。晁取汤浇面，曰："君有他虑，我毁容可信也。"卒后，甘贫训子，茕⑨苦百端，年八十五卒。

　　孙氏，龙门所人，适开平卫指挥同知夏承勋。年十八，夫亡，苦节四十余年，抚子继爵成立，袭祖职。

　　江氏，马营指挥江钦女，少适百户郭甫。嘉靖庚子，寇犯榆林，甫力战死。年十九岁，遗腹未娩，后竟得男，名曰彦清，抚之成立。

　　张氏，龙门所人，乡贤张公云长女，牧马堡庠生。史纲妻，祖姑汤氏，姑罗氏，俱守节，张年二十八，纲又死，遗子二，氏上承二老，下抚二幼，竭尽辛力，寿七十一卒。三代节妇集于一门，乡间称之。

　　徐氏，赤城卫人，归本城百户饶汝桂，夫亡，食贫矢志，事姑，抚子，有司旌之。

　　阎氏，开平卫千户袁凤桐妻，守节，抚孤成立。

――――――――――

　　①　鬻，音 yù，卖。
　　②　女红，红音 gōng，古同"工"，指妇女的生产作业，纺织、缝纫、刺绣等。女红指女子所做的针线、纺织、刺绣、缝纫等工作。
　　③　甘旨，美味的食品。
　　④　粝食，粗恶的饭食。粝音 lì，粗粮、糙米。
　　⑤　苦节，意谓俭约过甚。后以坚守节操，矢志不渝。
　　⑥　容，打扮；装饰。
　　⑦　病革，病势危急。
　　⑧　诀，辞别，多指不再相见的分别。
　　⑨　茕，音 qióng，孤独无依靠。

邵氏，云州人，苦节抚子杨清澄成立，澄亦尽孝。

程氏，龙门所人，总旗胡宁妻。

赵氏，龙门所人，百户郭英妻。

陈氏。本淮安人，鄢维高妻。维高仕山东，卒于官。氏年二十，姑令改适，矢志不从，抚子搏飞成立，例戍开平，陈从之。艰苦百出，见者哀之。搏飞以战功累官指挥佥事，克尽孝养，寿八十四。正统四年旌表。

本朝

金氏，龙门所银工金龙冈女，适孙崇业。崇业性嗜酒，不事生理，妇谏之，不听，家遂落，食贫茹苦。女红自给甘之，略无怨色。顺治丙戌①，岁祲②，业势不能支，谋嫁妇。妇以死自誓，业恐事不谐，乃阴受人财，而以戚属相邀绐③妇出，使娶者中途迎之。妇觉诈，谓业曰："夫忍嫁我乎？至彼就死而已，此两全之道也。然归汝家廿余年，讵忍恝然④，须沽酒为别"。业信之，沽酒去，妇乃揽镜以刀断喉而死。

张氏，龙门所卜孔淑妻。年二十七，夫亡。奉姑育子，苦节四十余年如一日。

朱氏，年十九归饶绍德。绍德官浮梁令，携朱以从。康熙甲寅⑤，遇耿逆叛闽、江西所在应之，浮梁乱。绍德与朱相对投环，绍德救苏，朱竟死。事平，列状以闻，建坊旌表。

石氏，生员沈元培妻。年二十三，夫亡。苦贫守志，教二子有成，历四十二年。

孙氏，龙门所人，年十七归本里⑥葛氏，子甫一岁，夫亡，家贫，无嗣，以女红自存，七十年如一日。

---

① 顺治三年，1646年。
② 岁祲，一年到头妖气弥漫。
③ 绐，音dài。欺诈，哄骗。
④ 恝然，恝音jiá，无动于衷；淡然。恝然，漠不关心貌，冷淡貌。
⑤ 康熙十三年，1674年。
⑥ 本里，自己的乡里。

冯氏，监生李馥妻。年二十三，夫亡。上奉祖翁姑①，孀姑②生死尽礼，教子长孺为邑庠生，援例候选。

王氏，饶价妻。年二十七，价亡。奉侍公姑，亲操井臼，教子成立，有名胶庠。历四十余年，未尝见齿③。

赵氏，年十七适同里王家桢，二十三桢死。抚遗子至十二岁，又死，孤贫守志五十五年。

张氏，庠生董之熙妻。年十九夫亡，敬养孀姑，教子国勋成名，苦节四十余年。

张氏，乔俊杰妻。年二十一夫亡，冰霜矢志五十余年，抚一子二女成立。

卜氏，朱呈霞妻。夫亡，氏年二十二，家贫子幼，茹苦守志，寿七十终。子尔屏、尔昌俱庠生。

孙氏，庠生李应甲妻。家贫，姑患瘫症，扶侍五年，夫死，训子成名，学博张额其门。

孙氏。张恫妻。恫觅食边外，遭虎噬，氏绝粒不食，所亲劝以有子在，乃甘贫守节，抚子力学，补弟子员。

○龙门县（第14~17页）

明

沈氏，国子生曹贤妻。事姑孝，守志四十余年。礼部上其事，诏旌之。

邢氏，庠生沈洪妻。洪性嗜学夜读，邢亲膏火④为助，洪卒，断发为誓孀居。三十八年旌表。

黄氏，父名庸，素有志行。生女二人，长适应袭舍人信雄，年二十一，雄殁。次适指挥支棠，年二十三，棠亦卒。姊妹并矢柏舟，年俱八十余卒，称为黄氏双璧。

---

① 翁姑，公婆的合称。
② 孀姑，守寡的婆母。
③ 见齿，指笑。笑则露齿，故云。
④ 膏火，比喻求学的费用。

魏氏，年十七，归旗校全胜。弘治（己）［乙］丑①，胜御寇虞岭，战殁。舅姑或难其守，魏曰："夫死王事②，不愧为男子矣！我去，舅姑不孝；去，儿不慈，得不愧为女妇耶？"乃食贫守节，奉舅姑以老，训子玺成立。

冉氏，窦璋妻。守节三十七年，目未尝窥阃外乡人，称为冉节妇。

王氏，年十八归庠生张棐，家贫，为女红助棐膏火，棐后官知州卒，子未周岁，王拊育之，垂四十载，见子成立，并生孙尚康健无恙。

王氏，寓京都，年十五归京旗校张进。居十载，进卒，绝粒伏槁，泣八昼夜而死，诏旌其门。

郭氏，泌阳令祺次女，适龙门卫窦维舆。二十而寡，奉舅姑以孝，教子有方，守志四十余载，旌表。

王氏，龙门卫指挥王松女。适生员葛之覃，覃赴乡试，卒于京。王年十九，躬纺绩以养姑育子，历辛苦数十年，直指使者③请建坊焉，子大荣中武进士。

李氏，防守周允益妻。

张氏，指挥沈明泰妻。

倪氏，张国瑞母，偕二媳投井死。

章氏，张国瑞妻。

王氏，张国英妻。

黎氏，王进纲妻，又作姚进纲。

杨氏，江腾龙母。

张氏，江腾龙妻。

李氏，千户姚纯母。

李氏，索惟伸妻。

张氏，张汝奇妻。自周允益妻至此，俱雕鹗堡人。崇祯甲戌殉节，事闻，

---

① 弘治未有己丑年，据民国《龙关县志》为"乙丑"，改之。弘治乙丑为弘治十八年，1505年。

② 王事，特指朝聘、会盟、征伐等王朝大事。

③ 直指，职官名。汉武帝时朝廷设置的专管巡视、处理各地政事的官员。也称"直指使者"，因出巡时穿着绣衣，故又称"绣衣直指"，或称"直指绣衣使者"。

旌表。

刘氏，年十七适副千户张洪。逾六年，洪疾笃①，语刘曰："我一岁母亡，赖继母赵氏抚养成立，恩固未能报也，今我子一岁，而我又亡，母老子幼，柰②何？"刘泣应曰："此自我当为事，我终不负尔也。"洪卒，家且贫，刘以女红给朝夕，事姑极孝，抚其子成立，袭荫，善居官。卒年五十八。

高氏。年十六，适总旗贺郁。居十年，郁与寇战，被刃死。遗子贵方四岁。或劝之曰："世固有携子再适者，尔贫何自苦为？"高泣曰："身死矣，妇而夫他人，子而父他人，死而有知，耻孰甚焉，吾诚不忍贻死者此耻也。"乃缝纫自给，养其子贵至成人，后以老卒。

本朝

周氏，徐毓光继妻，善事舅姑。抚前子若女如己出。光官中牟令，值流寇猖獗，志在死守，遣周归里。甫离治，即传贼至，周乃微服入村舍，置空舆道左。因嘱左右曰："如贼至，问舆中人安在？第绐谓逃去久矣。"遂免于难。中途又值京兵南下，揭司马于舆端，军肃然而去。其仓猝善御变如此。后闻光殉难，痛绝复苏，乃强起，谢膏沐③，躬椎布④，外辑凌侮，内抚诸孤，备极忧困。子三人，章选入成均⑤，次立并前子二人俱为庠生，寿六十五卒。

王氏，前山海总兵张时杰子玉振之妻，宣镇总兵王应辉女。年二十一振亡，绝食者数日，家人苦劝，乃奄奄称未亡人。清操六十年，饷府汪旌其门。

刘氏，庠生宋标妻。年十九，标亡。遗子士奇荼苦抚孤，守节四十余年，旌表。

闫氏，处士管九经妻。年二十四而寡，以夫老亲在，堂忍死守志，抚二子有成，寿八十四。

赵氏，雕鹗堡郭宪妻。明末宪以寇至遇害，赵年甫十八，苦节抚孤历七十余岁。

---

① 疾笃，病势沉重。
② 柰，古同"奈"，怎样，如何。
③ 膏沐，古代妇女润发的油脂。
④ 椎布，椎髻布衣。形容为妻贤良，衣饰简朴。
⑤ 成均，古代的大学。泛称官设的最高学府。

姜氏，父名跃鲤，为明季指挥使。时北寇攻城，挥刃斩一人，余俱溃散，城赖以全。氏适庠生陈吉印，早丧所天①。奉姑教子，曲尽勤苦，子师古有名胶庠，冢孙②珩亦入泮③，咸谓节母之报。

史氏，新井庄张程式妻。式早逝，氏籍针指④以给，抚子成人。

杨氏，大白阳堡韩玉妻。年二十四，夫亡。奉姑抚幼，家苦贫饥寒，常所不免，寿七十一。雍正十年旌表。

王氏，程守荣妻。二十二岁守节，现年六十余，课子⑤瑞入泮。雍正十年旌表。

郭氏，范可章妻。甘贫教子，为邑庠生，守节四十五年，寿七十一。雍正十一年旌表。

沙氏，年十九，适晏家庄王宠。阅⑥五年，夫亡。养孤抚幼，课子成名，现年六十三。雍正十一年旌表。

钱氏，生员季象昱妻。夫亡，贫苦守志。抚二子及诸侄，并克成立。守节三十六年。乾隆元年旌表。

唐氏。龙门县典史温秉喆母。夫死，秉喆方二岁，誓死守节，抚子成立。秉喆亦孝母，居官有政声。康熙二十五年，建坊旌表。士夫咸以母贞子孝称之。案：秉喆系陕西富平人，而《县志》特传其母之节，岂秉喆后即家于龙门，与以苦节，不忍删去，特附于末。

◎**续列女**（续修志卷31《列女志》）

〇**赤城县**（第30页）

朱氏。庠生龚尔昌妻，夫亡，无子，孝奉孀姑，苦志守节，妯娌间言，现

---

① 所天，旧称所依靠的人。指君主、储君、父或丈夫，这里指丈夫。
② 冢，音 zhǒng。长（zhǎng）；大的；地位高的。冢孙（嫡长孙）。
③ 泮，古代的学校。
④ 针指，指做针线活。
⑤ 课子，督教儿子读书。
⑥ 阅，经历。

年五十六岁。

○龙门县（第30~31页）

王氏，庠生刘溥妻，夫故，守节。乾隆十二年旌。

韩氏，高应龙妻，夫故守节。乾隆十二年旌。

郭氏，廪生于守龄妻，夫亡，家贫守节茹苦。

汪氏，武庠王懋赏妻，年二十八夫亡，守节三十余载。

申氏，武安国妻，年二十八而寡，安贫抚子，现年七十岁。

卻氏，武庠张昶妻，年二十五，夫亡，守节，现年五十七岁。

王氏。任廷楷妻，年二十一，夫亡，无子，氏坚志守节，现年五十二岁。

◎风俗物产（卷32《风俗物产志》）

○风俗

地极高寒，霜雪偏早，农业之暇聚族讲武，近被学校之化，渐有中州之风。北路旧志。（第3页）

赤城士厚重朴鲁①，无浇漓②之习，民性刚直强悍，逼于饥寒盗窃，亦不概见。《畿辅通志》。（第4页）

○礼仪纪略（第5~6页）

冠礼。在明中叶士大夫家间一行之，后渐废。边地风劲，小儿甫离襁褓，即冠以皮弁③。有力之家皆冠狐貉貂鼠，自十月至三月，始更近俗奢华，冬貉夏□，皆织金以为里。

婚礼。先问名，后纳采。亲迎之礼，惟蔚州有行之者，余皆不行，遣一妇女使往娶而已。宣俗娶妇之日，夫家束草于门，又置驴鞍于门，限令新妇跨之。堂中设香案，置斗粟，挺插弓矢于其中，

---

① 朴鲁，朴实鲁钝。

② 浇漓，浮薄不厚。多用于指社会风气。

③ 皮弁，古冠名。用白鹿皮制成。

或设之堂前天井，丈夫拜之。新妇则立于傍，拜毕，然后入房合卺①，按置弓矢而同拜。次日拜见舅姑。

丧礼。士大夫家或遵朱子家礼余，多延僧诵经，贫家亦必勉力为之。父母之丧，人子寝苫枕块②礼也。宣俗于死者既置尸床，必枕以土坯入敛③，后弃于宅门之前。又取死者生平所用之枕，焚于门前。且凡遇亲丧，虽盛暑之月，必著毡袜，是皆不知寝苫枕块之义，而讹者也。初丧时，举家往哭于城隍庙，村堡中则哭于龙王祠，尤可笑也。富家卜葬④点主⑤费多无艺，行丧日优童乡灵鼓吹宴客，尤为不经。

祭礼。四时仲月，士大夫家各奉其所宜祭者，祀于祠。无祠者，即于中庭正寝，设主供祀。他遇生死忌辰，但以时祭于墓所。庶人之家罕设主，有事皆祭于墓。其无力备牲者，多以面为之。俗尚龙神，各城堡俱建庙。秋成后，必醵⑥钱演戏，以报神庥⑦。凡祭设特羊于神前，酒浇其头，俟羊首摇毛动，然后用之，谓之领羊，盖卜牲遗意也。

○岁时纪略（第6~9页）

正月元日，昧爽⑧爆竹，设庭燎⑨，酒醴⑩牲馔⑪礼神祀祖先，亲友互相拜贺。元日，民间率为椒柏酒，以待亲戚邻里。爇丹药于户

---

① 合卺，旧时夫妻结婚的一种仪式，把一个匏瓜剖成两个瓢，新郎新娘各拿一个饮酒。卺，音 jǐn，古代结婚时用作酒器的一种瓢。

② 寝苫枕块，铺草苫，枕土块。古时居父母丧之礼。

③ 敛，通"殓"。给死者穿衣，入棺。

④ 卜葬，古代埋葬死者，先占卜以择吉祥之葬日与葬地。

⑤ 点主，旧俗丧礼之一。填写神主上"主"字上端之点。

⑥ 醵，音 jù。凑钱喝酒。泛指凑钱，集资。

⑦ 庥，音 xiū。庇荫，保护。

⑧ 昧爽，拂晓；黎明。

⑨ 庭燎，古代庭中照明的火炬。

⑩ 酒醴，酒和醴。亦泛指各种酒。

⑪ 馔，陈设饮食。

内，谓之辟瘟；喧鼓吹于院落，谓之闹厅；炽栗炭于门外，谓之迎旺气。

立春先一日，令诸色人等扮演故事，届日行春，各衙门俱设春宴。次日，鞭春牛，别塑芒神小土牛，以鼓乐分送上官及缙绅，谓之送春。是日，民间造春饼进春酒。

上元。张灯设放花炬，村庄、城市多立竹木，制黄河九曲灯，男妇竟夜游绕，名为走百病。妇女则召帚姑、箕姑、针姑、苇姑，卜问一岁吉凶。或用膏油贮之，面盏蒸釜内，视滴水满盏，依月数，以卜旱涝焉。

十六日游郊，为除百病。是夜，士女倾城遨游，往来如织，谓之过桥。

二十五日，名添仓日，人家以五谷增入囷①内。

二月二日，俗呼龙抬头日，盖以时近惊蛰也。各家晨起汲水，谓之引龙。

十五日，名花朝节。妇女剪彩为花，餻须以为应节。村民各以五谷瓜菓种相遗，谓之献生。

清明日，插柳于门，男女戴之。谚曰"清明不戴柳，红颜成白首"。是日，倾城上冢，增墓土，树秋千为戏。

四月一日，郡城人群游北山寺，席地欢饮，抵暮而归。

初八日，为浴佛日，寺观多建道场。

五月五日，为天中节。人家作角黍相馈遗，妇女戴艾叶艾虎，孩童以弦丝系臂腕，谓之百岁索。

十三日，郡城人具香楮②牲醴，祈祷于城隍庙。且行且拜，谓之拜愿。是日，鼓吹弦管喧阗衢巷，竟夜不止。

六月六日，清晨，人家汲井华水贮瓮中封之，凡造曲、酝酒、

---

① 囷，音 qūn。古代一种圆形谷仓。
② 香楮，祭神鬼用的香和纸钱。

作酱皆取用焉。是日，士民多具酒肴野游，名曰"耍青"。

七月七日，妇女陈瓜菓于庭，对月穿针以乞巧。

十五日中元节，建盂兰盆会，人多持斋诵经，荐奠①祖先。或出郊祭扫，如清明仪。是日，皆蒸面为人形，给小儿女拥抱嬉戏，亦以馈姻戚焉。

八月十五日，以月饼、瓜、菓饷遗亲厚，夜则置酒赏月。

九月九日，制枣糕、佩茱萸，登高燕饮。

十月朔日，出郊祭扫，剪楮②为衣，焚之墓前，或焚于大门之外，谓之送寒衣。宣人岁于清明、七月望、十月朔，妇子相向而哭于家门之外。盖明时百战之后，遗戍者多，而阵亡亦众也。其遗俗至今不改云。

十一月冬至节，行庆贺礼与元日略同。民间作面食，亦有献履③于尊长者。

十二月八日，用米豆杂诸果煮腊八粥，互相馈食。凿冰郊外为戏，老幼聚观，晚各持冰以归。

二十四日，为交年，扫除舍宇，用饼、糖、酒、菓祠灶。自是至除夕，民间多乘时嫁娶。

除夕祭先祖，家人具肴馔④爆竹击鼓，谓之送岁；长幼欢饮，坐以待旦，谓之守岁。好事者或俟夜静祷于灶神，抱镜出听市语，以卜吉凶。岁前人家递相馈遗，谓之馈岁。留宿岁饭，换桃符、门神。

○物产（第9~13页）

谷属

黍，《尔雅·翼》：黏者，别名秫。北方人谓之黄米。稷，《本草》：黏者为黍，不黏者为稷。稻，宣化、保安、怀来出。粱，即粟也。《广群芳谱》：北

---

① 荐奠，犹祭奠。祭祀的仪式，即向鬼神敬献祭品。
② 楮，音chǔ。纸的代称。
③ 献履，冬至后日渐长，古代有献鞋袜的礼俗，表示长久履祥纳福。
④ 肴馔，丰盛的饭菜。

方直名之曰谷，脱壳则谓之小米。麦，蜀秫，红、白二种，俗呼高粮。性不耐久，经岁则蒸腐生虫。宣郡下地砂碛，人多种此，更有一种味苦难食，土人止用以烧酒。荞麦，莜麦，麻，麻，胡麻，《镇志》：南路出。大豆，小豆，赤、白二种。豌豆，菉豆，黑豆，眉豆，蚕豆，扁豆，莎豆。《宣化县志》：蓬蒿结实者，沙滩所生。

蔬属

芥，芹，蕨，苋，菁，菠薐，同蒿，葱，蒜，韭，薤，茄，瓠，莴苣，芫荽，莙荙，白菜，莱菔，蔓青，山药，胡萝卜，黄花菜，苦藚[①]，龙芽，《续宣镇志》：北路土人即以为升麻也，三、四月间采食。诸葛菜，地软，《续宣镇志》：一名地耳，一名地踏菜。状如木耳，雨后生腴地上。蘑菇，一名地蕈。《金史·世宗本纪》：上谕尚书石琚等曰："闻蔚州采地蕈，役夫数百千人，朕所用几何？而扰动如此。自今差役凡称御前者，皆须禀奏，仍令附册。"天花，《续宣镇志》：蔚州出。地椒。

瓜属

王瓜，菜瓜，西瓜，南瓜，甜瓜，苦瓜，丝瓜。

果属

榛，梨，桃，李，杏，柰，枣，栗，葡萄，樱桃，苹果，沙果，林檎，槟子，一名虎喇槟。松子，杜佑《通典》：安边郡蔚州贡松子一石。无花果，胡桃，《续宣镇志》：东路出。檽枣，一名羊枣。山木瓜。

木属

松，柏，槐，椿，榆，楸，柳，杨，《怀来县旧志》：杨木长柴，产宝凤山，柴烟直上，为郊坛焚燎之用，每年四月入山斫伐，九月编筏起解，于冬至前交纳。桑，桦，《唐书·地理志》：妫州土贡桦皮。《畿辅通志》：张家口出，皮有紫黑花者，可裹弓；皮厚者，为暖木，可镶器物。椵[②]，《旧宣镇志》：

---

① 藚，音 xù。

② 椵，音 jiǎ。古书上说的一种树，柚子一类，果实大如盂，皮很厚，可以吃。又音 jiā。

大白阳堡南四里有椴树山。上有古椴树。杆，似松而有刺。桧，檀，柞，棠，《续镇志》：东路出。柽，俗名西河柳。漆，《续镇志》：东路出。荆，枇。《续镇志》：无枇木，南路出。

花属

牡丹，芍药，《续宣镇志》：南路东城北山上有清虚观，其上观之，内有芍药一丛，盛开时人莫敢折取，一枝折即萎。丁香，迎春，探春，月季，菊，蔷薇，罂粟，凤仙，榴，珍珠，《续宣镇志》：一名木壳，其茎似木芙蓉，叶似榆，白花无香。按珍珠花树高丈余，开花与白丁香相似，滴水崖山中最多。石竹，蜀葵，锦葵，萱花，山丹，玉簪，金盏，鸡冠，水漠，金莲，《宣镇志》：黄色花，似芙蓉而小，北路金莲川以此得名。扁竹，秋海棠，金芙蓉，红刺梅，玫瑰，转枝莲，一名粉团。红娘子，十样锦，即雁来红。蓝菊，向日葵，望江南，蝴蝶花，郁李，黄金带，即连翘花。文无，俗名荷包牡丹。翠雀，丽春，一名虞美人。金雀。

草属

艾，稗，苇，蓖麻，菖蒲，线蒲，龙须，茅，马兰，荞，苜蓿，蓝，烟草，水葱，铃儿草，蝎子草，刷箭草，垂盆草，蒿，蘸，女萝，蒲公英，藜。

药属

黄耆，黄精，黄芩，甘草，桔梗，牵牛，紫草，狼毒，贯仲，麻黄，芍药，防风，杏仁，木贼，（狗）［枸］杞，车前，藁本，苦参，益母，升麻，葶苈，漏芦，藜芦，荆芥，地榆，沙参，甘松，款冬花，牛蒡子，威灵仙，（上艹下稀）莶①，白藓皮，马兜铃，茵陈，知母，芫花，地骨皮，破故纸，金樱子，兔丝子，胡卢巴，大戟，柴胡，葛根，郁李仁，秦艽，五味子，蒺藜。

---

① 豨莶，音 xī xiān。一年生草本植物，茎上有灰白色的毛，叶对生，椭圆形或卵形。（上艹下稀）字疑为"豨"字。

石属

玛瑙，《宣化县志》：镇城四角洞出，然亦仅见。水晶，《续镇志》：出镇城北黄夫山，有采取者，恶风必至。红石，《续镇志》：出镇城马鞍山。花班石，《续镇志》：出保安卫及蔚州。磁石，赭石，《续镇志》：俱出龙门卫。砺石，保安、蔚州、万全、西宁俱出。火石，《怀来县志》：火石岭产五色火石。礞石，《龙门县志》：出礞石。石炭，宣化、保安、怀来、西宁、蔚州俱出。煤，宣化出。青矾，白矾，土粉，《续镇志》：俱出矾山。红土，白土，可以垩墙。绿土，包金土，《宣化县志》：镇城及蔚州出，色微黄中带金星。（琉）［硫］磺。出蔚州南山。

禽属

鹤，鹊，雁，鹰，鹞，雕，鹳，雉，鸠，鸦，燕，鸽，鸹，鹑，角鸡，沙鸡，《续镇志》：大如鸽，似雌雉鼠脚，无后趾，岐尾，为鸟憨急，群飞出北方沙漠地，一名鹨鸠①，一名寇雉，即史所谓突厥雀也，半痴，啄木，石鸡，《续镇志》：色似班鸠，有黑文，而大若雌雄，短尾，觜距有赤。鹍鸣，黄莺，雀，噪天，杜宇，鸢，水鸭，鸥，山画眉，令，蝙蝠，训狐，鹅，鸭，鸡。

兽属

马，驴，骡，驼，牛，羊，犬，豕，虎，豹，《唐书·地理志》：蔚州土贡豹尾。熊，《唐书·地理志》：蔚州土贡熊鞟。《明一统志》：蔚出熊胆。鹿，狍，獐，麝，《通典》：妫川郡贡麝香十颗。狼，猬，狐，兔，獾，豺，野猪，黄鼠，地猴，一名黄鼠狼。青羊，《续镇志》：一名羬②，其角盘三匝。黄羊，一名羳，无角，善走。《一统志》：其味甚美。秋羊，一名羱羊。硕鼠，会鼠，《续镇志》：即也，一名土鼠，无目，黑色，穿土而行，天将雨则鸣，行必成群，脚尾鱼贯而进，俗称瞎老。猫。

---

① 鹨鸠，音 duò jiū。
② 羬，音 liǎn。

鳞属

鲤，出怀来县妫河，味极肥美。怀邑人名之曰妫鱼，余邑无。鲫，出妫河及四海冶、莲花池、延庆州、洁河、蔚州、壶流河，余无。（左鱼右华）鱼，延庆州。鲇，鳖，螺，蚌，蛤蜊。怀来出。

虫属

蠭，蝶，莎鸡，麦蚄，蜘蛛，蛾，地蚕，蚁，蜥蜴，蝎，班蝥，牛蠓，螋螏，蚱蝤，蟫，螟，蛉，蝇，蚊，虻，蚼蚼，蛙。

◎世纪上（卷32《世纪上》）

○周

赵武灵王①北破林胡②、楼烦③，筑长城，而置云中、雁门、代郡。燕将秦开为质于胡，胡甚信之。归而袭破东胡④，却千余里。燕亦筑长城，自造阳至襄平，置上谷、渔阳、辽东、右北平郡以拒胡。《资治通鉴》。（第1~2页）

○汉

武帝元光五年⑤秋，将军卫青出上谷，至龙城，得胡首虏七百人。公孙敖出代郡，为胡所败七千余人。其明年，汉使李信出代郡，击胡，得首虏数千人。弃上谷之斗辟县造阳地予胡。是岁，汉元朔二年⑥也。……《史记·匈奴传》。（第3~4页）

---

① 赵武灵王（前340年~前295年），嬴姓赵氏，名雍，中国战国中后期赵国的君主。死后谥号武灵。
② 林胡，古族名。唐代借指奚、契丹等族。
③ 楼烦，古代北方部族名，精于骑射。因以代指善射的将士。
④ 东胡，我国古代的少数民族。因居于匈奴之东，故名。春秋、战国时，南邻燕国，后为燕所破，迁于今西辽河上游一带。
⑤ 元光五年，前130年。
⑥ 元朔二年，前127年。

○晋

义熙十一年_{魏神（廳）［瑞］}①二年五月，魏帝东幸大宁。六月丁卯，幸赤城，亲见长老，问民疾苦，复租一年。南次石亭，幸上谷，问高年，访贤俊，复田租之半。壬申，幸涿鹿，登桥山，观温泉，使使者以太牢祠黄帝庙。至广宁，登历山，祭舜庙。《魏书·帝纪》。（第11页）

○北魏

泰常八年②，蠕蠕③犯塞。二月，筑长城于长川之南，起自赤城，西至五原，延袤二千余里，备置戍卫。同上④。（第12页）

○五代、辽

贞明三年⑤，燕主刘守光命大将元行钦将骑七千，牧马于山北。又以骑将高行珪为武州刺史，以为外援。晋李嗣源徇山后⑥八军，皆下之。晋王以其弟存矩为新州刺史，嗣源进攻武州，行珪以城降。元行钦闻之，引兵攻行珪；行珪使其弟行周求救于李嗣源，行钦解围去。嗣源与行珪追至广边军，注：妫州怀戎县北有广边军，故白云城也。在州北一百三十里，行珪兄弟本贯广边军，雕窠村人。凡八战，行钦力屈而降。嗣源爱其骁勇，养以为子。进攻儒州，拔之。《资治通鉴》。（第21页）

辽会同四年⑦九月，幸归化州。五年正月朔，在归化州御行殿受群臣朝。闰三月，驻跸阳门，冬驻跸赤城。《本纪》。（第23页）

---

① 据《魏书·太祖纪》改。义熙十一年，415年。

② 泰常八年，423年。

③ 蠕蠕，古代北方民族名。即柔然。

④ 同上，即《魏书·帝纪》。

⑤ 贞明三年，后梁末帝朱友贞年号，917年。

⑥ 山后，古地区名。五代刘仁恭据卢龙，在今河北太行山北端、军都山迤北地区置山后八军以御契丹。石敬瑭割幽蓟十六州时，才有山后四州之名。北宋末所称山后，包括宋企图收复的山后、代北失地的全部，当时曾预将山后一府（云中）八州（武、应、朔、蔚、奉圣、归化、儒、妫）置云中府路，相当今山西、河北两省内外长城之间地区。

⑦ 会同四年，辽太宗耶律德光年号，941年。

◎世纪下（卷34《世纪下》）

○宋

孝宗乾道二年_金大定（二）［六］①_年三月，金主如西京。庚申，次归化州。八月辛未，次凉陉；庚辰②，猎于望云之南山。_{同上③}。（第2页）

宁宗庆元元年④_{金明昌六年}十一月，金行省报，败敌于望云。《金史·章宗本纪》。（第2页）

景定元年⑤_{元世祖中统元年}六月，元立望云驿。《元史·本纪》。（第6页）

景定三年_{元中统三年}四月，元免望云新旧差赋，以望云、松山、兴州课程隶开平府。五月，自燕至开平立牛驿，给钞市车牛。是月，（晋）［缙］山至望云立海青驿。《元史·世祖本纪》。……七月，立枪杆岭驿，以便转输。……_{同上⑥}。（第7页）

景定四年_{元中统四年}五月，元升上都路望云驿为云州。……_{同上⑦}。（第7页）

祥兴二年，⑧_{元至元十六年}。元隆兴路杨门站复为怀安县。六月，改宣德府龙门镇复为县。_{同上⑨}。（第7页）

○元

至元二十七年⑩三月，发云州民夫凿银洞。四月，以钞赈昌平至

---

① 据《金史·世宗本纪》改。孝宗乾道二年、金大定六年，1166年。

② 孝宗乾道二年八月庚辰，1166年9月5日。

③ 同上，即《金史·世宗本纪》。

④ 庆元元年，1195年。

⑤ 景定元年，1260年。

⑥ 同上，即《元史·世祖本纪》。

⑦ 同上，即《元史·世祖本纪》。

⑧ 祥兴二年，1279年。

⑨ 同上，即《元史·世祖本纪》。

⑩ 至元二十七年，1290年。

上都站户贫乏者。同上①。（第8页）

至元二十八年三月，赈宣德等饥民。九月，禁宣德府田猎。十一月，升宣德府龙门镇为望云县，割隶云州。置望云银冶。同上②。（第8页）

成宗元贞元年③二月，立云州银场都提举司。《元史·本纪》。（第8页）

元贞二年二月，命札剌而忽都虎所部居于奉圣、云州者，与民均供徭役。……同上④。（第8页）

武宗至大元年⑤十一月，诏宣德、云州工役，供亿浩繁，其赋税除前诏已免三年外，更免一年。……《元史·武宗本纪》。（第9页）

至大四年二月，仁宗敕诸王、驸马，在缙山、怀来、永兴县者，与民均股徭役。六月，复云州银场提举司。同上⑥。（第9页）

皇庆二年⑦七月，云州、蒙古军乏食，户给米一石。同上⑧。（第9页）

至治三年⑨正月，罢上都云州、兴和、宣德、蔚州、奉圣州及鸡鸣山诸金银冶，听⑩民采炼，以十分之三输官⑪。二月，治野狐、桑乾道。同上⑫。（第10页）

泰定二年⑬闰正月，修野狐、色泽、桑乾岭道。罢永兴银场，听

① 同上，即《元史·世祖本纪》。
② 同上，即《元史·世祖本纪》。
③ 元贞元年，1295年。
④ 同上，即《元史·本纪》。
⑤ 至大元年，1308年。
⑥ 同上，即《元史·武宗本纪》。
⑦ 皇庆二年，1313年。
⑧ 同上，即《元史·仁宗本纪》。
⑨ 至治三年，1323年。
⑩ 听，旧读 tìng，听凭；任凭。
⑪ 输官，向官府缴纳。
⑫ 同上，即《元史·英宗本纪》。
⑬ 泰定二年，1325年。

民采炼，以十分之二输官。_{同上}①。（第 10 页）

泰定三年七月，修野狐、色泽、桑乾三岭道。_{同上}②。 （第 10 页）

至正十四年③五月，诏修北巡所经色泽岭、黑石头河西沿山道路，创建龙门等处石桥。_{同上}④。（第 11 页）

○明

洪武二年⑤，傅友德败元脱列伯于宣府。_{《明史·列传》}。华云龙攻下云州，获元平章⑥火儿忽答、左丞哈海。后行边至云州，袭元平章僧家奴营于牙头，突入帐禽⑦之，尽俘其众。_{《明史稿·华云龙传》}。（第 12 页）

洪武十四年，元知院⑧火儿哲率兵入寇，开平卫指挥丁忠御之于毡帽山，斩获数百级。_{《宣府镇志》}。（第 12 页）

永乐二十年⑨，辽东镇守朱荣从北征，为前锋。驻雕鹗诇⑩寇，以五千骑视寇所向。_{《明史稿·朱荣传》}。（第 13 页）

永乐二十年三月，帝北征阿鲁台。癸巳，次鸡鸣山。四月乙卯⑪

---

① 同上，即《元史·本纪》。

② 同上，即《元史·本纪》。

③ 至正十四年，1354 年。

④ 同上，即《元史·顺帝本纪》。

⑤ 洪武二年，1369 年。

⑥ 平章，古代官名。唐代以尚书、中书、门下三省长官为宰相，因官高权重，不常设置，选任其他官员加同中书门下平章事之名，简称"同平章事"，同参国事。唐睿宗时又有平章军国重事之称。宋因之，专由年高望重的大臣担任，位在宰相之上。金元有平章政事，位次于丞相。元代之行中书省置平章政事，则为地方高级长官。简称平章。明初仍沿袭，不久废。

⑦ 禽，古通"擒"。

⑧ 知院，五代后晋天福初，桑维翰以翰林学士、尚书礼部侍郎，知枢密院事。知院之名，始此。宋代枢密院不置枢密使时，则以他官知枢密院事，因称知院。后遂为枢密使的通称。

⑨ 永乐二十年，1422 年。

⑩ 诇，音 xiòng。密告；侦察；探听。

⑪ 永乐二十年四月乙卯，1422 年 5 月 19 日。

次云州，大阅①。《明史稿·本纪》。（第 13 ~ 14 页）

永乐二十二年四月，帝北征。丁巳，驾次土木。朝鲜遣使诣军门贡方物。七月，班师，帝崩于榆木川。八月己酉②，龙辇次雕鹗堡，皇太孙至发丧。同上③。（第 14 页）

宣宗宣德四年④六月，阳武侯薛禄帅⑤师督饷开平。十一月，薛禄及恭顺侯吴克忠帅师巡宣府。《明史·本纪》。六月，寇入，自西冲山至赤城，掠人口而去。开平卫指挥方敏在赤城管屯，率兵追之，尽得所掠，且获贼马而还。《五边典则》：事闻，上敕敏曰：寇之入境，皆尔平昔不严约束所致，今既追回，亦有所获，姑记尔罪，自今益宜慎防。又谕兵部臣曰：西冲山守烽堠官军，失于警备致寇劫掠，其悉处军法，仍以此戒饬大同、宣府守边将士。（第 14 页）

英宗正统二年⑥，命刑部尚书魏源往大同、宣府督察诸将，便宜从事。源遣都督指挥李谦守独石，杨洪副之。增修开平、龙门城，皆甃以砖，自独石抵宣府，增置墩堠。免屯军租一年，储火器为备边，诸依权贵避役⑦者，悉括归伍。《明史稿·李谦传》。（第 15 页）

正统十四年……秋七月，瓦剌寇独石、马营，守备杨俊弃城遁。瓦剌寇云州，永宁卫守备孙刚，左少监谷春来援，与瓦剌战不利，入城自缢死。北路八城皆陷。《宣府镇志》。……十一月，诏修治沿边关隘。《明史·景帝本纪》。《兵志》：王师败于土木，边城多毁。兵部尚书于谦言：宣府京师之藩篱，居庸京师之门户。今二边空虚，亟宜遣将守备，乃以左都督朱谦佩印镇宣府，佥都御史王鉉镇居庸，敌犯宣府，谦数战有功。时独石、马营八城残破，未复。谦议以都督同知孙安镇守独石、马营，都给事中叶盛为山西

---

① 大阅，大规模地检阅军队。
② 永乐二十二年八月己酉，1424 年 8 月 30 日。
③ 同上，即《明史稿·本纪》。
④ 宣德四年，1424 年。
⑤ 帅，同"率"。带领。
⑥ 正统二年，1437 年。
⑦ 避役，逃避徭役。

右参政，协赞军务。安、盛帅兵度隆门，且战且守，八城完固如旧。（第 15 ~ 17 页）

景泰二年①四月，寇犯宣府马营，命工部尚书石璞总督宣府军务。《明史稿·石璞传》。《五边典则》：寇百余骑犯马营，烧城东门。宣府副总兵纪广及提督独石、马营，都督佥事董斌以闻，敕游击将军石彪、雷通率官军三千驰出边巡哨，并敕杨能、董斌、杨信会兵剿捕。仍命兵部推选文臣一员总督军务。敕都督孙安率官军二千驻札②龙门，与董兵分番巡哨。（第 18 页）

景泰四年，瓦剌入贡，由独石口入。《宣府镇志》。（第 18 页）

弘治三年夏四月丙戌③，寇犯宣府独石。同上④。（第 20 页）

正德六年⑤……十月，北部寇龙门所，守备右监丞赵瑛、都指挥王继战死。《五边典则》。（第 22 页）

世宗嘉靖三年⑥，北部入寇，由许家冲至龙门城，守备龙门都指挥马骥率兵断敌归路，浚濠深二丈许守之，敌惧引还，以精甲拒后，绳牵蚁渡，出塞而去。《宣府镇志》。（第 26 页）

嘉靖七年……十月滴水崖兵乱，副总兵刘渊、参将李彬讨平之。《宣府镇志》。原注：军人贾鉴、钱保等与市商讼，不胜，因激怒，聚众围商居，掠其货，纵火焚仓场，乘城自守。且曰："兵至即走"。（北）[此] 时镇兵在境外烧荒，都御史刘源清闻变，即檄副总兵刘渊、参将李彬曰："事毕，无亟归，可间道擒滴水崖诸恶。"渊得檄，驰赴之。时乱已三日矣，彬先至，部卒飞石坠登陴者，众蚁附而上。渊至下令曰："军门已廉，得首恶者，余不问也。"鉴等党遂散。鉴及保自刭死，生致⑦助恶尤甚者数人，至镇诛之。按《五边典则》：官军郭春、小蔡旺怨其债主取众而哗。官司虑生变，为逐其债主，抚谕之。春等益无

---

① 景泰二年，1451 年。
② 驻札，同"驻扎"。军队在某地安营扎寨。
③ 弘治三年夏四月丙戌，1490 年 4 月 23 日。
④ 同上，即《明史稿·本纪》。
⑤ 正德六年，1511 年。
⑥ 嘉靖三年，1524 年。
⑦ 生致，活着或新鲜地送到。

忌，至殴击烧荒官军，夺其器械、马匹，伪称大王、天师等号。巡抚源清密遣军卒捕之，为春等所觉，遂放火烧官草二万余，劫众拒敌，伤官兵甚众。副总兵渊遣人执旗晓谕，散其胁从。春等四人自到，小蔡旺等十余人就擒。源清当以谋叛律，都察院言：在律强盗得财，不分首从皆斩。而例有强盗放火伤人及聚众百人以上者，审决枭示之文。小蔡旺等所犯正条不为不重，源清欲用重典以绳乱军，故据以谋叛欲并罪其妻孥①，没入其产。然于法太深矣。上是都察院议，小蔡旺等皆瘐死②，乃戮尸枭首。惟钱保斩于市，妻子免坐③，藉其产以偿所烧官草云。亦与《宣镇志》小异。附存之。（第27页）

嘉靖九年，北部三万骑入马营，北路参将被围，守备赤城都指挥刘傅帅数百骑赴援。直前搏战，敌围之数重，傅令士卒下马步斗，引满四射，歼其渠④一人，敌遂引去。《宣府镇志》：傅亦重伤，月余卒。（第27页）

嘉靖二十年八月，寇犯宣府。《明史·本纪》。《五边典则》：宣大总督樊继祖疏报，八月十六日，敌入宣府长安岭，我兵与战，斩首一百三十一级，逐之出塞，毁其营帐。上命所司议赏。已而又报，八月十九日，宣府旧平卤等墩，斩敌一百一十七级。上复嘉其连捷，并下所司议叙。《宣府镇志》：二十年秋，俺答阿不孩率大兵由大同阳武南下，袭太原。总兵白爵侦知敌巢近塞，自帅精骑袭之。得其守巢人百余级，驼马千余，敌闻之遽出塞去。于是忻、代、绛、隰俱免于兵。按：《史稿》不载捣巢事，《宣镇志》不载入寇宣府事，特两存之。（第29页）

嘉靖二十二年，总兵郤永出塞袭李庄诸部。《宣府镇志》。原注：李庄塞外驻朵颜支部，于余常盗边，然不为大害，亦不与北部大营合，常盗北部马，敌觉追之，则据险而射，敌不敢逼，永乘其无备往袭之，斩四十余级而还。（第29页）

---

① 妻孥，妻子和儿女。

② 瘐死，囚犯在狱中因受刑、饥寒或疾病而死。瘐音 yǔ。

③ 坐，因……而获罪，定罪。古称法庭辩讼叫做"坐"。

④ 渠，大。通"钜"。如：渠首（渠魁）；渠首（渠魁，首领）；渠帅（渠率。魁首。旧时统治阶级称武装反抗者的首领或部落酋长）

嘉靖二十三年三月，寇犯龙门所。……《明史·本纪》。（第29页）

嘉靖二十五年秋，游击吕阳、参将董麒出塞击李庄诸部，败绩。《宣府镇志》。原注：时麒屯新河口，阳分守北路，议出塞袭李庄诸部至其巢，斩三十余级而还。会大雨，寇追及，兵不能战，遂溃。麒惧，先入塞。阳间关获免，守备陈勋死焉，骑兵歼者百余人。督抚谕阳等失律，抵罪。八月，北部入寇，由青泉堡入云州。守备都指挥易纲闻警，以家丁数十骑，驰至永镇堡，据险与敌对射。敌疑有伏，不敢进。延绥游击陈言以客兵至，纲驰入言军同进搏战，敌遂却。赤城守备指挥戴纶以家丁邀之，夺回被掠人畜，合兵追敌，跟踪出塞去。《宣府镇志》。（第30～31页）

嘉靖二十七年五月，寇犯宣府。九月，复犯宣府。十月，犯隆庆州。《明史·本纪》。《宣府镇志》：是年九月，谍报寇镇安，时总兵赵卿驻云州，去镇安三十里，谋往守，未发。又报，寇攻独石，卿遂悉众而北，敌乘间由镇安斜坡岭入，南下寇隆庆、永宁。隆、永久不被兵，遂大遭荼毒。总督翁万达闻急，乃合麾下兵及留镇城守余兵，疾驰而东，敌闻自滴水崖遁出塞。万达劾卿失机，并自劾不职①。诏卿夺职②，万达镌③三官。按：《两镇三关志》《宣镇志》皆不载五月被寇事。（第31页）

嘉靖二十八年春，寇犯滴水崖。大同总兵周尚文败之于曹庄。宣府总兵赵国忠又败之于大滹沱。《明史·本纪》。《两镇三关志》：二十七年之役，总督翁万达策其由滴水崖入，已而由镇安。万达喜谓蹈死地，可歼也。而总兵赵卿怯懦不前，致寇脱去。自是，万达恒檄将校曰："寇再入，必由滴水崖。"故二十八年春即议伏兵于此。谍人蓝伏胜者，犯法当刑。万达贳④之，因入敌中为间。还报曰："敌声言西下。"而数询被虏人隆永间事，必东寇也。万达遂檄总兵卿，即将所部驻北、东两路适中处，或滴水崖塞下，以备不虞。寻有降之人至塞，语墩卒曰："敌东趋明沙滩矣"。明沙滩，独石塞外地也。蓝伏胜时巡

① 不职，不称职。
② 夺职，免职。
③ 镌，降级，削职。
④ 贳，音shì。出租，出借。②赊欠。③宽纵，赦免。这里指宽纵，赦免。

塞，闻之，走白督府。时大同总兵周尚文，宿将，善战。万达即檄尚文兵东援。又虑其不时至，即疏请以尚文暂代卿。尚文初得檄（尤）〔犹〕豫，及闻代命下，乃介而驰，未至，而敌攻滴水矣。赵卿初以隆、永失事，落职听勘。闻尚文代，已而寇已至，乃以兵三千付董旸、江瀚，曰："勉为守"。而身自西归。敌至，仰塞急攻二日，不能下。乃分部落攀山悬绠，由高华沟转双盘道，绕出旸、瀚军后，遂大溃。旸、瀚力战死，于是入塞，复东向怀来。而尚文之兵至壁石柱村，军容甚盛，敌气大沮。次日，敌伐树、拆屋、毁门关，令步卒舁之，以辟矢石，劲骑随之，噪且突阵。先一夕，尚文已令人劚①七窖于垒外，窖深及膝，大容马蹄。及战，敌马多仆，军中发火器击之，相持二日，阵百余合，敌精骑死者数十人，气谥诅。酋长俺答阿不孩，拔刀厉众曰："不胜是，可刎我首"。于是复合战。两军皆惫。总督万达闻尚文战且三日，计曰："鼓三则竭，不救尚文，是弃师也"。乃疾驰而东。时西风大作，万达令于军曰："无结阵，五人为伍，雁行而趋，遇敌人自为战"。未至敌营十五里，鼓声大振，扬尘蔽空，敌大骇，拔营遁。尚文以久战卒疲，不能穷蹑乃还。敌亦出塞去。又《明史稿·翁万达传》：俺答犯宣府，周尚文援兵未至，寇攻滴水崖，指挥董旸、江瀚、唐臣、张淮等战死，寇南下，驻隆庆口石河营。游骑分掠永宁、岔道、灰岭、柳沟、大小红门诸口。游击王钥，大同游击袁正，战隆庆州，南却之，会尚文万骑至，参将田畸合战曹家庄，斩寇搴旗②。敌犹负险不退。万达督援兵驰往，乃夜遁去。又《赵国忠传》：寇既为周尚文所败，率众东走，新授总兵赵国忠至岔道，命参将孙勇逆击于大滹沱，败之。乃与尚文分道击寇，尽走之。事闻，以功受赏。按：是战《明史稿》及《两镇三关志》互有详略，今并存之。曹家庄今名曹家营，在石柱村东五里；大滹沱在延庆州。（第 31 ~ 32 页）

嘉靖三十三年③，寇犯宣府。八月，复犯宣府。《明史·本纪》。《宣府镇志》：五月内，寇由马营盘道墩入寇云州、赤城，攻毁属堡二十余，杀掠人畜殆尽。八月，复由云州两河口静宁墩入寇雕鹗、永宁、怀来，杀掠比夏时尤甚。官军饥疲，总兵刘大章畏敌，不敢战，遥距数日，引归。寇得志去。《五边

---

① 劚，音 zhú。古同"斸"。挖。
② 搴旗，拔取敌方旗帜。②高举旗帜。这里指拔取敌方旗帜。
③ 嘉靖三十三年，1554 年。

典则》：时北部首领把都儿台吉射书①宣府，城中乞开市，守臣以闻，部议不许。（第 33 ~ 34 页）

嘉靖三十四年春，寇犯宣府。四月，复犯宣府，执参将李光启等杀之。九月，复犯宣府，辛酉，犯保安，参将马芳击败之。《明史·本纪》。《五边典则》：九月，寇复自龙门入寇，经麻峪口犯怀来、保安，南山戒严。（第 34 页）

嘉靖三十七年②八月，寇犯宣府。《明史·本纪》。《明史稿·外国传》：寇围大同右卫，不得志。未几，复掠宣府赤城。（第 34 页）

嘉靖四十二年正月，寇犯宣府。《明史·本纪》，《外国传》：敌入滴水崖，为事官刘汉所却，遂引而东。（第 35 页）

万历二十年③，顺义王扯力克④缚史酋以献，通市如初。同上⑤。原注：初黑峪口有史部，史鸡儿率其子史大官、史二官附居塞下。其后又有车部来附，散处长安岭、雕鹗堡间。后为将弁侵苦，于是北部安兔诱之，叛去。巡抚王世扬、守道王象乾因与顺义王议，革其赏，令缚献史，于二十年缚至，朝命贷之，令居故处。安兔大悔，乃因顺义王复求通款。王象乾时已为巡抚，乃邀其并献车部，贡市如初。（第 37 页）

熹宗天启六年⑥，北部毛乞炭拥众至龙门所邀赏，乘夜入滴水崖边，焚掠火烧庄。下北路参将张承宪拒战死，毛乞炭寻乞盟⑦。《续宣镇志》。（第 39 页）

---

① 射书，用箭传送书信。
② 嘉靖三十七年，1558 年。
③ 万历二十年，1592 年。
④ 明代 200 余年间，先后册封五位蒙古大贵族为王。永乐七年（1409 年）册封瓦剌贵族马哈木为顺宁王，太平为贤义王，把秃孛罗为安乐王；永乐十一年又册封鞑靼贵族阿鲁台为和宁王；隆庆五年（1571 年），明朝册封漠南蒙古右翼土默特部首领俺答汗（俺答汗，史籍中还有谙达、安滩、俺答哈、俺答阿不孩等多个译名，今人译为阿勒坦汗）为顺义王。顺义王自俺答汗初封，中经黄台吉、扯力克，至卜失兔嗣封，共嗣袭四代，历七八十年。
⑤ 同上，即《续宣镇志》。
⑥ 天启六年，1626 年。
⑦ 乞盟，向敌国求和。

崇祯二年①，插汉虎墩兔②东附。大清兵攻龙门。未几，大清兵袭击之。插汉西遁。《明史·外国传》：明年，虎墩兔死，大清兵追至上都城，尽俘其众。三年，用兵敖目台吉，北路款市绝。《续宣镇志》。（第39页）

○本朝（第43页）

康熙三十二年③，改宣府各卫所，设府县。详见《地里④志》。

康熙三十五年春，上率诸王大臣暨八旗官兵，躬讨噶尔丹。由独石口出塞。《宣化县志》。原注：喀尔喀⑤久为臣服，外藩与噶尔丹邻近，连年构怨，蒙天语⑥谕和，噶尔丹逆命不恭。致震怒，出师声罪致讨云。

◎艺文志一

表、疏（卷35《艺文志一》）

○《请修北东二路边垣疏》　　明　翁万达（第11~14页）

边镇京师屏蔽，设险守要，惟在审形势，酌便宜而已。盖天下形势重北方，以邻敌也。而我朝与汉、唐异。汉、唐重西北，我朝重东北，何者？都邑所在也。汉、唐都关中，偏西北，故其时实始，开朔方，城受降，不但已也。我朝都幽蓟，偏东北，则皇陵之后，神京之外，其所以锁钥培植以为根本虑者，可但已哉？今日天下形便重宣大，以数警也。而近时与往年异。往年虞山西，近时虞京后，何者？敌情不常也。往年急太原，其时内边之修，外边之筑，建议并守，不惮劳也。今时急隆、永，则皇陵之后，神京之外，其所以

---

①　崇祯二年，1629年。

②　插汉就是明朝对察哈尔的称呼，而虎墩兔其实是呼图克图，是藏传佛教中对尊者的称呼。

③　康熙三十二年，1693年。

④　里，通"理"。地理。

⑤　喀尔喀，即喀尔喀蒙古。清代漠北蒙古族诸部的名称。初见于明代，以分布于喀尔喀河得名。

⑥　天语，谓天子诏谕；皇帝所语。

锁钥培植以为根本虑者，可惮劳哉？盖敌之为患，犹泛滥之水，中国设守，犹障水之堤。诸堤悉成，则渐成隙漏；诸堤未备，则先注空虚。乃今则已注宣之隆、永矣。昨岁豕突于镇安，今岁狼顾于滴水，摇尾以归，骈首不解，安得不为之寒心哉？夫往年修边之役，宣府始西、中路者，先所急也。北、东二路，限于财力，间多未举。又以独石、马营、永宁、四海冶之间，素称险峻，朵颜支部巢处其外，尚能为我藩篱。今西、中路边垣足恃，敌不可犯，其势必不肯以险远者自阻。而朵颜支部复为所逼，徙避他所，北、东二路之急，视前盖数倍。试以二路边计之，东路起四海冶镇南墩，而西至永宁尽界为边；北路起滴水崖，而北，而东，而南，至龙门城尽界为边，凡七百余里。而二路马步官军防秋摆边者，仅得二万有奇，乃复守南山三百四十里之边。兵分备疏，敌溃外防，则隆庆、永宁之间，仓皇骚动。南山诸口，山梁多可漫走，我力不御，则畿辅内地不免震惊，又安得不为之寒心也？夫天下之事，不有所待，无以全其力，不有所更，无以尽其利。宣之北路，溪谷辟地贫瘠，往年不数数患敌者，彼诚避其险远，而无所于利。近乃入寇至再，志在内地，又知内无重垣耳。内设重垣，虏计斯沮。故今在左腋龙门卫杨、许二冲，右腋龙门所、滴水崖一带，俱当厚为之备，以绝其所必窥。设使敌仍贪入，则须由独石、马营而南，逡巡前却于溪谷辟仄之间，而我内垣之守愈固。险不可隳，掠无所获，疲其力而冲其中虚，伺其隙而要其归路，当无不覆之寇矣。故外边以捍北路，内险以捍京师。寻常窃发，处边自可支持，万一侵轶，内险复成犄角。缓急相资，战守并用，兹所谓审形势，酌便宜，而尽之于人谋者也。臣往来相度，拟于东路镇南墩，与蓟州所属火焰墩接界，塞其中虚，筑墙仅三十余里，可以省数十里之戍兵。自此而西，历四海冶、永宁、光头岭、新宁墩一带，地势不可乘者，稍为更改，俱修创新墙一道，北路外边补修创修务期通完。又自永宁墩、雕鹗、长安岭、龙门卫至六台子墩而止，另为创修一道，据其要害，是为近边，即与东路新墙连而为一，防秋之时，不必退守南山，俱须并力外险，盖不止备金汤之设，崇虎豹在山之威，亦且坐收首尾率然相应之利也。谨将经费工役事宜条为五事：一、处夫役。宣镇五路军人及河南班军仅可四万，请令山西保定抚臣，各籍所属民夫万五千人，给以资粮，委官督领，刻期赴镇；一、计工费。宣府东路边墙一道，北路内外墙各一道及诸墩舍水门，计工当役七万人，以百五十二日为期，度支费银四十三万六千六百有奇。请发太仆寺马价银及本部缺官柴薪银，不足，以帑银给之；一、移将领。宣镇二路不必增兵，第移本镇副总兵于永宁城，移永宁参将于四海冶，奇援兵马，愿从者听，否则就近交兑。不足，从宜选补。副总兵专督团练军骑，巡徼山陵官将自参守而下，许会总兵调度；一、议戍卒。原以东北二路边军单弱，不便分戍，欲摘京营步军六千赴永、隆协守。然京军未可轻发，第令朔州兵备召募三千益之；一、备战车。永、隆、怀、保地势平夷，可车战。前保定巡抚刘隅创战车数千辆，置之腹地，无所用。宜取三之二运赴本镇，则不加费而战，守之备足矣。

　　○《请城北路内塞疏》　　明　　翁万达（第16~19页）

　　臣闻首尾腹背之论定，而后形势明；轻重缓急之分较，而后便宜得。臣本书生，不谙戎计。然尝识险夷于驰骋，稽难易于筹思，颇得其概，不敢不遂言之。夫天下形势重北方，以邻敌也。然我朝形势与汉、唐异。汉、唐重西北，我朝重东北。何者？都邑所在也。汉、唐都关中，偏西北，我朝都幽蓟，偏东北。汉、唐偏西北故其时实新泰，开朔方，城受降，不但已也。我朝偏东北，则皇陵之后，神京之外，其所以锁钥培植，以为根本虑者，可但已哉？天下便宜重宣大，以数警也。然近时便宜与往年异。往年虞山西，近时虞京后。何者？敌情不常也。大同之门户不严，则太原急；宣府北路之藩篱不固，则隆、永急。往年急太原，其时内边之修，外边之筑，建议并守，不惮劳也。今时急隆、永，则皇陵之后，神京之外，其所以锁钥培植，以为根本虑者，又可已哉？

国之后门犹人之肩背，养其肩背以卫其腹心。蓄艾七年，防危一旦。察脉观兆，不见是图。乃今则病形已见矣。夫往年，城紫荆、倒马诸边，备畿辅之西也。城雁门、宁武诸边，备太原之北也。紫荆、倒马有宣府、大同以为外捍；雁门、宁武有大同偏老以为外捍，且犹为设重险。隆、永去神京二百里，而近无外捍足恃，而重险不设，专恃北路，非计之周也。且十九年、二十年、二十一年之寇，由朔州以窥雁门，志上拒平阳也。二十三年之寇，由蔚州、广昌以窥紫荆，志真保定也。塞垣成而雁门寝；谋铁裹门，鹁鸪峪战而紫荆绝望，敌情可推而知也。昨岁豕突于镇安，今兹狼顾于滴水，摇尾以归，骈首不解，其志欲何为哉！此臣之所寒心。

夫往之经略，所以裕今，今之措注，不思善后；封疆之臣，岂敢一日忘其死耶？往年修边之役，宣府始西中路者，先所急也。北、东二路，限于财力，间多未举。又以独石、马营、永宁、四海冶之间，素称险峻，朵颜支部巢处其外，尚能为我藩篱。臣亦每有抚处之议。今西、中路塞垣足恃，敌不易犯。其势必不肯以险远者自沮，而朵颜支部复为所逼，徙避他所。东、北二路之急，视前盖数倍也。试以二路边计之：东路起四海冶镇南墩，而西至永宁尽界；北路起滴水崖而北而东而南，至龙门城尽界，为边凡七百里。而二路马步官军不过二万，除城守站递诸役，防秋摆边仅得一万兵。分于地广，备疏于无援，此臣之所寒心者也。

夫地要而不重其防，兵分而不虞其害，封疆之臣又敢一日忘其死耶？天下之事不有所待，无以全其势；不有所更，无以尽其利。宣之北路，溪谷僻仄之域，贫瘠之区也。往年不数患寇者，彼诚避其险远，无所于利；近两入寇，志在内地。内设重垣，敌计斯沮，不窥内地，则外诸城堡，昔为大举必经者，势亦自缓。而左腋龙门卫杨、许二冲，右腋龙门所、滴水崖一带，厚为之备，绝其必窥。
设使彼仍贪，入则须由独石、马营而南，逡巡前却于溪谷僻仄之间，
攻不可隳，掠无所获，疲其力而冲其中虚，伺其隙而邀其归路，当
无不覆之寇矣。故外边以捍北路，内险以捍京师。寻常窃发，外边
自可支持。万一侵轶，内险复成犄角。外边兼理堡寨，进可以逐北，
退可以致人。内险专事堤防，近以翼蔽隆、永，远以系籍关南。缓
急相资，战守并用，兹所谓审形势，酌便宜，而尽之人谋者也。拟
于东路镇南墩与蓟州所属火焰墩接界，塞其中空，筑垣仅三十余里，
可以省百数十里之戍。自北而西，历四海冶、永宁光头岭新宁墩一
带地势可守者，循其旧边；地势不可乘者，稍为更改。又自永宁墩
历雕鹗、长安、龙门卫至六台子墩，别为创修内垣一道，与北路新
墙连而为一。北路原额官军不轻内调，内垣乘守别措兵马。盖不止
备金汤之设，崇虎豹在山之威，亦且成首尾之形，收率然相应之
利也。

　　世之论者，或不审乎形势，而有隔绝独石之疑。臣则曰：王公
设险，重门御暴，筑城以居，不闻弃郊；画境而守，不为弃鄙。今
紫荆、倒马、雁门、宁武雄峙于内，未尝隔绝宣大偏老也。而内险
之设，顾为隔绝独石乎？或不察乎便宜，而有工役难成之疑。臣则
曰：佚道使民，虽劳不怨；版筑偶兴，而虔刘[1]可免；转输暂效，而
征调终停。今北、东二路，外边七百余里，修筑不以为难也。而内
险之设，顾以为难乎？若以重防于京后为过忧，不专力于外边为示
弱，则是有见于四肢隐痛之切身，而不思元首腹心之不可以并论；
徒知夫尺寸进退之所系者重，而不知彼此之相济，利害之相生。事
有机权，不可执一也。

　　○《条议边防事宜各款疏》　　明　吴亮（第 29～30 页）

------

　　①　虔刘，劫掠；杀戮。《左传·成公十三年》："芟夷我农功，虔刘我边陲。"

一、修险隘。接次墩以北至镇北新墩，属宣镇南山，又北至黑山头，属宣镇东路。若寇繇①粉子岭入，西镇均害。墙单且薄，缓急何恃？议照昌镇规则，兴工修筑。

一、严界限。款贡以来，有守口夷人驻牧墙下，受我月赏。始借为用，渐狃为安，移入近边，狎玩②凌暴，军士有不敢登陴③哨望者矣。设法谕之移之，或申谕房酋，严为约束，合行督抚悉心筹画。

一、酌入卫。蓟镇入卫客兵，奸弁专事侵牟，兵马仅存羸瘠④，虚靡⑤粮草，往返徒劳。然议撤议裁，时势未便。惟变通那移，选择膘壮随军入卫，其不堪者，估卖变银，并草料贮库，别购善马以给骑军。

一、勤补修。边工随筑随坏，近蓟镇督臣严立十年为满，方免追论，所以严于其始，而按臣又欲不时验看。或势将摧裂，作速补苴⑥，所以节费于其后。合兹二议，逐时修补，与事后追论，俱着实通行。

一、复守备。云州一堡，南接赤城，北连独石，镇安东峙，马营西连，盖宣府上路之咽喉也。昔设守备一员，统兵千百五人防守，后改驻镇安，而旧堡一操守领之。云州路当要冲，应复设以备四面之应援。

一、移路将。杀胡堡为互市卫口，一垣之外即为虏帐。且迫近兔河，霪雨骤发，渐激边垣，通衢无异。合移大同中路参将驻札该堡，无事调停讲折，有警则指挥策应。及今秋防，即令移驻。

一、裁冗员。革延庆守备缺，本官移充云州堡新增守备，而本

---

① 繇，古同"由"，从，自。

② 狎玩，狎音 xiá，亲近而态度不庄重。狎玩，戏弄。

③ 陴，音 pī。城上的矮墙。亦称"女墙"；俗称"城垛子"。

④ 羸瘠，羸音 léi，瘦弱。羸瘠，瘦弱疲病。

⑤ 靡，浪费，奢侈。

⑥ 补苴，补缀，缝补。苴音 jū，本义：鞋底的草垫，用以垫鞋底。粗劣；粗恶。如：苴服（粗劣的衣服）。又音 zū，通"菹"。如：苴秸（古代祭祀时用作陈列祭品的草席）。

堡操守官改调延庆州管理前务。一更间，员不添设，费不加增，而缓急轻重已较然矣。

◎艺文志二

书、记（卷 36《艺文志二》）

○《重建西关社学记》 明 商辂（第 14～15 页）

西关，龙门也。龙门以北为城堡八，皆武卫，无有司，比屋成卒匪居民。以故，缺学校，乏弦诵声。

正统初，尝一设社学，以教将士子弟之在各卫者。然未几辄罢。已而，虏骑冲斥，戍守且废，何有于学？参政叶盛与中奉命协赞军务，兴废举坠，逾年边境晏然，人以太和。参政意谓文事武备相为用久矣。武而匪文曷以导人心，迪彝教，使知尊君亲上之义之为重且急耶？于是，谋之都御史李公请复建八城堡社学。而西关之学独先就功。学旧在卫东南，今迁之东北，地宽广而阳。前筑礼殿、东西庑、神厨库、棂星、戟门，后为明伦堂，东西为"居仁""由义"二斋。堂东为藏书之室，堂西为游息之所。射圃学舍亦森然，缭以周垣，启以重门，南当通衢。树坊二，一曰"兴贤"，一曰"崇化"。社学本龙门也，而曰"西关"，卫之西有关，为参政公所画也。

学既成，择老成通于儒者为之师。选将士之俊秀者从游其中。参政亲督率，作时劝相，出公帑羡积购书凡五千余卷，俾之讲肄，于是弦诵相闻，礼义兴行，而边方之士始知有文学之贵。其为风化之助大矣。诸生吴亮、黄用，率同列砻石请为之记。予惟《禹贡》绥服，内三百里揆文教，外二百里奋武卫。此文以治内，武以治外之意。然内三百里非无武卫，以文教为主；外二百里非无文教，以武卫为主。圣人严华夷之辨如此。今兹龙门外控边境，实古绥服之地。武卫固，所当严文教，岂容或废。参政兴学之意，盖欲明《五典》以淑人心，使知纲常之所当尊，而君亲之不可或。后久安长治之道，无逾于此。继而当北门之寄者，恒以是用心，则礼乐可兴，风俗可淳。虽无兵而守固，夷狄不足言矣。是役也，赞成之者，参将都指挥周贤；经营之者，守备都指挥黄瑄。协同指挥吴升，皆有功于是学。是皆宜书者也。因并记之。

〇《云州义烈祠碑记》　明　叶盛（第 16 ～ 17 页）

皇明以仁义立国，故有国以来余八十年，际天极地莫不臣妾。惟是己巳岁北虏作逆，犯云州，遂以失守。城陷之日，城中死义者骈首接迹，皆不负所事，死于一日之间。呜呼！可谓烈也已！于是有以见我国家教化涵濡之盛。而虏骑之薄州城，不逾日而奔遁者，亦岂非英声义气阴折其心之所致耶？

皇帝嗣大历服之初，即举褒恤之典，以风励四方。未几，收复云州，一如其故，圣谟神断雄伟而深远矣。

景泰改元之二年，余来云州。二年，提督参将周君贤来与同事。经略之暇，询诸州人，得死义知名者九十人，因相与作而言曰："壮哉！若人之得其死也。推其志也，日月同其明，泰华同其高也。高城深池，不足同其固也；甲胄铁钺，不足同其威且强也。使当时皆若人，云州其有乱亡乎？不有以旌之，则将何以灵承上意，奖慰忠魂，揭万世人臣忠义之训哉！"土著官军都指挥王荣，指挥沙泉刘宁，千户汪宣等又恳恳为言，乃相吉地，筑室数楹，题曰：义烈之祠。中主义烈之神，招魂以祀之。先是，赐祭有文者录其副而尊阁之。且为刻祠之碑。九十余人有右副使京兆谷春，都指挥佥事齐东孙刚，千户池信子妇，上党陈氏焉。陈氏死时，家人出战，独与诸幼居。若子二男二女，若姑侄男女五，皆陈氏手缢死，陈氏最后从容自缢死。盖其家十人，誓不受辱，长幼一心，皆死其卧榻前。春、刚守永宁，赴援来云州，与虏遇且战且行，以众寡不敌，入城皆缢死。其偏裨士卒亦多从之自缢死。春狷直而惠，永宁人至今思之。

刚忠勇有材略，流辈所推云。九十余人氏名列诸碑阴。此独书三人者，以三人之事最有闻，而陈氏生气凛然。其能大丈夫之或不肯为，尤可壮也。祀之日有《迎神送神》诗，因并刻之。其辞曰：神之来兮，谷惨山愁。云黯黮兮，风悲秋。神之堂兮，新好且洁。清酒既倾兮，肥牷在列。神其伊谁兮，愍女娥皇。南雷兮许张。亦克有闻兮，承业与强。神归来兮故乡。神之去兮，白日晏昏，乘瑞风兮，驾祥麟。彼林林兮生人。维忠维孝兮，孰无君亲。孰非女妻兮，亦维其贞。我为州兮，祀事伊始，尔州有人兮，子孙孙子。神之去兮，其来尚无已。

○《赤城嘉禾亭记》　　明　叶盛（第 17～18 页）

景泰五年，岁次甲申①，居庸关外独石、马营、云州、赤城、龙门卫所、雕鹗、长安岭八堡，五谷皆大熟。赤城之西郊产嘉禾，一本三穗者若干，五穗者若干。耕戍函以来，镇守副总兵官都督孙安，谂于众曰："方今圣人御宇，贤人在辅，边境大宁。安与若等安于耕守，而无征伐之劳者，上之德也。今兹瑞应嘉禾，实惟至和之气融结而成，上德所由致，愚下曷敢私有？驰奏可乎？"协赞军务参政叶盛继而曰："古之大臣事君，弑逆、风雨、灾异奏，水旱、贼盗奏，祥瑞不奏，有以也。今上龙飞，首下明诏，止献祥瑞，圣人之见卓矣。矧今水旱荐臻②，诸方告灾，兹嘉禾不奏可矣。"于是，其裨将都指挥周贤率众而言曰："总戎之奏进嘉禾，其心欲尊于上，义也；监军之钦承上制，不欲奏进嘉禾，亦义也。义皆不可废也。郊南三里之旁有亭焉，盖因岁熟合众力而成之，期以岁劝农课耕于斯而作也。而亭未有名，请以"嘉禾"名之，且置众穗于中，使四方人来者，知赤城有嘉禾，为吾君之德之所在。如是，则上之制不违，而

---

① 检《中国历史纪年表》，景泰五年为甲戌，二者不符。又甲申，为永乐二年（1404年）和天顺八年（1464年）等，均与所记事实不符。故"甲申"为"甲戌"之误。

② 荐臻，接连地来到；一再遇到。《墨子·尚同中》："飘风苦雨，荐臻而至者，此天之降罚也。"

上之德不泯矣。如何？"安与盛合辞而应之曰："可也"。乃以亭之记属盛。盛不能辞，据事实书亭中，以俟善记，如苏扶风者取焉。

◎艺文志三

序、论、议、说、考、辨（卷37《艺文志三》）

○《八城社学诗序》　　明　商辂（第1~2页）

《八城社学诗》，协赞军务参政叶公所赋也。八城皆口外，曰西关、曰独石、曰马营、曰东庄、曰云州、曰赤城、曰雕鹗、曰长安岭，城各有学，盖参政请之于朝而建立者也。参政既立八城社学，复各赋一诗，以见意上以颂国家崇文之盛，下以为诸生勤学之劝。其用心至矣。八城武卫控制沙漠，宜若无俟于学。然而，学者固结人心之本。学校不立，则诗书之道废，利欲之心炽。虽有高城深池，谁与为守？前者己巳之事，可鉴已。参政协赞之暇，而汲汲①社学之建，盖欲以诗书为甲胄，礼义为干橹②，使夫尊君亲上之义，昭然于人心，而战胜攻取之术，无烦于督劝。然后阃外之寄，始无负也。孟子有言："壮者，以暇日修其孝弟忠信，入以事其父兄，出以事其长上，可使制梃③以挞秦楚之坚甲利兵。"噫！参政建学之意，其诚在于此乎？是固人心既固，则强敌难乘，文教既兴，则远人易服。昔禹征苗，弗格④于伐罪之日，而格于干羽⑤两阶之余，尤以见德化之为本，而武备未足专恃也。参政之诗有"行见三苗入觐来"之句，岂非其所志者大耶？乡友洪文纲，教西关学，见吟八城诗，求题，

---

① 汲汲，心情急切貌。《礼记·问丧》："其往送也，望望然，汲汲然，如有追而弗及也。"孔颖达疏："汲汲然者，促急之情也。"

② 干橹，小盾大盾。亦泛指武器。《礼记·儒行》："儒有忠信以为甲胄，礼义以为干橹；戴仁而行，抱义而处。"郑玄注："干橹，小盾、大盾也。"

③ 制梃，提着木棍。

④ 格，古时的刑具。《吕氏春秋·过理》："糟丘酒池，肉圃为格。"高诱注："格，以铜为之，布火其下，以人置上，人烂堕火而死。"

⑤ 干羽，古代舞者所执的舞具。文舞执羽，武舞执干。指文德教化。

因为识此。参政，名盛，字与中，与予同举进士，文学政事一时杰然者云。

○《屯田四议》　　明　李仙风（第18～22页）

一、卫所辖军，州县辖民。腹皆州县，而错以卫所；边皆卫所，而错以州县。民之产为田，军之产为地。每卫五千户，每所一千户。户受地各有数，而总谓之屯。今查宣镇诸卫所，除三州县外，则皆屯地矣。其后，军不能耕，而招商种；商不肯种，而招民种。于是有团种，有地亩，有功臣、香火、驿传、公务，有新增余地诸名。各就其时所清理者而名之。其实皆屯也。屯之名更，而屯之额乃失。今寻屯额，而不抹此名，所以毕世无屯足之期矣。可考者，正统时，通镇屯地四万六千余顷，征粮二十五万有奇。至隆庆初，通镇诸名地四万七千余顷，征本折二十二万有奇。虽粮视原数，多少有差，本折有易，而地则增而有加矣。幅员①如故也。奈何释诸名地而求屯？求之不得，砂碛、沮洳②、不毛穷发③，尽可指以为屯，无惑乎？募垦之令，终筑舍也。此屯田沿革之大较④也。

一、国初建立卫所，分军七为耕，三为守，原以耕济守也。不可耕之地，未有建立卫所者，独开平一卫，为上谷最冲。今所分为上北路者，辖一十城堡，崎岖于重岩叠𪩘⑤之中。即益以云州所，而可耕之地，劣于中路。以龙门亦卫也，而劣于下路。岂一卫一所，不敌二所哉！深究之，开平卫原不在独石，自二边出口，历羊川墩外，至旧开平三百余里，尽是平川，土膏肥沃，乃知最冲之封，亦自占绝胜之势。惜乎！其弃于塞外也。今镇宁仍存五所之名，而粮

---

①　幅员，指疆域。广狭称幅，周围称员。引申为范围。

②　沮洳，低湿之地。《诗·魏风·汾沮洳》："彼汾沮洳，言采其莫。"孔颖达疏："沮洳，润泽之处。"洳音 rù，潮湿；低湿的地方。

③　穷发，极北不毛之地。《庄子·逍遥游》："穷发之北有冥海者，天池也。"成玄英疏："地以草为毛发，北方寒沍之地，草木不生，故名穷发，所谓不毛之地。"

④　大较，大略；大致。

⑤　叠𪩘，重叠的山峰。𪩘音 yǎn，大山上的小山。

地非旧制也。如独石、马营，多是前监牧马草场。而该卫之地，不独无屯额，并无屯可额也。沟岔之中，掇拾零畦，原非屯数，而征粮比于他处不异焉，何怪乎招之来，而适以麾之去也。窃见一镇折色，有六钱一石者，有七钱一石者，惟道属皆八钱，必当时市价之定评。亦此中从来固已贵于他处矣。然此中土著①无多，而土著之人从来不习耕。凡戮力于南亩②，皆山右③之佣。秋去春来，如北塞之雁。所为斯仓斯箱者，亦晋民之魁。默土著寄命于其手，高下时价，任其粟死金生。然有利则竭蹶④而趋，无利则掉臂⑤而往，宜抛荒⑥之愈多。今欲垦荒，当先集流募军，尤当先讲所以使流顿集，而军应募也。不然，官受军屯⑦，军屯之寄不得不督于军，民又将舍己之私，为公从事，顾此失彼，通融筹算，数未尝增，似不可不虑及也。

一、查先年开屯⑧，率于顺圣川一带。此地原牧马草场，被敌兵蹂躏。马往口南，始筑城堡耕种。然牧场起自永乐，而洪武初年，亦系卫所屯种之数，岁可收粮石四十余万，足官军一年支用。专设屯田副使经理。如叶文庄时，亦始屯此地，而后及各路，补官牛，置农器，给籽粒，皆摘发军人往为之耕。卖其租以买马，征其秸以饲牛。公务、驿传之外，尚有易银以备公用。弘治时，尚书李敏奏："叶盛各路团种，诚为良规。而近年余子俊，将给种军人，撃回操

---

① 土著，亦作"土箸"。世代定居一地。《汉书·西域传上》："西域诸国，大率土著。"颜师古注："言着土地而有常居，不随畜牧移徙也。"

② 戮力，尽力；协力。《书·汤诰》："聿求元圣，与之戮力，以与尔有众请命。"孔颖达疏："戮力，犹勉力也。"南亩，谓农田。南坡向阳，利于农作物生长，古人田土多向南开辟，故称。

③ 山右，山的西侧。特指山西省。因居太行山之右，故称。

④ 竭蹶，颠仆倾跌，行步匆遽貌。《荀子·儒效》："故近者歌讴而乐之，远者竭蹶而趋之。"杨倞注："竭蹶，颠倒也。远者颠倒趋之，如不及然。"

⑤ 掉臂，甩动胳膊走开。表示不顾而去。

⑥ 抛荒，已垦田地因天灾人祸等未继续耕种而任其荒芜。

⑦ 军屯，谓利用驻屯军队就地耕种土地。

⑧ 开屯，谓屯聚人员，开垦荒地。

守，牛具变卖，地二起科①。民既逋粮②，马皆倒毙"。然则兴屯必须团种也明矣。团种之必摘发军人也明矣。今所为团种者，非军也，民也。即为军乃祖戍之，不可脱。而其地乃祖遗之，不可辞。推以予人，人不肯受，力不能种，唯有一逃。人逃则地弃，后人团而种之，名曰新增，任地纳粮，止同地亩。乃团种已易为地亩，而额粮未减，乃纳团种之粮，故旧人纳粮，新人种地，甚至此人种无粮之地，而彼人纳无地之粮，册籍罔稽，阡陌莫辨，所以今日为牛、粮、地告辨者纷纷，而官卒莫之断也。不知团种者，官办牛种而军耕之，所以每亩起科五六七升不等。及牛种不给于官，则团种之地，与地亩地何别？而地亩地或纳粮一二升，或折色一二分，团种则五六七升。何轻重顿悬若此？今查尚书周谦曾题："团种原额外，量与余田三十亩，仍照余子俊所定，每亩三升起科，则是无牛种而名为团种者，当在所减也。今不惟无减，而追出余田，另为加增。愈增愈不知所底止，似不可不亟为厘正也。"

一、屯事为经野大政，往多效而近每无功者，何也？计一佃费银二十六两，米四石六斗。以每顷二十五石言之，每租四十石，碾米二十四石。若近年价涌，还本尚有倍利。倘如先年，每石八钱六分，则将以何物还本？此犹曰：官啬而民丰也。万一天时人事不齐，而不能必二十四石之入，则价虽胜而本无偿。然犹曰：以待来年。又万一本不发而但责耕，但取租，如向年团种流弊③，今日安能预禁于后哉？此土著之深虑，而宜早为计也。且今所为屯本者，曰：无碍官银也，抚赏余剩，与货物变价也。夫官银何得无碍？以为无碍，则无碍耳。至开销时，恐有准有不准。若镇城之驳价，在二十年之后，则无碍者有碍矣。犹曰：有案在焉，惟有抚赏之银之货物，既

---

① 起科，谓对农田计亩征收钱粮。
② 逋粮，拖欠租税。
③ 流弊，亦作"流敝"。相沿而成的弊病。

于是日奉制台之檄，动为屯田；即于是日奉饷司之檄，交部库作军饷。犹曰：申明制台①是遵。独虑讲款时，抚赏亦未可动，恐他日问抚赏者，不止饷司也。初已奉有，后翻议者，宁直一端耶？然犹后日事也，俱置勿虑。而无奈抚赏之银，有欠在军者民者，安能随取随至？而抚赏之货物，尽朽烂不堪，除赏彝人，售于何处？东作将兴，银不凑手，何以副上命乎？此皆屯政之所宜酌者也。

◎艺文志四

传、状、碑、志铭、短、铭、赞、赋（卷38《艺文志四》）

○《上谷滴水崖填星铭》②　　明　汪道亨（第57～58页）

于铄③皇王，再造区宇。峨峨崇岗，来自碛卤④。径绝大漠，隐鳞⑤藏羽。木叶作基，龙飞凤舞。镇星喝之，高原膴膴⑥。帝省其德，遂荒斯土。爰考休征，思皇多佑。翼翼⑦京师，肇开天府。岩岩桥山，凤苞龙乳。一柱擎天，作镇元武⑧。岳贡川珍，登三咸五⑨。椎髻⑩销萌，中外安堵⑪。覆冒⑫万方，十风五雨。百谷蓁蓁⑬，庶草

---

① 制台，明清时对总督的敬称。

② 填星，清《赤城县志》卷8《艺文志》作"镇星"。

③ 于铄，叹词。表赞美。

④ 碛卤，含盐碱多沙石的地方。

⑤ 隐鳞，神龙隐匿其鳞。比喻贤者待时而动。

⑥ 膴膴，音wǔ。膏腴；肥沃。

⑦ 翼翼，庄严雄伟貌。

⑧ 元武，疑为"玄武"，清避清圣祖爱新觉罗氏名玄烨偏讳"玄"，以"元"代"玄"。玄武，古代神话中的北方之神，其形为龟，或龟蛇合体。亦指北方。位于北面的事物，多冠以"玄武"之名。

⑨ 登三咸五，五，指黄帝（轩辕）、颛顼（高阳）、帝喾（高辛）、唐尧、虞舜五帝；三，指夏禹、商汤、周武王三王。后以"咸五登三"称扬帝德广被，同五帝而超三王。

⑩ 椎髻，汉梁鸿妻孟光"椎髻，着布衣"，愿与"梁鸿"俱隐。后遂以"椎髻"形容为妻贤良，衣饰简朴，与夫共志。

⑪ 安堵，犹安居。

⑫ 覆冒，蒙盖；掩蔽。

⑬ 蓁蓁，音zhēn。草叶茂盛，泛指植物茂盛貌。

蕃庑①。于万斯年，为神人主。居安思危，矧邻狂鲁。地险曷凭，惟德是辅。勒之贞珉②，以俟千古。

○《丈夫石铭》即独石 阙名（第58页）

孤塞拳石，故以名城。不倚墙壁，不附势形。不惧风雨，不避战争。屹然独立，因垂今名。丈夫出塞，可负生平。苟负生平，此石有灵。

○《温泉铭》 明 叶盛（第58页）

彼灵者泉，可濯可沿。惟泉之燠，可沐可浴也。有振斯衣，有弹斯冠，乃清缨，乃浊足也。维泉之香，可酿可湘。维泉之浩，亦可祷也。足我豪饮，时我雨旸。泉之灵兮，具其众好也。泉兮，泉兮，灵尔者神兮，乐尔者人兮。维人之身兮，日新又新兮。不愧尔神兮，以全夫天兮。

○《龙门峡舍身崖烈女赞》 明 赵维屏（第58页）

舍身难，舍身成义尤难；舍身成义士子难，女子尤难。嘻噫！冰霜之洁，铁石之坚，凛凛烈烈流芳万年！

◎艺文五（卷39《艺文志五》）

○古乐府

《行路难》 元 袁桷（第2页）

桑干岭上十八盘，赫日东出红团团。回首③平田树如发，北去沙石何漫漫④。青帘高低知客倦，劝汝一杯下前坂。马蹄护铁声琮琤，帖石朱栏列危栈。危岭⑤林昏泊官驿，冰涌虚泥逾五尺。马行犹知泥浅深，重车没踝路莫寻。

---

① 蕃庑，音 fān wǔ。滋多茂盛。
② 贞珉，专美称石刻碑文、书法作品。
③ 回首，袁桷《清容居士集》作"回头"。
④ 何漫漫，袁桷《清容居士集》作"河弥漫"。
⑤ 危岭，袁桷《清容居士集》作"度岭"。

○五言古诗

《洪赞井》① 元 陈孚（第6页）

洪赞山岩峣，势如舞双凤。大井千尺深，窈然见空洞。野人驱十牛，汲以五石瓮。滴水宝如珠，一瓮十宝②共。我生海东头，涟漪饱清弄。尝闻惠山泉，万里驿③骑送。急呼茗椀④来，试作清净供。

《桑干岭》 元 袁桷（第6页）

兹山西北来，旋转十二雷。昔人望乡处，生别何崔嵬。我来坐绝顶，云汉生⑤昭回。出日腾金钲，积露流银台。长空不受暑，雪华散皑皑。毡车引绳过，屈曲肠九回。微踪愧三至，南望心低回⑥。长风马耳迅，何当赋归来。

《龙门》（第6页）

苍崖出双阙，群山俯首尊。阴风起晴雷，摩荡昼日昏。铁峡拥逼仄，百川为之奔。疑下有龙湫，逞怪蹲天门。潨兮出肤寸，顷刻黄流浑。侧径出石壁，巨浸存遗痕。缅昔失⑦天险，事久难穷论。征衣袭轻雨，神君俨云根。

《合门岭》（第7页）

寒沙高冈聚，积溜开土门。地媪神功奇，兹焉奉帝尊。先皇岁巡幸，属车烂华轩。令严植前茅，高下相攀援。鱼贯别后殿，蚁行定前屯。飞丸落千尺，礔裂惊危辕。履险深自持，人情戒居安。寒云蔽出日，去去逾前村。

《李老谷》 元 虞集（第7页）

十转山崅交，九度沙碛溜。始辞平漠旷，稍接山木秀。老病畏

---

① 诗题，《陈刚中诗集》作"洪赞井深有六七十丈者"。

② 宝，《陈刚中诗集》作"室"。

③ 驿，《陈刚中诗集》作"驲"。

④ 椀，《陈刚中诗集》作"枕"。

⑤ 生，袁桷《清容居士集》作"森"。

⑥ 回，袁桷《清容居士集》作"徊"。

⑦ 失，袁桷《清容居士集》作"设"。

行役，慰藉得良觌。秋岭晚更妍，寒花昼如绣。故园夫如何，朝阳
眩霜柚。

《赤城馆》（第7页）

雷起<u>龙门山</u>，雨洒<u>赤城馆</u>①。萧骚山木高，浩荡尘路断。鱼龙喜
新波，燕雀集虚幔。开户微风兴，倚杖众云散。

《李老谷》　元　黄溍（第8页）

缘崖一径微，入谷双崦窄。密林日易昏②，况乃云雨积。行人望
烟火，客舍依山色。家僮为张灯，野老烦避席。未觉风俗殊，秖惊
关河隔。严程不可缓，子规勿劝客。谷中多杜鹃。

《赤城》（第8页）

鸡鸣秣吾马，晚饭山中行。何以慰旅怀，<u>赤城</u>有嘉名。滩长石
齿齿，树细风泠泠。时见岩壁间，粲若丹砂明。温泉发其阳，撼呵
勤百灵。前峰指<u>金阁</u>，真境标殊庭。白道人迹稀，青崖云气生。信
美无少留，缅焉起深情。

《独石》（第8页）

解鞍及亭午，稍欣烟雾收。苍然众山出，历历如雕搜③。前瞻一
<u>独石</u>④，灵宫居上头。颇闻去年夏，水激龙腾湫。走避登屋山⑤，夜
半齐呀咻。幸兹溪涧中，今作清浅流。宴安不可怀，变化诚难求。
翠华渺在望，行矣毋淹留。

《枪竿岭》山腰长城遗迹尚在。　元　迺贤（第9页）

饮马长城下，水寒风萧萧。游子在绝漠，仰望浮云飘。前登<u>枪
竿岭</u>，冈岑郁岧嶤。崩崖断车辙，层⑥梯入云霄。幽龛构绝壁，微径

---

① 馆，虞集《道园类稿》作"观"。
② 昏，黄溍《文献集》作"曛"。
③ 搜，黄溍《文献集》作"锼"。
④ 独石，黄溍《文献集》作"石独"。
⑤ 山，黄溍《文献集》作"上"。
⑥ 层，迺贤《金台集》作"曾"。

纡山腰①。人行在木末，日落闻鸣蜩。履险力疲薾，凭高思飘飖。何当脱羁鞅，归种南山苗。

《赤城》金阁山在赤城西郊，洞明真人修炼之所。山中盛产青李、来禽诸果。（第 26 页）

休驾赤城馆，凭轩望前山。飞雨西北来，乱洒石壁间。风寒树摵摵，水落沙斑斑。牛羊尽归栅，微灯②掩松关。野老颇留客，及此农事闲。顷筐出山果，浊酒聊慰颜。移尊对金阁，灵宫郁屠颜③。安得吹萧人，乘鸾月中还。

《龙门》元统间，知枢密院事都喇帖木儿过峡中，见二羊斗山椒间。顷刻大雨水溢，姬妾、辎重皆为漂溺。（第 9～10 页）

峥嵘龙门峡，旷古称险绝。疏凿非禹功，开辟自天设。联冈疑路断，峭壁忽中裂。云蒸雨气暝，石触水声咽。羸骖涉沟涧，执辔屡愁蹶。忆昔两羝羊，怂斗蛟龙穴。暴雨忽倾注，淫潦怒奔决。人马多漂流，车轴尽摧折。我行愁阴霾，惨惨情不悦。日落樵唱来，三叹肠内热。

《李老谷》（第 10 页）

高秋远行迈，入谷云气暝。稍稍微雨来，渐怯衣裳冷。荣④纡青崦窄，杳窱烟林迥⑤。峰回稍开豁，夕阳散微影。霜叶落清涧，寒花媚秋岭。途穷见土屋，人烟杂虚井。平生爱山癖，惬此惬幽静。月落闻子规，怀归心耿耿。

《独石》国朝诸后、太子陵，皆在独石北毡帽山。（第 10 页）

停骖眺青林，独石当广路。峨峨龙君祠，殿屋隐⑥朝雾。前山过

---

① 山腰，遒贤《金台集》作"山椒"。

② 灯，遒贤《金台集》作"镫"。

③ 颜，遒贤《金台集》作"顽"。

④ 荣，遒贤《金台集》作"萦"。

⑤ 迥，遒贤《金台集》作"回"。

⑥ 隐，遒贤《金台集》作"阴"。

微雨，暝色起高树。溪湾夕溜清，岩窦寒云聚。东园有陵寝，龙虎蔚盘据。行人下马过，敛衽夙惊悬。凉风吹华发，感激岁年莫。怅望南天云，徘徊不能去。

《龙门》 元 柳贯（第 12 页）

一溪瓜蔓流，渡者云可乱。屡涉途已穷，前临波始漫。岩岩龙门峡，石破两崖半。沙浪深尺余，湾洄触垠岸。它山或澍雨，湍涨辄廉悍。顷刻漂车轮，羁络不能绊。其源想非远，众水自兹滥。济浅抑何艰，虑盈疑及患。峰阴转亭午，出险马蹄散。草路且勿驱，烟开望前馆。

《李老谷闻子规》（第 12 页）

杜老闻子规，近在东西川。犹云感时物，收①泪写幽悁。今我行塞徼，子规相后先。时夏云景晦，鸟呼摇空烟。响入树窅窅，啼垂血溅溅。想知歧路难，不恤躯命全。千声复万声，唤我归言遄。苟非木石心，岂免肠内煎。江南丛薄间，有花名杜鹃。开时是鸟至，相戒治春田。不归如江水，负此今五年。风土孰云异，物情要有迁。寄巢勿浪出，祝尔还自怜。严程趣行迈，且复挥吾鞭。

《奉和王仪伯参议龙门》 元 马祖常（第 13 页）

众镇列方国，兹山入丛霄。隐雷郁夜壑，奔溪剧春潮。跋鳌不可升，负鳌讵能超。娲炼役万神，禹凿劳百僚。我行当晨兴，鸡鸣马萧萧。岂焉见阊阖，烟云限纷嚣。所乐镐京从，敢赋淮南招。摛辞造鹓行，藻思芳年雕。饮酒辄亦醉，泛泛风鸥飘。日畿芙蓉衢，玉辂九天遥。高咏青云篇，翘首扶桑朝。

《至治癸亥八月望过枪竿岭马上联句》②（第 14 页）

有岭名枪竿，袁桷。其上若栈阁。白云乱石齿，虞集。青峰转帘

---

① 收，柳贯《待制集》作"抆"。

② 马祖常《石田文集》诗题作"至治癸亥八月望，同袁伯长、虞伯生过枪竿岭马上联句"。袁桷《清容居士集》诗题作"枪竿岭伯生、伯长、伯庸"。

脚。积冰太古阴，<u>马祖常</u>。出矿无底壑。马饮沆瀣泉，<u>桷</u>。鹰荡扶摇幕。辙迹委垂绅，<u>集</u>。人声发虚橐。枭飞接鸟背，<u>祖常</u>。羽没疑虎膊①。雾松秋发长，<u>桷</u>。霜果春颊薄。斤②樵不知疲，<u>集</u>。独往端有愕。兢兢矛头渐，<u>祖常</u>。扤扤井口索。凝睇见日观，<u>桷</u>。引手探月廓。南下眇尘海，<u>集</u>。北广络沙漠。金桥群仙游③，<u>祖常</u>。宝塔④百神凿。禽鸣蜀帝魂，<u>桷</u>。铁铸石头⑤错。钩铃挂阑干⑥，<u>集</u>。攙抢敛锋锷。属车建前茅⑦，<u>祖常</u>。驰道徇严柝。载笔三人行，<u>桷</u>。珥节半途却。<u>集</u>。

《发长安岭》　_明　金幼孜（第 14 页）

回峰渺无际，峻岭疑接天。崖倾石磈磊⑧，径转迷苍烟。车行何兀兀⑨，鳞次陟层颠。陂陀⑩翳⑪榛莽⑫，枯涩无流泉。旌旆亘长坂，冠盖⑬来后先。险尽陟⑭平陆，浩荡即长川。登高未成赋，此志何由宣。

○七言古诗

《龙门》　_元　袁桷（第 20 页）

瀚海双龙铁鳞甲，卷壑拏云蹲冀阙。千泉百道凑东南，急雨翻空迸晴雪。古言神禹功最多，导出⑮凿石疏九河。幽都之地不复顾，

---

① 膊，袁桷《清容居士集》作"鞟"。

② 斤，袁桷《清容居士集》作"升"。

③ 游，袁桷《清容居士集》作"迎"。

④ 宝塔，袁桷《清容居士集》作"玉幢"。

⑤ 头，袁桷《清容居士集》作"郎"。

⑥ 钩铃挂阑干，袁桷《清容居士集》作"阑干挂钩衡"。

⑦ 茅，袁桷《清容居士集》作"旄"。

⑧ 磈磊，音 kuǐ lěi。垒积不平的石块。因以喻郁结在胸中的不平之气。

⑨ 兀兀，静止貌。

⑩ 陂陀，音 pō tuó。倾斜，不平坦。

⑪ 翳，遮蔽，障蔽。

⑫ 榛莽，杂乱丛生的草木。

⑬ 冠盖，泛指官员的冠服和车乘。冠，礼帽；盖，车盖。

⑭ 陟，音 zhì。登程，上路。

⑮ 出，袁桷《清容居士集》作"山"。

乃使双龙下地成盘涡。阴风何飕飕，磅礴太古秋。坠①崖落车炮，怪石②森戈矛。碎沙晴日铺金麸，云是昔日当关挽劲之仆姑。寒泉组练结九曲，亭午赫日光模糊。车声何辚辚，昨宵急水迷无津。垂堂之言犹在耳，游子商人行不已。子规彻天呼我归，翠华北幸那得辞。龙门之石高不磨，泚笔书我龙门歌。

《桑乾岭》　元　陈孚（第21页）

昔闻桑乾名，今日登桑乾。桑乾是否不必问，但觉两耳天风寒。大峰小峰屹相向，空际嵚崯一千丈。燕云回首夕阳间，长川历历平于掌。人家如蛎粘石壁，白土堆檐高半尺。门外毡车风雨来，平地雷轰③惊霹雳。汉唐百战场，绿草今满碛。野夫耕田间，犹有旧铁戟。道傍谁欤三叹息，布袍④古帽江南客。

《次赤城驿》　元　贡师泰（第21页）

老夫辞家今一月，马上行行过冬节。山空野旷风栗烈，木皮三尺吹欲裂。貂帽狐裘冷如铁，痴云作雪还未雪。自是天公念驽劣，上高下高随小骥。裹簪哦诗亦清绝，人生何苦事羁绁。候吏来迎稍罗列，入门登堂火微爇，须臾冻解通身热。

《汤泉曲》　明　叶盛（第22页）

巨灵擘⑤石金虬沉，元气不消炎液深。百斛明珠自吞吐，暖香作雾重重阴。龙宫鲛室三千辈，夜雨丁东汉皋佩。湿⑥云晴雪两相高，十里光摇绿萍碎。宝刀斫破苍苔⑦痕，一泓皱玉秋温温。倒卷黄河海波热，寒冰掬出玻璃盆。仙台无尘白鸾下，露华月色空中泻。绣罗春服踏青泥，马头一碧山如画。

---

① 坠，袁桷《清容居士集》作"崩"。
② 石，袁桷《清容居士集》作"木"。
③ 雷轰，陈孚《陈刚中诗集》作"轰轰"。
④ 布袍，陈孚《陈刚中诗集》作"古袍"。
⑤ 擘，叶盛《菉竹堂稿》作"裂"。
⑥ 湿，叶盛《菉竹堂稿》作"温"。
⑦ 苔，叶盛《菉竹堂稿》作"崖"。

《独石篇》 明 汪道亨（第 22～23 页）

彗星出昂应有捷，扫幕犁庭①骄子詟②。元石清流③大勒铭④，谁从此地竖楼堞⑤。时平⑥主圣弗勤远，塞障边庭峙兹巘⑦。片石当关虎豹蹲，掣云啸雨恣⑧偃蹇⑨。一柱枝撑横堵闉⑩，千群毳帐各逡巡⑪。帝阙嶙峋遥拱护，龙沙宁谧静烽尘。飞幰⑫乘骢⑬使者过，夷歌蛮舞绕烟萝⑭。偃盖虬松多景色，幔亭鸟革壮山河。秋风幕府⑮犹如昨，人事那堪转萧索。洒泣为写监门图，含颦⑯更请储胥⑰薄。九阍⑱万里一函疏，寸许丹心五夜余。惙惙⑲忧时思宠鹤⑳，嗛嗛涸辙念枯鱼㉑。帷寒不禁霜风悄，明星未没胡天晓。纶音涣汗㉒九霄来，

---

① 犁庭，把庭院犁平为田。比喻彻底扫灭。

② 詟，音 zhé。震慑。

③ 清流，喻指德行高洁负有名望的士大夫。

④ 勒铭，指刻在金石上的铭文。喻建立功勋。

⑤ 楼堞，城楼与城堞。泛指城墙。

⑥ 时平，时世承平（持续相承的太平盛世）。

⑦ 巘，音 yǎn。大山上的小山。

⑧ 恣，音 zì。放纵，无拘束。

⑨ 偃蹇，骄傲，傲慢。

⑩ 闉，音 yīn。古指瓮城的门。

⑪ 逡巡，音 qūn xún。因为有所顾虑而徘徊不前。

⑫ 幰，音 xiǎn。车上的帷幔。

⑬ 乘骢，《后汉书·桓典传》："〔典〕辟司徒袁隗府，举高第，拜侍御史。是时宦官秉权，典执政无所回避。常乘骢马，京师畏惮，为之语曰：'行行且止，避骢马御史。'"后因以"乘骢"指侍御史。骢，音 cōng。

⑭ 烟萝，草树茂密，烟聚萝缠，谓之"烟萝"。借指幽居或修真之处。

⑮ 幕府，本指将帅在外的营帐。后亦泛指军政大吏的府署。

⑯ 含颦，谓皱眉。形容哀愁。颦音 pín。

⑰ 储胥，储备待用之物。引申指开支、费用。②泛指帝王宫殿。用以代称朝廷。

⑱ 九阍，阍音 hūn，宫门。九阍，皇帝的宫门。喻朝廷。

⑲ 惙惙，音 chuò。非常忧愁的样子。

⑳ 宠鹤，春秋时，卫懿公喜欢养鹤，外出时连鹤也乘轩。当要和敌人打仗时，兵士们说，平日待鹤那么好，叫鹤去打吧！卫国终于被灭。事见《左传·闵公二年》。后以"宠鹤"比喻受帝王宠爱滥居禄位者。

㉑ 嗛嗛，衔恨隐忍貌。涸辙，比喻穷困的境地。枯鱼，困于涸辙之鱼。

㉒ 纶音，犹纶言。帝王的诏令。涣汗，喻帝王的圣旨、号令。指发号施令。

喜气欢声亘绵渺。貔貅森列振重关，旌斾悠悠抚剑环。卧鼓囊弓①归北极，贡琛纳赆遍真颜②。巍巍九塞③首居庸，王气④于今有独钟。阁道斜连天设险，兹石直作丸泥封。须言不比支机石⑤，须言莫拟缑山⑥迹。巨镇雄关锁北门，千载人言得上策。

○五言律诗

《云州》⑦　元　杨奂（第24页）

官路人家少，边城驿使频。季鹰⑧终去洛，王粲⑨近归秦。天地群龙斗，泥沙尺蠖⑩伸。亲朋应笑我，头白傍风尘。

《枪竿岭》　元　贡奎（第24页）

薄宦辞家远，经秋未得归。直随山北去，却背雁南飞。川净白云起，郊平红树微。忆曾留宿处，立马认还非。

《行次独石驿大雨驿行二十里喜晴》　元　张昱—作张翥（第24页）

段段青天出，浮云四散归。燕忙搀马过，蝇乱扑人飞。远道倦

① 卧鼓，息鼓。常示无战争，或战事已息止。囊弓，藏弓。意谓战事平息。囊音gāo，收藏盔甲弓矢的器具。

② 贡琛，进贡宝物。真颜，即真颜山，古山名。"真"一作"阗"。约为今蒙古国杭爱山南面的一支。西汉元狩四年（前119年）卫青破匈奴单于兵，北至真颜山赵信城而还，即此。

③ 九塞，九个险阻的地方。《吕氏春秋·有始》："山有九塞……何谓九塞？大汾、冥厄、荆阮、方城、殽、井陉、令疵、句注、居庸"。

④ 王气，旧指象征帝王运数的祥瑞之气。

⑤ 支机石，传说为天上织女用以支撑织布机的石头。

⑥ 缑山，即缑氏山，在河南省偃师县。指修道成仙之处。

⑦ 该诗杨奂《还山遗稿》（适园丛书本）卷下、《全元诗》（中华书局，2013年6月，第100页）标题均作"河道村"。疑《宣化府志》所载误。本辑暂录，待考。

⑧ 季鹰，指西晋文学家张翰，字季鹰，吴郡（治今江苏苏州）人。齐王司马冏执政，任为大司马东曹掾。知冏将败，又因秋风起，思念故乡莼菜、莼羹、鲈鱼脍，遂归吴。年五十七卒。所作诗今仅存六首。原有集，已失传。

⑨ 王粲（177～217年），东汉文学家。字仲宣，山阳高平（今山东邹城西南）人。"建安七子"之一。汉末避乱，依附军阀刘表，未受重用。后归曹操，官至侍中，随军征吴，死于归途。

⑩ 尺蠖，尺蠖蛾的幼虫，体柔软细长，屈伸而行。因常用为先屈后伸之喻。

行李，故山思采薇。北风朝已冷，未敢御绤衣。

《还自上京途中纪事》① 元 周伯琦（第 25 页）

龙门天下壮，只尺异寒暄。云气东西接，泉声日夜喧。柳榆环岸堑，瓜瓞拥篱樊。颇似燕南道，农家别②有村。

高岭号枪竿，危亭揭岭颠。四山皆培塿，万里尽平川。草树秋犹秀，冰霜石半坚。全燕归眼底，佳气郁中天。

《龙门》（第 25 页）

逾险梦频悸，循夷气始愉。千岩奇互献，万壑势争趋。峭壁剑门壮，重梁皇③星渚纡。凡鳞期变化，雷雨在斯须。

《龙门道中》（第 25~26 页）

岚翠摩台斗，林霏隐日车。谷深幽径迥，路转列峰斜。锦石欹瑶草，苍丛缀白花。柴门成聚落，山崦尽人家。

《赤城》 元 贡师泰（第 26 页）

山近云连驿，沙虚雪拥村。瓠壶悬谷种，土锉爨柴根。冻雀来依幔，晨鸡立傍门。客中甘澹薄，不必问盘飧。

《将干岭》 即枪竿岭（第 26 页）

绝顶低南④斗，重关壮北门。陇云浮地白，谷水带泥浑。宇宙神功大，山河帝业尊。小臣叨载笔，华发感深恩。

《龙门》⑤ 元 陈孚（第 26 页）

天险龙门峡，悬崖兀老苍。千蹄天马跃，一寸地椒香。夜雪青毡帐，秋烟白土房。路人遥指点⑥，十里是温汤⑦。

---

① 诗题，周伯琦《近光集》作"九月一日还自上京途中纪事十首"。
② 别，周伯琦《近光集》作"各"。
③ 皇，周伯琦《扈从集》作"星"。
④ 南，贡师泰《玩斋集》作"高"。
⑤ 诗题，陈孚《陈刚中诗集》作"云州"。
⑥ 点，陈孚《陈刚中诗集》作"语"。
⑦ 汤，陈孚《陈刚中诗集》作"阳"。

《早秋登龙门城楼》　　明　杨巍（第 27 页）

指点云州地，真为汉北门。八城临大漠，一路向中原。晴日山川映，秋田禾黍①繁。文庄经略处，父老至今言。

《过东庄》②　即龙门所　明　马中锡（第 29 页）

大阅逢秋日，名城奠朔方。塞云常作阵，沙鸟不成行。前队旌旗肃，中军甲胄光。忽闻飞骑报，生得左贤王。

《同友桑乾春望》　　本朝　李良年（第 31 页）

春郊联骑③好，且莫唱阳关。雪覆桑乾水，云横大翮山。渐看堤柳发，时有塞鸿还。后夜相思处，烟沙指顾门。

《初至龙门》　　本朝　李思邺（第 32 页）

寒谷原无暑，龙门今若何。地偏边塞近，山峻戍楼多。阴雨侵禾黍，凉飚透绮罗。应吹邹衍④律，始得遍阳和。

◎艺文六（卷 40《艺文志六》）

○七言律诗

《宿龙门》　　元　张弘范（第 3 页）

落日苍崖列翠屏，翠屏围宿暮云横。溪声清入诗人耳，山势斜盘客子程。青草路凉赢马饱，碧林月冷倦乌惊。明朝飞过龙门去，直挽春风下赤城。

《云州道中数闻异香》　　元　虞集（第 4 页）

云中楼观⑤翠岩巍，载道飞香远见招。非有芝兰从地出，略无烟

---

① 禾黍，杨巍《存家诗稿》作"黍稷"。

② 该诗马中锡《东田集》诗题作"柴沟堡"。本辑暂录，待考。

③ 联骑，连骑；并乘。

④ 邹衍（约前 305～前 240 年）"驺"亦作"邹"。战国末哲学家，阴阳家的代表人物。齐国人。游学稷下。历游魏、燕、赵等国，受到诸侯"尊礼"。"深观阴阳消息"，提出"五德终始"说，认为社会历史变动发展和王朝兴替，是五行之德转移循环，盛称"禨祥度制"，后成为两汉谶纬学说主要来源之一。

⑤ 楼观，虞集《道园学古录》作"楼阁"。

雾只风飘。玉皇案侧当霄立，王母池边向日朝。却袖余薰散人世，九天清露海尘飘。

《扈从之上京过龙门》 元 张翥（第 5 页）

两崖高立色冥冥，俯视空光一罅青。石兀马蹄危不度，水漂龙气暗闻腥。山川壮自开天险，风雨阴疑来鬼灵。我欲重寻旧题处，湿云寒藓满岩扃。

《龙门》① 元 马祖常（第 5 页）

紫塞秋高凤辇回，龙门有客去还来。荡摩日月昆仑坼，吐纳风云混沌开。天帝有神司主宰，地灵无力戴崔嵬。谁吹②石濑成飞雨，不使时人污酒杯。

《游金阁山崇真观》 元 揭傒斯（第 6 页）

路入林峦十里幽，忽惊华构讶瀛州。金峰特立海鳌泣，玉室凿开山鬼愁。物外烟霞空揽结，壶中日月许迟留。赤城只在山门外。何必天台事远游。

《望云道中》（第 6 页）

南连鹞谷北龙门，一带风云际塞垣。草树每迎天仗过，河山高揖帝畿尊。两都形胜司津要，九域轮蹄据吐吞。谁道古阳居僻陋，圣朝今日是中原。

《望云感秋》（第 447 页）

天涯节序去忽忽，秋色人情特地同。昨日轩窗犹酷暑，今朝庭院已凄风。苍凉短发侵晨镜，牢落羁怀怯候虫。乡国三年归未得，又将愁眼送归鸿。

《云州道上闻异香》③ 元 陈旅（第 6 页）

年年骑马踏龙沙，金阁山前席帽斜。海上谁移千岁④草，空中时

---

① 诗题，马祖常《石田文集》作"还过龙门"。

② 吹，马祖常《石田文集》作"知"。

③ 诗题，陈旅《安雅堂集》作"和虞先生云州道上闻异香"。

④ 岁，陈旅《安雅堂集》作"步"。

度七香车。丹崖翠壁横秋野，玉磬琅琭出暮霞。我亦往年驰骤①过，不知仙枣大如瓜。

《归途至金阁山怀虞侍讲》　　元　迺贤（第6页）

羸骖八月过云州，殿阁参差②叠嶂稠。空谷无人黄叶落，白云如雪满溪流。独登金阁寻仙迹，还忆青城觅旧游。日短③长歌下山去，西风十里异香浮。虞公过山下，常闻异香十余里。

《上都回宿赤城站》　　元　陈益稷（第7页）

涂山执玉会诸侯，宴罢回程宿岭头。白海雨来云漠漠，赤城秋入夜飕飕。皇图万里乾坤阔，客路几年身世浮。驿吏惊呼诗梦破，一声鸡唱隔云州。

《次三岔口》　　明　金幼孜（第7页）

天营十里重遭周，羽卫人间御辇留。马首冻云低虎旅，帐前雨雪湿貂裘。兵威已振阴山外，羽檄④先飞瀚海头。帷幄⑤屡承前席问，论兵愧乏子房⑥谋。

《东庄秋饷》　　明　叶盛（第9页）

军中足食仰天颜，万斛秋租出汉关。馈饷有程关⑦国计，转输无力济民艰。飞刍合与坑灰冷，流马元同羽扇闲。日给五升应笑我，《伐檀》诗在莫教删。自注：龙门所治赤城之东，称东龙门，又称李家庄，故曰东庄。

---

① 骤，陈旅《安雅堂集》作"驿"。

② 参差，迺贤《金台集》作"嵯峨"。

③ 短，迺贤《金台集》作"落"。

④ 羽檄，古代军事文书，插鸟羽以示紧急，必须迅速传递。

⑤ 帷幄，指天子决策之处或将帅的幕府、军帐。亦指帝王。天子居处必设帷幄，故称。

⑥ 子房，指汉初大臣张良，字子房。封为留侯，谥号文成，颍川城父人。是汉高祖刘邦的谋臣，汉朝的开国元勋之一，与萧何、韩信同为汉初三杰。

⑦ 关，叶盛《菉竹堂稿》作"干"。

《西关冬衣》（第 9 页）

八月边风特地寒，赐衣先自出冬官①。军容整肃纫缝好，圣泽汪洋制作宽。缓带书生初按节，白袍元帅旧②登坛。残年要襁毡裘去，生致楼兰③定不难。自注：龙门卫治赤城之西，今称西关，有龙门关在焉，故云。

《使回过独石》　明　刘溥（第 10 页）

边城二月暗尘沙，吹遍东风不见花。天远④玉京旋日骑，水通银汉系星槎。云中路出高山险，上谷云连独石斜。正是旅愁消未得，夕阳楼外又鸣笳。

《上谷歌四首》⑤　明　尹耕（第 11 页）

大宁无路援开平，极北孤悬独石城。尝⑥忆先皇亲跃马，直过元石⑦苦提兵。寒流汩汩交樵径，野戍荒荒列汉旌。千载土人谈往事，伯颜山下有英声。

《雕鹗堡》　明　孙世芳（第 13 页）

边城树古瑞烟凝，想象虞巡驻跸曾。龙去鼎湖⑧云缈缈，骏闲昆圃⑨石稜稜⑩。清都⑪共望金根转，绝徼⑫谁知玉几凭。赖有忠谟⑬裨

---

① 冬官，叶盛《菉竹堂稿》作"东官"。

② 旧，叶盛《菉竹堂稿》作"巳"。

③ 楼兰，叶盛《菉竹堂稿》作"胡首"。

④ 天远，《列朝诗集》作"天上"。

⑤ 四首选其一。

⑥ 尝，《列朝诗集》作"遥"。

⑦ 直过元石，《列朝诗集》作"长驱绝塞"。

⑧ 鼎湖，地名。古代传说黄帝在鼎湖乘龙升天。借指帝王。亦指帝王崩逝。

⑨ 昆圃，《楚辞·天问》："昆仑县圃，其居安在?"县圃，也称弦蒲、弦圃或玄圃，在昆仑山之上，传说为神仙所居之地。后以"昆圃"为"昆仑县圃"的省称。

⑩ 石稜稜，形容高耸突起。唐韩偓《南亭》诗："松瘦石稜稜，山光溪澱澱。"

⑪ 清都，神话传说中天帝居住的宫阙。帝王居住的都城。

⑫ 绝徼，极远的边塞之地。

⑬ 忠谟，犹忠谋。忠诚的谋划。

谅闇①，依然王气衍长陵。

　　《登大海陀峰》　明　范鈇（第13页）

　　叠嶂层峦耸翠微，清风吹我上天梯。鹏程九万扶摇近，沙界②三千指顾③低。瀑落碧潭惊霹雳，气蒸丹色出云霓。太平形胜归歌咏，欲写苍崖手自题。

　　《朝阳观》④明　徐渭（第13页）

　　朝阳道观一何悬，滴水孤崖百丈边。余气出关连⑤大漠，长风吹壁立青天。窗扉近在栖雕处，阁道都栏坐客前。不信夜来高顶望，定应笙鹤下瑶仙⑥。

　　《滴水崖》　明　汤兆京（第15页）

　　千尺丹崖插碧天，八窗虚敞杂云烟。寻⑦橦度索人如鸟，凿石为楼户倒悬。空有尚余功德水，非无已现妙庄禅。夜深清磬岩⑧中落，万籁希声月满川。

　　《登独石台》⑨明　方逢时（第15~16页）

　　秉⑩轺远作三关使，倚剑来登独石台。此日山河犹表里，当年城郭已蒿莱。茫茫世运同棋局，落落雄图寄酒杯。万里寒威生锦袖，数声清啸月中回。

　　《九月朔日登滴水崖》　明　吴亮（第16页）

---

①　谅闇，亦作"谅阴"。居丧时所住的房子。借指居丧。多用于皇帝。
②　沙界，佛教语。谓多如恒河沙数的世界。
③　指顾，手指目视；指点顾盼。
④　诗题，徐渭《徐文长文集》作"小集滴水崖朝阳观 上谷 取其快句"。
⑤　连，徐渭《徐文长文集》作"雄"。
⑥　瑶仙，徐渭《徐文长文集》作"飞仙"。
⑦　寻，汤兆京《灵护阁集》作"循"。
⑧　岩，汤兆京《灵护阁集》作"云"。
⑨　诗题，方逢时《大隐楼集》作"月夜同刘参将登独石台"。
⑩　秉，方逢时《大隐楼集》作"乘"。

万壑苍烟拥碧幢①，危崖削出石为矼②。天悬孤柱山如砺，地坼③洪流水似泷④。九日登高应第一，千秋纪胜更谁双。时平⑤不用燕然⑥勒，闻道名王⑦已受降。

《游滴水崖朝阳观值雪》　　明　吴嘉礼（第 16 页）

绝塞何缘得此奇，蓬壶⑧疑白海天移。丹崖壁立三千尺，碧水珠悬十二时。观宿层云霄汉迥，径迥曲磴薜萝⑨欹⑩。朝阳不独晴光好，玉树清尊雪更宜。

《游金阁山长春洞》　　明　郑汝璧（第 16 ~ 17 页）

塞北霜威⑪净远氛，前旌⑫选胜入重云。真人紫气关门识，内史玄言⑬柱下闻。石室藏春窥窈窕，瑶坛⑭飞雪散缤纷。凭虚⑮东望长安日，蓬阙⑯遥瞻五色文。

---

①　碧幢，隋唐以来，高级官员舟车上张挂的以青油涂饰的帷幔。

②　矼，①音 gāng，（石）桥。②音 qiāng，坚实。被坚硬的东西碰伤。③音 kòng，诚实。这里指桥。

③　地坼，坼音 chè，裂开。地坼，地裂。指土地的裂缝。

④　泷，音 lóng，急流的水。又音 shuāng，〔~水〕地名，在中国广东省。

⑤　时平，时世承平（治平相承；太平）。

⑥　燕然，古山名。即今蒙古人民共和国境内的杭爱山。东汉永元元年，车骑将军窦宪领兵出塞，大破北匈奴，登燕然山，刻石勒功，记汉威德。亦泛指边塞。诗文中叙建立边功时，常引用之。

⑦　名王，指古代少数民族声名显赫的王。

⑧　蓬壶，即蓬莱。古代传说中的海中仙山。

⑨　薜萝，薜荔和女萝。两者皆野生植物，常攀缘于山野林木或屋壁之上。亦借指隐者或高士的住所。

⑩　欹，音 qī。古同"攲"。倾斜。

⑪　霜威，寒霜肃杀的威力。

⑫　前旌，帝王官吏仪仗中前行的旗帜。亦借指前军，前线。

⑬　玄言，指道教义理。

⑭　瑶壇，用美玉砌成的高台，多指神仙的居处。

⑮　凭虚，凌空。

⑯　蓬阙，蓬莱宫。神仙居住的地方。亦借指道观。

○五言排律

《独石》　本朝　鄂昌（第21页）

要隘通边塞，怀龙控制长。双盘千嶂险，<u>独石</u>一夫强，地势高临坝，山形曲抱墙。神京连保障，宣郡接巍昂。司马心如水，军门剑列霜。使君多仰赖，相与制封疆。

○五言绝句

《独石》　元　马祖常（第22页）

秋濑喧石梁，临流不肯渡。与客坐忘归，山寒日将暮。

《上谷道中》　本朝　<u>朱彝尊</u>（第22页）

急雪千山下，浑河万里流。摇鞭逢汉使，走马入云州。

○七言绝句

《金章宗云龙川太和宫五月牡丹》（第23页）

洛阳谷雨红千叶，岭外朱明①玉一枝。地力发生虽有异，天公造物本无私。

《赤城驿》　元　陈孚（第24页）

一溪流水绕千峰，宛与<u>天台</u>景物同。魂梦不知家万里，却疑只在<u>赤城</u>中。

《独石》（第24页）

何载天星<u>堕</u>绿苔，千寻化②作铁崔巍。风沙道上人谁识，曾见<u>天台</u>雁荡来。

《雕窠道中二首》（第24～25页）

晓驰漠北莫<u>居庸</u>，千里山河一瞬中。江左故人知我否，马蹄声里过秋风。

车外尘沙十丈黄，车中客子黑貂裳。<u>拂云堆</u>上闲回首，无数征鸿带夕阳。

---

① 朱明，夏季。
② 化，陈孚《陈刚中诗集》作"忽"。

《枪竿岭》　　元　李溥光（第 25 页）

万叠巉岩一径开，中间空洞白云堆。阳坡草软人稀到，唯有青猿曝背来。

《枪竿岭》　　元　贡奎（第 25 页）

百折危冈①势欲迷，举头山市与云齐。经行绝似江南路，落日青林杜宇啼。

《滦京杂咏》　　元　杨允孚（第 26 页）

榆林御苑柳丝丝，昨夜宫车又黑围。宿卫一时金帐卷，枪竿珍重白云飞。此处有御苑。黑围，地名。大驾经由之所，俗云龙上枪竿，是以御驾不由此处。

断堤遗址古长城，一径中分万柳青。年少每忺春酒美，诗人偏厌绮罗腥。

汲井佳人意若何，辘轳浑似挽天河。我来濯足分余滴，不及新丰酒较多。此地悭水故也。

莫道枪竿危复危，有人家住白云西。儿童采棘颠崖去，杜宇伤春尽日啼。

李老谷前山石癯，何年此上②遂民居。老龙若作三更雨，顷刻茅檐数尺余。

马上重看尖帽山，山头无数白云闲。汉家天子真龙种，坏土长陵为设关。乃葬后妃之所，设卫卒焉。

北去云州去路睐，马驼③残梦忆京华。寒风淅沥山无数，树影参差月未斜。

万古龙门镇两京，悬崖飞瀑一般清。天连翠壁千寻险，路绕寒流百折横。

---

① 危冈，贡奎《云林集》作"回冈"。
② 上，四库全书本《滦京杂咏》作"土"。
③ 驼，四库全书本《滦京杂咏》作"驮"。

塞北凝阴无子规，晓看山色不胜奇。坚冰怪石涧边路，残月疏星马上诗。

《海陀山访真觉庵》　明　赵羾（第27页）

杖藜徐步叩禅关，踏遍沙河玉一弯。满市红尘飞不到，海陀山似补陀山。

《边词》　明　徐渭（第28页）

十八盘山去路赊①，顺川流水落南涯。真冯一堵边墙土，画去乾坤作两家。

《龙门卫作》　明　叶元玉（第28页）

龙门关外龙门卫，元是纷纷狡兔场。今日草枯蕃马瘦，将军稳卧绿沉②枪。

◎续艺文六（续修卷40《艺文志六》）

〇七言律诗

《宣府十咏》③　本朝　黄可润（第36页）

塞翁有马去如留，沙漠风多夏亦秋。数谶④开平悲裹革⑤，俗传辽后指妆楼。柳花飘处萦残雪，蒲酒酣时拥敝裘⑥。剩有西郊千万树，含烟带雨类南州。

◎杂志（卷41《杂志》）

〇辽乡丁。西京大同府怀安县丁六千；弘州永宁县丁二万，顺圣县丁六千；奉圣州永兴县一万六千，矾山县丁六千，龙门县丁八

---

①　去路赊，徐渭《徐文长文集》作"北去赊"。
②　绿沉，"绿沈"亦作"绿沉"。浓绿色。凡器物之浓绿或被漆、染为浓绿色者常冠以"绿沈"。唐杜甫《重过何氏》诗之四："雨抛金锁甲，苔卧绿沈枪。"
③　选其一。
④　谶，音 chèn。预言吉凶的文字、图箓。
⑤　裹革，谓战死沙场。
⑥　敝裘，破旧的皮衣。

千，望云县丁二千；归化州文德县丁二万；可汗州怀来县丁六千；蔚州灵仙县丁四万，定安县丁二万，飞狐县丁一万，灵邱县丁六千；儒州缙山县丁一万。《辽史·兵卫志》。（第 8 页）

〇祁志诚，居云州金阁山，道誉甚著，丞相安童尝过而问之，志诚告以修身治世之要。安童感其言，故其相世祖也，以清静忠厚为主。及罢还第，退然若无与于世者，人以为有得于志诚之言。其后安童复被召入相，辞，不可，遂往决于志诚。志诚曰："昔与子同列者何人？今同列者何人？"安童悟，入见世祖曰："臣昔为宰相，年尚少，幸不失陛下事者，丞佐皆臣所师友。今事臣者，皆进与臣俱，则臣之为政能有加于前乎！"世祖曰："谁为卿言是？"曰："祁真人"。世祖叹异者久之。《元史·释老传》。（第 11～12 页）

〇元史设官。……宣德府织染提举司，提举一员，同提举一员，副提举一员，照略案牍一员。云州织染提举司。同上。……云州管纳色提领一员，掌纳色人户。至元七年①置。……《元史·百官志》。（第 13 页）

〇永乐壬寅②，上北征驻独石，大阅将士。英国公辅③、安远侯

---

① 至元七年，1270 年。

② 永乐壬寅，永乐二十年，1422 年。

③ 英国公辅，国公，封爵名。隋朝始置，位次于王而高于郡公，后世沿用至明朝。英国公辅，指张辅。张辅（1375～1449 年），字文弼。早年随父参加靖难之役，累封新城侯。永乐四年（1406 年），率军南征安南，灭亡胡朝，战后因功受封英国公，予世袭诰券。

升①、宁远侯懋、武安侯亨②、阳武侯禄③、隆平侯信④、应城伯亨⑤、新宁伯忠⑥、兴安伯亨⑦驰射，应城伯不中，罢其领兵，隆平侯称疾不至，降办事官。《今言》。（第 14 页）

○宣德四年⑧，薛禄城独石诸戌成，命兵部尚书张本往计守御之宜。还奏称旨，时方虑边食不足，而诸边比岁稔⑨，请出丝、麻、布、帛，输边易谷，多者三四十万石，少者亦十万石，储偫⑩顿充。《明史·本传》。（第 16 页）

○宣德五年，敕宣府总兵谭广："神铳，国家所重，在边墩堡，量给以壮军威，毋轻与人。"正统六年，边将黄直、杨洪立神铳局于宣府独石，帝以火器外造，恐传习者多有漏泄之弊，敕止之。《明史·兵志》。（第 16 页）

---

① 安远侯升，指柳升。柳升（？～1427 年），字子渐，怀宁人。早期因承袭父职成为一名武将，永乐年间，跟随明成祖朱棣五次征战，立下不少战功。官至征虏副将军、安远侯。

② 武安侯亨，指郑亨。郑亨（1356～1434 年），合肥人。郑亨早年袭父职为大兴左卫副千户，后出使漠北，升密云卫指挥佥事。成祖靖难时，郑亨率部投降，屡立战功，累升至中军都督府左都督，封武安侯。

③ 阳武侯禄，指薛禄（1358～1430 年），明胶州人。出身军旅。兄弟七人，排行第六，故军中呼为薛六。曾从燕王朱棣起兵，在朱棣与惠帝朱允炆争夺帝位的"靖难"之役中，屡立战功。朱棣即位后，官至右都督，封阳武侯。

④ 隆平侯信，指张信（？～1442 年），临淮（安徽寿县）人，明成祖朱棣时宠臣，早期奉朱允炆之命去攻取朱棣，但却偷偷把此事告予朱棣，朱棣十分感激张信，称帝后给了张信很多赏赐，进都督佥事，封隆平侯，禄千石，与世伯券。成祖德信甚，呼为"恩张"。

⑤ 应城伯亨，指孙亨。孙亨（？～1423 年），明湖北应城人，明朝开国将领孙岩之子。建文四年封孙岩应城伯。建文初年孙亨同其父孙岩一起随燕王朱棣镇守北平。永乐十六年（1418 年），其父孙岩逝世，朱棣遂让其继嗣父爵，封为应城伯。

⑥ 新宁伯忠，指谭忠。谭忠，崇安侯谭渊子，清流人，从入京师有功。又以渊故封新宁伯，禄千石。

⑦ 兴安伯亨，指徐亨。徐亨，兴安伯徐祥孙，大冶人。永乐二年袭爵。

⑧ 宣德四年，1429 年。

⑨ 岁稔，年成丰熟。稔音 rěn，庄稼成熟。

⑩ 储偫，亦作"储峙"。亦作"储跱"。储备，特指存储物资以备需用。偫音 zhì，积储；储备。

○独石参将黄瑄往日言，尝迫事武安侯郑亨、阳武侯薛禄两总戎。武安极有威严，前呼一出，街头鸡犬皆避之，瑄所目击，当时人亦大异之。不谒神祠，惟骑马过城隍庙则举手曰："大哥好照顾"。余寺观祠宇，一不顾也。阳武筑独石、隆庆诸城，躬勤早暮，军中肃然，不毫发科扰，继之者修武沈清，则贫浊之风作矣。瑄故予部将也，颇有贤声，将略亦在优等，盖知慕前辈者云。《水东日记》。（第16～17页）

○尝见兵后复守独石，八城人家瓦屋中脊无不断裂，盖流俗凡建宅第，中脊中或置银钱故也。又凡厚葬，墓园多遭盗发之惨，盖亦是耳。戒哉！同上①。（第19页）

○景泰四年②四月十日，独石都督孙安奏：墩军言永乐年来每墩有预备余粮二石，柴水一月，遇警食用，乞如例。金荣襄③时为户部，以未审有无事例，查行宣府守臣，亦云查无见行。近阅纂修旧册内，永乐十年④七月，总兵官武安侯奉敕："各处烟墩务须增筑高厚，于烟墩上收贮五个月柴薪粮食，并置药弩于上。就于烟墩傍边开井，井外包围，使外面望之只是一个烟墩，不知其中有井，务要坚厚，弗致坍塌，钦此。"此事与邓鎭交易银两事颇相类，但墩傍开井一事本难行，至今无行之者，不知当时武安曾覆请否。《水东日记》。（第19～20页）

○居庸以北，俗择葬地以验蛇盘兔穴为上，昌平侯杨洪赤城葬母处亦然。意者，地气温暖，二物皆穴焉。偶相值而相时亦适然耳。麻⑤者至争地盗葬，积讼连年，惑哉！《水东日记》。（第21页）

---

① 同上，即《石璞传》。

② 景泰四年，1453年。

③ 金荣襄，指金濂。金濂（1392～1454年），字宗瀚。其先世北京漷县人，洪武初年，曾祖父金诚迁居淮安府新城，落籍山阳县。景泰五年（1454年）五月二十二日卒于官，追封金濂为"沭阳伯"，赐谥"荣襄"。

④ 永乐十年，1412年。

⑤ 麻，感觉不灵，或丧失感觉，引申为思想不敏锐。

○独石城堡，今治开平卫。初，阳武侯薛禄奏筑城，迁卫于此。有僧庆西堂者，号精地理术，奉命相地，尝云："城中水泉枯时，当有变。"指东南角地，以为必王侯乃可当此。杨昌平时为百户，已有名，因治第在焉。己巳①春，泉果涩不流，今则复泛滥矣。昌平第潭潭②百余间，都御史李公下予相度，撤其材，以饬楼橹③营壁之尝经兵火不存者。其关将军祠，洁丽可爱，不忍毁之，但城中已有祀，不宜复出。而偶得宋学士所（筑）［撰］开平王常忠武公碑文，因谂于众，曰："公有功国家，其收漠北，常过此。而是邦又其封望所在，请易为开平王祠。"仍环书碑文于壁。既成，始闻僧之言，而益奇其术之神也。或传边虏尝目昌平为杨王，昌平为人虽多事先声，要必有是说。同上④。（第21～22页）

○许论，幼从父历边境，知厄塞险易。嘉靖中官礼部，因著《九边图论》上之。帝喜，下兵部，颁边臣议行，自是以知兵闻。三十三年⑤，以兵部左侍郎出督宣大、山西军务，屡以功进兵部尚书。翁万达为总督，筑大同边墙六百里，而建墩台于内如其数。后以兵少墙不能守，尽撤而守台。论言："兵既守台，则寇攻墙不得用其力。而寇入墙，率震骇逃散。请改筑于墙外，每三百步建一台，俾矢石相及。其去墙不得越三十步，趾方四丈五尺，其颠损三之一，高如之。上置女墙、营舍，守以壮士十人。下筑月城，穴门通出入。度工费不过九万金，数月而足。"诏立从之。寇万骑犯山西，论督军遮破之朔州。其犯宣府、龙门者，亦为将士所败，先后俘斩五百五十有奇。加太子太保。三十五年，兵部尚书杨博以父丧去，召论代

---

① 己巳，正统十四年，1449年。是年发生"土木之变"。
② 第，封建社会官僚贵族的大宅子。潭潭，深广貌。
③ 楼橹，古代军中用以瞭望、攻守的无顶盖的高台。建于地面或车、船之上。
④ 同上，即《水东日记》。
⑤ 嘉靖三十三年，1554年。

之。《明史·本传》。案：论于督宣日颇著劳绩，以党相嵩曲杀①沈炼，故《宦迹志》黜②之。（第25~26页）

〇王仪，字克敬，文安人。嘉靖二年进士，历官山西右参政。二十一年，擢右佥都御史，巡抚宣府。寇入龙门，总兵官郄永等败之。仪进右副都御史，寻以筑边垣，赉银币。后镇通州。仇鸾捕卒掠民，捕笞之，枷市门外。鸾欣于帝，斥为民，卒。隆庆初，复官赐恤。《明史·本传》。（第26~27页）

〇独石书板刷墨，多用兔脚带毛。又地苦寒，素不产藤竹，人家箍桶等用，则取绵柳条为之，不异藤竹也。乃知天地生物，不绝生人之用，顾用之者何如尔。同上③。（第34页）

〇焚荒之制。每年冬十月初为始，本镇总兵官统领官军三千，由青边口出境，经三（夅）［岔］④沟、黄草滩、上合河，且行且焚，至晚回兵，凡二日。副总兵统领本营官军三千，由大白阳出境，经瓦庙儿、孤榆树，至上合河与总兵官军会，且行且焚，凡二日。旧游击将军统领本营官军三千，由张家口出境，经红崖儿，至羊圈沟，且行且焚，至晚回兵，凡二日。新游击将军统领本营官军三千，由青边口出境，经三（夅）［岔］沟至红崖儿，与旧游兵会，且行且焚，凡二日。北路参将统领本路官军三千，由独石口出境入马营堡，又由马营出境，入赤城、龙门等处，且行且焚，凡二日。西路参将统领本营官军三千，由膳房堡出境，入洗马林，又由洗马林堡出境，入柴沟等堡，且行且焚，凡二日。东路参将统领官军三千，由永宁城出境，入四海冶堡，且行且焚，凡二日。此正统已后相沿之制也。《宣府镇志》。（第34页）

〇开平卫人刘纶与子桐、桂俱享大年，纶寿九十五，桐九十一，

① 曲杀，枉杀。
② 黜，废除；取消。
③ 同上，即《水东日记》。
④ 夅，音bèn。嘉靖《宣府镇志》卷22《兵政考》作"岔"，是也。

桂八十九。桂卫学生，善事父母及兄，以孝友称。《赤城县志略》。（第40页）

◎订误（卷42《订误》）

○《宣府镇志》云："唐帝分九州。"按：九州之说不一，或谓始于黄帝，或谓始于颛顼，是皆未可知要，不当以唐虞为断也。黄帝都涿鹿，虽不见于《经》，而《史记》可证。则地理沿革自当始于黄帝。乃舍黄帝而言尧，其义未详。宣邑旧志因此遂谓唐帝，使禹分九州，传会尤甚矣。（第1页）

○又云①："周武王分九畿②，成王复九州"。旧志云，初改名九州为九畿，成王复名九州。按：《周礼》大司马言九畿，其余皆言九州，九畿与九州不同。九州各处其方东西不相联合。职方氏经文正南荆州，正东兖州之类，是也。九畿四面逐层围匝，王畿自内而外，大司马经文国畿处，五百里曰侯畿，又其外五百里曰甸畿，又其外五百里曰男畿之类，是也。《志》曰："分九畿复九州"。是武王废九州至成王始复之也。夫九州之界各有封圻，《周礼》封人掌固有沟树之制，废之者，势将壤其封圻沟树，与嬴政之开阡陌等，无故而毁历代之成法，岂圣如武王而肯为之。至所谓改名九畿者，是改九州之名，为侯、甸、男、采、卫、蛮、夷、镇、蕃九畿之名，如改冀州曰某畿，并州曰某畿之类，则所谓各处其方舆四面围匝者，不大混耶。况九畿合王畿为十畿，九州合王畿第为九州。如周都雍州，势将名雍州为国畿，以十畿配九州不得不阙其一，则国畿之外不过八畿，乌得为九。况九畿、九州并见于《周礼》，《周礼》又并成于成王，时经文及注疏家并无武王、成王之分，《镇志》何所据而谩为

---

①　又云，指嘉靖《宣府镇志》云。下同。

②　九畿，相传古时王城以外五千里之内，自内而外，每五百里为一畿，共有侯、甸、男、采、卫、蛮、夷、镇、藩等九畿，为各级诸侯之领地及外族所居之地。

此说？（第 1~2 页）

○又云："隋文帝开皇七年^①，名易州为上谷郡，省北燕州，以诸县属涿郡，寻增置油云、阳寿、开阳三县附焉，三县今北路地。"按：名易州为上谷，与宣郡无涉。后齐北燕州本以东魏侨置东燕州为之，东燕州所隶平昌、上谷、偏城三郡六县与后齐所置长宁、永丰二郡不同，又北燕州所隶二郡无属县，隋先废二郡，后省州置县，则将置县时止一北燕州，置县属涿郡时亦止一怀戎县而已。据《隋书》省北燕州为怀戎县，无所谓"诸县"也。又"开皇七年"无考，据《隋书》易州置上谷郡在开皇元年，废北燕州在大业初，又据《隋书·地里志》，开阳县在马邑郡，油云、阳寿二县在榆林郡，涿郡未闻有此三县，彼盖因《隋书》开阳县注云：北齐置齐德、长宁二郡。怀戎县注云：北齐，北燕州领长宁、永宁二郡。遂合两长宁而一之，故误怀戎为开阳。又因宣郡地多有名榆林者，故误以榆林郡属县为宣府北路地也。（第 4~5 页）

○又云："穆宗长庆二年^②，改涿鹿为新州，领县四：一曰龙门。俱置刺史，属卢龙道，寻改属河东道。"按：唐末置新州，地理已详之，长庆说不知所据。至所谓皆置刺史者，若指新州，则一州耳，不应言皆，若指四县，则不当有刺史。贞观十道、开元十五道，亦未闻有卢龙，惟《兵志》有平卢道。（第 6 页）

○又云："契丹分归化州地置德州，领县宣平、怀安、天成、威宁；置北安州兴化军，领县利民。注云：德州今万全左卫，宣平今张家口堡，北安州汉女祁县，利民汉且居。"按：《辽史》：唐会昌元年，以西德店置德州。开泰八年，以汉户置北安州，无分归化州说。且俱不在郡境之内。又德州所属止一宣德县，并无宣平等四县之名。据《金史》：承安二年，以大新镇，置宣平县，隶宣德州。又

---

① 开皇七年，587 年。

② 长庆二年，822 年。

于是年以抚州新城置威宁，隶抚州，则宣平、威宁二县，始于金，辽时安得有此？且据《辽史》：怀安、天成并隶大同，于德州无涉。又据《辽史》：德州治宣德，本汉桐过，为今山西地，亦于万全左卫无涉也。又据《明史》，万全左卫本宣平县地，若以宣平为张家口，则右卫非左卫矣。又据《水经注》：女祁在大小翩山北，为今龙门县地；且居在鸣鸡山南，为今怀来地。据《金史》北安州为金兴州，去女祁、且居甚远，《辽史》本误，不足取以为证也。彼盖因《辽史》德州领宣德县，与《金史》宣德州宣德县，其名相似，故误合而为一。又金宣德州本辽之归化州，故又为分归化州之说也。至杂凑四县为德州所隶，则并不知何指矣？（第7~8页）

○又云①："后魏置怀荒、御彝②二镇"。按：其说似元魏惟置二镇，不置州郡矣。今第即二镇言之。考魏世祖置六镇，《资治通鉴》谓在恒、燕、朔三州塞下，则口外也。即如御彝，《水经注》谓是濡水所自出。濡水出塞北，即今滦河。则御夷镇在塞外，怀荒镇从可知矣。《志》特因《魏·地形志》云："永安中，改怀荒、御彝二镇置蔚州。"遂谓蔚州本二镇地。则置镇在置州之先，故为是说。但彼《志》又谓所置蔚州寄治并州邬县界，则二镇及改置之蔚州，实邬县地也。据云改镇置州，则实改怀荒、御彝为蔚州。而二镇又本不在邬县，则在邬县者，特寄治之镇。其所谓改者，特寄治之镇，为寄治之州。可知彼《志》谓孝昌以后，恒、代而北尽为坵墟。故永安时，诸邑皆侨治，不特二镇及蔚州为然也。若谓所置蔚州实为二镇地，所置二镇，又实为汉代郡地。不但与《水经注》不符，且与《地形志》寄治邬县说相左矣。（第14~15页）

○又云："龙门在唐名斗辟县，出古碑。"按：《汉书》斗辟县之造阳，前于赤城县详之。据师古注：县之斗曲入匈奴界者，其地

---

① 又云，按该志上文，又云指"各旧志云"，下同。
② 彝，本"夷"字，"夷"字为清代避讳，以"彝"代"夷"字。

造阳也。则"县"字不过泛言，其地与郡县之"县"微异。何物古碑？乃误，让"县"字且以斗辟为县名，又讹汉为唐耶！（第17页）

○又云："金德兴府领县五：德兴、妫州、儒山、望云、矾山。"按：《金史》德兴府县六：德兴、妫川、缙山、望云、矾山、龙门。《州志》本《宣镇志》说，脱去《镇志》"割宣德之龙门县属"八字，故止于五县。又《金史》作"缙山"，《镇志》改"儒山"，谓更儒州名，不知何据？（第19页）

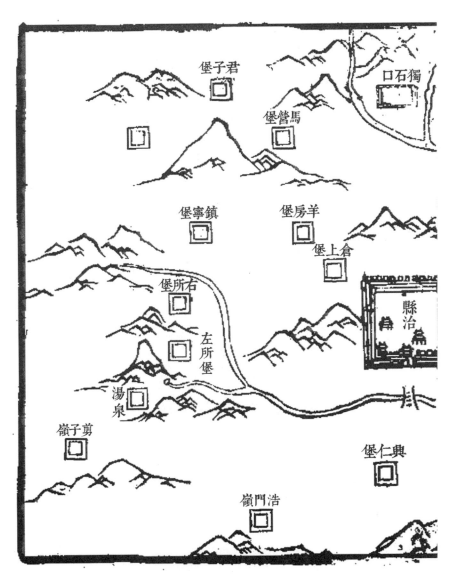

《宣化府志·赤城县四境图》一

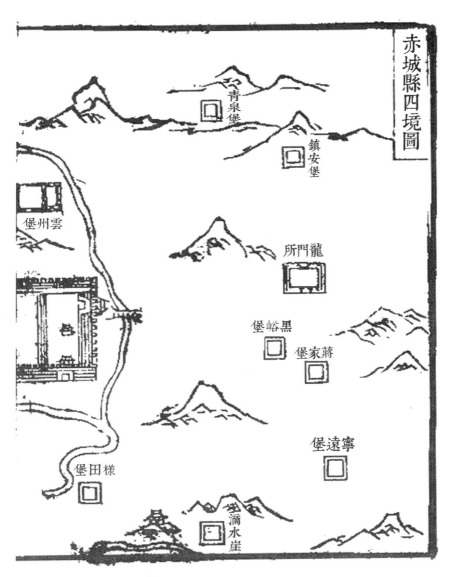

《宣化府志·赤城县四境图》二

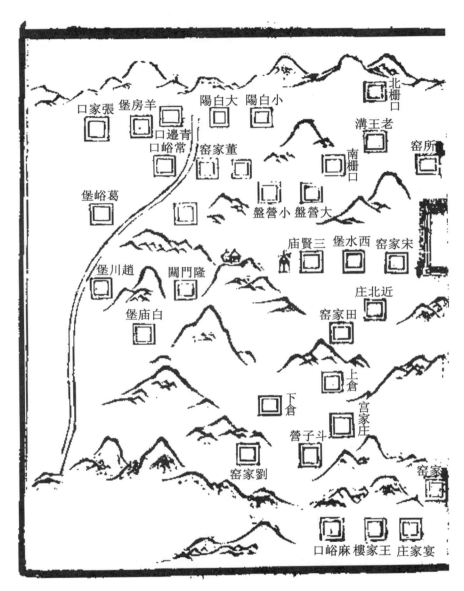

《宣化府志·龙门县四境图》一

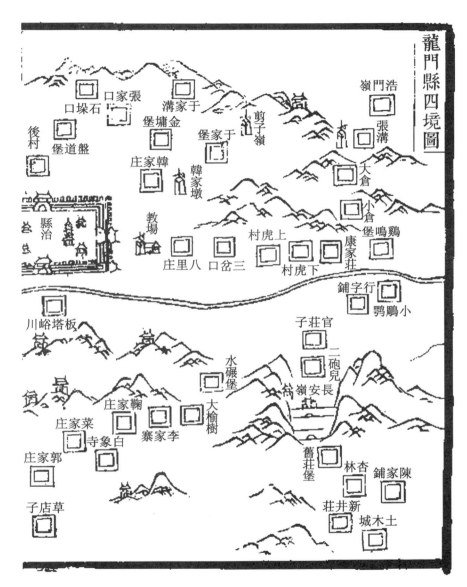

《宣化府志·龙门县四境图》二

宣化府全境图一

宣化府全境图二

23. 光绪《畿辅通志》

【题解】　　光绪《畿辅通志》，正文300卷，首1卷，李鸿章总裁，黄彭年总纂。

在雍正版《畿辅通志》修成之后的近140年中，因各种原因，直隶省再也没有修过省志，这大大超过了省志每60年一修的国家规定。

同治九年（1870年），李鸿章接任直隶总督。李鸿章（1823～1901年），字少荃，安徽合肥人，道光进士，曾任江苏巡抚、两江总督，系晚清政坛举足轻重之人物，对文化建设也多有成就。曾前后三次出任直隶总督长达25年。他上任的第二年便上奏朝廷，请求专设修志局，重修《畿辅通志》。很快便得到同治皇帝许可，李鸿章在省城保定的莲池书院课荣书舫设立修志总局，延聘翰林院编修黄彭年担当总纂一职。黄彭年（1823～1890年），字子寿，号陶楼，贵州贵筑（今贵阳）人，是清末著名的思想家、教育家、史志学家。曾参与《湖南通志》的编修，先后两次担任直隶保定莲池书院的院长，此人不但著述丰富，而且经历极广。著有《金沙江考略》《历代关隘津梁考略》《铜运考略》《二十一史提要》等，其著作被其弟子章钰等人收编为《陶楼文钞》和《陶楼诗钞》。在他撰写的光绪《枣强县志补正》序中曾提出："志者，政书也"的观点，强调了方志立一代纲纪，谋国计民生，明政治兴替的资政作用。李鸿章延聘黄彭年任《畿辅通志》的总纂，可以说是知人善任，最大程度地保证了《畿辅通志》的编纂质量。

在李鸿章和黄彭年的组织下，一大批地方名流和莲池书院的师生参加了纂修。据《畿辅通志》的"纂修职名表"记载，参加此次修志的纂修人员共90人，其中总督、巡抚、布政使、按察使、道员、知府等五品以上官员（多是卸任的官员）就有35人。在这些人员中，总纂、协修、分纂、襄纂、分校等人一般常在修志局工作，各司其职，分头撰辑，统一汇纂。在纂修期间，李鸿章作为直隶总督从人力、物力、财力等多方面提供了大力支持。可以说，《畿辅通志》能成为一代佳志，是李鸿章和黄彭年通力配合的结果。

光绪《畿辅通志》从同治十年开始编纂，于光绪十年（1884年）完稿，前后历时14年。完稿之后，畿辅通志局开始安排刻印。光绪十二年，《畿辅通志》完成刊行工作。全书分为240册，约1600万字。用纪、表、略、录、传体例编写，其中帝王用纪、琐细用表、纪事用略、宦绩用录、人物用传，后附以识余。记载范围相当今北京、天津、河北省全境及辽宁、内蒙、山东、河南部分县域。含府11、厅3、直隶州6、州17、县123。在时间断限上，各门类上限不一，最早为三代，下限时间最迟在清光绪十年。在《畿辅通志》的编修、刻印过程中，总共花费了11.99多万两白银，可以说是耗资巨大。

光绪《畿辅通志》是清代修志的重要成果，且有一定特色，所以刊行后就受到人们的重视。为了保存和传承这一重要的基础性历史文献，后人以石印、影印和铅印等多种形式进行了几次重印。现存的光绪版《畿辅通志》有以下几种版本：即光绪十年原刻本；后来原版被毁，此后于宣统二年（1910年）由北洋官报局据光绪十年刊本石印传于后世；1934年商务印书馆又据光绪十年本影印精装八册，广为流传，然此影印本为缩版影印，字迹极小，颇难认读，间有错版、漏版之弊；1984年河北人民出版社对该志进行标点、校勘，改用简化字重排，版面为大32开本，于1985、1989年先后两次印刷出版简体本，原定以37册出齐，然由于种种原因仅出版10册即夭折；1991年，上海古籍出版社以商务印书馆版本为底本，影印此书，又于 2002 年，将光绪《畿辅通志》收入《续修四库全书》之中；2015 年 1 月，河北大学出版社以保存其原始面貌最可靠的保定莲池书院藏本为底本，再次按照原书大小影印出版了光绪版《畿辅通志》，同时还参考了其他藏本补配，由专业人员描润修版，从而使其内容更加完善。如此巨帙的地方志书，百年间就有多次刊印的各种版本传世，足证其价值非凡、影响深远。

本辑据上海古籍出版社《续修四库全书》第 628 册至 640 册史部地理类收录民国二十三年商务印书馆影印本《畿辅通志》，辑录有关赤城内容。

◎诏谕一（卷 1《帝制纪一·诏谕一》，第 628 册，第 32 页）

○康熙三十五年六月①，谕大学士伊桑阿曰：朕进独石口，见今年麦禾俱盛，朕衷欣悦。念小民皆倚田禾度日，如大兵陆续归时，或致践踏，或偷盗喂马，又何恃以糊口？今将独石口至怀来县交侍郎多奇，自怀来至京城交侍郎马尔汉，及随行部院官率地方官沿途巡察，如有践踏田禾，偷取喂马者，立拿参奏。如有纵徇②，朕闻之必以军法从事，决不姑恕。

○康熙三十五年七月，谕户部：朕亲征时，闻宣化府牧养三旗驼马所需草豆甚急，皆先派龙门、赤城、蔚州百姓供用，后给价值。恐小民不能如数支额，著该抚委地方贤能官查明，照价估给，务令小民得沾实惠，以副③朕抚恤至意。此地百姓供应军需，修治道途，劳苦可悯，俟冬闲当免其来年之赋。

---

① 康熙三十五，1696 年。

② 纵徇，纵，纵容。徇，顺从，曲从：徇私（为了私情而做不合法的事）。

③ 副，相称，符合。

赤城縣府東北一百七十里東至邊牆五十里獨石廳界西

至龍門縣界三十里南至龍門縣界二十里北至邊牆一百

里獨石廳界東南至延慶州界八十里至州治一百三十里

西南至龍門縣界三十里至縣治六十里東北至邊牆七十

里獨石廳界西北至邊牆六十里獨石廳界

光绪《畿辅通志》书影

1925

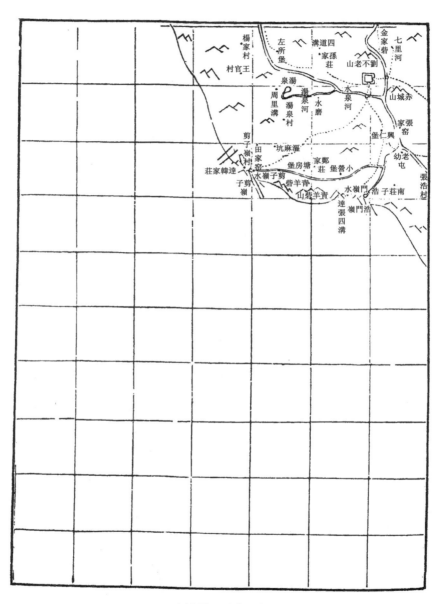

赤城县一（左下）

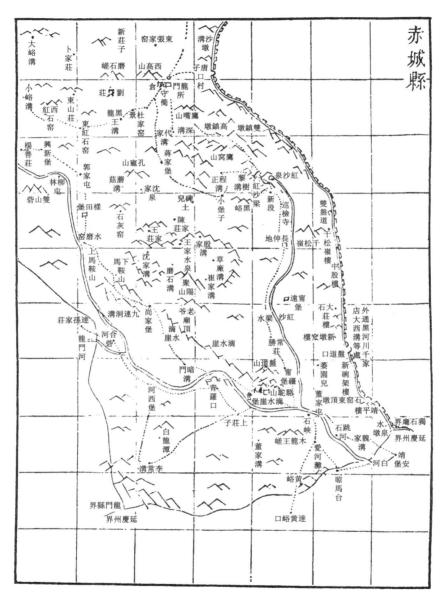

赤城縣二（右下）

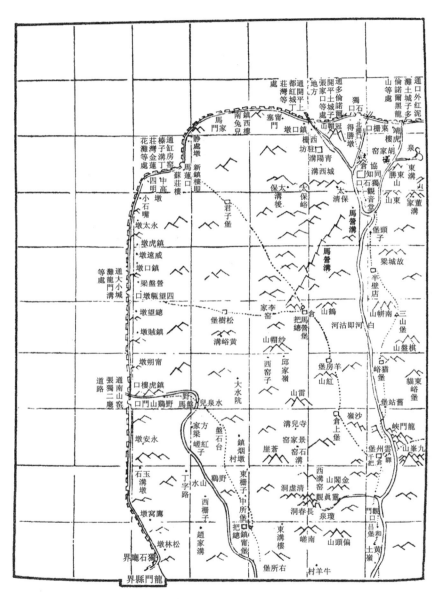

赤城县三（左上）

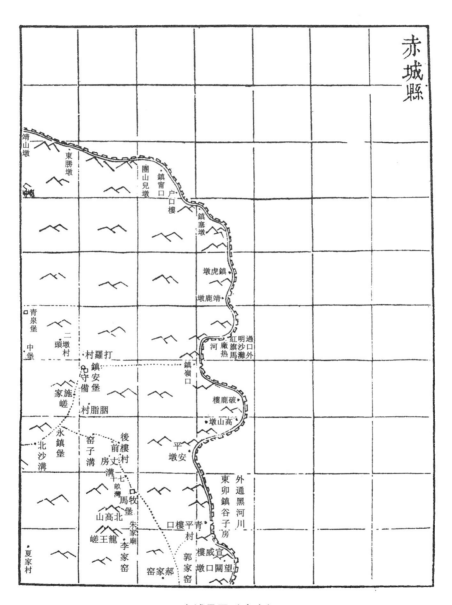

赤城县四（右上）

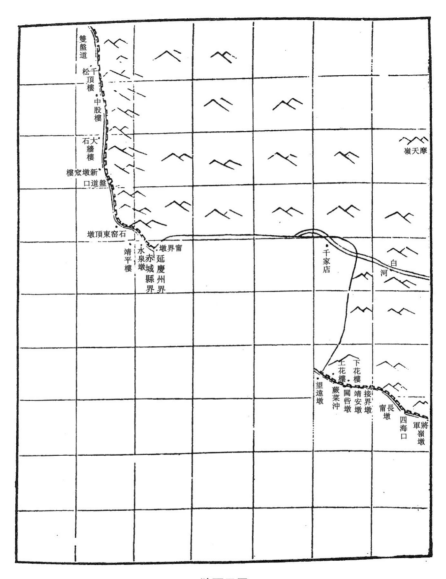

独石口厅

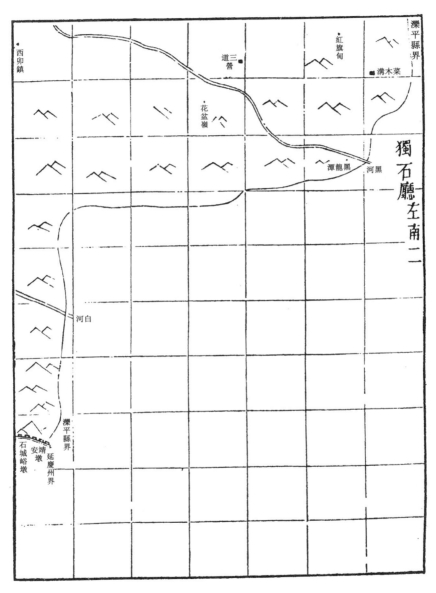

独石口厅

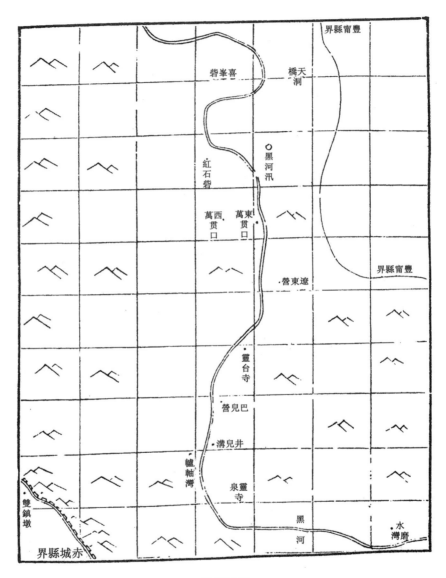

独石口厅

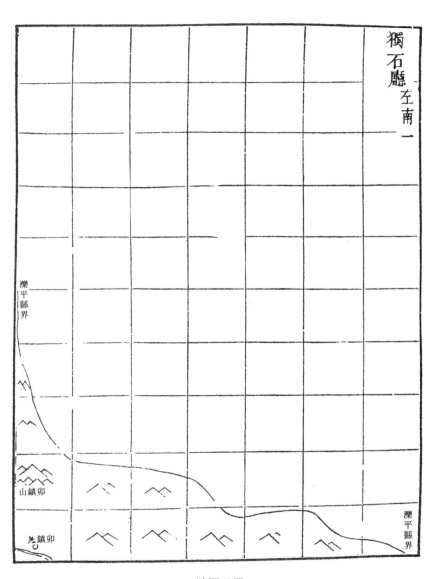

独石口厅

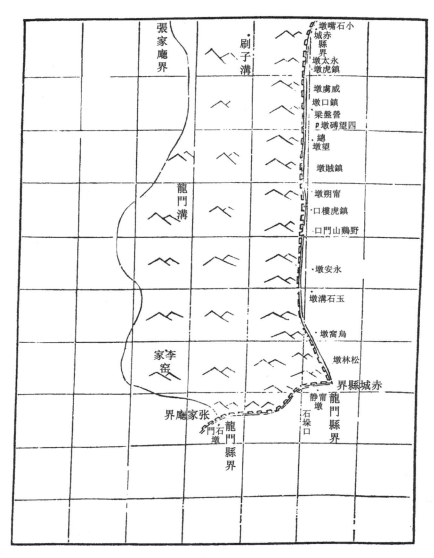

独石口厅

1934

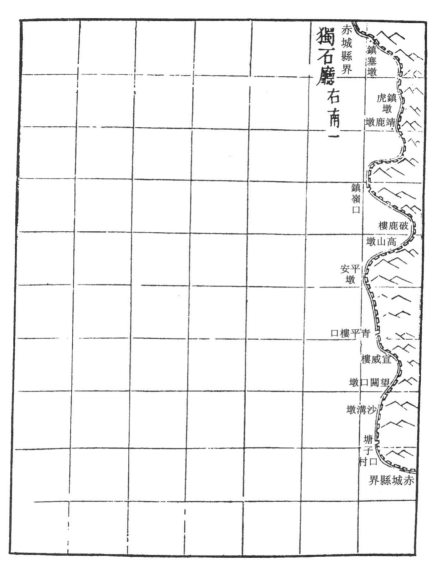

独石口厅

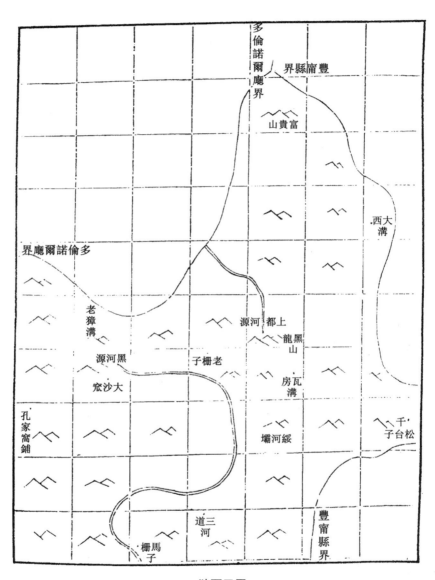

独石口厅

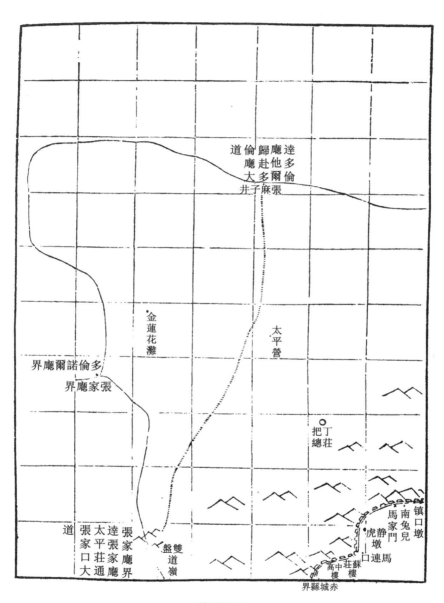

独石口厅

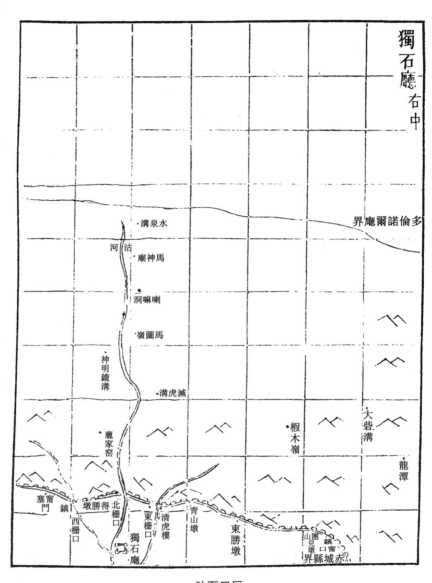

独石口厅

獨石廳 左中

独石口厅

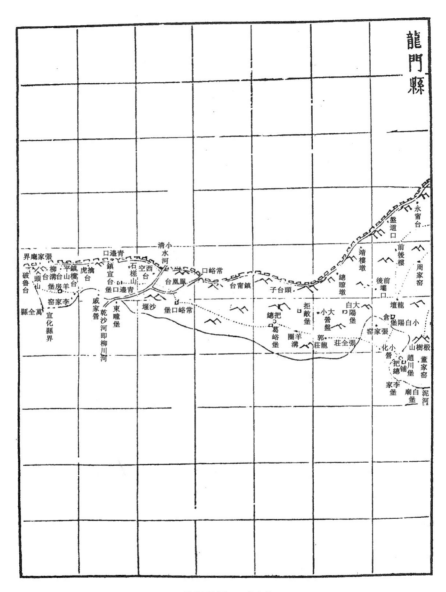

龙门县图一（左）

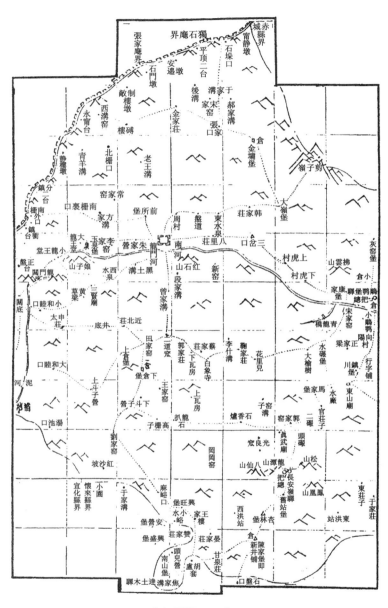

龙门县图二（中）

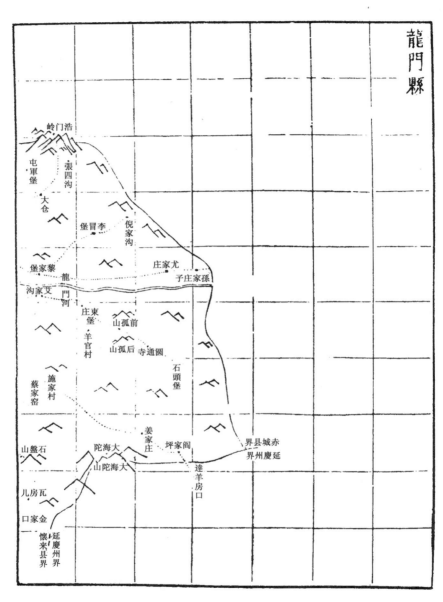

龙门县图三（右）

◎诏谕二（卷 2《帝制纪二·诏谕二》，第 628 册，第 70 页）

○雍正七年[1]八月谕：直隶宣化府属挖运一事，前经部议，改征折色[2]，令各州县照拨运之数，每米一石折银一两，解交受运州县，支给兵丁，既免挖运之烦，又省挽输之累。是以降旨允行。但查宣属屯粮，例于九月开征，而兵米例于季首支领。今改征折色，恐百姓输纳不前，兵丁支给有待。著该管官先于藩库将应发银两预行给领，俟各州县征完之日，解司还项。至万全县及独石、张家二口，地势稍寒，每至春夏之间，米价不无增长，过往员役口粮及兵丁季米折银一两，恐不敷采买之价。亦著该管官于每年秋成米贱之时，约计需米若干，于藩库领银，预行采买，存储各处仓廒，以备支给。俟各州县折征完日，解司还项。则百姓既免从前挖运之累，而兵米口粮亦无需待不敷之虞矣。该部即遵谕行。

◎行宫（卷 15《帝制纪十五·行宫》）
○出山海关道（第 628 册，第 553 页）

汤泉行宫，属赤城县，在县治西南十五里。《采访册》。顺治十年，上幸口外，驻跸赤城县。康熙十一年，上出居庸关，奉太皇太后幸汤泉行宫。《宣化府志》。今尚存。《采访册》。

◎沿革表（卷 17《表二·府厅州县沿革二》）
○宣化府（第 628 册，第 591～594 页）

	赤城县	龙门县
汉	上谷郡地	女祁县。前汉属上谷郡，为东部都尉治，后汉省

---

① 雍正七年，1729 年。
② 折色，租税折算金钱。

	赤城县	龙门县
三国魏		
晋		
北魏	后魏御夷镇地	
北齐后周		
隋		
唐	妫州地	龙门县。唐末置，属新州
五代		龙门县
辽	望云县。辽景宗置，属奉圣州	龙门县。属奉圣州
金	望云县。改属德兴府	龙门县。初属德兴府，明昌三年改属宣德州
元	云州。中统四年升州，属上都路。至元二年省望云县入之	望云县。至元二年废龙门县入宣德，二十八年复置，改名望云，属云州
明	洪武初废云州，宣德五年移开平卫于独石，于此置赤城堡	龙门卫。洪武初废望云县，宣德六年置卫，属万全都指挥使司

◎职官（卷30《表十五·职官六·国朝一》）

○宣化府口北三厅（第629册，第223页）

知府一员。张家口理事同知一员。雍正二年改驻张家口，管理蔚州、怀安、万全、宣化、保安、西宁等州县旗民互讼人命之事。光绪七年，直隶总督李鸿章奏准改为抚民要缺①，仍隶口北道。**独石口理事同知一员**。雍正十二年设，分驻独石口城，管理延庆、怀来、赤城、龙门四州县旗民互讼人命之事。光绪七年改为抚民要缺，仍隶口北道。**多伦诺尔理事同知一员**。雍正十年设，分驻多伦诺尔，管理各旗蒙古民人事件，及一切税务。光绪七年改为抚民要缺，仍隶口北道。**经历一员**。康熙三十二年设，兼管道库。**多伦诺尔白岔巡检一员**。**多伦诺尔巡检一员**。乾隆三年设，管理查缉逃盗匪类及监狱之事。**教授一员**。谨案：雍正志②：宣化府，国初仍明制曰宣府镇，领宣府前卫及万全左右、怀安、怀来、永宁、龙门、开平、保安、蔚州，共十卫。康熙三十二年改置宣化府，各卫改设知县。旧设司狱等官，后裁。又案：《会典》：多伦诺尔向设监督，乾隆三十八年裁汰是缺，谕：向来多伦诺尔同知专管水旱、木税，另设监督一员，管理该处一切落地杂税。今思该同知既管木税，则杂税亦当归其兼管，何必另设专员？现在监督将届期满，著自明年正月为始，将多伦诺尔监督之缺即行裁汰，其所管一切杂税，俱著多伦诺尔同知管理，以归画一。

　　○赤城县

　　知县一员。管粮县丞一员。驻独石口。教谕、典史各一员。谨案《府志》：旧设云州驿丞一员，嘉庆十六年裁，改设承德府建昌县巡检。

　　○龙门县

　　知县一员。教谕、典史各一员。谨案《府志》：旧设长安驿丞、雕鹗驿丞，后俱裁。

---

① 要缺，重要的官职。
② 雍正志，指雍正年间编修的《畿辅通志》。

◎职官（卷31《表十六·职官七·国朝二》）

国朝武职

○宣化镇标营（第 629 册，第 280~281 页）

谨案：宣化镇总兵管辖本标中、左、右三营。宣化城守营、张家口等营、独石协左右二营、多伦诺尔中左右三营、蔚州路、怀来路、龙门路、怀安路等营，归直隶总督、提督节制。

⊙独石口协副将一员。驻赤城县独石口地方。中军兼左营都司一员。把总一员。经制外委二员。额外外委一员。

协标右营守备一员。驻独石口。把总二员。经制外委二员。额外外委一员。

独石口属守备二员。均驻赤城县地方。千总一员。把总三员。经制外委十四员。

⊙龙门路营都司一员。驻龙门县城。把总三员。经制外委八员。额外外委一员。

○督标捕盗营（第 629 册，第 281 页）

独石口捕盗营千总一员。驻独石口东黑河川之喜峰砦。把总一员。外委把总一员。

谨案：三厅捕盗营归地方同知管辖

○八旗驻防（第 629 册，第 282 页）

独石口防守尉一员。防御二员，骁骑校二员。

千家店防御二员。骁骑校一员。

谨案：察哈尔都统、副都统，总理察哈尔游牧事，统辖张家口、独石口、千家店三处驻防。东西各分四旗，西四旗在山西及多伦诺尔境，东四旗在热河属境。

◎职官（卷32《表十七·职官八·国朝三》）

裁缺（第 629 册，第 304~305 页）

志阙载，兹据《康熙志》补入			谨案：乾隆五年设，统辖独石、张家、古北三口驻防满洲官兵，兼稽察蒙古并军台钱粮事务，六年裁缺，归并古北口提督兼理
谨案：国初仍明制，顺治十一年归并怀隆道	谨案：国初仍明制，顺治十八年归并口北道	略	
顺治朝	贺久邵，湖广人，举人。朱国诏，顺天人。王化淳，河南人，生员	略	……谨案：怀隆、赤城、屯牧三道，《雍正志》不载，兹据《宣化府志》补入。又案：《宣化府志》载，康熙三十二年设立张家口、独石口驿传两道，考《口北三厅志》系两口管驿站部员，本非道缺，故不录
乾隆朝			宝善，满洲正白旗人，五年任

◎舆地（卷52，舆地略52《舆地略七·疆域图说七》）

○赤城县①（第630册，第727～731页）

赤城县，府东北一百七十里。东至边墙五十里，独石厅界。西

---

① 赤城县图，详见篇首《赤城县图》。

至龙门县界三十里。南至龙门县界二十里。北至边墙一百里，独石厅界。东南至延庆州界八十里，至州治一百三十里。西南至龙门县界三十里，至县治六十里。东北至边墙七十里，独石厅界。西北至边墙六十里，独石厅界。

○龙门县①（第630册，第737~741页）

龙门县，府东北一百二十里。东至赤城县界七十里。西至万全县界一百里，至县治一百五十里。南至怀来县界七十里，至县治一百一十里。北至边墙二十五里，独石厅界。东南至延庆州界九十里，至州治一百三十里。西南至宣化县界六十里，至县治一百二十里。东北至赤城县界三十里，至县治六十里。西北至边墙四十里，张家厅界。

◎舆地（卷53，舆地略53《舆地略八·疆域图说八》）
○独石口厅②（第631册，第16~27页）

独石口厅，在省治北七百九十里，至京师四百二十里。东至承德府丰宁县界一百二十里。西至张家厅界七十五里。南宣化府赤城县属境。北至多伦诺尔厅界五十里。东南至承德府滦平县界二百里。西南至张家厅界八十里。东北至承德府丰宁县界一百五十里。西北至多伦诺尔厅界八十里。

◎山川（卷65，舆地略20《山川九·宣化府·山》）
○赤城县（第631册，第456~458页）

赤城山，在县东二里。《县志》。山石多赤。《明一统志》。城在山埠之上。《水经注》。山高三十余丈，长一里许。《县图说》。

刘不老山，在县东北十里。《采访册》作五里。高二十余丈，长半

---

① 龙门县图，详见篇首《龙门县图》。
② 独石口厅图，详见篇首《独石口厅图》。

里许。《县图说》。相传有刘姓者修炼于此，因名。《雍正志》。上有古松。《采访册》。

青羊寨山，在县西南十五里。《大清一统志》。《采访册》作十七里。一名青羊沟。高四十余丈，长四里许。西接剪子岭，东接浩门岭。《县图说》。

金阁山，在县北二十二里，云州堡西南八里。采访册。高四丈，长二里。上有长春洞，为宋丘长春了真处。《县图说》。元建崇祯观。长春洞前有游仙峪。《明一统志》。又有琼泉，在长春洞前。《大清一统志》。（明）[元]廼贤《归途至金阁山怀虞侍讲》诗：羸骖八月过云州，殿阁参差叠嶂稠。空谷无人黄叶落，白云如雪满溪流。独登金阁寻仙迹，还忆青城觅旧游。日短长歌下山去，西风十里异香浮。吴嘉礼诗：揽辔入云州，山林引壮游。孤崖清磬发，千树白云流。洞古春常在，碑荒字尚留。披霞一长啸，仿佛过浮邱。

九峰山，在云州东北五里许。《县志》。高二十余丈，长半里。《县图说》。元仁宗曾建寺于云州九峰，未成。马札儿台因帝常驻跸于此，以私财成之。《元史·马札儿台传》。今废。《采访册》。

东胜山，在独石城在县东北九十里东北五里。《府志》。高四十丈，长二里。《县图说》。又有东山，在独石城东三里许。《采访册》。高二十余丈，长一里许《县图说》。

毡帽山，在独石城东北五里。圆耸卓立，远望如帽。《大清一统志》。后改为簪缨山。《雍正志》。高四十余丈，长半里。《县图说》。谨案《赤城采访册说》：独石城东北无此山名。《明史》：李文忠率师克大宁、高州，追奔至毡帽山，在塞外，与此无涉。旧志引此，误，今删之。

总高山，在独石城东北十里。《府志》。高五十余丈。《县图说》。登之远见辽海。《方舆纪要》。谨案《赤城采访册说》：考独石东北十里，无此山者，"望见辽海"之说，更无足信。

崆峒山，在独石城东南十里。《北中三路志》。高六十余丈，长二里。《县图说》。俗名冰山，盛夏犹寒。顶宽平，方长几万步。相传明将军刘綎壁此，被围军没。东南八里有董家洞，层峦环绕，花卉层生。山腰有洞，传为元、明士人避乱所。《采访册》。

常宁山，在独石城西十里。《宣府镇志》。高三十余丈，长一里许。《县图说》。

南岍山，在独石城南四十里。《雍正志》。《县册》作三十里。三峰鼎峙，如烈屏然。《采访册》。高三十余丈，长半里。《县图说》。

棋盘山，在独石城南四十里。峰高峻，人迹罕到。《大清一统志》。常有仙奕其上，石棋局至今尚存。《府志》。高三十余丈，长半里。《县图说》。

鹤山，在北马营堡距城六十里东二里。《采访册》：在堡北微西。高四十余丈，长三里。俗名东山。上有墩台，可瞭三百余里。《方舆纪要》。有石斜俯似鹤，人呼为仙鹤石。《采访册》。多产桧柏。《大清一统志》。明李树初诗：瑶山森桧柏，幽寂伏胎禽。偶为华轩宠，翻生灵囿心。联翩辞碧屿，接翼到丹林。日有芝田队，时无毕弋侵。临风呈异舞，向日弄奇音。志在云霄远，思怀沧海深。因之修素洁，常伴主人琴。

雷山，在县西北马营东五里，上有雷神庙。《采访册》。高三十余丈，长一里《县图说》。

红山，在县西北马营堡东南二十里。山势高险，石色多赤。下有泉，东流入龙门峡。《大清一统志》。

纱帽山，在马营堡北二十里同上。一名冠帽山。《雍正志》。高二十余丈，长二里。《县图说》。登山俯瞰，城中无遁形①。同上。

苍崖山，在马营堡南二十里，上有飞泉。《大清一统志》。

西高山，在县东龙门所距城三十里西二里。高四十余丈，长一里。《县图说》。

北高山，在龙门所北二十里。《雍正志》。高五十余丈，长二里。《县图说》。

---

① 遁形，隐藏形迹；隐身。

鹰窝山，在龙门所南四里。《县志》。山极秀拔。《县册》。高二十余丈，长一里。《县图说》。又有鹰嘴山，在所西南四里。《府志》。

孔宠山，在龙门所南十五里。崖有孔，径六七尺。《府志》。狼所伏藏，时出为害。《采访册》。高二十余丈，长一里许。《县图说》。

聚阳山，在龙门所东南三十里，元人开始处。《大清一统志》。高三丈，长二里。《县图说》。

鹰嘴山，在龙门所东南。《采访册》。高二十余丈，长半里。《县图说》。

七峰山，在龙门所东百里。《宣府镇志》。谨案：县境疆界东北至边界五十七里，此山不在境内，《镇志》误。

蹲象山，在滴水崖北一里。《府志》。高三十余丈，长半里。《县图说》。

骆驼山，在滴水崖堡北。堡在城东八十里。高二十余丈，长半里。同上。

盘道山，在滴水崖堡东北。堡南十五里又有木龙嵯，悬崖峭堑，俨如蜀栈。《府志》。

野鸡山，在县西北七十里。《大清一统志》。多雉，故名。《雍正志》。高五十余丈，长四里。《县图说》。

玉石沟山，在赤城西七十三里。《明一统志》。高三十余丈。《县图说》。为近边扼要之地。《方舆纪要》。谨案：县境疆域，西至龙门县界三十里，西北至边界五十五里，二山不在境内。考《采访册说》野鸡山、玉石沟山均在镇宁堡西北二十五里。镇宁堡在县西北三里，是二山距城不过三十余里。《一统志》《雍正志》《府志》引《明一统志》，均误。

龙门峡，《雍正志》作龙门山。在云州东北五里，《县志》。距县城三十五里，高六十余丈，长一里许。南山下为通独石大路。《县图说》。沽水南出峡岸，有二城，世谓之独固门。《水经注》。石壁对峙，高数百尺，望之若门，徼外诸河及沙漠潦水①皆于此趋海，实塞北控扼之要冲。《辽史·地理志》。宋宝元初，契丹主真宗如龙门。《辽史·本纪》。今名舍身崖。相传明土木之变，仓上堡千户田坤战殁，其女投崖自尽于此。至今水落石上，血影尚隐然可辨。崖上题刻有"龙门峡"三字。其北十里有东猫儿峪。《府志》。元周伯琦诗：逾险梦频悸，循夷气始愉。千岩奇互献，万壑势争趋。峭壁剑门壮，重梁皇渚纡。凡鳞期变化，雷雨在斯须。陈孚诗：天险龙门峡，悬崖兀老苍。千蹄天马跃，一寸地椒香。夜雪青毡帐，秋烟白土房。路人遥指点，十里十温汤。袁桷诗：瀚海双龙铁鳞甲，卷壑挐云蹲冀阙。千泉百道凑东南，急雨翻空进晴雪。古言神禹功最多，道出凿石疏九河。幽都之地不复顾，乃使双龙下地成盘涡。阴风何飕飕，磅礴太古秋。坠崖落车炮，怪石森弋矛。碎沙晴日铺金鍪，云是昔日当关挽劲之仆姑。寒泉组练结九曲，亭午赫日光模糊。车声何辚辚，昨霄急水迷无津。垂堂之言犹在耳，游子商人行不已。子规彻天呼我归，翠华北幸那得辞。龙门之石高不磨，泚笔书我龙门歌。马祖常诗：紫塞秋高凤辇回，龙门有客去还来。荡摩日月昆仑折，吐纳风雷混沌开。天帝有神司主宰，地灵无力戴崔嵬。谁吹石濑成飞雨，不使时人污酒杯。柳贯诗：一溪瓜蔓流，度者云可乱。屡涉途已穷，前临波始漫。岩岩龙门峡，石破两崖半。沙浪深尺余，湾洄触垠岸。它山或澍雨，湍涨辄廉悍。顷刻漂车轮，羁络不能绊。其源想非远，众水自兹滥。济浅抑何艰，虑盈疑及患。峰阴转亭午，出险马蹄散。草路且勿驱，烟开望前馆。明金幼孜诗：远游真汗漫，幸喜卸征袍。日落军麾满，云横豹尾高。锦韂鸣腰褭，玉碗荐葡萄。大将功成后，归来气敢豪。

　　偏头岭，在县西北十五里。同上。俗名锯齿山。《采访册》。

　　黄土岭，在县北十五里。上有古城，今圮。《县志》。高一里许。岭东为通县大路，西接四道沟山，北接金阁山。《县图说》。背山面河，南北扼要之地。《采访册》。

　　合门岭，在县西南二十里。《县册》。即龙门县之浩门岭，详"龙门县"。

　　偏岭，在独石城北四十五里。《雍正志》。或云即天岭。胡峤《陷

---

①　潦水，雨后的积水。

番记》：自归化州行三日登天岭。岭东西连亘，有路北下契丹，谓之辞乡岭。陷番者至此，辄南望恸哭而去。《五代史·四夷考证》附录。谨案：偏岭当即天岭，音近而讹也。

千松岭，在滴水崖北微东四十七里。《县册》。高四十余丈，长二里。《县图说》。

滴水崖，在雕鹗堡东四十里。《宣府镇志》。一名洒水崖。《隆庆州志》。在县东南七十里，高一百八十余丈，长四十里。《县图说》。石崖滴水，去地百余仞，隆冬不冻。《大清一统志》。上有碧落洞，又名碧落崖。《县志》。山上有千松岭，西上有朝阳观，观旁凿石为楼，观前一石柱，高可百尺，上凿"天柱"字，壁有"滴水崖"三字。东石壁半忽开豁二丈许，下至地道。其中建楼三层，下为水母殿。中有石门，门内一池，崖水下滴，清冷不竭。上为关帝阁，再上为佛殿，稍南有真武殿。殿左凿石为门，曲折而入，上开石窗。行可二十步，忽转东有石堂，祀观音像。此崖高几百仞，仰望不见颠际，稍远回望，则高崖之上尚有石壁二层，石嵯一层，更倍于所见之壁也。关员外宁曾登其颠云，上平广约二十里。《巡边日记》。五湖朱长春《滴水崖记》：滴水崖距雕鹗堡四十里，北接独石，东冲满套天克泥丸黄毛驻牧之地，地至行人历历可指。近史酋、车戎二部落夹山支帐，密迩觇窥，故其城守视它堡尤宜加瑟云。滴水崖环山面水，上朝阳洞为此崖胜处，其南近建桥梁，以障崖水，居人便之。明汤兆京诗：千尺丹崖插碧天，八窗虚敞杂云烟。寻橦度索人如鸟，凿石为楼户倒悬。空有尚余功德水，非无已现妙庄禅。夜深清磬云前落，万籁希声月满川。吴亮《九月朔日登滴水崖》诗：万壑苍烟拥碧幢，危崖削出石为矼。天悬孤柱山如砺，地坼洪流水似泷。九日登高应第一，千秋纪胜便谁双。时平不用燕然勒，闻道明王已受降。徐谓诗：朝阳道观一何悬，滴水孤崖百丈边。余气出关连大漠，长风吹壁立青天。窗扉近在栖雕处，阁道都拦坐客前。不信夜来高顶望，定应笙鹤下瑶仙。

磨盘嵯，在龙门所西六里许，以形似名，俗名磨石。《采访册》。高二十余丈。《县图说》。

龙王嵯，在龙门所西北十里，高二十余丈同上。

木龙王嵯，在滴水崖堡南七里，悬崖峭壁。《府志》。高二十余丈，长半里。《县图说》。

太保峪，在县西北八十六里。《雍正志》。沟长十余里，相传有官太保者葬此，因名。《采访册》。

黑峪，在龙门所南十里，《采访册》作十九里。中有仙鹤洞。《方舆纪要》。

黄峪，在滴水崖堡东南十二里，距县城八十四里。峪内有晾马台，人由石上行石，属延庆州，以为至京捷径。《采访册》。

红沙梁，在龙门所东南十九里，梁东即塞外地，嵯峨怪石，萦纡深涧，中有必由之路，出塞入塞，以是为咽喉。高十余丈，长一里。《县图说》。

九连洞。在龙门所西四十里，沟长七里有奇，九洞连亘于其中，极为幽僻，为至京捷径。《采访册》。

○龙门县（第 631 册，第 460~462 页）

红石山，在县东五里。《县志》。上产红石。《雍正志》。

南岩，在县南二里。《县志》。邑人游览之所。《府志》。国朝徐章诗：远岫雪花白，孤城秋叶黄。风云争断续，崖谷互低昂。绝塞寒偏早，空屯草易荒。渐嗟俦侣散，独立向苍苍。

双塔山，在县西十五里，山小而陡削。《县志》。两峰相峙，上各有浮图，元至［元］① 中所建。《大清一统志》。一名塔沟山。《雍正志》。明孙世芳诗：嵯峨双峰逼紫冥，东西屹立势相凌。玉莲并拥三千丈，宝盖俱悬十二层。风昼似闻铃互答，霜天恍见衲分登。我来一扫浮云尽，任向长安盼日升。

娘子山，在县西二十里。极高耸，而无险恶之势。《大清一统志》。上有巨石修立，土人呼为娘子，下有泉。《宣府镇志》。国朝林盛诗：丈

---

① 据《清一统志》补"元"字。

人峰挺秀，毓得此幽闲。云雨凭前梦，儿孙俯众山。落霞添彩袖，薄雾隐娇鬟。幸少嶙峋石，望夫易损颜。

龙门山，在县西二十里。山上有关，额曰："控御"，碑曰："龙关天险"。下有堡。《府志》。明置龙门关于此。《大清一统志》。今戍楼尚存。《县志》。元张宏范①诗：落日苍崖列翠屏，翠屏围宿暮云横。溪声清入诗人耳，山势斜盘客子程。青草路凉羸马饱，碧林月冷倦鸟惊。明朝飞过龙门去，直挽春风下赤城。谨案《府志》：此即龙门卫山。自唐及今，龙门县皆以此得名。山下之堡，即古县城，与赤城龙门通水道者不同。

双峰山，在县北二十里，在石笋二，细直而高。《宣府镇志》。

拂云山，在雕鹗堡北百步。《大清一统志》。

凤凰山，在长安堡南百步，上有长安岭城，亦谓凤凰城。《宣（城）［府］镇志》。

松山，在长安堡东南里许。《雍正志》。

马鞍山，在长安堡西南二里。《方舆纪要》。又小白阳西二里亦有马鞍山。《县志》。

龙潭山，在长安堡西一里，有瀑布泉。同上。

八仙山，在长安堡西二里，八峰高耸，中有石室。《大清一统志》。深二尺，阔七尺。《府志》。

双尖山，在长安堡北十里。《宣镇旧志》。有双峰并峙。《方舆纪要》。

石盘山，在长安堡东南二十五里。同上。

椴树山，在县西北。《大清一统志》。大白阳堡南四里有古椴树。《宣府镇志》。

翠屏山，在小白阳东七里，石壁崚嶒，山木葱郁，下有龙潭，祷雨辄应。《县志》。

小尖山，在长峪堡西七里。同上。

---

① 张宏范，原为"张弘范"，"宏"字为避清高宗弘历名讳，改用"宏"字。

馒头山，在长峪堡北三十里。《方舆纪要》。

青山，在县西北青边口北八里。色比群山特青。《大清一统志》。又有石嵯山，在青边口北十里。《县志》。谨案：青山即宣化之青山，盖二县分界处也。

鳌头山，在县西北羊房堡西北十五里。上有巨石，高阁数百丈，因建墩台，以便瞭望。《大清一统志》。

大松山，在县西北四十里。《宣府镇志》。上有古松盘曲，因名。《明一统志》。宋天禧四年①，契丹主隆绪如鸳鸯泺，遂猎于松山。明成祖北伐驻此。《两镇三关志》。明孙世芳诗：嘉树笼云气，亭亭在此峰。百寻霄汉壮，千度雪霜封。丹壑宁堪弃，明堂尚可庸。翠华临幸后，终古羡蟠龙。

雕鹗崖，在县东雕鹗堡西一里。《大清一统志》。石壁一带高十余丈，上有穴，深广八九尺。相传为雕所穴，因以名崖。《宣府镇志》。一名雕鹗谷。《明一统志》。

洗马岭，在县北。《雍正志》。唐太宗北征，次龙门，获北寇遗马二十余匹于洗马岭，即此处。《方舆纪要》。

浩门岭，一名合门岭，在雕鹗堡北二十五里。明初以此名驿。上有松数百株，郁然苍秀。《方舆纪要》。高一里，岭北为通赤城大道。《县图说》。元袁桷诗：寒沙高冈聚，积溜开土门。地媪神功奇，兹焉奉帝尊。先皇岁巡幸，属车烂华轩。令严植前茅，高下相攀援。鱼贯别后殿，蚁行定前屯。飞丸落千尺，瞥裂惊危辕。履险深自持，人情戒居安。寒云蔽出日，去去逾前村。

长安岭，在县东南。《雍正志》。本名枪竿岭，明永乐中改名，今有堡。《大清一统志》。一名桑乾岭。《府志》。永乐十年②，敕边将自长安岭。迤西筑石垣，深濠堑。二十一年，塞长安岭。《明成祖本纪》。

---

① 北宋天禧四年，辽圣宗耶律隆绪开泰九年，1020 年。
② 永乐十年，1412 年。

嘉靖二十七年①，敌由独石逾长安岭，掠隆、永，即此。《方舆纪要》。
元陈孚诗：昔闻桑干名，今日登桑干。桑干是否不必问，但觉两耳天风寒。大峰
小峰屹相向，空际谽谺一千丈。燕云回首夕阳间，长川历历平于掌。人家如蛎粘
石壁，白土堆檐高半尺。门外毡车风雨来，平地雷轰惊霹雳。汉唐百战场，绿草
今满碛。野夫耕田间，犹有旧铁戟。道傍谁欤三叹息，布袍古帽江南客。李溥光
诗：万叠巉岩一径开，中间空洞白云堆。阳坡草软人稀到，唯有青猿曝背来。贡
奎诗：百折危岗势欲迷，举头山寺与云齐。经行绝似江南路，落日青林杜宇啼。
袁桷诗：兹山西北来，旋转十二雷。昔人望乡处，生别何崔嵬。我来坐绝顶，云
汉生昭回。出日腾金钲，积露流银台。长空不受暑，雪花散皑皑。毡车引绳过，
屈曲肠九回。微踪愧三至，南望心低回。长风马耳迅，何当赋归来。迺贤诗：饮
马长城下，水寒风萧萧。游子在绝漠，仰望浮云飘。前登枪杆岭，冈岑郁岧峣。
崩崖断车辙，层梯入云霄。幽龛构绝壁，微径纡山腰。人行在木末，日落闻鸣蜩。
履险力疲苶，凭高思飘摇。何当脱羁鞅，归种南山苗。又《偕虞集、马祖常联
句》：有岭名枪竿，其上若栈阁。白云乱石齿，青峰转帘脚。积冰太古阴，出矿
无底壑。马饮沆瀣泉，鹰荡扶摇幕。辙迹委垂绅，人声发虚橐。乌飞接鸟背，羽
没疑虎膊。雾松秋发长，霜果红颊薄。斤樵不知疲，独往端有愕。兢兢矛头淅，
机机井口索。凝睇见日观，引手探月廓。南下渺尘海，北广络沙漠。金桥群仙游，
宝塔百神凿。禽鸣蜀帝魂，铁铸石头错。阑干挂钩衡，欘枪敛锋锷。属车建前茅，
驰道徇严柝。载笔三人行，弭节半途却。贡师泰诗：绝顶低南斗，重关壮北门。
陇云浮地白，谷水带泥浑。宇宙神功大，山河帝业尊。小臣叨载笔，华发感深恩。
黄溍诗：忆昔赐第归，吾母适初度。蹉跎岁月晚，今辰乃中路。居人夸具庆，游
人惭叱驭。兹山称最高，扬鞭入烟雾。矗矗多峭峰，蒙蒙绕杂树。崎岖共扳援，
踯躅频反顾。陈情未成表，登高讵能赋。独怜山下水，还向芦沟去。明叶盛诗：
星箕垂尾洞天开，况是晴云捧日来。直北关山同淑气，向南花鸟自春台。才看使
者乘车去，又报远人进马回。几度闲登最高处，分明楼阁见蓬莱。金幼孜诗：回
峰渺无际，峻岭疑接天。崖倾石磈磊，径转迷苍烟。车行何兀兀，鳞次陟层颠。
陂陀翳榛莽，枯涩无流泉。旌旆亘长坂，冠盖来后先。险尽陟平陆，浩荡即长川。
登高未成赋，此志何由宣。赵班诗：浮云西北倚重关，石磴盘回鸟道间。千步浑

———————————

① 嘉靖二十七年，1548 年。

无十步稳，一夫能拒万夫还。绵延紫塞连青海，指点乌桓认黑山。接踵远边皆内附，戍楼烽火尚防闲。

李老峪，在长安堡北十里。《雍正志》。元虞集诗：十转山崦交，九度沙碛溜。始辞平漠旷，稍接山木秀。老病畏行役，慰藉得良觌。秋岭晚更妍，寒花昼如绣。故园夫如何，朝阳眩霜柚。黄溍诗：缘崖一径微，入峪双崦窄。密林日易昏，况乃云雨积。行人望烟火，客舍依山色。家童为张灯，野老频避席。未觉风俗殊，只惊关河隔。严程不及缓，子规勿劝客。迺贤诗：高秋远行迈，入谷云气暝。稍稍微雨来，渐怯衣裳冷。荣纡青崦窄，杳窱烟林迥。峰回稍开豁，夕阳散微影。霜叶落秋涧，寒花媚秋岭。途穷见土屋，人烟杂墟井。平生爱山癖，愒此惬幽静。月落闻子规，怀归心耿耿。

剪子峪，在县东三十里。其形如剪，上有石凹，甃石为门，为赤城、龙门往来要路。《宣府镇志》。一名大岭山。《大清一统志》。

狮子峪，在长安堡北三十里。同上。又石门，在堡北施家村东五里。有石冈横亘，诸山中断如门，每山雨暴涨，诸山之水从石门灌注而出，势若悬瀑。《府志》。

谨案《辽史》：重熙六年[1]夏，猎龙门县西山。《金史》：大定六年八月[2]，猎于望云之南山。皆未详山名，故附识于此。又案《府志》：载有南砦、北砦二山，在县西北。《两镇三关志》载，破台山在羊房堡，明嵯山在大白阳堡。今考诸志，皆无此山，姑从阙。

◎山川（卷65，舆地略20《山川九·宣化府·川》）
○赤城县（第631册，第474~475页）

沽河，即白河，在县城东门外。《县图》。有二源，皆自塞外流入。一曰独石水，由独石径独石城西，为西河。一曰红山水，由红石山径独石城东，为东河，俱至城南合流。又南径龙门山下，为龙

---

① 重熙六年，1037年。
② 大定六年，1166年。

门川。又南径云州堡东，又南径县东门外，又南径龙门所南，又南与阳乐水合，为南河。又东南径滴水崖堡南，亦曰白河。又南入延庆州，此即通州白河之上源。《雍正志》。谨案《县图说》：沽河自塞外独理厅属九龙泉发源，一干二支，干由北栅口入，支由东西二栅入，至独石城南，三水合一，为独石河。春冬支流间涸，夏则盛涨。南流由头堡、半壁、三山、猫峪、旧站堡，迤西入龙门峡，为龙门川。出峡南下，势复盛，七里河受之。由云州堡以东流至县城南，合西来水泉河、野鸡山诸水，东南至青罗口，合龙门河，至滴水崖，合红沙梁水，出黄峪入延庆州界。

水泉河，在县西，源自口外，入马连口东南径镇宁堡，又东会汤泉，至城南入沽河。《畿辅舆图》。

样田河，在县南二十里。《宣府镇志》。源自县西南剪子岭，东流至青羊沟，东合浩门岭水入沽河，经样田堡，故名样田河。《县图说》。

浩门岭水，源出龙门县东界，北流合剪子岭水。《畿辅舆图》。

野鸡山水，在县西。源出野鸡山，夏流冬涸，此水东流经左所、右所，汇水泉河，至县城南入沽河。《县图说》。

龙门河，在县南。自龙门县入县境，迳合河塞入白河。《畿辅舆图》。

红沙梁水泉，在县东南长伸地堡北十五里。南流至滴水崖堡，南合沽河。《县图说》。

白龙潭，在县东南七十里，河西堡西南五里。源出南山下，方广三丈许，澄澈见底，西南流十余里，入沽河。《府志》。

汤泉，一作汤泉河，在县西山。出西山东流，至城西南合水泉河，又东合沽河。《雍正志》。明薛国用《重修赤城汤泉记》略：窒（上穴下皇）之麓有泉一泓，如沸鼎滥出，蜿蜒而下，经霞城东合独石，奔流逆溯之十余里，犹浮浮漫溜也。胜国以前，考纪载亭榭不乏，再经兵燹，渐埋没于灌莽蓊翳间。自古虞兰田张公莅事，乃出其鸠工之暇，鑿以方塘，旌以亭榭，问奇者因得览其胜，而数百年地只之热肠得以不冷。然事属创始，规制湫逼，而涓滴之观，识者痛其亵我山灵。予适承乏巡徼，再易岁，会司马汪公谋广而新之，余谢以边工未遑也。顷者庙不戒于火，而败椽焦砾益令目秽，予乃慨然曰：此山灵谯予地主也。迁其神于山之巅，而崇其故祀，下列綖廊楹舍，以应节钺憩赏。前以长堤束之，活泼铺地，千秋尘面今日其洒濯乎？点缀既加，事工旋竣，爰并纪之，以期后之君子一如予终兰田之志者，庶几可以谢山灵也。国朝耿焞《重修赤城汤泉记》：尝考地舆，凡泉之以汤名者不知其几，顾水脉所发，本有冷热之别，地势所处，亦有喧寂之歧，如玉华绣岭，法驾时临，翠风移香，玉龟载酒，细为脂粉之光，与山川草木相为辉映。及阅郦道元《水经注》云，渔阳之北实有汤泉，去燕京三百里而近。予以抚畿之役，建节于中子国，亲至泉之上而览焉。其先代碑记，尚有明武宗官人"不向人间洗冷肠"之句。我清定鼎，王公大夫轮蹄戾止，不舍昼夜，噫！何其喧也！及奉命督宣云，所辖独石之赤城亦有泉焉，顾以僻隅，不如在古西京与今北京者之较着，然祠有碧霞，寺有瑞云，浴室庳房，以待游宿，山色水光，盎然留四时之春。先代汤侍御有碑记，中称都督杨洪感黑蟒之异，披榛莽，历苦翳，始得斯泉，为表而出之。数百年来未闻有王公大夫乐游息贲临者，噫！何其寂也！今中外一家，万里梯航，悉臣悉主，独石尤控鸡塞、雁关之要，为皇华使旌所出入，车辙马迹，亦因泉而多焉。向之祠若寺虽存，未免疫圮过半，不足以供憩息，于是遣使鸠工，举于五月初旬，至八月初旬而竣。堂楹重焕，泉石并朗，而斯泉之向以寂而置者，今又以喧而传焉。即举以俪于古西京与今北京二泉之间，似可颉颃，而并取桑、郦二公所纂《水经》为补其阙略，亦或可宠斯泉于天地之间儿不朽云。吴亮《温泉》诗：霞城飞斾驻温泉，疑是冰壶别有天。谷口钟声黄鸟度，岭头松影白云连。葱葱佳气冬犹夏，片片浮光雨带烟。一洗边尘清绝漠，供筹勋绩勒燕然。叶盛《汤泉》诗：巨灵擘石金虬沈，元气不消炎夜深。百斛明珠自吞吐，暖香作雾重重阴。龙宫蛟室三千辈，夜雨丁东汉皋佩。湿云晴雪雨相高，十里光摇绿萍碎。宝刀砍破苍苔痕，一泓皱玉秋温温。倒卷黄河海波热，寒冰掬出玻璃盆。仙台无尘白露下，露华月色空中泻。绣罗春服踏春泥，马头一碧山如画。**谨案《明一统志》：赤城汤泉在宣府镇城东一百四十里，自龙门镇北赤城寺侧山根涌出，暴热，旁有冷泉，浴之皆可愈疾。盖即此汤泉也。**

暖泉，在县北云州堡宝济乡。有泉七十二眼，流入沽河。

神泉，在马营堡北三里。池方一亩，其水迸出，转流浅河，浴之愈疾。俱同上。

红泉。即独石泉，在独石城内东北隅，今塞。《县志》。

○龙门县（第 631 册，第 476 页）

龙门河，即阳乐河，古名阳乐水，在县南。源出县西娘子山大龙王堂，东流径城南，曰南河，又东径八里庄、三岔口、上下虎村、康家庄、雕鹗堡，又东至孙家庄，又东入赤城县。《畿辅舆图》。

小清水河，在常峪堡西，一名柳河川。源出张家口堡水泉山，自青边口流入，行六十里至宣化县。《县志》参《畿辅舆图》。

羊沟，在赵川堡属。源出碾槽沟，流出白阳堡即伏。《县志》。

大龙王堂泉，在县西娘子山北三里许同上。水出地中，伏流数丈，至岩树下汹涌喷薄，流出数里，遂伏流，至朱家营复出，为龙门河，流至三岔口而止。《府志》。国朝鹿圣模①诗：泉堙山亦童，勿怪景物荒。试访陂泽利，人言大龙堂。废弃不知储，入地失浩茫。粤稽此边徼，自昔为战场。天险瓗西关，将军卧北邙。改邑才十年，民气岂骤昂。渟蓄引塘坳，设施必有方。徒标漱玉名，细碎亦可伤。

羊城温泉，在下虎龙村。山麓皆泉，随沙涌出。《县志》。又鹰窝泉，在长安堡西北三里。引入堡东为池。《雍正志》。国朝林盛《羊城泉》诗：团山看屹立，东麓十余泉。涌出回霜草，常温傲雪天。不愁枯地脉，应别有薪传。难尽观澜兴，还寻海眼边。

汤泉，一名鳖底汤，在县西南，赵川堡东南八里。元魏于此建温泉宫。《府志》。明李宗枢《赵川温泉》诗：泉拥平沙雪乳翻，蒸云吐雾暗山村。两仪闭塞何尝冻，一派潺湲只自温。鬼物何年吹劫火，神功终古沸灵源。野人不解春风咏，分得余波灌小园。孙世芳《鳖底汤》诗：神斧何年琢，山根暖喷泉。派疑炎帝瀹，溜讶火龙穿。温温波涵旭，蒸蒸气罨烟。翻流如乳滑，泄溅似珠圆。身垢频宜涤，疴沉几赖捐。红尘千虑湛，白昼一心禅。皎洁华沉月，澄清

---

① 鹿圣模，民国《龙关县志》作"鹿灵模"。

碧醮天。归来强卧榻，魂梦绕潺湲。

洪赞井。在长安岭堡西十二里。《宣府镇志》。元陈孚诗：洪赞山岩峣，势如舞双凤。大井千尺深，窈然见空洞。野人驱十牛，汲以五石瓮，滴水宝如珠，一瓮十室共。我生海东头，涟漪饱清弄。尝闻惠山泉，万里驿骑送。急呼茗碗来，试作清净供。

◎山川（卷65，舆地略20《山川九·口北三厅·山》）

○独石口厅（第631册，第485~486页）

大石门山，在独石口西南三十里，丁庄子湾西北十五里。山有石洞如门，故名。《口北三厅志》。

小石门山，在大石门山西南二十里。山下一石通明，大如洞口，故亦有石门之名。俱同上。

偏岭山，在独石口城北四十五里。《雍正志》。即天岭也。《赤城县志》。

黑龙山，在独石口东北一百里，上都河源出此。《口北三厅志》。

青羊山，在独石口东一百里。土名兴阳沟。旧有铅矿，今封禁。

黑牛山，在独石口东南一百十里。

卯镇山，在独石口东一百八十里。山势穹窿高耸，上有古寺遗址，铁釜犹存。

香炉山，在独石口东南一百八十里。山产铅、锡，奉文封禁。

大石墙山，在独石口东南一百九十里。山产石炭。

青阳山，在独石口东南二百里。千峰攒立，险峻异常。

帽子山，在独石口东南三百二十里。俱同上。

狗牙山，在上都牧厂南，独石口西北二十七里。土人名多克新喀喇诺海山。《大清一统志》。

贺洛图山，在上都牧厂东，独石口东北五十一里。

野狐山，在上都牧厂西南，独石口西北九十五里。土人名乌讷格忒。

白鹿山，在上都牧厂西南，独石口北一百里。土人名蒙虎图山。

盘羊山，在上都牧厂东，独石口东北一百里。土人名乌尔虎吉图。

他贲拖落海山，在上都牧厂西南，独石口西北一百十五里。

富谷山，在上都牧厂西南，独石口东北一百三十三里。土人名巴颜坤兔。俱同上。

南山，在厅东南。《口北三厅志》。统和十二年①，猎于黑河之南山。《辽史·游幸表》。

太保山，在厅东南黑河之东。辽时置黑河州于此。《口北三厅志》。

椴木岭，在独石口东栅子边外五里。

沙岭，在独石口西南八十里，接张家口界。

菜树岭，在独石口东南一百八十里，山有卄洞，封禁开采。

千松岭，在独石口东一百九十里，接热河土城子界。

摩天岭，在独石口东南，千家店东三十八里。

平安岭，在独石口东南，滴水崖堡口东一百五十里。

花盆岭，在独石口南二百五十里。土人掘地得石盆，不知何代所遗，遂以名岭。岭下有花盆村。

黄土岭，在独石口东南三百一十里。

仓米道岭，在独石口东南三百二十里。

小十盘岭，在独石口东南。俱同上。

铁幡竿岭，在上都牧厂南界，独石口北十三里。土人呼为麻克图岭。《大清一统志》。

伊克岭，在上都牧厂东南，独石口东北九十五里。

格勒莫多岭，在上都牧厂东南，独石口东北一百二十三里。

---

① 统和十二年，994 年。

乌鸦峰，在上都牧厂南，独石口东北六十六里。土人名克勒峰。俱同上。

凌霄峰，在独石口西北。《口北三厅志》。

喜峰嵯，在独石口东南一百三十里。危峰十二，耸峭争高，其下有古城，遗址尚存，疑即辽之黑河州故基。

红石嵯，在独石口南，清泉堡口东。

陀罗嵯，在镇安堡口外东二里。俱同上。

半壁嵯，在独石口西南，镇宁堡口北。《宣镇图说》。

瓦房嵯，在滴水崖口东一百里。同上。

七峰嵯，在滴水崖口东南。以七峰环列，故名。《边垣图》。案此即赤城县之七峰山。

罗圈崖，在刘斌堡边外。《续宣镇志》。

九岭梁，在周四沟营盘口东五里。《口北三厅志》。

大水峪，在四海冶东二十里，与黄花路界。

阳坡，在独石口东南二百九十里黄土岭北。

大沙窝，在独石口东北七十里。嘉靖时，小王子常居于此，名可可的里速，南与独石、龙门所、滴水崖诸边相望。

孤石，在独石口东南一百二十里。村前平地凸起一石，青苍孤立。

铛脚石，在独石口西北十里。有三巨石鼎峙，相去各百余步，如铛脚，故名。俗呼支锅石。

乳石洞，在独石口南二百五十里大石墙山。以洞出钟乳，故名。

石青洞，在独石口南二百九十里，千家店二十里。相传昔时洞产石青，因名。

天桥洞。在独石口东南，喜峰嵯东十里。山有石桥，桥下一洞，水流潺湲自洞中出，土人名为天桥水洞。俱同上。

◎山川（卷65，舆地略20《山川九·口北三厅·川》）

○独石口厅（第631册，第490~492页）

白河，在上都牧厂东南界。《大清一统志》。源出镇安堡口外，东西两山，双源对引，流至边城合流，入口名两河口，西流入赤城县。《口北三厅志》。

里遂黑河，在上都牧厂东南界。土人呼额伯里遂黑河，在独石口东南五十里，源出兴安山，东南流至龙潭，会白河。《大清一统志》。

外遂黑河，在牧厂东南界，独石口东南四十五里。土人名阿禄遂黑河，源出兴安山，北流经齐伦巴尔哈逊城，今涸。

堤头河，在上都牧厂南界，独石口西北二十七里。土名大兰兔禄河，源出狗牙山，流入独石口。俱同上。名沽河，下流合白河。《口北三厅志》。

水泉河，在独石口西北十里。平地出泉，东南流入西栅口，至独石城南，与沽水河合。

大砦沟河，在独石口东北三十里。西南流入独石东栅口，至城南独石庙与沽水合。

天圪力河，源出平安岭洞儿沟，东南流入白河，中产画鱼，小而肥美俱同上。

上都河，即滦河上流，在独石口东北百余里。源出黑龙山，山左坳有两泉，右坳亦有两泉，四泉合流，西北入多伦诺尔厅界。《采访册》。

金字河，在独石口东北。其水自双水海子分流。《续宣镇志》。

九泉水，在独石口北三十里棠梨沟。有泉九源并发，合流注于堤头河。《口北三厅志》。

韭菜川，在开平卫城东。《雍正志》。源出东山，流径卫城南与毡帽山水合。《方舆纪要》。

金莲川，在独石口北故桓州地。《大清一统志》。金莲川在云州西北，金世宗纳凉地。产黄花，壮若芙蓉而小，因以名川。《宣镇志》。大定八年[1]，改曷里浒东川曰金莲川。《金史·本纪》。谨案《口北三厅志》：金莲川今人呼为金莲花滩，在独石口西北一百二十四里。

白草川，在独石口边外东北。《续宣镇志》。

库勒泊，在上都牧厂南，独石口北八十里《大清一统志》。

清泉淀，在清泉堡口外，合黄榆镇北二沟之水流入边内，堡名以此。《口北三厅志》。

莲花淀，在四海冶口东南，流入大小峪。谨案《辽史·游幸表》：圣宗开泰六年五月[2]，观鱼于莲花泺。疑即此。

龙潭，在独石口东南二百四十里。双崖对束，四潭叠注，惊浪雷奔，飞湍激射，黑河三川汇流于此，过菜树甸与白河合，归大水峪入边。

担子洼，在独石口北偏岭下。元时设巡检于此。俱同上。

白草洼，在黑峪口边外十里。《续宣镇志》。

明镜沟，在独石口西北二十八里。《口北三厅志》。

大西沟，在独石口东二百九十里，与土城子界。

黄榆沟，在独石口东。

陶喇湾，在独石口北一百五十里，镶白旗察哈尔境内。土人名陶喇果尔。

辘轴湾，在塘子口东北二十九里。

水磨湾，在滴水崖口东北，黑河所经。

虹电滩，在独石口北二十里。

明沙滩，在独石口北二十三里。

大碱滩，在独石口西北丁庄湾。又小碱滩，在独石口西北丁庄湾张麻子井西。俱同上。

---

① 大定八年，1168 年。
② 开泰六年，1017 年。

双水海子，在独石口东北。《续宣镇志》。

珍珠泉，在四海冶口东十里。源出平地，方广可半亩许，深六尺余，澄澈见底，清冷异常，其泉鬐沸盘旋，自下而上，如珍珠万琲，喷散水面，源源不绝。池侧有小渠，分流四注，左右田数百亩借以灌溉。《口北三厅志》。

汤泉，在龙门所塘子口东十里黑河北岸。其泉冬夏常温，浴之可以疗疾。泉上有灵泉寺，相传辽时建行宫于此。同上。

乱泉，在滴水崖口东北二十八里。上有寺，今土人呼为万全寺。《续宣镇志》。

纳林泉，在上都牧厂东南，独石口东北四十里。《大清一统志》。

纳黑雷泉，在上都牧厂东南，独石口东北六十五里。

噶尔达苏台泉，在上都牧厂东南，独石口东北七十里。

伊黑大坝泉，在上都牧厂东南，独石口东北八十里。

独石泉，在上都牧厂东南，独石口东北九十里。土人名乌可尔齐老泉。俱同上。

滴水壶，在独石口东南三百里，千家店东三十三里白河之北。一山中峙，石洞凌虚，崖端有瀑布水飞流直下，自洞口喷薄而出，如珠帘倒卷，广可百丈，激响若雷，其下承以清潭，汇流东注。《口北三厅志》

盆底坑，在镇安堡边外二十里。《续宣镇志》。

柏木井。在龙门所塘子口东南四十里。《口北三厅志》。

◎关隘三（卷69略24《关隘三附镇堡营垒》）

○赤城县（第631册，第595～598页）

独石口，在县东北一百里，府北三百十里。其南十里为独石城，本元云州独石地。明初建城，周六里。《宣府镇志》作九里九十二步。《宣府图说》作六里余。门三。宣德五年，移开平卫于此，属万全都指挥使司。景泰三年，设上北路参将。本朝初属宣府镇，曰上北路。康熙三十二年，并卫入赤城县，仍设有参将驻防，曰独石路。雍正十年，改设副将，辖云州、赤城、镇安、滴水崖、龙门所五营。十二年增设同知。口外为太仆司牧厂察哈尔游牧处，及阿坝垓诸分地。《大清一统志》。独石口协设左、右二营。东至青泉堡四十里，西至马营三十里，南至云州堡三十里，北至边墙十里。《府志》。宣镇三面皆边，汛守特重，而独石尤为全镇咽喉。《边防考》。其地挺出山后，孤悬绝塞，京师之肩背在宣镇，宣镇之肩背在独石。《方舆纪要》。平彝墩等十二处，山俱险峻，次冲。镇安门墩等十二处，地势平漫，极冲。《宣镇图说》。

北栅口，在独石城北，为边门大口。东至万胜台楼五里二百余步，西至镇冲楼三里。口外通多伦诺尔、开平城、土城子、张家口等处地方。系独石协左、右二营分营防守，专司启闭。蒙古朝贡往来、商民贸易出入，均由驻防旗员稽查验放。额设防守尉一员，防御二员，骁骑校二员。《府志》。口东有东栅口，西有西栅口。三栅口内外今无险可恃。东有蛇沟砦，西有保安沟，北有乔家店，可以防守。《采访册》。

东栅口，即靖《府志》作"静"虎楼，在北栅口东七里三百九十步。《采访册》。边门颓圮，今设木栅。《县图册》。口外通虹霓滩、土城子、多伦诺尔、黑龙山等处地方。设外委把总一员驻守。《府志》。

西栅口，即镇冲楼，在北栅口西三里。《采访册》。口外通开平城，上都河、红城、丁庄子湾等处地方。设外委把总一员驻守。《府志》。

盘道口，在县东南滴水崖堡东十五里。《大清一统志》。北至新墩宆楼二里余，南至新碗架墩三里余。口外通黑河川、千家店、大西沟等处地方。设外委把总一员驻守。《府志》。北至塘子口四十余里。《采访册》。

塘塘一作堂子口，在县东龙门所堡东十里。北至沙沟岭墩六里。口外通黑河川、喜峰嵯等处地方。设外委把总一员驻守。《府志》。北十二里有望关口，今闭。又北七里至清平口。《采访册》。

清平口，在县东龙门所堡东北。旧有楼，今圮。口设木栅。《县图册》。北至平安墩十五里。口外通黑河川、东卯镇、谷子房等处地方。设外委把总一员驻守。《府志》。北四十五里至镇岭口。《采访册》。

镇岭口，在县东北镇安堡东十里。《县图册》。南至龙门所边界破鹿楼十里。西北十五里至靖鹿口，又东北五里至镇虎口，今皆封禁。口外通明沙滩、红旗、马厂、热河等处地方。设外委把总一员驻守。《府志》。由镇虎口西北至独石口协左营团山墩三十三里。《采访册》。

新镇楼口，今名马连口，在县西北君子堡西南十五里。《采访册》。口外通缺房窑、榛子沟、丁庄湾、金莲花滩等处地方。设外委把总一员驻守。《府志》。西南接四望砖墩口。《县图册》。

四望砖墩口，在县西北松树堡西五里。《采访册》。南至总望墩六里。口外通大小城滩、龙门沟等处地方。设外委把总一员驻守。《府志》。南二十六里接镇宁堡界野鸡山口。《县图册》。

野鸡山口，在县西北镇宁堡西南十三里。《采访册》。北四里有镇虎墩，南三里有永安墩，又二里曰玉石沟墩。今皆闭。口外通南山窑，张、独二口道路。设外委把总一员驻守。《府志》。又西南十二里接龙门路界宁静墩。《县图册》。

剪子岭隘，在县西南二十五里。东连青羊寨，西接汤泉山，北岭为通县大路，南岭下与龙门县分界，为通宣郡大路。《县图说》。

浩门岭隘，在县西南二十里。西接青羊寨，岭南即龙门县界，北为通县大道。《县图说》。南为入京要路。《采访册》。

龙门所城，在县东三十里。《县图册》。原名李家庄，又名东庄。沿边若塘子、望关诸隘口，皆旧时往来大宁故道。堡北盘道、在所东南。塘子、青平、望关，西北正平诸口，俱极冲。《宣镇图说》。南至长伸地堡四十里，北至镇安堡四十五里，《府志》。东至边界十五里。《府志》作十里，《县图》作十四里。本元云州之东庄地。明宣德六年建千户所，筑堡。周四里有奇，东、北二门。案《宣府镇志》《县图》皆作南北。万历十四年，以北路地势隔远，增设下北路，参将驻此。本朝顺治九年，改设守备，辖镇宁一堡。《大清一统志》。

镇宁堡，在县西北三十里。《一统志》作三里，误。北至马营堡四十里，东北至云州堡三十里。所管边口台讯七处。《府志》。堡去边墙密迩，唯东面邻山，西、南、北皆平地，边外光头嵯、小庄寨、野鸡山等处皆通大举。《方舆纪要》。堡东北擒虎墩二处最为冲要。堡西侯家冲可以设伏。《宣镇图说》。明宏治①十一年筑，周二里有奇。旧设守备。本朝康熙元年②改设把总。《大清一统志》。

云州堡，在县北三十里。《县图册》。府东北二百一十里，本望云川地。辽置望云县，元置云州。明初改置云州驿。宣德五年于河西大路筑城置戍。隆庆二年展筑堡城，周三里有奇。堡当南北通衢。北五里曰龙门口，歧路西直马营堡，东北直独石、镇安，为冲要之地。《方舆纪要》。景泰五年增设千户所，后又设上北路参将。本朝改设守备。《大清一统志》。

镇安堡，在县东北五十里。明成化八年筑堡，周二里有奇。今设守备驻此。《大清一统志》。东至两河口即靖鹿楼七里，西至云州堡三十里，南至龙门所四十五里，北至青泉堡三十里。《县图说》作十七里。所管边口台讯六处。《府志》。堡四面重峦叠嶂，山势不甚险峻。靖鹿楼、镇岭口、镇虎墩，俱称冲要。《宣镇图说》。边外山岭高峻，势若建瓴，外通三间屋、舳舻湾等处。《方舆纪要》。谨案《方舆纪要》：镇安堡在金莲川东。考《元史》，世祖忽必烈为诸王时，总治汉南，

---

①　宏治，明孝宗朱祐樘年号"弘治"，清代避清高宗弘历名讳，改写成"宏治"。弘治十一年，1498年。

②　康熙元年，1662年。

开府金莲川，当在今独理厅属地。《宣镇图说》镇安本堡旧治金莲川东，近始改驻于此。据此则《方舆纪要》谓在金莲川东，似指旧堡而言，而所叙形势实系今堡，殊失检。

滴水崖堡，在县东南七十里。《一统志》作县东八十里。北去龙门所五十里。《县图册》。《方舆纪要》谓堡在所东北，误。东至边墙十五里，《一统志》《方舆纪要》作二十里。西至雕鹗堡三十里，南至靖安堡三十里，东北至长伸地三十里。《府志》。堡山径错杂，拒守为难。边外通大石墙、庆阳口等处。即蓟门、古北之后。《方舆纪要》。本龙门所地，明宏治八年筑堡，周三里有奇，门二。本朝初设守备，雍正十年改设都司，辖马营、松树、君子三堡。《大清一统志》。

马营堡，在县西北六十里。西至边墙二十五里，北至边墙三十里。元为云州之大猫儿峪。明宣德七年筑堡，周六里有奇，门四。本朝设把总驻守。雍正十年改设千总。《大清一统志》。所管边口台汛①三处。《府志》。马营与独石、长安岭为宣府北路之险。《边防考》。本堡两角枕冠帽山。西山险隘，非不可恃，然三面悉临平川，登山俯瞰，城内无遁形。大石嵯墩等五处，山势险峻，镇门、威远、厦儿岭等墩，四处平漫，可通大举。《宣镇图说》。

君子堡，在马营堡西北二十里，距县城八十四里。《县图册》。东至独石城三十里，西南至松树堡十五里，北至边墙五里。所管边口台汛五处。《府志》。堡当马营正北之冲，最称要地。新镇楼口川原平坦，内外无阻，尤为极冲。《宣镇图说》。北距大边镇远、镇门、盘道等口二十里，距二边西栅口不过五里。明宣德初筑，五年毁于兵。嘉靖二十五年②修治，万历八年③增修，周一里有奇。《方舆纪要》。本

---

① 汛，古同"讯"：汛地（中国清代兵制，凡千总、把总、外委所统率的绿营兵均称"汛"，其驻防巡逻的地区称"汛地"）。

② 嘉靖二十五年，1546 年。

③ 万历八年，1580 年。

朝雍正十年^①设把总驻守。《大清一统志》。

　　松树堡，在马营堡西十五里，距县城八十二里。《县图册》。西至边墙五里，东南至云州堡四十五里，所管边口台讯六处。《府志》。堡在马营正西，与君子堡相为犄角。堡西黄家冈可设伏。《宣镇图说》。距二边营盘道、梁栅口十里，近堡有孤山、双沟、磨天岭等处，俱兵冲。明嘉靖二十五年筑，万历二年增修，周一里有奇。《方舆纪要》。本朝雍正十年设千总驻守。《大清一统志》。

　　宁远堡，在县东南滴水崖东北《一统志》。《方舆纪要》作堡东十五里。北至长伸地十里。《县图说》。明为朵颜易马市口。景泰以后，敌骑屡由此入。嘉靖二十八年筑堡于此，四十五年增筑，周二里有奇。东去盘道口边十五里。《方舆纪要》。

　　蒋家堡，《方舆纪要》作蒋言庄。在龙门所南《宣镇图说》作所西十五里。东南至长伸地堡二十里。《县图说》。旧为兵冲，《方舆纪要》。可以设伏。《府志》。

　　样田堡，在龙门所西南二十里。旧名鸡田，民堡也。明嘉靖三十七年^②始为官堡，改名样田。《大清一统志》。万历十六年修筑，周二里有奇。堡虽距边稍远，而为应援要地。《方舆纪要》。今久废。《县图册》。

　　长伸地堡，在龙门所东南四十里。西北距县六十四里，东南距靖远堡十五里。《县图说》。明为朵颜部所据，万历七年收复，十年筑堡戍守，周一里有奇。边墩有镇安台今闭等冲。口外通乱泉寺堡，有巡简寺，《县图》作巡检司。为扼要处，《方舆纪要》。距堡十里。又北五里曰红沙梁，天险也。梁东梁西皆可设伏。东北近塘子口。《采访册》。

　　牧马堡，在龙门所北二十里。《县图说》。故牧场也。明宏治十年

　　①　雍正十年，1732年。

　　②　嘉靖三十七年，1558年。

创筑，嘉靖二十五年、万历十五年增筑①周一里有奇。北距永宁口二十里，为最冲。口外通七峰嶒。《方舆纪要》。今废。《大清一统志》。

清泉堡，在县东北七十里。《县图册》。山下有清泉涌出绕堡，因名。明景泰四年筑，周二里有奇。久废。《大清一统志》。地虽孤悬，四塞颇险。正北至栅口不过三里，口外通大松林、双梅子。《方舆纪要》。

猫儿峪堡，在云州堡北二十里。明嘉靖间修筑，今废。《大清一统志》。南距县五十里，北距伴壁店二十里。《县图册》。堡周一里有奇。东北控大川，当清泉口之冲，东栅口恃此障蔽。《方舆纪要》。

伴壁店堡，在猫儿峪堡北二十里。明嘉靖间修筑，周一里有奇，今废。《大清一统志》。堡在平川，东西两面皆山，壁立道旁，因名。旧本民堡，嘉靖三十七年，敌入独石、深井、镇门等墩，道路中梗，因改为官堡，设防于此。隆庆元年、万历十一年增修②。堡虽在边内，而当南北往来之冲，实为独石咽喉。《方舆纪要》。

仓上堡，《一统志》上作山。在云州堡西十里，《县图册》。马营堡东南。旧为蓄聚之所，因名。明嘉靖三十七年创筑，隆庆六年、万历十六年增修。周不及一里，四面皆鸟道③相通。旧属上北路管辖，《方舆纪要》。今废。《大清一统志》。

羊房堡，在云州堡西北二十里。东南距仓上堡十里，北距马营堡十里，旧为戍守处。《采访册》。

牙头寨，在镇安堡北。元置，今废。明初华云龙袭破元兵于牙头寨，即此。《方舆纪要》。

李家庄。在龙门所东北。明时朵颜别部常驻此。其北有万松沟。

---

① 宏治，原为"弘治"，因清避讳改"宏治"。弘治十年，1497 年。嘉靖二十五年，1546 年。万历十五年，1587 年。

② 隆庆元年，1567 年。万历十一年，1583 年。

③ 鸟道，只有鸟才能飞越的路，比喻狭窄陡峻的山间小道。

嘉靖二十八年，大同帅周尚文救滴水崖，遇敌于李家庄，败却之，即此。《方舆纪要》《边防考》。

　　○龙门县（第 631 册，第 599～601 页）

　　安边墩口，即南砦口，在县北少东三十里。东至平顶二墩六里，西至石门墩七里。口外通太子城、中山沟等处。设外委把总一员驻守。《府志》。此口车马通行，其西石门墩虽未奉开，现系缺口，可通车马。又西十三里至静楼墩口。《县图册》。

　　静楼墩口，即北砦口，在县北三十里。东至制楼墩七里，西至分镇二墩三里。口外通化林子、龙门沟等处。设外委把总一员驻守。《府志》。此口车马通行，旧有营房，今废。西至镇冲台口八里。《县图册》。

　　镇冲台口，即小白阳口，在县西北三十里。东至永宁台五里，西至永安台五里。口外通韭菜平、桦林沟等处。设外委把总一员驻守。《府志》。此口可通车马，向有营房、栅栏。西至盘道台十里。《县图册》。

　　盘道台口，即大白阳口，在县西北四十五里。东至永安台五里，西至靖楼台六里。口外通太平庄、山神庙等处。设外委把总一员驻守。《府志》。此口可通人马，设有栅栏、营房。西至常峪口十七里。《县图册》。

　　凤凰台口，即常峪口，在县西北八十里。东至靖虎台六里，西至西空台六里。口外通松树沟、马圈子等处。设外委把总一员驻守。《府志》。此口车马通行，设有栅栏、营房。西至青边口十八里。《县图册》。

　　镇宜台口，即青边口，在县西北一百里。东至石嵯山台五里，西至擒虎台七里。口外通新营子、水进头等处。设外委把总一员驻守。《府志》。此口可通车马，向有栅栏、营房。西南至羊房堡，接万全县界。《县图册》。

麻峪口，在县南七十里。《府志》。地在腹里，当北路龙门卫之南口。《宣镇图说》。明洪武二十五年筑堡，万历七年增修①，周一里有奇。《宣府镇志》。今废。此系僻路，南通怀来县。《县图说》。

葛峪堡，在县西北八十里。北至边界十五里，西北至张家口六十里。明宣德五年筑，嘉靖四十二年、万历六年增修砖城②，周四里有奇，西、南二门。中路参将驻此。《北中三路志》。本朝改设守备，辖赵川、雕崖二堡。《大清一统志》。本堡所管边口台汛十处。《府志》。为镇城北面之藩篱，四山壁立，路径崎岖。边外东北旧有兴和、靖边等城，西北旧有东胜卫所等城堡，北有松树梁堡，东三里有柳沟泉。《方舆纪要》。本堡、庙儿台、常峪堡口、得胜梁、青边堡、西谎墩梁，俱可设伏。《宣镇图说》。

赵川堡，在县西五十里。北至边界二十八里，西至葛峪堡三十里。明宣德五年筑，隆庆后改筑砖城，案《宣镇图说》：宣德三年创筑，隆庆五年砖甃。周四里，《方舆纪要》作周二里有奇，《宣镇图说》作周围七百三十八丈。东、南二门，城外有池。本朝初设把总，雍正十二年改设千总。《大清一统志》。所管边口台汛六处。《府志》。本堡东接小白阳，西邻大白阳，为北路往来之冲。又值东南各路之川，乃声援之要地。大、小白阳边外山大，极冲。《宣镇图说》。堡东八里有白庙堡，白庙东北七里有龙潭。《方舆纪要》。

雕鹗堡，在县东四十五里。本元云州之雕窠跕，明初置浩岭驿，永乐中改雕鹗堡。《雍正志》。宣德六年筑，成化八年、隆庆四年增修，周二里有奇，西、南二门。《宣镇图说》《宣府镇志》。万历十八年分属下北路，堡当北路之中，为往来要道。《方舆纪要》。本朝设把总驻守。《大清一统志》。

长安岭堡，在县东南九十里。明初置丰峪驿，永乐九年筑城置

---

① 洪武二十五年，1392 年。万历七年，1579 年。
② 宣德五年，1430 年。嘉靖四十二年，1563 年。万历六年，1578 年。

戍，改今名。《雍正志》。正统间，都督杨洪增修，周五里有奇，南、北二门。《宣府镇志》。宏治三年《雍正志》误作二年增置守御千户所。本朝初设守备，雍正十年改设都司驻防。《大清一统志》。今改把总。《县图说》。其城东西跨岭，中通线道，旁径逼仄①。居庸而外，此为重关之险。岭北旧有东山庙等堡，久废。《方舆纪要》。

三岔口堡，在县东十五里。《雍正志》。东北抵赤城，南通雕鹗，西达卫城，为行旅歧路，故名。本民堡，嘉靖二十八年始议筑城置戍，万历十七年增筑②，周一里有奇。案《宣镇图说》：嘉靖三十五年改官堡，万历十一年砖甃，周三百七丈。东、西二门。旧属下北路，后改属中路。盖堡界中、北两路间，《方舆纪要》参《北中三路志》。为龙门城要害之地。《宣镇图说》。本朝顺治八年③废。《大清一统志》。

龙《府志》作隆门关堡，在县西二十五里。《县图说》。明宣德三年置，嘉靖四十三年、万历十三年增筑，周二里有奇，东、西二门。关在堡东五里，俯关下瞰，堡城若在平原。然沟河盘错，近实难逾。正统间北路不守，全镇倚为东偏半壁，烽火由此以达南山。往来应援，恒出于此。《方舆纪要》。本朝顺治八年废。《大清一统志》。

金家庄堡，在县西北七十里。《雍正志》。《县图说》作县北三十里。明成化二年筑，正德十三年、万历四年增修，周二里有奇。案《两镇三关志》：宏治十四年筑。《宣镇图说》成化二年土筑，万历四年砖包，周三百七十八丈。堡跨据高阜，南北两山夹峙，最为险要。有镇边墩，为极冲。堡北十五里为静盘道、进远墩，捍御尤要。《方舆纪要》。本朝顺治八年废。《大清一统志》。

大白阳堡，在赵川堡北二十里，《雍正志》。距县城七十里。《县图说》。即唐妫州之白阳镇。明成化初置堡，景泰、嘉靖间修筑，万历

---

① 逼仄，狭窄。
② 嘉靖二十八年，1549 年。万历十七年，1589 年。
③ 顺治八年，1651 年。

十三年增修，周三里。案《宣镇图说》：宣德五年土筑，万历十三年砖包，周四百八十五丈。堡地平坦，其镇墩、古道梁、毛家墩等口皆极冲。边外通胡嵯儿诸处，堡南十里有椴树山。《方舆纪要》。本朝顺治八年并入赵川堡。《大清一统志》。

小白阳堡，在大白阳堡东北十里，《雍正志》。距县城四十五里。《县图说》。明宣德五年创筑，嘉靖四十三年、万历二十四年《宣镇图说》作二十三年增筑，周二里有奇。其边墩马圈儿、石塘子为最冲。边外近地有东西古道、韭菜冲等处。万历八年敌由此入。边外有泉，引入可资灌溉。堡西二里有马鞍山堡，北有碾槽沟。《方舆纪要》。本朝顺治八年并入赵川堡。《大清一统志》。

常《方舆纪要》作长峪口堡，在葛峪堡西北七里，《大清一统志》。距县城八十七里。《县图说》。明宣德五年建，万历十五年砖包。《宣镇图说》《宣府镇志》作成化五年展筑，《北中三路志》作成化五年加修，万历十三年砖砌。周三里有奇。黄草滩、骆驼鞍等处皆冲。堡北五里坝口尤为极冲。口外靖边城、晾马台，兔鹘崖诸处。堡西七里有小尖山。《方舆纪要》。本朝顺治八年并入葛峪堡。《雍正志》。

青边口堡，在常峪堡西二十里。《大清一统志》。距县城一百二里。《县图说》。明宣德五年筑，万历九年砖包。《宣镇图说》。周三里有奇。墩台则滴水崖、北嘴沟、曲丁、宁远四处为最冲。口外通段木嘴、三道川、马头山等处。堡北八里有青山。《方舆纪要》。沿边山形中断，故曰青边口。临口依平地为边墙，北则山岩沟壑，崎岖相错。《边防考》。本朝顺治八年并入葛峪堡。《雍正志》。

羊房堡，在青边口西南二十里。《大清一统志》。距县城一百一十七里。《县图说》。距边十里，接壤张家口。明成化元年创筑，宏治二年、嘉靖四十三年、万历十七年俱增筑，周二里有奇。堡依重冈为险，何家堰、镇楼口皆冲。边外通红崖儿、窍头嘴、擦胡石等处。堡西北十五里有鳌头山，山上有巨石高数百丈，可以瞭望。《方舆纪要》。本朝顺治八年并入葛峪堡。《雍正志》。

〇独石口厅（第631册，第613页）

丁庄湾，在厅西北三十里。有把总驻守。《口北三厅志》。今移驻多伦诺尔厅地，仍名丁庄湾。《邸报》①。

黑河川，在厅东一百三十里喜峰寨。《口北三厅志》。东接丰宁县界。黑河经其西。有千总驻守。《畿辅舆图》。

东卯镇，在厅东黑河川东南。北有卯镇山，接滦平县界，《畿辅舆图》。外委戍守。《口北三厅志》。

千家店，在厅东南。南通四海冶口。有东、西二店。设防御一员，驻西千家店防守。同上。

◎关隘四（卷70，略25《关隘四边墙附》）
〇边墙（第631册，第624~626页）

谨案：边墙在直省者有二。其自山西大同府偏关，其亘②宣化府北界，折而东南，至顺天府怀柔县止，此为外边。其自偏关南起，东至广昌县，折而东北，亘宣化府南界，环顺天府北界，东至山海关，又自广昌县折而西南，至正定府井陉县止，此为内边。外边创于燕，元魏继之；内边创于赵，北齐继之。要之皆非秦城也。……今案《史记》，燕筑长城，自造阳至襄平。襄平在今辽阳州北，造阳即今张家口，虽东界不在山海关，西界实肇于宣化。《魏书》："泰常八年③，筑长城于长川之南，自赤城西至五原，延袤二千里"。此即今宣郡北边旧址。北魏高闾请于六镇北筑长城，世祖太平真君七年④筑畿上塞围，起上谷至于河，广袤皆千里。……《宣府镇志》谓宣大边墙皆明

---

① 邸报，始于汉代，各郡国驻京邸官员，传抄京都诏令、奏章、宫廷及政治新闻于诸侯的文件，是世界上最古老的一种报纸。后世因称朝廷官报为"邸报"。

② 亘，横贯；在空间横过或伸过去。

③ 泰常八年，423年。

④ 太平真君七年，446年。

翁万达所修。虽增筑或有徙改，要亦不甚相远也。今边墙以外，皆畿内厅县，无所谓边，亦无所用防也。谨即边墙基址尚存者，序列于左，以备稽考。

宣化府边墙，西自怀安县西阳河镇口台起，东至延庆州四海冶御靖北台，接古北口黄花路，边界长八百四十二里一百三十三步。

镇口台此口今开边墙，西接山西大同府新平路平远堡……又东五里至永宁台，以上边口台汛六处，属赵川堡管辖，计长三十一里四十三步，所有边墙俱已塌毁，沿边墩台一十二座。又东三里三十步至分镇二墩，又东三里至静楼墩，此口今开。又东七里至制楼墩，又东六里至石门墩，又东七里至安边墩，此口今开。又东六里至平顶二墩，又东八里至宁静墩，以上边口台汛七处，属龙门路管辖，计长四十里二百七十三步，所有边墙俱已塌毁，沿边墩台四十一座。又东五里至松林墩，又北二里百二十步至莺窝墩，又北三里至玉石沟小墩，又北二里百八十步至永安墩，又北三里至野鸡山门楼，此口今开。又北四里至镇虎墩，又北三里至宁朔墩，以上边口台汛七处，属镇宁堡管辖，计长三十里百十步，所有边墙俱已塌毁，沿边墩台二十五座。又北六里三百步至镇贼墩，又北七里至总望墩，又北六里二百四十步至四望砖墩，此口今开。又北一里二百四十步至营盘梁墩，又北三里百三十步至镇口墩，又北一里三十步至威望墩，以上边口台汛六处，属松树堡管辖，计长二十里二百六十步，所有边墙俱已塌毁，沿边墩台二十三座。又北六里至永泰墩，又北七里五十步至小石嘴墩，又北五里三百步至四明口墩，以上边口台汛三处，属马营堡管辖，计长十九里一百三十步，所有边墙俱已塌毁，沿边墩台五十九座。又东北一里百四十步至中高墩，又东六里二百五十步至苏庄楼，又东百五十八步至新镇楼，此口今开。又东五里三百步至静虎墩，又东九里一百步至马家门墩，以上边口台汛五处，属君子堡管辖，计长二十一里二百一十步，所有边墙俱已塌毁，沿边墩台二十一座。又东一里至南兔儿墩，又东三里一百步至镇西楼台，又东八里二百九十步至宁塞门，又东五里至镇口墩，又东六里三十步至得胜墩，以上边口台汛六处，属独石右营管辖，计长三十四里一百三十四步，所有边墙俱已塌毁。又东二里至北栅口东万胜台楼，又东二里二百步至静虎楼，此口今开。又东七里三百二十步至青山墩，又东九里二百四十步至东胜墩，又东十里七十步至团山儿墩，以上边口台汛五处，属独石左营管辖，计长三十五里三百四十六步，所有边墙俱已塌毁，两营沿边墩台共六十二座。又南三里至镇宁口墩，又南七里至户口楼，又南五里至镇塞墩，又南十八里至镇虎口墩，又南五里至靖鹿口楼，又南十五里至镇岭口，此口今开。以上边口台汛六处，属镇安堡管辖，计长七十三里一百步，所有边墙俱已塌毁，沿边墩台七十九座。又南十里一百步至破鹿楼，又南四里百七十步至北高山墩，又南十七里百六十步至平安墩，又南十五里百四十步至清平口楼，此口今开。又南六里五十步至宣威楼，又南一里九十步至望关口墩，又南六里六十步至沙沟岭墩，又南六里八十步至塘子口，此口今开。又南九里二百四十九步至双镇楼，以上边口台汛九处，属龙门所管辖，计长八十四里三百五十二步，所有边墙俱已塌毁，沿边墩台一百五十六座。又南十八里五十六步至双盘道，又南五里二百五十步至千松顶楼，又南七里一百四十步至中股楼，又南十里六十步至大石墙楼，又南六里五十四步至新墩窊楼，又南二里一百二十步至盘道口，此口今开。又南三里二百六十六步至新碗架墩，又南九里三百七十步至石窑东顶墩，又南七里百七十步至靖平楼，又南三里六十步至水泉墩，以上边口台汛十处，属滴水崖堡管辖，计长五十九里二百八十二步，内依石为边二十七里，其余边墙俱已塌毁，沿边墩台一百三十六座。又南三里二百六十步至宁界墩，无汛。又南一里至东界路楼，又南七里至三道边口，又南二里至小水口，此口今开。又南半里至东河口，又南十二里至威远墩，又南三里至马路南楼，以上边口台汛五处，计长二十四里二十八步，所有边墙俱已塌毁，沿边墩台三十一座。又东南十一里至西顶墩，又东南三里至道墙口，又东二里至擦独湖口，又东六里至新口，又东五里至水口，又东二里至<u>营盘口</u>，此口今开。又东四里至<u>黄土岭口</u>，又东十五里至<u>关北口</u>，以上边口台汛八处，属<u>周四沟堡</u>管辖，计长六十五里零六步，所有边墙俱已塌毁，沿边墩台五十座。又东十五里至<u>接界墩</u>，又东六里至<u>长宁西墩</u>，又东六里至<u>四海冶口</u>，此口今开。又东南二里至<u>将军岭墩</u>，又东南十五里至<u>石城峪墩</u>，又东南十七里至<u>靖安墩</u>，又东四里至<u>镇塞墩</u>，又东南一里至<u>御靖北台</u>，以上边台汛八处，属<u>四海冶堡</u>管辖，计长五十一里，所有边墙俱已塌毁，沿边墩台共五十四座。又东南接<u>顺天府</u>边界。

◎附历代边防事宜（卷70，略25《关隘四边墙附》）
○翁万达《请会议内塞戍兵疏》（第631册，第636～638页）

臣闻设险而不守，与无险同；聚兵而失养，与无兵同。盖险本资人，兵难去食。城朔方者，出《六月》[1] 之车；戍宗周[2]者，班[3] 诸侯之饩[4]。其所从来远矣。近日敌窥<u>隆</u>、<u>永</u>，妄有垂涎。"上兵伐谋[5]，其次伐形"。臣虽愚昧，何敢忘之？其<u>宣府北</u>、<u>东路</u>修边事宜，已经具请，见议举行，臣不敢复有渎论。但<u>东路</u>虽系加修旧边，而其地素称险峻，士众甚少，原无摆守之兵。<u>北路</u>则系创建，内险藉以屏障神京，事例攸始，宜尽区画之实。又敌马素便于架梁，而外兵非可以内掣。今计<u>北路</u>内边与<u>东路</u>旧边相接，约长二百一十余里，非得二、三万人乘之不可，其奇兵之布伏于墙外，应兵之接援于墙内者，尚不与也。则夫<u>东路</u>之增兵，<u>北路</u>之设兵，容能已乎？况今图事已属春深，版筑未施，壁垒先布，比其完役，便是防秋，改弦

---

① 《六月》，《诗经·小雅》的篇名。共六章。
② 宗周，周代王都。因周为天下所宗，所以王都所在之处，如丰、镐、雒邑皆称为"宗周"。
③ 班，赏赐；分给。
④ 饩，音 xì。给养；俸禄。
⑤ 上兵伐谋，上：上等，引申为最好的。兵：指战争，引申为用兵。伐：讨伐，攻打。伐谋：用计谋粉碎敌人的计策。用兵的上策，是以谋略取胜。

更张，势所不及。除酌调别镇客兵以为奇应，量处本镇士兵以为摆守，客兵数目调至具题，士兵供费随宜积补外，念惟防边大役，遣戍重劳，人之常情，不有乐聚，不可使之久居；不有禄利，不可使之履难。圣明御极①，百度维新。而经国筹边，安内攘外，若是其大且重者，苟且便益，不思远图，是非臣子揆②事虑终，因便审画③，殚心竭力，以事一人之谊也。且近时边事各有不同，如大同颇易于养兵，而宣府则否。宣府西、中路尚堪以画守，而北路则难，不可不察也。大同之北，水草肥美，无大山溪，宏赐五堡建而屏蔽严，破虏九堡成而营田辟。倚地可以招军，藉军可以乘塞④。宣府则溪谷邃密，逼临敌巢，境土无所于因，屯军无所于济，事体有不同也。宣府西、中路，素通大举，戒备有年。故大小白阳、张家口、葛峪堡之间，虽当冲要，兵马足支。北路则边连千里，兵不万人，将校土人旧所从事者，李庄诸寇而已。此寇既歼，大营遂合，则其事又有不同也。夫今之摆边，即古之城戍；今之防秋，即古之更番。宋程颐曰："古者戍役，今春遣行，明夏代至，仍留备秋，过十一月乃归，其明年复如之。"每年秋及冬初，皆有两番在围，正谓此也。然三代戍卒，皆躬赴所役，捐生产，离骨肉，有至隐痛者。是故《出车》以劳往，《杕杜》⑤以劝归，恳恻抚之，悯其难也。汉则正雇不同，更有三品：曰卒更⑥，身役也；曰践更⑦、过更⑧，皆雇役也。但践更则人自为雇，过更则敛应役者之钱，官为之给戍者，微有不

---

① 御极，天子即位。

② 揆，音 kuí。度（duó），揣测。

③ 审画，慎重筹划。

④ 乘塞，守卫边疆要塞。

⑤ 《小雅·杕杜》是中国古代第一部诗歌总集《诗经》中的一首诗。这是一首妻子思念长年在外服役的丈夫的诗歌。杕音 dì。

⑥ 卒更，汉徭役名称。应服役的人，亲自去服役。

⑦ 践更，轮到的可以出钱雇人代替。受钱代人服役。

⑧ 过更，应服役的人出钱入官，由官另雇人代为服役。

同耳。今摆守不足，势在增兵。增兵之科，清勾、征调、召募三者而已。除清勾籍系正军，伍为定额，非成役者伦，又止征调、召募而已。征调取之他方，所为卒更；召募资之土著，践更、过更无不可也。汉晁错曰："远方之人，不知胡人之能。"言征调不如召募也。宋苏轼曰："钱到民手，未免妄用。"言践更不如过更也。夫宣大之地，古材武之地也，其俗慓悍，其人勇烈，诚即给之器械，厚其粮廪，使伍什队司①以相摄，亲识邻里以自占，拔其豪杰者以为之长贰②，结其富力者以防其逃亡，盛兵可集也。但国家财力有限，军旅事殷，一编令甲，待哺为常，介胄③之臣，敢忘度支④之恤乎？虽然，御戎重事也，以捍蔽神京，至计也。往年太原告急，内边设险，紫荆、倒马之间，尺列寸守。其直隶、河南、山东之民，不有宁也。自宣大之边成，并守之议定，岁省公费六十余万，其私于民间者，不能计也。况保定、河间诸府之民，素有弓箭之社，技艺之名，但使厚其赍发⑤，勤其抚循⑥，则虽征调为守，如汉之卒更，亦不为过，而况议其雇役耶？而究而论之，招募而不清勾⑦，则失之于彼，而取偿于此，既非为政之体。去者幸免，而来者不拒，又难服众之心，理有未通也。清勾而不招募，则摼甲⑧厉戈⑨之实缺，而胜衣趋

---

① 伍、什、队、司，古代兵制，五人为伍，二伍为什，百人为队，司，管理。
② 长贰，指官的正副职。
③ 介胄，本指铠甲和头盔，这里指是戴着铠甲和头盔。
④ 度支，官名。掌管全国财赋的统计与支调。
⑤ 赍发，赠与；给人钱贴帮助。
⑥ 抚循，安抚，慰问。
⑦ 清勾，勾，捉拿，逮捕。明代军制种种弊端的出现，导致卫所军士大量逃亡。为惩治逃亡，弥补缺伍，明政府采取的重要措施就是清勾。清勾制度旨在清理军伍，勾补军士，以保证国家有兵可用。
⑧ 摼甲，摼音huàn，穿，贯。摼甲，穿上甲胄，贯甲。
⑨ 厉戈，厉是"砺"的本字，本义：磨刀石。磨，磨快。厉戈，即磨刀枪。

拜①之名存，纳官字孤②之典明，而投石超乘③之技乏，功有未副也。至若征调，虽可以济用，而力役不堪于持久，行者接踵于道途，何以有息肩④之望？居者疾首于瓜代⑤，何以遂宁居之私？势有不行也。故尝缪为之酌曰："初事必资于征调，所以救时；少缓必籍之招募，所以一效；究竟必归之清勾，所以复额。以政理较之，则征调不如招募，招募不如清勾，取诸民者，有烦省也。以事势较之，则清勾不如招募，招募不如征调，措之用者，有蚤暮也。故征调以月日计，招募以岁年计，清勾以数年计。然则，东、北路之乏兵，不得不以征调济目前，招募、清勾求善后也。"夫宣府兵额，固九万余矣，今实在者十之五六而已。逃亡之数，隐射于因循；捕解之方，脱漏于贿赂。欲求无损，何可得也？故又不得不议清勾，以求复额，事招募以足清勾之不获者也。然是二者，事无专责，则但具虚文⑥；督责太严，则外生他事。窃见副使魏尚纶，见理朔州道兵备，才识资力，良可付托。若以二事责之，使得久任，以求实功，当必大有就立。且事有专责，而亦不至于外生他事也。臣本愚暗，复处军中，鲜僚属士人共相商榷，前项事宜，直述鄙见，伏乞下之廷臣，会议可否。庶事有定方，责效为易也。

　　○明吴亮《条议边防事宜各款疏》（第 631 册，第 638 页）

　　一、修险隘。接次墩以北至镇北新墩，属宣镇南山，又北至黑山头，属宣镇东路。若寇繇⑦粉子岭入，西镇均受害。墙单且薄，缓

---

　　① 胜衣趋拜，胜衣，儿童稍长时能穿起成人的衣服。趋拜，趋走拜谒。亦泛指请安、问候时所行礼节。

　　② 纳官字孤，纳官，由官府给予廪食。字孤，抚爱孤儿。

　　③ 投石超乘，投石超矩，跳跃上车。形容勇武敏捷。

　　④ 息肩，让肩头得到休息。比喻卸除责任或免除劳役。

　　⑤ 瓜代，本指瓜熟时赴戍，到来年瓜熟时派人接替。后世就把任期已满换人接替叫做瓜代。

　　⑥ 虚文，不切实际的无用文字。

　　⑦ 繇，古同"由"，从，自。

急何恃？议照昌镇规则，兴工修筑。一、严界限。款贡以来，有守口彝人①驻牧墙下，受我月赏。始借为用，渐狃为安，移入近边，狎玩②凌暴，军士有不敢登陴③哨望者矣。设法谕之移之，或申谕其长，严为约束，合行督抚悉心筹画。一、酌入卫。蓟镇入卫客兵，奸弁专事侵牟，兵马仅存羸瘠④，虚靡⑤粮草，往返徒劳。然议撤议裁，时势未便。惟变通那移，选择膘壮随军入卫，其不堪者，估卖变银，并草料贮库，别购善马以给骑军。一、勤修补。边工随筑随坏，近蓟镇督臣严立十年为满，方免追论，所以严于其始，而按臣又欲不时验看。或势将摧裂，作速补苴⑥，所以节费于其后。合兹二议，逐时修补，与事后追论，俱着实通行。一、复守备。云州一堡，南接赤城，北连独石，镇安东峙，马营西连，盖宣府上路之咽喉也。昔设守备一员，统兵千百五人防守，后改驻镇安，而旧堡一操守领之。云州路当要冲，应复设以备四面之应援。一、移路将。杀胡堡为互市卫口，一垣外即为毳帐。且迫近兔河，霖雨骤发，渐激边垣，通衢无异。合移大同中路参将驻扎该堡，无事调停讲析，有警则指挥策应。及今秋防，即令移驻。一、裁冗员。革延庆守备缺，本官移充云州堡新增守备，而本堡操守官改调延庆州管理前务。一更易间，员不添设，费不加增，而缓急轻重已较然矣。

○翁万达《请修北东二路边垣疏》（第 631 册，第 638~639 页）

边镇京师屏蔽，设险守要，惟在审形势，酌便宜而已。盖天下形势重北方，以邻敌也。而我朝与汉、唐异。汉、唐重西北，我朝重东北，何者？都邑所在也。汉、唐都关中，偏西北，故其时实始

---

① 彝，应为"夷"字，清代避讳"夷"字，改写为"彝"。

② 狎玩，狎音 xiá，亲近而态度不庄重。狎玩，戏弄。

③ 陴，音 pī。城上的矮墙。亦称"女墙"；俗称"城垛子"。

④ 羸瘠，羸音 léi，瘦弱。羸瘠，瘦弱疲病。

⑤ 靡，浪费，奢侈。

⑥ 补苴，补缀，缝补。苴音 jū，本义：鞋底的草垫，用以垫鞋底。粗劣；粗恶。如：苴服（粗劣的衣服）。又音 zū，通"蒩"。如：苴秸（古代祭祀时用作陈列祭品的草席）。

朔方，城受降，不但已也。我朝都幽蓟，偏东北，则皇陵之后，神京之外，其所以锁钥培植以为根本虑者，可但已哉？今日天下形便重宣大，以数警也。而近时与往年异。往年虞山西，近时虞京后，何者？敌情不常也。往年急太原，其时内边之修，外边之筑，建议并守，不惮劳也。今时急隆、永，则皇陵之后，神京之外，其所以锁钥培植以为根本虑者，可惮劳哉？盖敌之为患，犹泛滥之水，中国设守，犹障水之堤。诸堤悉成，则渐成隙漏；诸堤未备，则先注空虚。乃今则已注宣之隆、永矣。昨岁冲突于镇安，今岁窥伺于滴水，得志以归，兵连不解，安得不为之寒心哉？夫往年修边之役，宣府始西、中路者，先所急也。北、东二路，限于财（方）[力]，间多未举。又以独石、马营、永宁、四海冶之间，素称险峻，朵颜支部巢处其外，尚能为我藩篱。今西、中路边垣足恃，敌不可犯，其势必不肯以险远者自阻。而朵颜支部复为所逼，徙避他所，北、东二路之急，视前盖数倍。试以二路边计之，东路起四海冶镇南墩，而西至永宁尽界为边；北路起滴水崖，而北，而东，而南，至龙门城尽界为边，凡七百余里。而二路马步官军防秋摆边者，仅得二万有奇，乃复守南山三百四十里之边。兵分备疏，敌溃外防，则（永）[隆]庆、永宁之间，仓皇骚动。南山诸口，山梁多可漫走，我力不御，则畿辅内地不免震惊，又安得不为之寒心也？夫天下之事，不有所待，无以全其力，不有所更，无以尽其利。宣之北路，溪谷僻地贫瘠，往年不数数患敌者，彼诚避其险远，而无所于利。近乃入寇至再，志在内地，又知内无重垣耳。内设重垣，彼计斯沮。故今在左腋龙门卫杨、许二冲，右腋龙门所、滴水崖一带，俱当厚为之备，以绝其所必窥。设使敌仍贪入，则须由独石、马营而南，逡巡前却于溪谷僻仄之间，而我内垣之守愈固。险不可隳，掠无所获，疲其力而冲其中虚，伺其隙而要其归路，当无不覆之寇矣。故外边以捍北路，内险以捍京师。寻常窃发，处边自可支持，万一侵轶，内险复成犄角。缓急相资，战守并用，兹所谓审形势，酌便宜，而尽之于人谋者也。臣往来相度，拟于东路镇南墩，与蓟州所属火焰墩接界，塞其中虚，筑墙仅三十余里，可以省数十里之戍兵。自此而西，历四海冶、永宁、光头岭、新宁墩一带，地势不可乘者，稍为更改，俱修创新墙一道，北路外边补修创修务期通完。又自永宁墩、雕鹗、长安岭、龙门卫至六台子墩而止，另为创修一道，据其要害，是为近边，即与东路新墙连而为一，防秋之时，不必退守南山，俱须并力外险，盖不止备金汤之设，崇虎豹在山之威，亦且坐收首尾率然相应之利也。谨将经费工役事宜条为五事：一、处夫役。宣镇五路军人及河南班军仅可四万，请令山西保定抚臣，各籍所属民夫万五千人，给以资粮，委官督领，刻期赴镇；一、计工费。宣府东路边墙一道，北路内外墙各一道及诸墩舍水门，计工当役七万人，以百五十二日为期，度支费银四十三万六千六百有奇。请发太仆寺马价银及本部缺官柴薪银，不足，以帑银计之；一、移将领。宣镇路不必增兵，第移本镇副总兵于永宁，参将于四海冶，奇援兵马，愿从者听，否则就近交兑。不足，从宜选补。副总兵专督团练军骑，巡徼山陵官将自参守而下，许会总兵调度；一、议戍卒。原以东北二路边军单弱，不便分戍，欲摘京营步军六千赴永、隆协守。然京军未可轻发，第令朔州兵备召募三千益之；一、备战车。永、隆、怀、保地势平夷，可车战。前保定巡抚刘隅创战车数千辆，置之腹地，无所用。宜取三之二运赴本镇，则不加费而战、守之备足矣。

◎附修理边防事宜（卷70，略25《关隘四边墙附》）（第631册，第646～647页）

○明

《边防志》：正统元年①，给事中朱纯请修塞垣。谭广亦言：自龙门至独石二百五十余里，独石至黑峪三百余里，筑墙濬濠，工甚艰，不若益墩瞭守。乃增置赤城等堡烟墩二十二。

《宣镇志》：嘉靖二十三年②，都御史王仪请筑宣府北路之龙门许家冲，中路之大小白阳，西路之膳房堡、新开、新河口、洗马林诸要冲垣墩，配兵乘守。从之。

《两镇三关志》：嘉靖二十五年，总督侍郎翁万达，以王仪所筑塞垣半已隳圮，诸要冲垣墙亦多未备，请先于西路急冲张家口、洗马林、西阳河为垣七十五里有奇，削垣崖二十二里有奇，堑如之。次冲渡口、柴沟，中路葛峪、青边、羊房、赵川，东路永宁、四海冶，为垣九十二里有奇，堑十之二，敌台、月城九十一。急冲役人日三寸，次待秋防役之。嘉靖二十六年，万达又请自西阳河镇西界台起，东至龙门所灭狐墩止，为垣七百一十九里，堑如之，敌台七百一十九，铺屋如之，暗门六十，水口九。工役则垣堑民夫日以五寸计，军夫日以三寸五分计，防守军日以三寸计。又请于北路次冲自独石兔儿墩起，南至赤城野鸡山止，为垣八十六里有奇，堑如之，敌台一百七十有三，铺屋如之，规制大略无减前画。役以镇兵，务求有济。从之。嘉靖二十八年，万达又请自东路新宁墩，北历雕鹗、长安岭、龙门卫至六台子，另为内垣一百六十九里有奇，堑如之，敌台三百有八，铺屋如之，暗门一十有九，以重卫京师，控带北路。又请补筑东路镇南墩与火焰山中空，而镇南而北而西，历永宁至新宁墩塞垣，以成全险。俱从之。

隆庆二年③，总督方逢时请筑北路龙门所外边，起龙门所之盘道墩，讫靖虏堡之大衙口，俾北路之兵由此以入援南山，东路之兵由

---

① 正统元年，1436 年。
② 嘉靖二十三年，1544 年。
③ 隆庆二年，1568 年。

此以出援独石。从之。

神宗万历元年①，从宣大督抚所请，修南山及中、北二路诸边墩营寨。

万历七年，修十三家墩。

万历八年，增置长伸地堡五楼。

○本朝

顺治四年②，诏置宣化府西、北、东三路台兵。

康熙九年③，诏修独石边垣，计沿长一百四十二丈，隘口门一，水门三，炮台二，工部估计工料，共银七千四百八两五钱。督工同知胡之浚，监督守备李万辉。至十二年始竣工。

◎风俗（卷71，舆地26《风俗》，第631册）

○士（第651页）

奉圣之民，习于兵农，安于勤苦，不为浮华之行。《龙门县志》。

地极高寒，霜雪偏早，农业之暇，聚族讲武。近被学校之化，渐有中州之风。《北路旧志》。

○农（第654页）

年丰谷贱，价不偿农之劳；年俭谷贵，食不及农之腹。加以地土瘠薄，霜雪偏多，附郭田无几，而远耕山坡，粪不易到，歇荒而种，土著人稀。《三路志》。

○时令（第661~663页）

上元，设九曲黄河图，擎灯三百六十一盏，男女于中穿逐，谓之走百病。《赤城县志》。

二月十五日为花朝节。妇女剪彩饰鬓，以为应节。村民各以五

---

①　万历元年，1573年。

②　顺治四年，1647年。

③　康熙九年，1670年。

谷瓜果种相遗，谓之献生。《赤城县志》。

◎方言（卷72《舆地二十七·方言》，第631册）

○凡土而高且大者，幽谓之坟。谨案：《檀弓》郑注曰：土之高者曰坟。假借用之，则凡大者俱谓之坟，犹京谓大邱，冢为大坟，而经典用之，则多泛指大者而言。故《尔雅·释诂》坟与京、冢俱云大也。坟亦通作贲，通作颁。今北人通谓墓曰坟，土之高且大者曰塚。（第667页）

○燕之外郊，凡言置立者，谓之树植。《方言》七。谨案《方言》：殖，立也。殖、植，同字。今北人凡立物者皆谓之树。树与竖通。（第671页）

○燕俗谓亡为无。《水经注》引《风俗地理记》。谨案：亡有无、忘二音，古皆与无通用。《诗·葛生》：予美亡此。郑笺曰：亡，无也。今北方凡小儿亡丧者多言无。（第673页）

○北方多种荞麦，磨而为面作汤饼，谓之河漏。王祯《农书》。谨案：荞麦立秋前时下种，九月收，赤茎绿叶小白花，实有三棱，老则皮黑，故保定土人呼为棱子。河漏直隶人通呼为河洛。《说铃》曰：山东以荞麦作面食，曰河洛，向不辨其何字。《唐书》：明皇以鹿血煎酪赐安禄山，曰热洛河。似本此。河洛有床，形如今北人铡草刀床，下木有圆孔，孔底铺以铁筛，上木有圆柄，与孔相值，孔中实以面，置釜上，人持其尾而轧之，面漏入釜中，即名河洛。荞麦面者尤修美。（第675页）

○黍，北人呼为黄米。《群芳谱·谷米》。谨案：《说文》：黍，禾属而黏者也。以大暑而种，故谓之黍。《齐民要术》引《泛胜之书》云：黍者，暑也。种者必以暑。黍、糜同类，以粘与不粘之分。朱子云：黍、谷名，大似芦，高丈余，穗黑色，实圆重。张尔歧曰：此偶误也。黍秆低小，即腴地丰年亦无过五六尺者。别有一种蜀秫，乃高至丈余。北人谓之高粱。案：高粱即古之稷也。程瑶田曰：高粱之种，先于诸谷。故《月令·孟春》"首种不入"，注引旧说，以首种为稷。《管子》书曰：至七十日，阴冻释而艺稷。日至七十日乃八九之末，俗谓九里种高粱是也。高粱实最粗大，故谓之疏。疏犹粗也。《论语》云疏食菜羹玉藻云，稷食菜羹二经皆与菜羹并举，则疏、稷一物。疏言其形，稷举其名也。或即谓之粗。《左传》云：粱则无矣，粗则有之。粗对粱言，正谓稷也。王桢《农书》云：蜀黍一名高粱，一名蜀秫。郝懿行谓蜀黍假黍为名，高粱假稷为名，稷为谷子，其米为小米。不知稷即高粱，非谷子。《说文》：禾，嘉谷也。粟，嘉谷实也。则古时谷子名禾不名稷。《月令》：孟秋之月，农乃登谷。郑注云：黍稷之属。盖谓谷为黍稷之属，非谓谷即黍稷。郝说非也。《说文》稷之黏者为秫，则《尔雅》粢稷言稷之不黏者，众秫言稷之黏者。孙炎、郭璞皆以粟言，而郝氏遂以粟为诸谷之大名。其实粟专言谷子，非稷也。缓读之则为蜀黍，急读之则为秫。蜀，大也。言稷之高大也。盛百二曰：黍，穗散。稷，穗专。黍，（左禾右列）短。稷，（左禾右刍）长。稷，黏者少。黍，黏者多。今足之曰：黍，稷下俯。稷，穗上出。黍，粒小。稷，粒大。《内则》郑注云：黍，黄黍也。言黄黍者，谓黍之米黄。故北人谓黍为黄米。程氏以黄米属糜，失之远矣。（第686页）

○黍之黏者为秫。北人谓之黄米，亦曰黄糯。《苏颂图经》。

秫，北人呼为黄糯，亦曰黄米。《本草纲目·谷部》。谨案：苏颂谓秫为黏黍，李时珍谓秫为粱米，皆误。程瑶田曰：自汉唐以来，言稷之谷者屡异，而秫为黏稷则不能异。缀文之士其讲说秫之义者虽异，而天下之人呼高粱为秫秫，呼其秸为秫秸者，卒未有异。旧名之在人口，世世相受，虽经丧乱，不能一日不举其名。此所谓礼失求诸野者乎？《周官·食医》职宜稌，宜黍、宜稷、宜粱、宜苽，见稷则不见秫。《内则》菽、麦、蕡、稻、黍、粱、秫，唯所欲，见秫则不见稷。故郑司农说九谷，稷、秫并见。后郑不从，入粱去秫，以其阙粱而秫重稷也。今案：李氏之误，误在孙炎之注《尔雅》。然孙炎误以粟为稷，而时珍则误以秫即粱米之粘者。所谓歧中又有歧也。秫自指稷言。程氏《九谷考》辨之最详。粟之粘者亦有赤、白、黄三种。今北人谓之粘谷子，并无黄米、黄糯之称。黄米、黄糯，《尔雅·翼》则谓北人以之称黍。今北人称黍犹称黄米，然无称黄米为秫者。《图经》误也。（第 686 ~ 687 页）

○谷，粟米之连壳者。北方直名之曰谷。《群芳谱·谷部》。

粟，北人谓之小米。《本草纲目·谷部》。谨案《说文》：禾，嘉谷也。二月始生，八月而熟，得时之中，故谓之禾。禾，禾木也。木王而生，金王而死。粟，嘉谷实也。孔子曰：粟之为言续也。米，粟实也，象禾实之形。粱，米名也。程瑶田曰：禾，粟之有稿者也。《聘礼》及《周官·掌客》之职禾，皆言若干车。车三秅，薪刍倍禾，以薪刍例禾，是禾为有稿者矣。又《聘礼》记曰：四百秉为一秅。郑氏注：此秉为刈禾盈手。然则秉秅者，束稿之名，禾为粟之有稿者，故以秉秅数之也。《聘礼》米、禾皆兼黍、稷、稻、粱言之。以他谷连稿者不别立名，即谷中之实亦无异号，惟粟有之，遂假借通称。抑以事难件系，有足相包者，属文之法耳，非谓禾为诸谷苗干大名也。《淮南子》：夫子见禾之三变也，滔滔然曰："狐乡邱而死，我其首禾乎"。故君子见善而痛其身焉。注云：三变始于粟。粟生于苗，苗成于穗也。禾穗垂而向根，君子不忘本也。张衡《思元赋》[①]：滋令德于正中兮，合嘉禾以为敷。既垂颖而顾本兮，尔要思乎故居。今诸谷惟粟穗向根顾本，可验也。《管子书》：桓公观于野，曰："何物可比于君子之德乎？"隰朋曰："夫粟内甲以处，中有卷城，外有兵刃，未敢自持，自命曰粟。此其可比于君子之德

---

① 原为《思玄赋》，清代避"玄"字，疑改为"元"字。

乎?"管仲曰:"苗,始其少也,眴眴乎何其孺子也。至其壮也,壮壮乎何其士也。至其成也,由由乎兹免何其君子也。天下得之则安,不得则危。故命之曰禾。"余案:兹免云者,免,俯也;兹,益也。谓其穗益俯而向根也。隰朋内甲之云,谓米处谷内。卷城谓稃周于甲,藏于芒中。兵刃者,芒在其外也。是故管仲言禾,隰朋言粟,一指嘉谷之连稿者,一指谓嘉谷实也。《七月》之诗云:黍稷重穋,禾麻菽麦。禾为诸谷之一明矣。禾有赤苗白苗之异,谓之虋、芑。《诗》"维糜维芑"是也。余细询农人,又以目验知之。《说文》解"璊"字云:以毳为蕑色如虋,故谓之璊。虋,禾之赤苗也。解璊字云禾之赤苗谓之虋,言璊色如之。《尔雅》之释《诗》也,曰:虋,赤苗。芑,白苗。毛氏据之以为传。而郭璞注《尔雅》则曰:赤粱粟,白粱粟。是不知赤白在苗,而不在粟。粟之赤白者,苗又或不赤白也。许氏解苗为草生田中者。故益嘉谷字于苗下,是又不知苗即嘉谷初生之名,言苗而嘉谷已见也。《硕鼠》之诗:无食我苗。毛传云:苗,嘉谷也。《春秋》无麦苗。何林注《公羊传》云:苗者,禾也。生曰苗,秀曰禾。管子言禾以苗字建首。孔子曰:恶莠乱苗。亦呼禾为苗。《大田》之诗,毛传云:莠,似苗也。赵歧《孟子》注云:莠之茎叶似苗。然则此一谷也,始生曰苗,成秀曰禾,禾实曰粟,粟实曰米,米名曰粱。其大名则曰嘉谷。言其色则曰黄茂,而禾、粟、米、粱之次第载《说文》中者,又如物之在贯焉,以杂厕部居,读者不能察耳。《周官·仓人》职掌粟入之藏注:九谷尽藏焉,以粟为主。郑氏注《太宰》职,九谷中无粟。此言九谷以粟为主,则是粱即粟矣。《史记》索隐载《三苍》云:粱,好粟。其证也。《内则》言饭有粱,又有黄粱,是粱者白粱也。今北方犹呼粱米之纯白者曰粱米。礼设簠簋,不称黍稷、稻粟,而云粱饭,必炊米为之,故举米名耳。无米名者乃称谷名,黍、稷稻是也。是故言簠簋实则称粱宜;言九谷则称粟宜;言稼穑则称禾宜。《豳风·七月》

之诗所数者，言稼穑之例也。《仓人》职之云，言谷之例也。凡诸经传云粱者，皆言其米也。《舍人》职掌粟之出入，辨其物，注云：九谷，大米，别为书，是以粟主九谷，因为诸谷之总名，义与《仓人》职同。贾公彦不知，乃云正言粟即粢也。夫粢，稷也。以粟为粢，是以粟为稷。此说盖据孙、郭《尔雅》注，乃汉世训诂相承之语。孔颖达于《曲礼》稷曰明粢，亦释之曰：稷，粟也。盖承其误矣。（第 687 ~ 688 页）

◎河渠（卷 77，河渠略 3《河渠三·水道三·北运河·白河》，第 632 册，第 72 ~ 78 页）

白河者，北运上流之中支也。即《汉书·地理志》：渔阳郡出塞外之沽水，桑钦《水经》并同。初无白河之号，自宋王曾上契丹事始称为白屿河。《辽史·地理志》：顺州，今顺义县。有白遂河。《金史·地理志》：温阳县，今怀柔县。有淑水。《明史·河渠志》谓之白漕。《方舆纪要》又曰，元至和初，上都兵入古北口，燕帖木儿击之于白狼河，亦即此白河，非承德府东之大凌河也。稽其名义，白屿近古，白遂、白淑皆白屿之转音。《顺义县志》以《金史》淑水未详何出，不知即白河也。今案：沽水上源有二，西为堤头河，东为独石水，分流入边，合为白河。《三厅志》称白河双源对引，将至边城合流，入口为两河口，乃在镇安堡水条内，详在后。与堤头、独石皆无关涉。《安澜志》引以为疑，徒形龃龉。盖独石水固入边始合者也，而郦《注》所称出丹花岭下者，则堤头河也。《一统志》：堤头河在上都牧厂南界，土人名大蓝兔禄河，案《金史》：温阳县有兔儿山、淑水，兔禄河当即兔儿河之转。距独石口西北二十五里，源出狗牙山，东南流入独石口。狗牙山在上都牧厂南，土人名克新喀喇诺海山，其独石口西北二十七里。《三厅志》曰，狗牙山，旧丹花岭也。则堤头河为沽水正源明矣。《安澜志》乃以提头河为红山水，及入边后，又别序有红山水自口外流入之。既求之地理不得其处，遂设为疑，辩云：红山，即红石山，历引马营堡东南之红山、龙门县东之红石山、清水堡东北之红石嶝、赤城县之红石井，异说蜂起，实无当于事情。窃思郦《注》所言丹花岭，质言之，即红山耳。《三厅志》既以为今狗牙山，与沽水源流胥合，此即可据，何必伦求哉？且《安澜志》于白河源，既以堤头河、独石水双提，而其后并无与独石水会和明文，只云有红山水入之，此岂即独石水欤？又《安澜志》以随客河疑即堤头河之异名，此则尤自惑者。第观《三厅·山川志》，堤头河在独石口卷内，随客河在多伦诺尔卷内，两处分载，岂是一河？况随客河乃会乌克尔河西流入克勒泊者，亦不入白河也。凡此捃摭繁芜，适令览者增炫。再案：沽水西源为堤头河，出独石口西北之狗牙山下，其北与察哈尔牧厂交界，东南流径马神庙，又南十里径大喇嘛洞，在丁庄汛东北四十里，小喇嘛洞在大喇嘛洞东南十里。又南流二里，径棠梨沟，有九泉水注之。

九泉水，郦注：沽水又南，九源水注之。水导北川，左右翼注，八川共成一水，故有九源之称。其水南流至独石，注大谷水。案《三厅志》，九泉水在独石口北三十里棠梨沟，有泉九源并发，合流注于堤头河。案《水经注》，九源水系注大谷水，而今则径注沽水，与古道异。

沽河又南流径吗尼图岭。《三厅志》作麻克图岭，即铁幡竿岭也。《一统志》：在上都牧厂南界、独石口北三十里。《元史·郭守敬传》：大德二年，议开铁幡竿渠。即指此山水也。又南五里，径明镜沟。《口北志》：沟在独石口西北二十八里。又南六里径丽家窑，又南四里径灭虎沟，又南四里至北栅口，即独石水关也。入边城。案《宣化府志》：北栅口东至万胜楼，即东栅口，五里二百十三步；西至镇冲楼，即西栅口，三里。通口外三厅等处地方。又南五里径独石城西北，则有西栅口水自西北来注之。

西栅口水，即水泉河。此与赤城县西之泉河别。《三厅志》：在独石口西北十里，案《安澜志》：西栅水发源支锅石，以其地相近也。平地出泉，东南流入西栅口，至独石城西与沽水合。案：此水源流不远，故常易涸。

沽河又南流五里，径独石城南独石神庙前，则有东栅口水自东北来注之。

东栅口水，即大砟沟河也。出独石口东北三十里，西南流径先农坛，入独石东栅口，至城南独石庙，与沽水合。《三厅志》疑即古大谷水。然考大谷水乃径独石之西，又有尖谷水注之，乱流南注沽水。今此水在独石东，似不甚确。案《安澜志》：以东栅口外之山为东高山，西栅口外之山为西高山，复引《方舆纪要》谓东高山在开平卫东三十里，西高山在龙门所西五十里。《舆图》作龙门所西二里。此东、西高山又皆在口内，乃以大砟沟河为源于东高山。今考《三厅志》，大砟沟河并无出东高山之说。《万全县志》又有东高山，在张家口堡东北七里。西高山即在西北，相去数百步，与之对峙如门。此又一东、西高山。总之与大砟沟水不相近。

沽河又南，则东源独石水自东北来会。

独石水，即《安澜志》所谓红山水也。雍正旧志曰：其源有二，皆自塞外流入。一曰独石水，出独石口，径独石城西，为西河；一曰红山水，由红石山径独石城东，为东河，俱流至城南而合。案：此乃以西源堤头河为独石水，而以东源独石水为红山水，名称互易。盖水每因地得名，沽河两源皆夹独石城，流至城南交汇，故东河、西河皆可以独石目之。《一统志》谓之城东河，即此红山水也。其堤头河谓之城西河。据云，城西河发源口外，夹城东南流至卫南，案：开平中屯卫、后屯卫皆独石厅地，故称卫，沿旧制也。与城东河合。其水亦自口外流入，经卫东五里又南合流。故无论为红山水，为独石水，总之为沽河东源而已。再案：红石山，《三厅·山川志》无此山，只独石口南有红石嵯，然方向殊背。今查多伦诺尔界内上都牧厂西有红罗山，土人呼乌兰哈尔哈山，直独石口北一百五十里；又牧厂东有巴汉乌兰峰，直独石口东北一百八十里；牧厂南有伊克乌兰峰，直独石口东北一百五十里。乌兰者，蒙古言红也，此三山毗连，皆在上都牧厂，当独石之东北，而俱以红山称之，可知其远近百十里间多红山矣。独石水源当出于此，其方位合也。且独石水亦不一，要皆自独石东北而来。《一统志》：独石泉出上都牧厂东南，在独石口东北九十里，土人名乌可尔齐老泉。又《方舆纪要》：独石水在开平卫南，流注云州堡，合于龙门川。案：此两独石水，《统志》所言，应即红山水，《纪要》所言，当是清泉堡水。别见下。

沽河两源既合，遂名为白河，俗亦仍称沽河。仍南流十八里，径赤城县头堡子西，又东南十里径半壁店，《明史·地里志》：开平卫南有半壁店。即此堡镇也。又东南十里径三山堡西，在县北六十里。又南十里径猫儿峪西，在县北五十里。则有清泉堡水自东北来注之。

清泉堡水，发源于独石东北口外。《方舆纪要》曰：山下有泉涌出达堡东，因名。《三厅志》谓之清泉淀，自口外合黄榆镇北二沟之水，流入边内。《安澜志》：西南流注于猫儿峪之南，下入龙门川。即白河，详见下。案：猫儿峪南二十里许即云州堡。《纪要》所云独石水、清泉堡水，似是一水复载，以其地名核计相同也。

白河又南流十里径旧站堡西，出龙门峡。《水经注》："沽水又南出峡，夹岸有二城，世谓之独固门。以其藉险凭固，易为依据，岩壁升耸，疏通若门，故得是名"。白河至此，号为龙门川。《明史·地理志》：云州堡东北有龙门山，亦曰龙门峡，下为龙门川是已。《方舆纪要》曰：龙门川在云州堡东北五十里，案：此与龙门县西之龙门山其上有关者别。则有君子堡水合松树、暖泉等水自西北来注之。

君子堡水，源于西北口外，由君子堡口入边，故名。《宣化府志》：君子堡东北至独石城三十里，西南至松树堡十五里，北至边墙五里。其水东南流三十里至羊房堡，与松树水合。松树水发源西北口外沙儿岭，由松树堡口入边，故名。《三厅志》：沙岭在独石口西南八十里，与张家口交界，自入口后，亦东南流三十里至羊房堡，与君子水合。又东南流十里径仓上堡，又五里与暖泉水合。暖泉在赤城县北。旧志曰云州堡宝济乡有泉七十二眼，出于一乡，合流而入龙门川，即此。又东南流五里入白河，又有红泉出马营堡东南二十里之红山，东流入龙门峡合白河。《畿辅舆图》。

白河又南流八里径关门口，有镇安堡水合天仡力河自北来注之。

镇安堡水，出赤城县东北口外，南流与天仡力河合。天仡力河出平安岭洞儿沟。《三厅志》：平安岭在滴水崖口东百五十里，其水产画鱼，小而肥美，西流入镇安堡水。又南入边，径镇安堡南，故名。又南十五里径施家嵯，折而西南流十里，径永镇堡，又西南十里径沙沟，又二十里至云州堡南关门口北入白河，谨案：白河上流西源为堤头河，东源则或云独石水，或云红山水。既合，南下为龙门川。《三厅志》云：白河出镇安堡口外东西两山，双源对引，将至边城，合流入口，所谓两河口者是也。西流至云州东南，与龙门川、沽水合。此正指镇安堡水合天仡力河，非堤头河，亦非红山水，而竟标之为白河，盖误识也。因堤头、独石等水皆有主名，此镇安堡水无名，遂以白河概加之耳。《安澜志》顾以此为白河分支，似属悬度。夫分支乃自本河而别出外泄之谓，如减河、引河是矣。讵有入注本河为所受者，亦谓之分支呼？《三厅志》固欠明晰，《安澜志》尤踵其谜。不然，沽水源流自狗牙山至龙门峡，皆与《水经注》合，忽于关门口下，旁来一水，遽指为白河经流，无乃令人讶其不类？故此水只可呼为镇安堡水，白河之名不得假也。盖即古乾溪水也。案《水经注》：沽水自出峡又南，左合干溪水，水引北川。西南径一故亭东，又西南注沽水，沽水又西南径赤城东。窃意此镇安堡水当为古乾溪水。独固以南、赤城以北，唯镇安堡水引于北川，南流入边，又西南流，左合白河，方位、源流无不恰合。又今镇安堡即古亭墌旧址也，所谓径一故亭者，亦当指此。

白河又南流七里，径黄土岭，有夏家村乾河自东北来注之。

夏家村乾河，出赤城东北口外，西南流，由镇岭口入边，十五里径夏家村南，又西南八里合龙门川。其西即黄土岭。

白河又南流十五里径赤城县东，绕城而南，有大石门水合水泉、汤泉来会，命曰赤城河。

　　大石门水，出大石门山。《三厅志》：山在独石口西南三十里、丁庄子湾西北十五里。山有石洞如门，故名。有乾河一道，为山水所注，由榛子沟入马连口，东南流径赤城县西北二堡子，有水泉河合而东流十里，径西栅子，又东南径镇宁堡，又十里径右所堡，又十里径左所堡，又南十里，有汤泉河来会。源出赤城县治西十五里，东北流五里许，入水泉河。案明《一统志》：赤城汤泉，自龙门镇北乡赤城寺侧山根涌出，暴热，而旁有冷泉，随人浴之可愈疾。即今汤泉河也。《一统志》作温泉。乃合而东流，谓之城西河。又东与白河会，遂名赤城河。《水经注》：沽水又西南径赤城东，城在山阜之上，下枕深隍，溪水之名藉以变称，故河有赤城之号矣。再案：《太平寰宇记》曰，密云螺山水亦名赤城河，即沽水也。乐氏此论乃就密云所属山川言之，而溯其上流，犹云此密云之螺山水，即赤城河，下流而为古沽水也。《水经注》：沽水又南，与螺山之水合，实为乐氏所本。而《安澜志》乃于赤城境内寻觅螺山，不从密云立义，致忘其所自，继又疑以上流而逮及下方。此则通论已。

　　白河又南流十三里径老幼屯东，有剪子岭东水合浩门岭北水自西来注之。剪子岭、浩门岭二水分东、北者，以其西、南两路别有水道入龙门河也。详见后。

　　剪子岭水，发源龙门县东北三十里剪子峪，即大岭山，其形如剪，上有石凹，甃石为门，为赤、龙两邑往来径路。东流入赤城县界十里，径沃麻坑，又东北五里径糖房堡，又东十里径小岭堡，至老幼屯西南，与浩门岭水合。水出龙门县东雕鹗堡北二十五里之浩门岭，迤北流径兴仁堡东，共二十五里，至老幼屯合剪子岭水，又东五里入白河。

　　白河又南流七里径柳林屯东，又南十里径样田堡西，有样田堡水合红石井水自东岸注之。案：《安澜志》以样田河为合红石井水、西水泉水而自东北同注于沽河。夫红石井水合样田河固已，若西水泉水，乃龙门河所受乾河入道之一，即三贤庙河是也。其源在<u>龙门县</u>城之西，至<u>龙门县</u>东<u>康家庄</u>入<u>龙门河</u>，岂能东至<u>赤城</u>，又穿过<u>白河</u>之东，与<u>红石井</u>水并流至<u>样田堡</u>乎？但观《安澜志》叙<u>西水泉河</u>水道皆<u>龙门县</u>地，便知其谬。揆其致误之由，在以<u>龙门县</u>之<u>龙门河</u>错认为<u>赤城县</u>之<u>龙门川</u>也。

　　<u>样田水</u>，一名<u>清水河</u>，出<u>独石口</u>外，西南流径<u>赤城县牧马堡</u>南，《一统志》：堡在<u>龙门所</u>北，故牧马场也。又西南径<u>龙门所</u>南，又南流十五里径<u>蒋家堡</u>，与<u>红石井</u>水合。水出<u>赤城县</u>南三十里，地名<u>红石井</u>，西流五里合<u>样田河</u>。案：《宣化府志·山川》内不载此水。又西南流十五里径<u>石灰窑</u>，又十里径<u>样田堡</u>入<u>沽河</u>。案：<u>样田堡</u>，《一统志》作<u>杨田堡</u>，在<u>赤城县</u>东<u>龙门所</u>西南二十里，旧名<u>鸡田</u>，<u>明</u>嘉靖中改名<u>样田</u>。《方舆纪要》亦云<u>样田</u>旧名<u>鸡田</u>。<u>周兴嗣</u>《千字文》<u>鸡田赤城</u>即指此也。今考《水经注·沽水》篇，<u>阳曲水</u>乃俗刻之讹，古本实作<u>阳田水</u>，而<u>阳田水</u>乃东南流历<u>女祁县</u>故城，则自<u>龙门县</u>来矣。此<u>独石</u>之<u>清水河</u>乃西南流，亦名<u>样田河</u>者，当由今<u>样田堡</u>设于<u>白河</u>之东，而此河适经之故因地为号，遂冒旧名。按地求之，则<u>阳田河</u>当为今之<u>龙门河</u>，其入<u>沽河</u>处曰<u>合河砦</u>，北距<u>样田堡</u>才三十里许，其初名堡之意，未必不因此河而起，后人特侨置于河东，又遇有无名之水流径其前，致使张冠李戴，反没本真。然载籍固犹可征也。详见下。

　　<u>白河</u>又南流十里，径<u>上马鞍山</u>，又五里径<u>下马鞍山</u>，又南十五里至<u>合河寨</u>东，则有<u>龙门河</u>合乾河八道自西来注之。

　　<u>龙门河</u>，源出<u>龙门县</u>西二十里<u>娘子山</u>北三里<u>大龙王堂</u>。水从地出，数丈即伏，至岩树下汹涌喷薄，流数里又伏，至<u>朱家营</u>复出，乃东流为河。径县城南，故亦名<u>南河</u>，则有<u>北栅口河</u>自北岸入之。<u>北栅口</u>在城西北十五里，其水南流，由<u>老王沟</u>径<u>前所堡</u>，至城西南入<u>龙门河</u>，长三十里。又东径<u>八里庄</u>，右<u>黄草梁河</u>自南岸入之。<u>黄草梁河</u>在城西十八里，其水东流，自<u>近北村</u>径<u>郭家庄</u>、<u>蔡家庄</u>至<u>鞠家庄</u>，又北入<u>龙门河</u>，长四十五里。又东径<u>三岔口</u>，有<u>金家庄河</u>自北岸入之。<u>金家庄河</u>出城西北，其水东南流径<u>金镛堡</u>、<u>韩家庄</u>，至<u>三岔口</u>入

龙门河，长四十余里。又东径上虎村。即上狗儿村，在城东二十五里。有剪子岭西水自北岸入之。剪子岭在城东北三十里。其水南流至上虎村入龙门河，长二十五里。又东径下虎村，至康家庄，有三贤庙水至南岸入之。三贤庙水即西水泉。因两地临近，故或称三贤庙水，或称西水泉，其实一也，在城西十五里。其水东流，由近北庄径鞠家庄，至康家庄南岸入龙门河，长四十五里。又东径雕鹗堡南，有浩门岭南水自北岭入之。浩门岭在雕鹗堡北二十五里。其水南流径张四沟、大仓堡、小仓堡，至雕鹗堡入龙门河，长三十余里。又东，有周家沟河自北岸入之。周家沟在雕鹗堡北十五里。其水屈曲南流，由小仓堡又南入龙门河，长二十里。又东，有长安岭北河自南岸入之。长安岭即枪竿岭，在县东南，有堡，把总驻焉。其水东北流，自二炮儿、官庄径东山庙，至小雕鹗堡北七里入龙门河，长五十余里。以上八河皆雨潦则盈，常时多涸。龙门河又东径黎家庄、尤家庄、孙家庄，又东入赤城县界，至合河寨入白河。

　　谨案《水经注》：鹊谷水即阳乐水，出且居县今宣化县，历女祁县今龙门县故城南，世谓之横水，又谓之阳田河。东北流，左合侯卤水，傍狼山南，又径温泉东至赤城南入赤城河。今观白河南北流，龙门河东西流，此横河所由名也。其所合侯卤水及温泉，当不出八河之中，所傍狼山，当是雕鹗崖，又在赤城南入赤城河，方位俱合。况又谓之阳田河，今样田堡乃正其旧名也。特后人传写，音同字异耳。而今反以样田加于白河东之清水河，徒以样田堡移置在彼，遂假而不归耳。

白河乃渐迤而东，径流河西堡北，有白龙潭水自南来注之。

　　白龙潭，在赤城县南七十里，河西堡西南五里，源出南山下，方广三丈许，澄澈见底，水纹如锦，外为小溪，西南流十余里入白河。

白河又东南流十五里，径青罗口南，又东十里出滴水崖下。此与独石口东南之滴水崖，一名滴水壶者迥别。《宣府镇志》：在雕鹗堡东四十里。《隆庆旧志》：一名洒水岩。明汪道亨《填星记》：崖状瑰异，直上一百八十丈，其麓俨一大圆盘盛之，围而度之，计十九里。有朝阳观、香炉峰、碧落洞、西方景诸胜迹。其右崖石穴有泉滴沥，隆冬不冻，故名。又东二十里至宁远堡，则有长伸地水自北注之。

长伸地水，出红石山南，案：此红石山即赤城山支峰，以山多赤色，故名。非龙门县东之红石山也。南流十五里径巡简寺，又南二十里径长伸地堡东，又南二十五里至宁远堡，由北岸入白河。

白河又东流五里出赤城县境，入延庆州界，径靖安堡南，靖狐堡。由东河口出边墙。以上共计行边内境地二百十五里。

谨案：白河自延庆州出边后，《安澜志》以为与白河分支流径镇安堡之水会，又云其水南流与黑河川水合，受诸小水，至石塘岭与沽河正流合，此语殊欠分晓。据《三厅志》白河出镇安堡口外，双源对引，至边合流，入口西流至云州堡南，与龙门川沽水合；又南径赤城东，受汤泉河；又东南径样田堡，至龙门合阳乐河；又东南径滴水崖，受长伸地水；又东至靖安堡东河口，复流出边，折而东北，由密云县进口，至菜树甸与黑河水合；又东南入朝河川。此语最为明晰。所谓龙门川沽水者，白河正流堤头河也。其流径镇安堡者，《水经注》之乾溪水也，即谓为白河外支亦无不可。然镇安堡水已于云州堡南入沽水矣，此后便皆归白河之正流，与镇安堡水截然了决，又况在复流出边、复流入边之后于密云界内所合之黑河乎？《安澜志》乃指此黑河为即镇安堡分支之白河，及至饰说难通，则又云白河分支与黑河川合，其实所记水道皆黑河，非白河也。并自忘其前于关门口下已载镇安堡水入沽之文，至此又别出歧途，其误可想。前于镇安堡水案内，谓不可假以白河之名，即防此弊端也。今唯就《三厅志》证以《采访》《舆图》，以著水道。

白河即出边墙，迤北而东流，径千家店，在延庆州东北界边墙外，四至俱旷墟沙漠。其东与独石滴水壶相接，为四海冶、周四沟、靖安堡之外卫。又东入独石厅界，有四海冶水、海子沟水自南来，以次入之。

四海冶水，在延庆州东四海冶堡北门外，即溪水也。此与出团山之溪河西南转注于桑干者别。有三源皆经四海冶堡，故名。旧志曰：一出堡西南昌平州黄花路，东北流径堡西，至堡北；一源于西北上合小水，至堡来会；而堡南复有一源东北流径堡东北，与西水合。此所谓三源也。东北流三里出边外入白河。案：四海冶本名四合冶。《一统志》：旧尝冶铸于此，以有四水合流，故名。后人讹"合"为"海"耳。其谓为四合者，乃指溪水三源，又合小水恰为四数，故以名冶。又有海子沟水出海子沟口，在四海冶之南，曲折北流，绕四海冶堡之东，又北与珍珠泉合，《三厅志》：泉在四海冶口东十里，源出平地，方广亩许，澄澈见底，觱沸如明珠百斛。旁有小渠，分流四注，可资灌溉，与海子沟末流相会。同注于白河。

谨案：《安澜志》于白河出边后，即云与黑河川水合，折东流与延庆州之溪水合，又有四海冶、海子沟之水合珍珠泉入之。今查四海口外为独石厅地，其珍珠泉乃在口外，故《三厅志》载于独石山川卷内，而《延庆州志》则无，是白河受四海冶、珍珠泉等水，在独石境矣。又东入滦平县境，又东入密云县境，始得与黑河会焉。《安澜志》乃叙黑河于四海冶之前，其间尚隔滦平、密云两县界限，殊乖方次，特辨正之。

白河又东径滴水壶南。《三厅志》：滴水壶在独石口东南三百里，千家店东三十三里，白河之北，一山中峙，状若凌虚，洞若谽谺，崖端飞瀑，如珠帘高挂，广数十丈，激响若雷。其下承以清潭，汇流东注。谓之壶者，犹方壶仙境云尔。又东入滦平县界，径宝山寺，迤而东南流。又东抵边墙，由骠骑堡水关口入密云县界。《昌平山水记》：白马关西南四十里为石塘岭，距密云县四十里，其西北有骠骑堡，有水关，白河从西北塞外来迳之。径高家庄南，又东南至石磡岭堡西北，有冯家峪河自西北来入之。

冯家峪河，出口外，由冯家峪口入边，在密云县北九十里，东南流至石塘岭堡。《畿辅舆图》：石塘岭堡在密云县北六十里，把总驻焉，由北岸入白河案：白河东流受水之次，乃先受冯家峪河，再受白马关黑河。《安澜志》序白马关河于冯家峪河之前，非是。

白河又东南流至石塘岭堡东北，则有黑河自白马关外南流来注之。

黑河，一名白马关河，以其自白马关入边也，亦简称白河。《顺义县志》：白河出塞外，自白马关入，故曰白河，非沽水之白河也。土人以其与沽水白河相混，而其源实出于黑龙山也，故对别之曰黑河。《一统志》：在上都牧厂东南界，土人呼额伯里遂黑河。以别有外遂黑河，流经齐伦巴尔哈逊，常涸，今已为废渎，故名此为里遂黑河。在独石口东南五十里。《三厅志》：源出独石口东北百里黑龙山，俗名旦老山。西南之老獐沟，曲折东南流径老栅子，又南径绥河坝，有绥河入之，小水也。折而西南径三道河至马栅子，又折而东南径喜峰砦，《三厅志》：砦在独石口东一百三十里，其下有古城遗址，或谓即辽之黑河州旧治也。又西南径孤石村，《三厅志》：在独石口东南百二十里，村前平地凸起一石，青苍孤立。又南径东、西万贯口，又南径辽东营，又南径灵泉寺，有汤泉入焉。《辽史·游幸表》：重熙二十一年八月，幸温汤。即此。《三厅志》：汤泉在龙门所塘子口东十五里黑河北岸。其泉冬夏常温。上有灵泉寺，辽时建行宫于此。又南径井儿沟，乃转而东流径水磨湾。又东径东西卯镇，《三厅志》：卯镇山在独石口东一百八十里，穹窿高耸，汛地也。又东径花盆岭，又东径三道营，双屈曲东南流径黑龙潭，有龙潭水自南来汇之。《三厅志》：潭在独石口东南二百四十里，双崖对束，四潭叠注，飞湍激射。黑河三川会流于此。又东径菜木沟，至红旗汛，入滦平县界。又东南抵边墙，由白马关入密云县界，径白崖峪口之东，曲折南流径高家庄东，又南入白河。

谨案：《安澜志》于黑河流至菜木沟，又云与白河分支之水会。前叙白河于延庆州东河口外，即云与黑河川水合，及寻其所述黑河水道，乃亦由延庆州出边，经独石地至菜木沟。夫菜木沟与滦平接壤，东河口在延庆州北，其间东西相距百数十里。且屡言白河分支，其蔽在以沽河、白河苦求分为二水，不知沽、白二名只可以上流为沽、下流为白，先后言之，断难疑沽水之旁别有白河与之并行，而屡分屡合也。假令果有分支，此正所宜详载其所经，何并无一语道及，而仅空存一分支之名？如谓即前镇安堡水，则已于赤城县入白河矣，此处又安得有分支耶？如谓即混在所受诸水内，则诸水已各自编录，又安得以所受者重出为分支耶？盖土人俗呼，每有此水互受于彼而遂通称者，然不可据为与要也。如此黑河亦名白河，正启人疑误之根。《方舆纪要》：白河源出宣府卫龙门所东滴水崖，东流入密云县境石塘岭，过县西。此乃指沽水白河也。又云其支流亦从石塘岭过怀柔县西，此则白马关之黑河也，以石塘岭为铁证矣。白河分支应从此惑。抑知此支流之名白河者，即黑河哉？又讵知前镇安堡水之名白河者，即乾溪水哉？《安澜志》盖以沽水必与潮河合后，始得名为白河，若以上水道，凡诸籍有称为白河者，即疑为分支，而未反思其自记此沽水，亦原以白河标目也。

白河又迤而南流，有水峪河自西北口外来入之。

◎河渠（卷87《略四十二·河渠十三》）

○北运河（第632册，第391页）

龙门河坝，在龙门县东三十里，雕鹗堡南，旧丛乱石为坝。因龙门河至雕鹗堡南，则浩门岭南水自北岸入，周家沟水亦自北岸入，长安岭水又自南岸入，故为坝以护堡。其下流入白河，即北运河之上源也。

◎河渠（卷89《略四十四·河渠十五·津梁二》，第632册）

○赤城县（第465页）

长源桥，在县南门外。明建，乾隆十二年①及二十四年重修。

东桥，在县北门外。

顺济桥，在独石城南三里许，明正统年建。

龙门所石桥，今圮。

样田河桥，在样田堡后四里许。

舍身崖桥。

滴水崖桥，在县南滴水崖堡。

七里墩桥。以上四桥皆以木为之，冬建夏撤。

○龙门县（第465页）

雕鹗堡桥，有典史温秉②诰修建碑记。

◎经政一（卷94《略四十九·经政一田赋》，第632册）

○赤城县（第697页）

额内额外各项地叁千捌百贰拾玖顷捌拾贰亩零。原额叁千肆百壹拾伍顷壹亩肆分零，内除圈拨冲压外，实剩地贰千陆百伍拾伍顷壹拾玖亩玖分零。历年开垦，查出地壹千壹百柒拾肆顷陆拾贰亩壹分零，共地叁千捌百贰拾玖顷捌拾贰亩零。每亩征银不等，共征银壹千捌百柒拾肆两陆钱伍分零，存留银壹千捌百柒拾肆两陆钱伍分零，起运银无。遇闰加征银壹拾贰两叁钱叁分零。存留闰银壹拾贰两叁钱叁分零，起运闰银无。实征本色米陆千玖百肆拾捌石捌斗贰升零。

○龙门县（第697页）

---

① 乾隆十二年，1747年。

② 民国《龙关县志》卷18《艺文志上》作"温秉哲"。

额内额外各项地肆千伍百壹拾顷伍拾壹亩叁分零。原额肆千壹百柒拾陆顷玖拾伍亩柒分零，内除冲压外，实剩地叁千肆百贰拾柒顷壹拾亩柒分零。历年开垦，查出地壹千捌拾叁项肆拾亩陆分零，共地肆千伍百壹拾顷伍拾壹亩叁分零。每亩征银不等，共征银贰千叁百叁拾玖两壹钱捌分零，存留银贰千叁百叁拾玖两壹钱捌分零，起运银无。遇闰加征银壹拾伍两伍钱贰分零。存留闰银壹拾伍两伍钱贰分零，起运闰银无。实征本色米陆千肆百捌拾伍石柒斗贰升零，米谷捌石玖斗。

○独石口厅（第 704 页）

额内额外各项地贰千贰百捌拾玖顷伍拾肆亩壹分零。原额肆百柒拾捌顷壹拾贰亩零，历年开垦地壹千捌百壹拾壹顷肆拾贰亩壹分零，共地贰千贰百捌拾玖顷伍拾肆亩壹分零。每亩征银不等，共征银叁千贰百叁拾肆两捌钱捌分零，原额征银壹千伍百柒两壹分，新垦征银壹千柒百贰拾柒两捌钱柒分零，其征银叁千贰百叁拾肆两捌钱捌分零。遇闰加征银肆拾捌两叁分零。

◎经政二（卷 95《略五十·经政二旗租》，第 632 册）

○八旗王公宗室分拨庄田（第 721 页）

镶黄旗，满洲初次给地万一千六百三十一顷六十亩，二次给地二千五百三十八顷九十亩，三次给地千三百十有三顷十亩；蒙古初次给地千七百九十四顷三十亩，二次给地千七百顷有十亩，三次给地四百一十三顷七十亩；汉军初次给地二千顷四十亩，二次给地一千一百八十八顷二十亩，三次给地一千五十三顷，共壮丁地二万三千六百三十三顷四十亩。坐落通、涿……南皮、获鹿、赤城、宣化各县，永宁卫、良牧署、采育里、开平、沙河驿、古北口、冷口、张家口、罗文峪、独石口、石匣等处。

正黄旗，满洲初次给地四千四百六顷四十亩，二次给地九千一百七十四顷九十亩，三次给地千八百七十三顷八十亩；蒙古初次给地七百五十六顷九十亩，二次千一百二十七顷十亩，三次给地千八百八十四顷六十亩；汉军初次给地千二百七十四顷二十五亩，二次给地千八百七十八顷七十八亩，三次给地千一百六十七顷十有五亩。共壮丁地二万三千五百四十三顷八十五亩。坐落通、涿……开平、赤城、宣化各县，古北口、冷口、张家口、独石口、石匣等处。

正白旗，满洲初次给地五千七百二十七顷三十亩，二次给地三千三百二十六顷七十亩，三次给地四千三百三十四顷十亩；蒙古初次给地千二百九十三顷七十五亩，二次给地千二百四十七顷五十五亩，三次给地千九十四顷五十八亩；汉军初次给地八百六十七顷六十亩，二次给地千四百六十五顷二十亩，三次给地千四百三十九顷七十亩。共壮丁地二万七百九十六顷四十八亩，坐落通、涿……独石口、古北口等处。

镶蓝旗，满洲初次给地六千五百二顷八十亩，二次给地二千三百四十顷九十亩，三次给地四百六十顷；蒙古初次给地千五百四十八顷三十亩，二次给地二百四十顷七十八亩，三次给地三百二十二顷二十亩；汉军初次给地七百五十八顷七十亩，二次给地四百八十三顷六十亩，三次给地四百五十三顷六十亩。共壮丁地万三千百十一顷二十八亩，坐落大兴……独石口，张家口等处。《会典》并《八旗土田志》。

〇各州县额征旗租银两（第 728 页）

赤城县，旗地计三顷一十亩，共征租银一十四两五钱三厘，粮一十一石四斗一升。

独石口厅。厅属旗地计一百三顷五十八亩四分一厘，共征租银二百五十九两九钱四分一厘，内除扣纳民粮银一十三两二分五厘，外应征租银二百四十六两九钱一分六厘。

◎经政三（卷 96《略五十一·经政三户口》，第 633 册）

〇辽（第 7 页）

奉圣州统县四：永宁县户八千，矾山县户三千，龙门县户四千，望云县户一千。

　　○国朝（第 26 页）

　　宣化府

　　康熙十九年，总计府属实在人丁四万七千五百四十七丁，内供丁一百六十六丁，新更人丁一百一丁，行差人丁四万七千二百八十丁。《康熙志》。……雍正十二年，总计府属人丁六万三千八百九十八丁，行差人丁五万九千一百一十八丁。《雍正志》。府属十州县原额人丁四万一千八百九十丁，实在行差人丁五万二千二百三十九丁。《赋役全书》。光绪九年，府属十州县共户十五万二千四百零五，口八十五万零五百三十五。《司册》。

　　赤城县

　　原额人丁一千一，实在行差人丁一千五百三。光绪年，户五千四百四十六，口二万四千零八十一。

　　龙门县

　　原额人丁二千二十七，实在行差人丁三千一十七。光绪年户五千八百七十九，口二万六千五百九十五。

　　独石口厅

　　光绪年户五千五百八十八，口二万一千零七十三。

　　◎经政四（卷 97《略五十二·经政四禄饷一》，第 633 册）

　　○文职廉俸（第 31～32 页）

　　一、中外大小官员八旗官员按品给与俸银。正、从一品岁支俸银一百八十两，督抚兼尚书衔例支一品俸银。正、从二品岁支俸银一百五十五两，正、从三品岁支俸银一百三十两，正、从四品岁支俸银一百五两，正、从五品岁支俸银八十两，正、从六品岁支俸银六十两，正、从七品岁支俸银四十五两，正、从八品岁支俸银四十两，正九品岁支俸银三十三两一钱一分四厘，从九品未入流岁支俸银三十一两五钱二分。外官不支俸米。

一、直隶各官养廉。总督一万五千两，布政使九千两，按察使八千两，道员各二千两。知府：保定府二千六百两，承德府一千两，余各二千两。知州：遵化州、易州各一千二百两，保安州、沧州、平泉州各八百两，安州六百两，余各一千两。知县：清苑一千二百两，良乡、永清……宣化、怀来、西宁各一千两，房山九百两，玉田、文安……朝阳各八百两，余各六百两；布、按两司，经历，理问各一百二十两。同知：保定、多伦诺尔理事同知各一千两，古北口、张家口、独石口理事同知各八百两，东、西、南、北四路同知各一千两，保定、永平府属同知各八百两，余各七百两。通判：通州、易州理事通判各八百两，保定、天津府属通判各七百两，余各六百两。州同：遵化、易州、定州州同各二百两，余各六十两。州判：遵化、易州、冀州、赵州、深州州判各一百二十两，涿州、延庆州州判各一百两，余各四十五两。县丞：大兴、宛平县丞各四十两，房山、良乡、涞水县丞各八十两，余各四十两。府经历：承德府经历七十一两五钱二分，余各四十两。主簿：各三十三两一钱一分四厘。吏目、仓大使、司狱：各三十一两五钱二分。……

独石口抚民，旧为理事，光绪七年改。同知一员，俸银八十两，养廉银[1]八百两，岁共支银八百八十两。（第 44 页）

赤城、龙门二县，知县共二员，每员俸银四十五两，养廉银六百两，岁共支银一千二百九十两。县丞二员，张、独二口。每员俸银四十两，养廉银四十两，岁共支银一百六十两。（第 44 页）

〇廪生粮银（第 51 页）

赤城县学廪生二十名，岁共月粮银六十四两。

龙门县学廪生二十名，岁共月粮银六十四两。

---

① 养廉银，清制，官吏于常俸之外，规定按职务等级每年另给银钱，曰"养廉银"。文职始于雍正五年，武职始于乾隆四十年。

○役食（第 64 页）

独石口抚民同知，门子二名，皂隶十二名，步快八名，民壮十八名，轿伞肩夫七名，禁卒八名，贴监皂隶二名，仵作一名，每名工食银六两。岁共支工食银三百四十八两。

宣化县暨龙门、怀来、西宁县，门子八名，皂隶三十八名，马快三十二名，民壮一百六十名，轿伞扇夫二十八名，仵作十名，禁卒三十六名，库子八名，斗级十六名，工食各项与府州同。岁共支工食等银二千三百六十二两一钱。又四典史、门子四名，皂隶十六名，马夫四名，每名工食银六两。岁共支工食银一百四十四两。

怀安、赤城、万全县，门子三名，皂隶二十八名，马快二十四名，民壮一百一十名，轿伞扇夫二十一名，仵作八名，禁卒二十四名，库子六名，斗级十二名，工食各项与府州同。岁共支工食等银一千六百七十五两二钱。又三典史、门子三名，皂隶十二名，马夫三名，每名工食银六两。岁共支工食银一百八两。《则例》《赋役全册》《万全册》。

府州县学斋夫三十三名，每名工食银十二两，内又三名各六两。门斗二十七名，每名工食银七两二钱，内又九名各六两。膳夫二十五名，每名工食银六两六钱六分六厘五毫。岁共支工食银八百三十五两七钱三分五厘。

张、独厅属二县丞，万全、赤城。门子二名，皂隶八名，马夫二名，斗级三名。又张家口民壮四名，每名工食银六两。岁共支工食银一百一十四两。

府共守坛农夫二十名，吹手四十二名，每名工食银六两。更夫三十四名，口北更夫在外。火夫五十六名，工食银每名四两八钱。岁共支工食银八百八两八钱。《则例》《赋役册》。又张、独二口坛庙户，银四十四两。仓夫四十八两，岁共支工食银七十二两。《司册》。

◎经政五（卷98《略五十三·经政五禄饷二》，第 633 册）
○武职俸饷（第 69～70 页）

一、直隶绿营月支饷银。马兵、守陵兵，板窄汛马兵三两，余二两。守兵、守陵兵二两，余一两。墩台兵一两。宣化镇属二两，余丁五钱。步兵、提标：三座塔、鄂尔土坂、涞水、房山、板窄汛、易州属督标四营，东、西、南、北四路捕盗厅。宣化镇标中、左、右、城守四营，张家口协中、左、右三营，万全营、膳房堡、新河口堡、洗马林堡、柴沟营、西阳河堡、独石口协左、右二营，马营堡、君子堡、松树堡、镇宁堡，多伦营、龙门路葛峪堡、赵川堡、长安岭，怀来路左卫城河屯左、右二营、八沟营、唐三营、八沟、喀尔沁乌尔哈达、塔子沟、热河等厅，大名镇一百七十二名二两，余一两五钱。……

一、本折兵米。直隶省宣化镇属，深井堡、鸡鸣、靖安各堡，张家口协左、右二营。蔚州路西城、东城各营，桃花堡，黑石岭营，雕鹗堡，永宁路周四沟堡，四海冶堡，榆林堡……全支本色，古北口五、六、七三个月支给本色，余月折给。提标，夏秋二季支给，本色春冬二季折给。宣化镇标营，中左右三营，城守营。张家口协，中营……怀安城。独石口协，左、右二营，云州堡、赤城营、镇安营、龙门所、滴水崖堡、马营堡、松树堡、岔道城、君子堡、龙门路、赵川堡、长安岭。先侭本色①，不敷折给。葛峪堡。……

○提镇各协（第 71 页）

独石口协副将，俸银五十三两四钱五分八厘，薪银一百四十四两，心红银一百八两，蔬炭等银七十二两，养廉银八百两，实岁支一千一百七十七两四钱五分八厘。

---

① 本色，自唐末至明清原定征收的实物田赋称本色；如改征其他实物或货币，称折色。

○独石口协左右二营（第 107 页）

都司一员，每员俸银二十七两三钱九分六厘，薪银七十二两，心红银一十四两，蔬炭等银十八两，养廉银二百六十两，岁共支银四百一两三钱九分六厘。

守备三员，每员俸银十八两七钱八厘，薪银四十八两，心红银十二两，蔬炭等银十二两，养廉银二百两，岁共支银八百七十二两一钱二分。

千总一员，每员俸银十四两九钱六分四厘，薪银三十三两三分六厘，养廉银一百二十两，岁共支银一百六十八两。

把总六员，每员俸银十二两四钱六分八厘，薪银二十三两五钱三分二厘，养廉银九十两，岁共支银七百五十五两九钱九分八厘。

经制外委十五员，又拨人二员，_{自镇标中营拨入。}每员养廉银十八两，马饷银二十四两，本色米三石六斗，岁共支银七百一十四两，本色米六十一石二斗。

额外外委三员，每员马饷银二十四两，本色米三石六斗，岁共支银七十二两，本色米十石八斗。

马兵二百三名，每名饷银二十四两，本色米三石六斗，内连本营经额本色米，兵七十九名，折色改为本色米，兵一百四十四名。岁共支银四千八百七十二两，本色米七百三十石八斗。内二十七名，暂由练军支领。

步兵一百四十一名，每名饷银二十四两，折色改本色米三石六斗，岁共支银三千三百八十四两，本色米五百七石六斗。内十三名，暂由练军支领。又步兵七名，每名饷银十八两，折色改为本色米三石六斗，岁共支银一百二十六两，本色米二十五石二斗。内三名，暂由练军支领。

守兵三百八十六名，每名饷银十二两，本色米三石六斗，岁共支银四千六百三十二两，本色米一千三百八十九石六斗。内三十三名，暂由练军支领。

○龙门路（第 109 页）

都司一员，俸银二十七两三钱九分六厘，薪银七十二两，心红银二十四两，蔬炭等银十八两，养廉银二百六十两，岁共支银四百一两三钱九分六厘。

把总三员，每员俸银十二两四钱六分八厘，薪银二十三两三分二厘，养廉银九十两，岁共支银三百七十八两。

经制外委八员，每员养廉银十八两，马饷银二十四两，本色米三石六斗，岁共支银三百四十八两，本色米二十八石八斗。

额外外委一员，马饷银二十四两，本色米三石六斗，岁支如额。

马兵四十五名，每名饷银二十四两，本色米三石六斗，内连经额本色米兵四十名，折色改为本色米兵十四名。岁共支银一千六十八两，本色米一百六十二石。内十一名，暂由练军支领。

步兵十六名，每名饷银二十四两，折色改为本色米二石六斗，岁共支银三百八十四两，米五十七石六斗。内五名，暂由练军支领。

守兵二百七名，每名饷银十二两，本色米三石六斗，岁共支银二千四百八十四两，本色米七百四十五石二斗。内二十二名，暂由练军支领。

○独石口厅捕盗营（第 113 页）

千总一员，俸银十四两九钱六分四厘，薪银三十三两三分六厘，养廉银一百二十两，岁共支银一百六十八两。

把总一员俸银十二两四钱六分八厘，薪银二十三两五钱三分二厘，养廉银九十两，岁共支银一百二十六两。

经制外委一员，养廉银十八两，马饷银二十七两六钱，岁共支银四十五两六钱。

马兵三十九名，每名饷银二十四两，米折银三两六钱，岁共支银一千五十七两六钱。

马兵二十名，光绪七年①增设。每名饷银二十四两，米折银三两六钱，岁共支银五百五十二两。

◎经政六（卷99《略五十四·经政六禄饷三》，第633册）

〇马干

一、武员例马。提督二十匹，总兵十六匹，副将十二匹，参将八匹，游击六匹，都司守备四匹，千总把总各二匹，各例马草干银两按月开支。兵部则例。（第115页）

一、绿营每马月支马干。直隶督标左、右、前、后四营……宣化镇标中、左、右三营，城守营，张家口协中、左、右营，万全营，膳房、新河、洗马林各堡，柴沟营，西阳河堡，左卫城，怀来路，独石口协左、右二营，云州堡，赤城营，镇安堡，龙门所城，滴水崖营堡，马营，松树、君子、镇宁各堡，多伦营，龙门路，葛峪堡，赵川堡，长安岭营，岔道城，独石口厅，宣化镇属深井……矾山堡，广昌营，张家口厅，春冬一两二钱，夏秋六钱……（第115页）

独石口协暨属营，额马官例五十二匹，营马二百三十一匹，额本二百八十二匹，奉裁五十一匹。每匹乾银十两八钱，岁共例支乾银五百六十一两，营支乾银二千四百九十四两八钱。内待补额一百四十匹，暂扣不支……（第122页）

龙门路，额马官例十匹，营马四十四匹，额本五十四匹，奉裁十匹。每匹乾银十两八钱，岁共例支乾银一百八两，营支乾银四百七十五两二钱。内待补额二十四匹，暂扣不支……（第122页）

独石口厅捕盗营，额马官例四匹，营马四十匹，每匹乾银十两八钱，岁共例支乾银四十三两二钱，营支乾银四百三十二两。营册。（第123页）

---

① 光绪七年，1881年。

○公费银数（第 125～126 页）

独石口协各营，岁拨银三百九十六两五钱八分四厘。

龙门路，岁拨银一百三十八两三钱八分八厘。

○驻防俸饷

一、热河都统，岁支养廉银一千二百两……古北口、独石口、冷口、喜峰口、罗文峪各防守尉衙门笔帖式，岁各给养廉银三十两。（第 134 页）

一、驻防官员额支正俸银两外各给家口米石，不另给俸米。将军都统定以四十口，副都统定以三十五口，协领定以三十口……又直隶省之保定、雄县、沧州、三河……古北口、独石口、张家口、千家店、罗文峪、喜峰、热河等处各驻防□任世职等官，暨笔帖式均按品核给俸米，与在京旗员同。（第 134 页）

独石口驻防察哈尔兼辖。（第 144 页）

防守尉一员，俸银一百五两，粟米五十二石五斗，岁支如额。

防御二员，每员俸银八十两，粟米四十石，岁共支银一百六十两，米八十石。

骁骑校①三员，每员俸银六十两，粟米三十石，岁共支银一百八十两，米九十石。

领催四名，每名饷银三十六两，米折银九两四钱有奇，粟米一十二石五斗，岁共支银一百八十一两六钱，米五十石。

马甲②九十六名，每名饷银二十四两，米折银九两四钱有奇，粟米一十二石五斗，岁共支银三千二百六两四钱，米一千二百石。

养育兵二十名，每名饷银十八两，米折银二两五钱有奇，粟米九石六斗，岁共支银四百一十两，米一百八十二石。

---

① 拨什库，清代小吏名。满语，"催促人"的意思。汉名"领催"。管理佐领内的文书、饷糈庶务。又有"分得拨什库"，是佐领的副手，汉名"骁骑校"。

② 马甲，清八旗制的兵丁。

以上共俸银四百四十五两，饷银二千六百六十四两，米折银一千一百三十四两，粟米一千六百五十四石五斗。

千家店驻防察哈尔兼辖。（第 144 页）

防御二员，每员俸银八十两，粟米四十石，岁共支银一百六十两，米八十石。

骁骑校一员，俸银六十两，粟米三十石，岁支如额。

领催四名，每名饷银三十六两，折银十二两有奇，粟米九石八斗，岁共支银一百九十二两，米三十九石二斗。

马甲三十六名，每名饷银二十四两，折银十二石有奇，粟米九石，岁共支银一千二百九十六两，米三百二十石。

养育兵八名，每名饷银十八两，粟米九石六斗，岁共支银一百四十四两，米七十六石八斗。以上户部则例兼营册。

以上共俸银二百二十两，饷银一千一百五十二两，米折银四百八十两，粟米五百五十石。附直隶总督方观承《酌筹张家口驻防兵米疏》。略云：窃照军机大臣议覆，右卫兵丁移驻直隶张家口一案，所有直隶□□事宜，以兵房饷米二项为要，除兵房现在加紧建盖外，其官兵俸饷一岁应支粟米，臣于都统巴尔品会奏内，声请另行筹酌，并经军机议覆行知在案。臣随咨准，绥远城将军□著□□，右卫移驻官兵俸饷米豆应支各数，除本色豆三千四百三十三石五斗，宜属屯豆足数动拨外，其粟米一项，□盘查核，计移驻协领等官四十四员，岁需粟米并粳折米一千二百一十八石，兵丁一千二百二十名，岁需粟米一万六千二百六十石，通共需米一万七千四百七十八石。此内有张家口原设官十三员，兵三百名，每年额支米六千九百九十三石零，即在新移官兵应支数内，毋庸另筹，实不敷米一万四百八十五石。查宣化各属地，多砂瘠，产米本少，兼之商贩不通市，价恒贵，从前合十属每岁征额米仅二万五千余石。乾隆二十六年①，臣因放采办维艰，议将宣属屯豆八折，改征粟米一万七千六百余石，以供岁支兵粮，及张家口过往行粮等项之用，此在征收足额之年，尚应余米四千余石，如遇歉收蠲缓，即无余存，所有移驻官兵米石实属无项可拨，如令地方官采买供支，而宣属

────────

①　乾隆二十六年，1761 年。

粟米每石市价尚在二两以上，定价一两，实属不敷，恐滋弊累。兹臣□加筹酌，查宣属有驿之宣化、怀来、怀安、赤城、龙门五县，□□驿马，旧系各就本仓支用，屯豆嗣于乾隆二十六年改征案内停支，半豆按石折给银八钱，以豆八折改征米在案。今就现支之半豆，再加酌□。除赤城、龙门道远，毋庸置议外，应请将宣化、怀来、怀安三县现支半豆，亦照前例一并折给银两，将豆八折改征粟米，计三县停支豆三千三百六十四石零，折征得米二千六百九十一石，令各该县运交张家口仓收贮供支。又蔚州、西宁二处额征屯豆于改征案内。因……再查张家口米价较右卫为贵，除旧支折色，仍每石折银一两五分外，所有新改折色之三石可否酌量加增，每石折给银一两三钱，统俟原议之大臣议覆遵照。臣谨将筹议缘由，恭折缕悉①具奏。伏乞②皇上圣鉴，敕议施行。谨奏。乾隆二十九年八月十七日③。

◎经政七（卷100《略五十五·经政七盐法一》）

○国朝（第633册）

顺天、直隶地方，除宣化府属之延庆、保安二州，西宁、怀来、宣化三县于康熙三十二年题准裁去额设引目五千七百道，改食口外盐。其课银二千五百九十四两有奇，于民佃地内包纳，及蔚州、赤城、万全、龙门、怀来五州县，承德府属滦平、平泉、丰宁、建昌、朝阳、赤峰六州县，易州属之广昌县，向无引目，俱不食芦盐外，其余一百三十一州县，旧州、采育二营俱销芦盐。《长芦盐法志》。（第164页）

宣化府属之蔚州、赤城、龙门、怀安、万全俱无引目。蔚州民间食盐贩自口外，无税课；赤城所食盐产于蒙古，春冬天寒不能贩运，夏秋由蒙古人贩至达木诺尔，转运至口，商人在口接买，每车报税银四分；龙门民间食盐自赴赤城及独石口一带购带；怀安食蒙

---

① 缕悉，一条一条很清楚。
② 伏乞，向尊者恳求。伏，敬词。
③ 乾隆二十九年八月十七日，1764年9月13日。

古盐，由市人往张家口盐房转贩，不收课；万全食蒙古盐，蒙古人载盐进口，在张家口监督衙门纳税，每石一钱五分。同上①。（第 179 页）

◎经政十一（卷 104《略五十九·经政十一仓储二》，第 633 册）

○赤城县（第 246 ~ 247 页）

常平仓，额储谷一万七千石。

广备仓，旧厫五间，明宣德五年②建；西厫五间，康熙三十五年③建；北厫九间，雍正八年④建。

独石口广积仓，在县东北，旧厫六间，明正统元年⑤建；新厫五间，康熙二十四年建，雍正六年增建厫十间。

马营堡广盈仓，在县西北，厫十间，明宣德五年建。

云州堡仓，在县北，旧厫五间，明宣德五年建；新厫六间，乾隆三年建。

镇宁堡仓，在县西北，旧厫六间，明弘治十年⑥建；新厫三间，乾隆三年建。

镇安堡仓，在县东北，旧厫三间，明成化八年⑦建；新厫三间，乾隆三年建。

龙门所仓，在县东，旧厫八间，明宣德七年建；新厫六间，乾隆三年建。

滴水崖仓，在县东，旧厫八间，明弘治八年建；新厫六间，乾隆三年建。

---

① 同上，指运司档案。

② 宣德五年，1430 年。

③ 康熙三十五年，1696 年。

④ 雍正八年，1730 年。

⑤ 正统元年，1436 年。

⑥ 弘治十年，1497 年。

⑦ 成化八年，1472 年。

青泉堡仓，明景泰四年^①建，久废。

松树堡仓，明隆庆元年^②建，久废。

猫儿峪仓，明嘉靖三十五年^③建，久废。

半壁店仓，明嘉靖三十七年建，久废。

牧马堡仓，明弘治十年建，久废。

长伸地仓，明建，久废。

宁远堡仓，明建，久废。

样田堡仓，明建，久废。

独石口义仓。

马营堡义仓。

云州堡义仓。

镇宁堡义仓。

龙门所义仓。

滴水崖义仓。

○龙门县（第 247～248 页）

常平仓，额备谷一万七千二十四石。

广盈仓，在县治西北隅，明宣德五年建。

备荒仓，明成化年建，今圮。

金家庄堡仓，明成化年建，久废。

龙门关堡仓，明成化年建，久废。

三岔口堡仓，明建，久废。

雕鹗堡仓，明宣德五年建。又备荒仓，明成化十年建，久废。

长安岭仓，在城西北隅，明景泰三年建。

赵川堡保安仓，明宣德三年建，久废。

---

① 景泰四年，1453 年。

② 隆庆元年，1567 年。

③ 嘉靖三十五年，1556 年。

大白阳堡仓，明宣德五年建，久废。

小白阳堡仓，明宣德五年建，久废。

葛峪堡仓，明成化元年建，今废。

常峪口堡仓，明宣德年建，久废。

青边口堡仓，明宣德年建，久废。

羊房堡仓，明成化元年建，久废。

雕鹗堡义仓。

新井堡义仓。

金镛堡义仓。

小白阳堡义仓。

下仓堡义仓。

○独石口厅（第250页）

仓无。

◎经政十四（卷107《略六十二·经政十四榷税》，第633册）

○乾隆二十九年①，议准直隶龙泉、茨沟……等关口税银均委营员征收。每年正额银一千一百三十四两七钱，遇闰加征银九十二两四钱七分有奇。赢余银两比较上年汇册解部。永平府属州县……。又丁字沽税银三千两，窑税银三十九两。独石口税银四百四两八钱八分，均解司库，归公动用。古北口斗税银折钱一千七百四十四，千一百三十文，除本关零星开销外，余钱易银解司抵充驿站工料。《大清会典》。（第338页）

○直隶落地牛、马、猪、羊等项杂税银十有二万六千四百九十六两七钱七分零，钱一千七百四十四，千一百三十文，内牛、马、驴税银五千九百九十八两三钱，花布银一百三十一两九钱，烧缸银

---

① 乾隆二十九年，1764年。

六百十一两七钱，海税银一万一千二百八十五两四钱八分，河利银五百三十一两四钱，丝麻银八两七钱，榛栗三十六石，内解光禄寺八石，余解部转交内务府。丁字沽税银三千两，杂货税银六万三千七百四十七两二分，窑税银三十九两。独石口税银四百四两八钱八分，商税银四万七百三十八两四钱各有奇。古北口税银折制钱千七百四十四，千一百三十文。《大清会典》。（第339页）

〇康熙四十八年……独石口杂税共征银三百七十九两，增减不等，遇闰有加。《采访册》。（第349页）

〇赤城县（第365~366页）

典当五座，岁征税银二十五两。

房地税契银共三百三十三两零二分，正额银一十八两六钱三分，盈余银三百一十四两三钱九分。

牙帖税银五两一钱。

牛驴税银一十一两二钱八分。

缸户税银二十一两六钱。

〇龙门县（第366页）

典当四座，岁征税银二十两。

房地税契银一百五十五两五钱五分，正额银八两五钱二分，盈余银一百四十七两二分五厘。

牙帖税银二两六钱。

牛驴税银一十四两一钱九分，正额银二两四钱二分，盈余银一十一两八钱七分。

〇独石口（第367页）

典当无。

◎经政十五（卷 108《略六十三·经政十五恤政一》）

○国朝（第 633 册）

是年①，宣化府属延庆、保安、宣化、怀来、龙门五州县地震，蠲免康熙五十九、六十两年钱粮，并免五州县米豆谷杂粮三万七千九百石有奇，发银赈济。《皇朝通考》并《宣化府志》。（第 387 页）

是年②，直隶怀安、龙门灾，按成灾分数赈给。（第 392 页）

是年③，缓征宣化、龙门二县钱粮，赤城等八县及张家、独石二厅新旧钱粮，旗租一并缓征。《大清会典》。（第 400 页）

是年④，又蠲缓安肃……南乐、宣化、保安、怀来、赤城、龙门、新河、武邑二十七州县被水、被雹村庄新旧额赋，赈赤城、宣化、安肃、新城、东安、涿州、静海、宁晋、定州九县灾民。俱同上⑤。（第 402 页）

是年⑥，免冀州……三河、灵寿、卢龙、唐县、完县、赤城、大名、赵州、沧州、钜鹿九十一州县，并独石口厅被水、被旱、被雹村庄新旧额赋仓谷。（第 405 页）

道光二十五年，给霸州、永清二州县被水村庄一月口粮，并缓征本年新赋。展缓武清、宝坻、蓟州、宁河、文安……南宫三十一州县及津军厅歉收村庄，上年应征银谷。又缓征大兴、宛平、安州、容城、高阳、怀来、赤城、静海、丰润、易州、涞水、广昌、武强、南和、平乡、巨鹿、鸡泽、新河十八州县旧欠额赋。（第 407 页）

是年⑦，展缓盐山、邯郸、广平……宣化、龙门、宁晋三十六州县，上年被水、被旱、被雹村庄新旧、正杂额赋有差。（第 408 页）

---

① 康熙五十九年，1720 年。

② 乾隆三十二年，1767 年。

③ 嘉庆十七年，1812 年。

④ 道光元年，1821 年。

⑤ 俱同上，即档册。

⑥ 道光十二年，1832 年。

⑦ 道光二十八年，1848 年。

◎经政十六（卷109《略六十四·经政十六恤政二》）

〇养济院（第633册，第418页）

赤城县养济院，额养孤贫二十名。

龙门县养济院，额养孤贫二十五名。每名口粮以豆抵米，各半兼支。

◎经政十七（卷110《略六十五·经政十七恤政三》，第633册）

〇留养局（第443~444页）

赤城县留养局六所，在城局房五间，云州堡、马营堡、滴水崖均局房二间，独石口、龙门所均局房三间。知县孟思谊倡同输银二百两，于乾隆十六年商领营运。月息一分五厘，岁收息银三十六两。又知县王锡祜劝输银二百一十五两，于乾隆十九年商领营运。如前共计本银四百十五两，岁收息银七十四两七钱。《采访册》。

龙门县留养局三所，在城局房五间，雕鹗堡、赵（州）［川］堡均局房三间。知县单烺输银五十两，于乾隆十六年商领营运。月息二分，岁收息银十二两，至十八年积存息银三十两，又捐银五十两，共本息银一百三十两，于十九年商领营运。如前，又知县王锡穀于乾隆二十年详报，本城空间地基三亩一分，岁收租谷一石三斗五升，为修茸局房之费。二十三年，知县苏宗文捐银七十两，共本银二百两，岁收息银四十八两。同上①。

独石口厅留养局三所。喜峰砦、丁庄湾、卯镇均局房三间，同知明山保议详三局需用无多官为捐办。同上②。

---

① 同上，即《采访册》。
② 同上，即《采访册》。

○漏泽园①本名义冢，一名义园。（第 456 页）

赤城县漏泽园，一在县城西坡，计地六亩；一在龙门所西坡，计地六亩；一在独石口城南，计地十亩；一在独石口城西，计地五亩；一在马营堡西，计地十六亩。《县志》。

寄归园，在城外东桥西，计地二亩，周围有墙垣，凡客死者，暂令寄杺。乾隆十一年，典史沈文奎倡建。《县志》。

龙门县义冢，一在东关外，计地五亩；一在雕鹗堡，计地五亩；一在长安岭，计地二亩；一在赵川堡，计地二亩；一在葛峪堡，计地二亩。《府志》。

◎经政十八（卷 111《略六十六·经政十八祀典一》，第 633 册）
○赤城县（第 543 页）

社稷坛，在县城东。

风云雷雨山川坛，在县城南一里许。

先农坛，在县城南。

厉坛，在县城北。

城隍庙，在县城西南隅，明宣德五年②建。

关帝庙，在县城南门外，明正统时建。

文昌祠，在学宫西。

魁星阁，在县城东南隅。

龙神庙，在县城南门外，明景泰五年③建。

火神庙，在县城南门外教场东，明崇祯时建。

马神庙，在县城东，一在东关，俱明正统六年④建。

---

① 漏泽园，古时官设的丛葬地。凡无主尸骨及家贫无葬地者，由官家丛葬，称其地为"漏泽园"。制始于宋。

② 宣德五年，1430 年。

③ 景泰五年，1454 年。

④ 正统六年，1441 年。

八蜡神祠，旧在县城北门外，今附设于南门外龙神庙中。以上俱《县志》。

〇龙门县（第 543 页）

社稷坛，在县城东门外。

风云雷雨山川坛，在县城东门外迤南。

先农坛。

厉坛，在县城东门外迤北。

城隍庙，在县城，明宣德三年建。

关帝庙，在县城。

文昌祠，在县城西北隅，邑人窦文建。

魁星阁，在县城东南隅，康熙七年①通判黄玉铉、守备王之屏重建。

龙神庙，在县城小东门外，明万历二十七年②建。

火神庙，在县城，明天启三年③建。

马神庙，在县城，明景泰三年建。

八蜡神庙，在县城大东门外，康熙四十七年建。以上俱《县志》。

〇独石口厅（第 547 页）

先农坛，在口东栅子外，乾隆七年④建。《口北三厅志》。

关帝庙，在丁庄子湾。

龙神庙，在龙门沟。

龙母庙，在二道河。

山神庙，在花盆村。

胡神庙，在黑达营。俱同上。

---

① 康熙七年，1668 年。
② 万历二十七年，1599 年。
③ 天启三年，1623 年。
④ 乾隆七年，1742 年。

◎经政二十三（卷116《略七十一·经政二十三学校三》，第633册）

○赤城县（第703页）

县学，在县治东，旧系社学，明景泰五年建。本朝康熙三十二年置县，以社学为县学，复以开平卫学裁并入焉。雍正志①。谨按《县志》：顺治十六年②裁龙门所学，并于开平卫学，至是复裁卫学入县学。又按：开平卫学，明正统六年置今独石城，文武官于春秋仲月举行祭礼。龙门所学，乾隆二年③所城诸生捐修，春秋行礼。雍正二年④，建忠义、节孝二祠。乾隆二十二年，知县黄绍七同绅士恢拓地基，改建增修。《县志》。

附王直《开平卫学记》略：开平卫治在独石，距居庸关二百余里。游击将军左都督杨公作镇于兹，即奏请设学校如内郡。上从之。公遂伐材鸠工，作大成殿、两庑、戟门、棂星门及神厨、神库，后作明伦堂，东西作明德、修道二斋，又作文昌祠及教官之居。以正统八年三月朔日经始，而以是年九月望日成，总之为屋七十间，皆如制，其诸器用，靡不毕具。又得教授杨文、训导綦俊为之师，愿学之士凡八十余人。将佐吏士相谋曰：公之举伟矣，不托之金石，则孰知其自始，且无以维持之，亦安能久而不敝乎？宜有文以告来世。公名洪，字宗道。后来继公者，其体公之心哉！

教谕宅，在县城东门内。康熙三十二年改建。《县志》。

学额原额科岁试各取文童十二名，岁试取武童十名，廪膳生二十名，增广生二十名，二年一贡。《学册》。

独石书院，在旧开平卫治东南隅。《雍正志》。

阳寿书院，在云州堡，今废。《县志》。

二贤书院，在马营，今废。同上。

社学，一在云州，一在马营。今俱圮。同上。

---

① 雍正志，指雍正版《畿辅通志》。
② 顺治十六年，1659年。
③ 乾隆二年，1737年。
④ 雍正二年，1724年。

义学，一在县署前。康熙二十五年，同知汪之涛建。一在云州堡。一在独石堡。一在滴水崖堡。雍正七年建。《雍正志》。

学田共地六顷九十六亩，教谕经管又地四十一亩，诸生与执供学宫公用。《县志》。

○龙门县（第 704 ~ 705 页）

县学，在县治东北。《县志》。本旧卫学，在卫治东南。明正统元年①建，十四年毁，景泰三年②参政叶盛复建，寻又毁，巡抚张锦奏请重建，宏治元年③参将都指挥周贤移建今地。《雍正志》。谨案《县志》：卫学在城东南隅，社学在城东北隅，后毁，重建卫学，遂移于社学旧基。万历三十五年④，兵宪孙维成、同知王从绍改建崇圣祠敬一亭。《县志》。明窦文记略：龙门卫学，肇自正统间，而重建于宏治改元。殿庑俱因社学旧址，独启圣祠创建桥门外东，业已百余年所矣。万历丁酉⑤春，兵宪孙公谒庙，睹之，谓学官生曰："启圣有祠，上祀圣父以尊亲也，奈何在门外乎? 宜改建殿之内东。"又以敬一亭亦在门外，既隘且圮，亦宜移建于内。檄委本路同知王君，鸠厥工给公锾⑥，如干佐⑦诸费无何。兵宪公置方伯⑧去，兵宪张公实代节钺⑨。按卫之社学，盖景泰间叶文庄公经略时建，有商文毅公撰碑，原基改儒学矣。即乾隅补建社学以训童蒙⑩，岁久颓废。嘉靖壬辰⑪巡按张公曾一修复，蒙养赖之。

---

① 正统元年，1436 年。
② 景泰三年，1452 年。
③ 宏治，原为"弘治"，为明孝宗朱祐樘年号，清代清高宗纯皇帝爱新觉罗氏名弘历，避偏讳"弘"，以"宏"代"弘"。下同。弘治元年，1488 年。
④ 万历三十五年，1607 年。
⑤ 万历丁酉，万历二十五年，1597 年。
⑥ 锾，音 huán。古代重量单位，亦是货币单位，标准不一。这里指钱。
⑦ 干佐，谓主管某项事务的辅佐官员。
⑧ 方伯，殷周时代一方诸侯之长。后泛称地方长官。汉以来之刺史，唐之采访使、观察使，明清之布政使均称"方伯"。
⑨ 节钺，符节和斧钺。古代授予将帅，作为加重权力的标志。
⑩ 童蒙，指无知的儿童。
⑪ 嘉靖壬辰，嘉靖十一年，1532 年。

寻被邻僧侵基阻道，迫今庐剥垣垝①。同知君请于兵宪，改正取次，营修朴斫②垂成，丹雘③伊始，会④迁⑤去，通判程君实继之。工既落成，属文为记。孙公讳维城，山东人。王君讳从诏，河南洛阳人。程君讳一才，河南禹州人。

本朝康熙三十二年，改卫学为县学。《府志》。

教谕宅，在明伦堂后。同上。

学额，原额科岁试各取女童十二名，岁试取武童十名，廪膳生二十名，增广生二十名，二年一员。《学册》。

西关书院，在卫治东南隅旧学校。《雍正志》。今书院在文昌庙西。乾隆十七年，西路通判摄县事蒋日杞捐建。《府续志》。

社学，在卫治东北。明景泰五年，巡抚都御史李秉疏诣复立。宏治元年，移卫学于此。明商辂记略：西关，龙门也。龙门以北为城堡八，皆武卫，无有司，比屋戍卒匪居民。以故，缺学校，乏弦诵声。正统初，尝一设学，以教将士子弟之在各卫者。然未几辄罢。已而，城堡破弃，戍守且废，何有于学？参政叶盛与中，奉命协赞军务。兴废举坠，逾年边境晏然，人以太和，于是谋之。都御史李公，请复建八城堡社学。而西关之学独先就。社学旧在卫东南，今迁之东北，地宽广，面阳。而筑礼殿，东西庑、神厨、神库、棂星、戟门。后为明伦堂、"居仁""由义"二斋。堂东为藏书之室，堂西为游息之所。射圃学舍亦森然。缭以周垣，启以重门，南当通衢。树坊二，一曰"兴贤"，一曰"崇化"。社学本龙门也，而曰西关者，卫之西有关，为参政公所画也。学既成，择老成通于儒者为之师。选将士子弟之俊秀者，从游其中。参政亲督率，作时劝相，出公帑羡积购书凡五千余卷，俾之讲肄，于是弦诵相闻，礼义兴行，而边方之士始知有文学之贵。其为风化之助大矣。一在雕鹗堡，明嘉靖十一年建，内有文庙三间。谨案《府志》：雕鹗堡社学，康熙间知县田仁更名义学，延师

① 垝，音 guǐ。倒塌；倒塌的。
② 朴斫，削治；治理。
③ 丹雘，可供涂饰的红色颜料。涂饰色彩。雘音 huò，赤石脂（一种粉红色陶土）之类，古代用作颜料。
④ 会，恰巧碰上。
⑤ 迁，古代称调动官职，一般指升职。

授徒。一在明伦堂西，本朝康熙四十年知县董绍儒建。《县志》。

义学，一在县署东，一在长安岭，一在赵川堡，俱旧设。一在葛峪堡，一在龙门关，俱雍正七年建。《雍正志》。

学田，共地一顷十五亩。《县志》。谨案《府志》，此项学田系葛峪堡义学田。明张三杰记略：景泰间，叶文庄公盛经略八城，辑宁氓庶①，复建社学，为作人基。宏治初，巡抚都御史张锦疏请重建卫学，师儒式训弦诵，聿兴边方，士子多无恒产，膏火无资，志阻半途，宁无足惜？侍御张公代狩省方，乃发锾金及所节费，命属吏择置便利，田岁敛其租，以予诸士之好修而食贫者。计亩三十有九，其畛畔载诸碑阴。

〇口北三厅（第 712 页）

庙学未建。

谨案：张家口下堡城东门内，有文庙。又独石口城内有旧开平卫学。今文武各员朔望瞻礼于此。然俱非奉文官建之庙，故不录。

学额，每科岁试各取文童四名，岁试取武童二名，廪膳生三名，增广生三名，二年一贡，三厅俱同。张家口厅，文武生童归万全县学管辖，独石、多伦二厅文武生童，归赤城县学管辖。《采访册》。李鸿章奏疏：为张、独、多三厅拟请添设学额，以广教化事。窃查，迤北之宣化、张家口、独石、多伦诺尔三厅地面，本系塞外荒区。从前经商种地之人皆自他处迁往，户口甚少，来去靡常，是以向无学校。近年，荒地日辟，生聚日繁，白草黄沙变为阡陌，望衡对宇②，渐有市廛。臣前派员清查垦地、开科③，谘询民间疾苦，其民之秀良者，亦有志读书，蒸蒸向上。已奏准，将该三厅理事同知改为抚民要缺，并于多伦移驻武职大员，添设三厅捕盗兵弁，保护商民在案。惟学校缺如，士子尚乏进取之路，且塞外民多强悍，尤宜泽以诗书，诱以礼教，俾可化气质，而格愚顽。据藩司崧骏、口北道奎斌以因时制宜，设学诚不可缓，酌拟应办事宜，详请核奏。前来臣查热河承德府属之平泉、丰宁、滦平、建昌、赤峰、朝

---

① 辑宁，安抚，安定。氓庶，百姓。
② 望衡对宇，门庭相对。形容住处接近。
③ 开科，原指科举考试时，设立各种科目，分科取士。后即指科举制的开考。

阳六州县，初无学校，嗣于乾隆四十一①、四十三年等年，议准添设汉民学额，每州县岁科考，各取进文童②四名，岁科考取进武童③二名。平泉、丰宁文风较盛，各设廪生④四名，增生四名。滦平、建昌、赤峰、朝阳各设廪生三名，增生⑤三名，二年一贡。因未建设学官，教官统归承德府教授兼管。其先在密云等处，原籍入学各生，改归寄居平泉等州县管辖。内有现系廪生，令其各保寄居州县中，现无改归廪生，暂取地邻保结收考等因。今张、独、多三厅，议设汉民学额，与热河情事相同，拟援照成案，即自光绪八年科考为始，每厅岁科各取进文童四名，岁科各取进武童二名。如佳⑥卷不符，姑缺无滥。该三厅亦比照滦平、建昌等县之例，拟各暂设廪生三名，增生三名，二年一贡。现值经费支绌，势难建设学官，教官拟将张家口厅考试事宜，归附近之万全县教官兼管。独石口、多伦两厅考试事宜，归附近之赤城县教官兼管。府试事宜，即归宣化府知府教授管理。该三厅本少土著⑦民人，多系他地流寓⑧，应查明已在该三厅属寄居二十年者，准其改归如该厅考试，其在宣化等州县原籍入学，各生令改归寄籍者，即不准再回原籍应考。内有现系廪生，令其各保该厅童生，如该厅现无改归廪生，暂取该童生地邻保结⑨收考，俟补有廪生，再由廪生保结。仍严杜原籍、寄籍两处跨考，及附近州县居民赴该三厅冒考之弊。如此分别办理，遮边外文教振兴，渐知孝弟忠信之义，殊于地方风俗有裨，其有未尽事宜，容饬该道厅随时察议详办。所有张、独、多三厅，拟请添设学额缘由，理合会同顺天学政臣孙诒经恭折具陈，谨奏。张楫声奏疏略：为张、独、多三厅，既难遽定学额，请将童生暂行酌量进取，

---

① 乾隆四十一年，1776 年。

② 文童，科举时代童生的别称。即应秀才考试的士子。也称儒童。

③ 武童，明清时应武科生员之试者，称"武童生"。亦省称"武童"。

④ 廪生，明清两代称由公家给以膳食的生员。又称廪膳生。明初生员有定额，皆食廪。其后名额增多，因谓初设食廪者为廪膳生员，省称"廪生"。

⑤ 增生，科举制度中生员名目之一。明代生员都有月廪，并有一定名额，称廪膳生员。后又于正额之外，增加名额，称为增广生员。简称"增生"，无月米，地位次于廪生。清沿袭明制。

⑥ 佳，古同"惟"，助词，用于句首，表发端。

⑦ 土著，亦作"土箸"。世代定居一地。

⑧ 流寓，指流落他乡居住的人。

⑨ 保结，指官吏应选或童生科举应考时证明其身分、情况的凭证。如担保应试童生身家清白，没有冒籍、匿丧等。

以广教化事。前据藩司、口北道详请添设学额，当经前督臣李鸿章会同学臣孙诒经，授案酌议具奏。旋准礼部咨开张家口厅，素鲜力学之士，创设书院甫经二载，未必皆堪应试之人。其独石、多伦诺尔二厅，同处边隅，读书向上者，当亦寥寥无几。遽请设立学额是否，各该厅士子，向来附考他学，进取有人，并其土著民人寄居年例，已符堪准应试者人数，实有若干，应确查奏明，再行该办等因，经臣转饬遵照在案。兹据口北道奎斌详称，查得张家口、独石口外，寄居民人多系口内州县迁去者；多伦诺尔寄居民人，多系山东、山西移来者，或百有余年，或六七十年，及二十余年不等。颇有读书上进，堪以应试之人准每逢考试，外省之人既苦无资回籍。其原籍在宣属州县者，又因寄居口外年久，本处廪保往往不肯出结，同考士子，且指为冒考，或起讼端。大抵每届不过数人原籍考试，必其父兄，原系该处生贡，方能附入。前据张家口生员赵之蔺等，以附考他学，诸多窒碍，联名沥诉苦情，愿恩添设学额，是以详请具奏。其时张家口厅已有土著寄居报考者二十余名，独石、多伦诺尔厅各有报考者十四五名，旋闻部议驳，查遂不能积报，夫甫让设学，并未家喻户晓，即有报考之人，每处或十四五名，或二十余名，则奉准后相率报考者，必不止此数。该三厅幅员辽阔，五方杂处，现又开垦地八千余顷，人民日聚良莠不齐①，实非教化鼓励不可，惟人数尚难悬定，似宜缓让学额。拟请自下届岁考为始，张、独、多三厅文童均由学臣按其人数多寡，查照宣属取进规模，酌量进取数名，以免人少额多之弊。俟考过三五次，如果人文日盛，再行奏请添额。其廪增名数，亦视考取人数多寡，将来另议。报部并照原议，将张家口厅考试事宜，暂归附近之万全县教官兼管；独石口、多伦诺尔厅考试事宜，暂归附近之赤城县教官兼管。各厅考毕，送归宣化府考试，其无廪生之先暂取地邻保结收考，仍饬严行查察，必须寄居二十年者，方准应试，以杜跨越冒考之弊。武童岁试者，照现拟章程，一律办理。据该道奎斌会同藩司崧骏具详请奏。前来臣查，该司道所详，系为振兴文教，化导风俗起见，其拟兼按人数酌量取进数名，将来再定学额，亦尚变通得法，与前学臣往返函商意见相同，理合会同学臣孙诒经，合词恭折具陈，谨奏。

---

① 良莠不齐，指好人坏人都有，混杂在一起。莠，狗尾草。比喻坏人。

◎经政二十六（卷119《略七十四·经政二十六_{兵制一}》，第633册）

○辽（第60页）

奉圣州永兴县丁一万六千，矾山县丁六千，龙门县丁八千，望云县丁二千。

○明

开平立卫，洪武三十年①废北平都司，属卫军士城之。永乐元年②，徙卫治京师，隶后军都督府。四年迁旧治。宣德五年③，迁治独石堡，属万全都司。《明史》。（第67页）

万全都指挥使司领卫十五，宣府左卫、右卫、前卫、万全左卫、右卫、怀安卫、保安右卫，怀来卫、延庆右卫、开平卫、龙门卫，又蔚州、延庆左、永宁、保安五卫，俱设于本处。守御千户所三，三守御外，广昌、美峪二所亦设于本处。长安岭等五堡。《明·地理志》。（第69页）

宣府称重镇，总兵一人，驻宣府镇城。协守副总兵一人，旧亦驻镇城，嘉靖二十八年④移驻永宁城。分守参将七人，曰北路独石、马营参将，曰东路怀来、永宁参将，曰上西路万全右卫参将，曰南路顺圣、蔚、广参将，曰中路葛峪堡参将，曰下西路柴沟堡参将。曰南山参将，游击将军三人，坐营中军官二人，守备二十一人，领班备御二人。《明史·职官志》。镇城初设官军五万六千一百五十二员名，东路官军六千七百六十二员名，北路官军二万九千二百十员名，中路官军三千五百二十四员名，西路官军二万五千一百三员名，南路官军五千六百四十二员名。嘉靖年核存镇城正奇游三营，存籍官军二万二千二百七十四员名，实有官军一万八千九百三十员名，新增官军四千八百二员名。北路参将分戍城堡十有四：开平卫城，参将驻守，守备一员。龙门卫城，龙门所

---

① 洪武三十年，1397年。

② 永乐元年，1403年。

③ 宣德五年，1430年。

④ 嘉靖二十八年，1549年。

城，长安所城，赤城堡，马营堡，雕鹗堡，滴水崖堡，以上皆守备一员。金家庄堡，青泉堡，牧马堡，镇宁堡，镇安堡，以上皆守备一员，金家庄堡，青泉堡，牧马堡，镇宁堡，镇安堡。以上皆防守一员。本路存籍官军二万五千五百八员名，实有官军一万五千一十一员名，新增官军四千九百七十五员名。中路参将分戍城堡八：葛峪堡。参将驻守，守备一员。大白阳堡，小白阳堡，青边口堡，羊房堡，常峪堡，赵川堡，龙门关。以上皆操守一员。本路存籍官军二千六百九十八员名，实有官军二千一百七十三员名，新增官军二千四十七员名。西路参将分戍城堡十有三……（第75页）

　　嘉靖四十五年后至万历十八年①，续分八路官军，镇城六营，抚标营、坐营、正兵营、奇兵营、旧游兵营、新游兵营、兵机营。实有官军二万四百七十一员名，属堡一：鸡鸣驿，防守一员。堡兵及驿军四百四十三名。上北路参将分戍城堡十一：开平卫城、赤城堡、马营堡、青泉堡、镇宁堡、镇安堡、云州堡、上俱北路旧戍。伴壁店、猫儿峪、君子堡、松树堡，俱增设，防守一员。本路官军一万八百三十七员名。下北路参将分戍城堡八：龙门所、参将驻守，守备一员。滴水崖堡、牧马堡、雕鹗堡、改设防守。长安岭、上俱北路旧戍。宁远堡、样田堡、增设防守。长伸地，增设操守。本路官军五千八百二十三员名。中路参将分戍城堡十一：葛峪堡、大白阳堡、小白阳堡、青边口堡、羊房堡、常峪堡、赵川堡、龙门岭、改设防守，上俱中路旧戍。龙门卫城、金家庄堡、二城旧属北路。三岔口堡、增设防守。本路官军五千一百九十四员名。（第76页）

　　后至崇祯八年②，兵数复核实，镇城九营，抚标营中军、镇标中权、镇标左右二翼，俱战兵；兵机营，城东、城南、城北、城西四营，俱守兵。实有官军一万八千一百余员名。分守道所属道标营、西协营、上西路、下

――――――――

　　① 万历十八年，1590年。
　　② 崇祯八年，1635年。

西路、南路援兵营五营及西南三路各城堡，分戍官军共二万二千九百余员名。怀隆道所属道标营、东协营、东路、南山路、怀来路援兵营五营及东路、南山怀来各城堡，分戍官军共一万七千余员名。赤城道所属道标营、中协营、上北路、下北路、中路援兵营，赤城新兵营六营及北、中二路各城堡，分戍官军共二万二千七百四员名。《宣镇志》。《郡国书》引《宣府志》云：宣府墩台东自四海冶镇南新墩起，至西阳河南土山天城界止，墩台九百八十四座，守瞭官军六千八百八十八员名。附郭腹里台一十九座。镇城腹里墩台二十三座，共计一千一百十一员名。东路永宁城……北路开平卫，东自云（川）〔州〕起，西至马营止，沿边墩台六十一座，守瞭官军四百六十一员名；腹里墩四十四座，守瞭官军二百三十一员名。马营堡，东自独石界起，西至〔独〕石城界止，沿边墩台四十六座，守瞭官军二百八十八员名；腹里墩三十四座，守瞭官军一百四十六员名。云州所，北自独石界起，南至龙门所界止，沿边墩台二十四座，守瞭官军一百二十四员名；腹里墩二十三座，守瞭官军七十四员名。赤城堡，北自马营界起，南至龙门卫界止，沿边墩台一十九座，守瞭官军一百员名；腹里墩三十三座，守瞭官军八十九员名。龙门卫，北自赤城松林墩界起，至宣府八角台界止，沿边墩台二十八座，守瞭官军一百八员名。龙门所，北自云州界起，南至雕鹗界止，边墩四十八座，守瞭官军二百四十九员名；腹里墩十五座，守瞭官军九十六员名。雕鹗堡，自大岭暗墩起，至永宁界止，墩二十一座，守瞭官军七十三员名；腹里墩十座，守瞭官军四十二员名。长安所，自盘石口起，至雕鹗界止，沿边墩四座，守瞭官军一十七员名；腹里墩二十一座，守瞭官军三十四员名。中路，东自美峪所界起，至张家口界止，沿边墩九十五座，守瞭官军六百五十五员名；腹里墩十三座，守瞭官军六十五员名。（第76~77页）

◎经政二十七（卷120《略七十五·经政二十七兵制二》第634册，）

○国朝（第86~87页）

察哈尔等处驻防。

独石口，初设防御等官，属在京稽察大臣管辖。乾隆五年①，设副都统，兼辖张家口、古北口二处驻防。七年，裁副统，仍复旧制。三十二年，改属察哈尔都统管辖。**防守尉一人**，雍正六年②设。**防御二人**，初设四人，康熙五十五年，拨驻千家店一人。雍正六年，拨驻千家店一人。**骁骑校二人**，乾隆元年设。**领催**③**马甲一百人**。初设十二名，康熙二十三年增设六十八名。五十年，拨驻千家店四十名。雍正六年，增设六十名。

千家店，**防御二人**，由独石口拨驻千家店，仍属独石口防守尉辖。**骁骑校一人**，乾隆元年设。**领催马甲四十名**，康熙五十年，由独石口拨驻。**养育兵八名**。乾隆五十年设。

直隶总督孙嘉淦《口外驻兵疏》：乾隆四年，内阁学士雅尔呼达条奏边口添兵一案，经臣委员查议，于山海关设副都统一员，添满兵六百名，喜峰口添一百名，冷口添一百名，罗文峪添六十名，俱归山海关副都统管辖。独石口设副都统一员，添满兵七百名，张家口添一百六十名，古北口添一百名，俱归独石口副都统管辖。八沟设副都统一员，驻防满兵一千六百名等因具题，经部议覆准行在案。臣此次巡阅边关，视行相度，山海关为边疆锁钥，宜设大员，应如原议设副都统一员，添满兵六百名。八沟为口外要地，宜驻重兵，应如原议设副都统一员，驻防兵一千六百名。其喜峰口、冷口、罗文峪、古北口、张家口等处，添兵不多，易于区画，具应如原议办理。惟独石口一处，气候甚寒，不宜五谷，童山石田无可樵采，故柴米俱贵。山沟之宽不能一里，加以河流冲刷，不得建造营房之地，即使强为区处，而驻兵既多，柴米益贵，耕牧无所，实于生计无益。原议设副都统一员，添兵七百名之处似应暂行停止。臣查独石口外北行三十余里，即系平原广野，土脉肥腴。再五十余里，为红城子，垣墙犹在，襟山带河，平畴沃衍，远胜于独石口内。再百余里，为开平城，即元之上都也。城广十六里有奇，龙冈秀发，滦水回环，实属形胜之区。计开平、红城之间，可耕之田不下数万顷。再张家口外北行七十余里，为兴和城。西行百余里，为新平城，川原甚广，一望无际，土脉之肥，过于开平。计兴和、新平之间，可耕之田不下数万顷。昔有明

---

① 乾隆五年，1740年。
② 雍正六年，1728年。
③ 领催，清代官名。满语"拨什库"的汉语意译。司佐领内的文书俸饷。

之初常遇春逐元兵于漠北，建大宁、开平、兴和三卫，东连辽碣，西控丰胜，为北边外屏，后渐弃而不守，尚论者有余惜焉。今热河、八沟皆大宁之旧境，现议添兵驻防，归化、绥远诸城，即丰川、东胜之旧境，均有重兵弹压，惟兴和、开平之间田畴未垦，弁兵未设，东西声援似觉阻隔。臣详度形势所宜，约计田畴所出，大约开平城可驻满兵三千，红城子可驻二千，兴和城可驻三千，新平城可驻二千，若开垦田土修葺城垣，而广为驻防，沃野千里，控弦万骑，左提右挈，其于边防大有裨益。再国家八旗禁旅生齿日繁，我皇上圣谟深远，屡为旗人筹画生计，今幸有此闲田，若令民人垦种，择其近城之地，平方宽衍者，画为公田，余皆为民田，每垦民田二顷者，必令垦公田一顷。民田以为世业，公田分给旗人，酌定租粟，再加之以月给钱粮，衣食自益宽裕，且山场可牧，平原可猎，弓马自益娴习，此实王道自然之富强，旗民久远之长计也。或疑口外聚集多人，恐于蒙古滋扰诸城，左右皆各旗王公大人牧马之厂，今垦为田，恐旗人有所不便。又或疑天寒霜早，恐其难于牧获，山少林木，恐其艰于柴薪。凡此疑难之处，臣皆遍观而细访之。口外之山绵亘千余里，名曰大坝。凡坝内之田，皆已招民垦种，现征钱粮。此诸城之地，逼近大坝，俱系旗人牧厂，与蒙古无涉。旗厂之外，乃太仆寺游牧之地，游牧之外乃察哈尔居住之处。察哈尔外乃为内扎萨克地方，彼此隔远，无由滋扰，八旗牧厂所占甚大，多有余闲，可以并省。又游牧之地方数千里，割其一隅，即可兑给至柴薪，稍远未尝缺乏，且坝内诸山多有产煤之所，若招民开采，自可足用。臣于三月十三日在独石口，草芽未青，十四日至红城子，青草长及一寸，气候可以春耕。开平城外陇亩犹存，碾硙尚在，若非种植，何以有此。兴和地气较暖于开平，其为可以耕种，更无疑也。臣之愚意仰恳圣恩，于今年秋间，特简王公大臣前往开平、兴和诸城境内，查阅各旗放青之马，共有若干，约需牧地若干，将旧日所分牧地，通盘计算，可并者并之，可省者省之，可兑给者兑之，务使牧马之地与耕种之地，疆界分清，不致混淆。臣于明春饬地方官招民垦种，遴员前往经理区画。三年之间，田畴可以尽辟，然后渐次修葺城垣，盖造房屋，通商惠工，约计五年百物皆备，然后派拨满兵前往驻防，则九边之外皆成乐土，往驻之人，自各便安，天地之气与人相通，人烟既众，则天气益暖，天气益暖，则田畴益辟，田畴益辟，则驻防之兵可以陆续增添，然则其所益于九边之防，维八旗之生计者，亿万斯年，而未有已也。臣不揣愚昧，谨就巡查所及详陈之……

○宣化镇标（第 107~114 页）

宣化镇总兵统辖本标中、左、右三营，初设左、右二营，雍正十年增设中营。宣化城守营，张家口营并所属四堡，独石口协左、右二营并所属十堡，多伦协左、右二营，蔚州路营，怀来路营并所属岔道营，龙门路营，怀安路营并所属二堡。

独石口协，副将一人。初设参将，雍正十年改设副将，驻赤城县独石口，辖本标左、右二营，兼辖十堡。

独石左营，都司一人，驻独石口。把总一人，驻本营。外委二人，一驻本营，一驻东栅口。额外外委一人，驻本营。马兵三十五名，步兵五十一名，守兵四十名，额设马兵五十名，步兵六十五名，守兵四十八名，共一百六十三名。调赴乌里雅苏台换防二名，调赴科布多换防二十名，调入练军十五名，实存一百二十六名。台兵十三名。原额未调。

独石右营，守备一人，驻独石口。把总二人，驻本营。外委二人，一人驻本营，一驻西栅口。额外外委一人，驻本营。马兵三十八名，步兵四十七名，守兵四十六名，额设马兵五十六名，步兵五十九名，守兵五十一名，共一百六十六名。调赴乌里雅苏台换防二名，调赴科布多换防十七名，调入练军十六名，实存一百三十一名。台兵十四名。原额未调。

云州堡，属独石辖。千总一人，初设守备、把总，后裁。驻赤城县北云州堡。马兵十二名，额设十五名，调入练军三名，实存十二名。步兵四名，额设五名，调入练军一名，实存四名。守兵三十七名。额设四十名，调入练军三名，实存三十七名。

赤城堡，属独石辖。把总一人，初设守备，雍正十年改设都司，后裁，设把总。驻赤城县东赤城堡。马兵十二名，额设十五名，调入练军三名，实存十二名。守兵三十五名。额设三十七名，调入练军二名，实存三十五名。

镇安堡，属独石辖。守备一人，驻赤城县东北镇安堡。外委二人，一驻镇岭口，一驻青泉堡。马兵六名，额设九名，调入练军三名，实存六名。守兵二十名，额设二十四名，调入练军四名，实存二十名。台兵二十五名。原额未调。

　　龙门所，属独石辖。守备一人，初设参将，顺治九年改设守备，驻赤城县东龙门所。外委三人，一驻塘子口，一驻青平口，一驻富贵山。马兵十三名，额设十六名，调入练军三名，实存十三名。守兵二十名，额设二十五名，调入练军五名，实存二十名。台兵三十名。原额未调。

　　滴水崖堡，属独石辖。外委二人，初设守备，雍正十年改设都司，嘉庆十七年改设千总，后裁，设外委。一驻赤城县东滴水崖本营，一驻盘道口。马兵五名，原额未调。守兵二名，额设五名，调入练军三名，实存二名。台兵十四名。原额未调。

　　靖安堡，属独石辖。外委二人，初设守备，雍正十年改设都司，乾隆四年改设千总，嘉庆十七年改设外委。一驻延庆州北靖安堡本营，一驻小水口。马兵四名，额设五名，调入练军一名，实存四名。守兵五名，额设七名，调入练军二名，实存五名。台兵十名。原额未调。

　　马营堡，属独石辖。把总一人，初设守备，顺治四年改设操守，康熙元年改设把总，雍正十年改设千总，后裁，仍设把总。驻赤城县西北马营堡。马兵八名，额设九名，调入练军一名，实存八名。步兵二名，额设四名，调入练军二名，实存二名。守兵十三名。原额未调。

　　松树堡，属独石辖。外委二人，初设守备，顺治四年改设操守，康熙元年改设把总，雍正十年，改设千总，后裁，设外委。一驻赤城县西北松树堡本营，一驻砖墩口。马兵八名，额设十名，调入练军二名，实存八名。步兵六名，原额未调。台兵七名。原额未调。

　　君子堡，属独石辖。外委二人，初设把总，后裁，设外委。一驻赤城县西北君子堡本营，一驻新镇楼口。马兵七名，额设八名，调入练军一名，实存七名。步兵四名，额设五名，调入练军一名，实存四名，台兵六名。原额未调。（以上第 107～108 页）

　　镇宁堡，属独石辖。把总一人，初设守备，顺治四年改设操守，康熙元年设把总。驻赤城县西北境镇宁堡。外委一人，驻野鸡山门楼口。马兵五名，额设七名，调入练军二名，实存五名。步兵一名，额设二名，调入练军一名，实存一名。守兵六名，原额未调。台兵十名。原额未调。

龙门路营，都司一人，初设守备，顺治十三年以葛峪堡都司移驻龙门，雍正十年改设游击，十二年仍改设都司。旧辖本营，□因葛峪堡裁参将、守备，设把总，并所属赵川、雕鹗二堡均归龙门路辖，长安岭裁都司、把总设外委，亦归龙门路辖。今辖本营并分防四汛，驻龙门县城。把总三人，一驻本营，一分防葛峪堡，一分防赵川堡。外委八人，一协防本营静楼墩，一协防本营安边墩，一协防葛峪堡属□彝台，一协防葛峪堡属凤凰台，一协防赵川堡属盘道台，一协防赵川堡属镇冲台，一分防雕鹗堡，一分防长安岭。额外外委一人，驻本营。马兵三十四名，额设本营二十四名，葛峪堡十名，赵川堡五名，长安岭六名，共四十五名。调入练军十一名，实存十四名。步兵十一名，额设本营八名，葛峪堡二名，赵川堡四名，长安岭二名，共十六名。调入练军五名，实存十一名。守兵一百八十五名。额设本营一百七名，葛峪堡四十三名，赵川堡二十八名，雕鹗堡十四名，长安岭十五名，共二百七名。调入练军二十二名，实存一百八十五名。（第 110 页）

独石口捕盗营，属独石口厅辖，雍正十二年设。千总一人，由独石口营拨给，驻黑河川汛。把总一人，由独石口营拨给，原驻丁庄汛，光绪七年移驻库伦诺尔，仍名丁庄汛。外委一人，驻卯镇汛。马兵六十名。初设四十名，光绪七年增设二十名。（第 114 页）

宣化练军一千四百八十名。镇标中营调马、步、守兵二百五十九名，左营调马、步、守兵二百七十六名，右营调马、步、守兵二百四十五名。宣化城守营调马、步、守兵二百四十名。又深井堡兵十六名，鸡鸣堡兵九名。张家口协中营调马、步、守兵三十一名，右营调马、步、守兵三十五名，右营①调马、步、守兵三十七名。独石口协左营调马、步、守兵十五名，右营调马、步、守兵十六名。又云州堡兵七名，赤城汛兵七名，镇安堡兵七名，龙门所兵八名，

---

① 两"右营"，其中应有一为"左营"。

滴水崖、靖安堡、马营堡、镇宁堡兵各三名，松树堡、君子堡兵各二名。蔚州路营调马、步、守兵三十名。又东城营兵十名，西城营兵八名，黑石岭兵二名，桃花堡兵三名。怀来路营调马、步、守兵三十九名。又怀来城兵二十五名，土木堡兵六名，旧保安兵九名，岔道营调马步守兵一十三名。又永宁汛兵七名，四海冶兵六名，延庆营兵六名，榆林堡兵四名，柳沟汛兵五名，周四沟兵四名。龙门路营调马、步、守兵一十七名。又葛峪堡兵六名，赵川堡兵五名，雕鹗堡兵四名，长安岭兵六名。怀安路营调马、步、守兵二十二名。又左卫城兵一十九名。以上调宣化府城。（第 115 页）

◎经政二十八（卷 121《略七十六·经政二十八兵制三》，第 634 册）

国朝

〇独石口协（第 154 页）

左右二营均驻扎赤城县，属独石口。东七十里至镇安堡，西三十里至君子堡，南六十里至云州堡，北十里界至边墙。共外辖十城堡。

云州堡，分防赤城县北。东七十里至龙门所，西三十里至镇宁堡，南三十里至赤城县城，北六十里至独石口。

赤城营，分防赤城县城。东三十里至龙门所，西三十里至镇宁堡，南五十里与龙门路雕鹗堡界，北三十里至云州堡城。

镇安堡，分防赤城东北境。东十五里与边墙界，西三十里抵云州堡城，南四十里至龙门所，北七十里至独石口。

龙门所，分防赤城县东。东十五里与边墙界，西三十里抵赤城县城，南七十里至滴水崖，北四十五里至镇安堡城。

滴水崖堡，分防赤城东。东二十里至靖安堡，西五十里至雕鹗堡，南五十里至永宁汛，北七十里至龙门所城。

靖安堡，分防延庆州北。东五里至东河口，西二十里至滴水崖堡，南三十里至永宁营，北五里界至边墙。

马营堡，分防赤城西北境。东三十里至独石口，西十五里至松树堡，南三十里至云州堡，北二十里至君子堡城。

松树堡，分防赤城西北境。东十五里至马营堡，西五里界至边墙，南五十里至镇宁堡，北十五里至君子堡城。

君子堡，分防赤城西北境。东三十里至独石口，西十五里至松树堡，南二十里至马营堡界，北六里界至边墙。

镇宁堡，分防赤城西北境。东三十里至云州堡，西四十里抵龙门县城，南三十里抵赤城县，北五十里至松树堡城。

○龙门路（第155~156页）

驻扎龙门县城，东四十里至雕鹗堡，西五十里至赵川堡，南八十里抵长安岭堡，北三十里界至边墙。外辖四城堡。

葛峪堡，分防龙门西境。东八十里至龙门县，西二十里与西望山界，南二十里与黑石台界，北十五里与边墙界。

赵川堡，分防龙门西境。东五十里至龙门县，西三十里至葛峪堡，南六十里至鸡鸣堡，北三十里界至边墙。

雕鹗堡，分防龙门东境。东二十里至合河，西四十五里抵龙门县城，南五十里至长安岭，北五十里县至赤城。

长安岭，分防龙门县地东南境。东二十里至俾儿梁，西三里至红山嘴，南二十里至草庙堡，北三十里至界碑河。

○独石口捕盗营（第161页）

驻扎独石口地面，分防三汛。

黑河川汛，在独石口东一百三十里喜峰砦。

丁庄湾汛，在独石口西北三十里。光绪七年移驻库伦诺尔，仍名丁庄汛。

东卯镇汛，在黑河喜峰砦东南。

◎经政二十九（卷122《略七十七·经政二十九兵制四》，第634册）

国朝

○直隶省置驿一百八十五处，分驿首途皆起自京师皇华驿。自皇华驿至直隶保定府共三百三十里，七十里至良乡县固节驿，七十里至涿州涿鹿驿，七十里至定兴县宣化驿，七十里至安肃县白沟驿，五十里至保定府清苑县金台驿，驿程凡五。自皇华驿至喜峰口共四百十里，四十里至通州潞河驿，七十里至三河县三河驿，七十里至蓟州渔阳驿，六十里至遵化州石门驿，六十里至遵化州遵化驿，五十里至迁安县滦阳驿，六十里至喜峰口，喜峰口外七十里抵宽城站，驿程凡八。自皇华驿至独石口共五百二十里，七十里至昌平州榆河驿，六十里至延庆州居庸关驿，六十里至怀来县榆林驿，六十里至土木驿，六十里至龙门县长安岭驿，六十里至龙门县雕鹗堡驿，五十里至赤城县赤城驿，四十里至赤城县云州驿，六十里至独石口，未至独石口，由赤城驿分道六十里至龙门县龙门驿，四十里至赵川驿，驿程十一。自皇华至张家口共四百三十里，二百五十里至怀来县土木驿，六十里至宣化县鸡鸣驿，六十里至宣化府宣化驿，六十里至张家口；由张家口分道，六十里至万全县夏堡站驿，三十里至宣化府榆林堡站，驿程凡九。自皇华驿至热河共四百五十里，七十里……宣化县分道，六十里至宣化县深井堡驿，六十里至宣化县滹沱店驿，六十里至西宁县东城驿，六十里至西宁县西城驿，驿程凡四。皆边关外抵晋之行程，至驿设畿疆，无远弗届[①]，如东发通蓟，趋山海关以达盛京……（第162页）

○直隶省额设驿站银四十万三千四百一两七钱二分六厘，米折银一千八百六十八两四钱，豆折银六千三百八十两六钱四分，麦价

---

① 无远弗届，不管多远之处，没有不到的。

银九百五十三两二钱四分，本色米二百八十三石二斗，本色豆三千五百四十六石八斗一升，草二万一千二百四十束。额设车马工料银五千五百四两八钱六分八厘，额设雇车价银二千一百六十两，马每匹日给草乾银一分六厘一毫至八分五厘不等，内张家、独石二口，每马日给豆六仓升，草二束，每束折银一分。骡每头日给草乾银六分至八分五厘不等，驴每头日给草乾银二分七厘至四分五厘不等，马骡十分，岁准报倒三分，内张家、独石、喜峰三口马匹十分，岁准报倒四分。每匹买补价银六两五钱至九两不等，每倒马一匹，扣收皮张变价银五钱，杂支、煮料、柴薪并棚厂、槽铡等项，岁给额银二万八百三两八钱三分三厘。昌平州岁给置买夹木板箱绳索等项额银一百四十六两，马夫钞牌等夫每名日给工食银一分至一钱八厘不等，内榆林等驿杠轿等夫每名日给米一升。其存剩银报明户部拨用。（第 163 页）

○五十八年①，议准张家、喜峰、独石等口以及宽城一驿马每年十分之内，准倒四分，马价每匹准开销银六两五钱，牛每年十分之内，准倒二分，牛价每头准开销银四两七钱。（第 165 页）

○张家口除裁减外实领银一千五百三十五两四钱九分，米八十四石九斗六升，豆一千二百七十四石四斗，草二万一千二百四十束。喜峰口除裁减外，实领银四千五百三十两三钱五分。独石口除裁减外实领银一千一百二十一两四钱六分，豆八百四十七石五斗六升。（第 166 页）

○三十二年②奏准，直隶省之独石口驿站夫马工料银两管站司员，于年终报明提督转咨户部支领。其古北口工料银两分作两季报明提督移行藩司支领，至倒马价银并蒙古站之倒马价银，均报明提督转咨理藩院移咨户部支领，并将豫领银两交各该管道库收贮。（第 166 页）

---

① 康熙五十八年，1719 年。
② 乾隆三十二年，1767 年。

2044

〇三十六年^①奏准，<u>直隶</u>所属<u>张家口</u>、<u>独石口</u>、<u>喜峰口</u>三处，所需驿站银两，俱照该省<u>古北口</u>、<u>山西省杀虎口</u>之例，即在本省藩库支领，仍照旧例交道库收贮，按季发给。今该管之都统提督，年底查明造册，咨送总督，汇入驿站奏销案内核实题报。（第 166 页）

〇部又议得，<u>直隶总督</u><u>李鸿章</u>将<u>直隶省</u><u>同治</u>十年，分驿站钱粮造册题销。前来查<u>直隶省</u><u>同治</u>十年，分新收驿站银四十万零十两五钱六分八厘四毫六丝一忽零，又收米折银一千八百六十四两八钱，豆折银六千三百八十两六钱四分，麦麸价银九百六十三两七钱二分。以上共收银四十万九千二百十九两七钱二分八厘四毫六丝一忽零。又收本色米二百八十六石八斗，料豆三千五百二十七石一斗，草二万一千三百束，据册开：……一、<u>张家</u>、<u>独石</u>、<u>喜峰</u>等口马匹草料银，三千零七两四钱四分二厘，豆二千一百二十七石二斗，草二万一千三百束等语。查<u>张家</u>、<u>独石</u>、<u>喜峰</u>等口驿站钱粮，先经臣部于<u>乾隆</u>三十六年六月内奏准，以三十七年为始，彙入驿站奏销案内核实，具题报销在案。今据册开，<u>张家口</u>现设马六十匹，内驿站马三十匹，每匹日支豆六仓升，草二束。又军站马三十匹，每匹日支豆六仓升，草干银二分，除小建^②五日不支外，实支豆一千二百七十八石，草二万一千三百束，草干银二百十三两。<u>独石口</u>现设马四十九匹，内军站马二十九匹，每匹日支豆六仓升，草干银二分，除小建五日不支外，实支豆六百十七石七斗，草干银二百五两九钱。又部站马二十匹，每匹日支豆六仓升，草干银二分，除于四月初一日出青起，至九月十五日回槽止，又除小建三日不支外，实支豆二百三十一石六斗，草干银七十七两二钱。<u>喜峰口</u>、<u>宽城</u>二驿……臣部按册核算，与应支数目有减无浮，应准开销。一、给马夫、纤夫、驴

---

① 乾隆三十六年，1771 年。

② 小建，夏历的小月。也称"小尽"。清代时宪历每月下例载"某月大（或小），建某某"。

夫、兽医、杠轿、皂隶、执事、车号、探马等夫及各项杂夫工食银十五万九千八百五十两六钱七分二厘，米八十五石二斗等语。查该省现设各项夫役九千七百四十八名，请销银十五万九千八百五十两六钱七分二厘。臣部按省册开散数以散合总计总数内多开银二两，应行删除。……又例载独石口站驿书等，每名月支给工食银一两五钱七分，不扣小建。今据册开，该站书手一名，月支银一两五钱七分五厘，计每月浮开银五厘，计一岁共浮银六分，应行删除。又例载张家、独石二口军夫，延庆州、居庸驿杠夫，各日给工食银三分三厘三毫三丝三忽零，张家口马夫日给工食银六分，马牌子日给工食银八分，兽医日给工食银五分。今据册开，张家、独石二口军夫，延庆州居庸驿杠夫，各月支饷银一两，张家口马夫月支饷银一两八钱，马牌子月支饷银二两四钱，兽医月支饷银二两五钱。臣部按月支银数照例按日摊算，尚属与例相符，惟该省驿站夫役例无支饷专条，应令该督转饬所属嗣后造报驿站销册，毋庸开写月饷字样，以符定制。其册开通州纤夫四十三名，内除夫头八名，每名日支工食银七分二厘，其余纤夫均日支银五分二厘六毫九丝五忽，除正月十一、十二等三个月河冻不给外，照例只支九个月工食银两。定兴县琉璃河及易州无量河共马夫八名，每名日支银五分四厘，照例只支七个月工食银两。又顺义县兽医月支工食银二钱五分，易州兽医月支银八钱一分，易州杂夫支银九钱，独石口兽医月支银七钱五分，以上月支银两均照例不扣小建。张家口军夫，除支工食外，每名月支米三斗，其余各州县各项夫役每名日支工食银一分至一钱八厘不等，均扣小建不支。臣部按册核算，均与例案相符，所有该省通共请销夫役工食银十五万九千八百五十两六钱七分二厘，内除应删总数多开及银两，应扣小建等银二两二钱一分外，其余银十五万九千八百四十八两四钱六分，米八十五石二斗，应准开销。一、给买补马骡价银一万二千二百四十两五钱等语。查得该省现设马骡驴头六千九百三匹头，内除差驴二百七十七头，例不准销倒价外，其余马骡六千六百二十六匹头，定例三分报倒。又张家、独石、喜峰等三口，额马二百二十九匹，定例四分报倒，共报倒马一千四百九匹头，内张家、独石、喜峰等三口，买马九十一匹，每匹价银六两五钱。古北口外之鞍匠屯等站，买马四十八匹，每匹价银七两……臣部按倒马分数买补价值逐一核算，均属有减无浮，应准开销，至皮脏每匹变价银五钱，共银七百四两五钱，应令该督报明户部拨用。……光绪元年七月三十日①题，八月初二日奉旨，依议。钦此。（第 168 ~171 页）

　　○又同治十二年②，连闰裁存夫马工料正闰共银四十三万零二百四十一两六钱一分零……宣化府属榆林等驿递马杠等夫连闰共支米折银一千九百八十九两一钱二分。又张家口并云州、赤城二驿站军夫马杠等夫，连闰共支本色月米三百零七石二斗。以上一岁连闰通共支用夫马工料等项共银三十九万一千六百四十三两零八分六厘……（第 171 ~172 页）

　　◎经政三十一（卷 124《略七十九·经政三十一兵制六　驿站》，第 634 册，）

　　国朝

　　○赤城县驿二（第 236 ~238 页）

　　云州驿，在县北三十里云州堡，即元故云州也。《元史》：中统元年③立望云驿，四年升为云州。明洪武初废州置云州驿，宣德五年④于河西大路筑城置戌。《大清一统志》。驿堡当南通衢，堡北五里曰龙门口，歧路西直马营，东北直独石、镇安，为冲要之处。《方舆纪要》。康熙

---

① 光绪元年七月三十日，1875 年 8 月 30 日。

② 同治十二年，1873 年。

③ 中统元年，1260 年。

④ 宣德五年，1430 年。

三十二年①，设驿丞管理，次冲。《雍正志》及《府志》。

额设马四十二匹，马夫二十一名，杠轿等夫二十二名。《大清会典》。

现额实存夫四十三名，夫役额本四十七名，内扣留二夫四名。驿马四十二匹。《司册》。

额设裁存夫马工料银一千六百二十七两五钱六分，豆折银二百二十一两七钱六分，本色料豆一百二十七石二斗，麦麸一百五十八石四斗，每石价银二钱六分，共价钱五十七两零二钱四厘。月米一百石零八斗。《司册》。《雍正志》及《府志》：驿本额设草折银一百四十二两有奇，一日一百五十八两四钱，豆设五百四十五石一斗六升，麸设一百五十八石四斗，月米一百三十五石，工食银四百五两。又因续增马匹夫役额设夫马工料，并买马杂支等银一千三百九十二两有奇。雍正年分银共二千一百五十五两二钱，月米麦麸额同，惟料豆数为五百五十四石四斗，遇闰加增小建扣除。

一、旧额马二十二匹，每匹日支草折银一分八厘，本色料豆三升半，豆折银二分八厘，麦麸二升，除小建五日不支，岁共支草折银一百四十两零五钱八分，本色料豆二百七十三石三斗五升，豆折银二百一十八两六钱八分，麦麸价银五十六两二钱二分九厘。

一、续增马二十匹，每匹日支豆草麸价银七分三厘八毫，除小建五日不支，岁共支银五百二十三两九钱八分。

一、旧额马夫十一名，杠夫二十一名，共夫三十二名，内扣留二夫四名，实存夫二十八名，每名日支工食银三分，月米一升，除小建五日不支，岁共支银二百九十八两二钱，月米九十九石四斗。

一、续增马夫十名，铡草喂养夫四名，二共十四名，每名日支工食银五分四厘，除小建五日不支，岁共支银二百六十八两三钱八分。

一、续增马牌子一名，日支工食银七分二厘，除小建五日不支，

① 康熙三十二年，1693年。

岁共支银二十五两五钱六分。

以上驿费岁共支用夫马工料等银一千二百五十六两七钱。

又马匹岁需并杂支等项共银一百九十七两零四分六厘，又买补倒马十二匹，共银一百零八两。

同治十年^①，分本驿于额设工料银内扣夫马，小建五日，银二十三两二钱一分四厘，留二夫银四十二两六钱，豆折银三两八分，麦麸价银七钱九分五厘，本色料豆三石八斗五升，月米一石四升，一岁统共支用夫马工料杂项等银一千五百六十一两七钱四分六厘，本色料豆二百七十三石三斗五升，豆折银二百一十八两六钱八分，月米九十九石四斗，麦麸价银五十六两二钱二分九厘，在于本县地粮银内留支银一千一百二十两零二钱三分四厘，其不敷银五百零七两三钱二分六厘，同豆折麦麸价银俱在布政司库请领支给，月米在独石口厅新厫米内支给，料豆在赤城县存仓豆内支给。遇闰加增。以上《司册》。

赤城驿，在赤城县治东北，明永乐中置，旧曰云门驿。《大清一统志》。宣德五年，改今名。康熙三十二年后，系知县管理。《雍正志》及《府志》。赤城堡在宣化东北二百里，其地有古赤城，元为云州之赤城站，明初置云门驿。《方舆纪要》。

额设马四十四匹，马夫二十二名，杠轿等夫二十二名。《大清会典》。

现额实存夫役四十三名，夫役额本四十七名，内扣留二夫四名。驿马四十四匹。《司册》。

额设裁存夫马工料银一千六百五十四两五钱六分，豆折银二百四十一两九钱二分，本色料豆三百零二石四斗，麦麸一百七十二石八斗，合银六十二两二钱零八厘。月米百石零八斗。《司册》。《雍正志》及

---

① 同治十年，1871 年。

《府志》：驿本额设草折银一百七十二两有奇，豆设六百四石八斗，麸设一百七十二石八斗，月米一百一十八石八斗，工食银三百九十六两有零。又以续增马匹夫役额设夫马工料并买马杂支等银一千四百九两零，料豆、麦麸额同，惟月米数为一百三十三石，遇闰加增，小建扣解。

一、旧额马二十四匹，每匹日支草折银一分八厘，本色料豆三升半，豆折银二分八厘，麦麸二升，除小建五日不支，岁共支草折银一百五十三两三钱二分，本色料豆二百九十八石二斗，豆折银二百三十八两五钱六分，麦麸价银六十一两三钱四分三厘。

一、续增马二十匹，每匹日支豆草麸价银七分三厘八毫，除小建五日不支，岁共支银五百二十三两九钱八分。

一、旧额马夫十二名，杠夫二十八名，每名日支工食银三分，月米一升，除小建五日不支，岁共支银二百九十八两二钱，月米九十九石四斗。

一、续增马夫十名，铡草喂马夫四名，二共一十四名，每名日支工食银五分四厘，除小建五日不支，岁共支银二百六十八两三钱八分。

一、续增马牌子一名，日支工食银七分二厘，除小建五日不支，岁共支银二十五两五钱六分。

以上驿费，岁共支用夫马工料等银一千二百六十九两四钱八分。遇闰按月加增。

又马匹需用并杂支等项，共用银二百一两八钱九分一厘，又买补倒马十三匹，共银一百一十七两。

同治十年，分本驿于额设工料银，内扣夫马小建五日银二十三两五钱六分，留二夫银四十二两六钱，豆折银三钱六分，麦麸价银八钱六分五厘，本色料豆四石二斗，月米一石四斗一，岁统共支用夫马工料杂支等银一千五百八十八两三钱一分七厘，本色料豆二百九十八石二斗，豆折银二百三十八两五钱六分，月米九十九石四斗，麦麸价银六十一两三钱四分三厘。米石在于独石口厅厫内支给，料豆在于赤城县存仓豆内支给，其工料等银在于本县地粮银内留支四百五十二两六钱二分，其不敷银一千二百零一两九钱四分，同豆折麦麸价银在于布政司库请领支给。遇闰加增，余银扣解。以上《司册》。

〇龙门县驿二、递二（第 238~240 页）

长安驿，在县东南九十里长安岭堡，明洪武初置丰峪驿，永乐九年①改今名，次冲，有驿丞。《大清一统志》及《雍正志》。长安岭即枪竿岭，《元史·世祖本纪》：中统三年立枪竿岭驿，以便转输堡，元为怀来、龙门二县地，（名）[明]初置丰峪驿。其地东西跨岭，中通线道，旁径偪仄，居庸而外，此为重关之险。《方舆纪要》。

额设马四十二匹，马夫二十一名，杠轿等夫二十五名。《大清会典》。

现额实存夫役四十六名，夫役额本五十一名，内扣留二夫五名。驿马四十二匹。

额设裁存夫马工料共银一千六百七十二两九钱二分，米折银一百一十一两六钱，豆折银二百二十一两七钱六分，本色料豆二百七十七石二斗，麦麸一百五十八石四斗，价银五十七两二分四厘。《司册》。《雍正志》及《府志》：驿本额设草折银一百五十八两零，豆设五百五十四石四斗，麸设一百五十八石四斗，月米一百四十七石六斗，工食银四百九十二两。又新增马夫买马杂支等银四百二十四两有奇，续增马匹夫役额设夫马工料银一千九十九两有奇，雍正年分银共二千二百二十一两二钱，豆、麸、月米额同，遇闰加增。

一、旧额马二十二匹，每匹日支草折银一分八厘，本色料豆三升半，豆折银二分八厘，麦麸二升，除小建五日不支，岁共支草折银一百四十两五钱八分，本色料豆二百七十三石三斗五升，豆折银二百一十八两六钱八分，麦麸价银五十六两二钱三分四厘。

一、续增马二十匹，每匹日支豆草麸价银七分四厘二毫，除小

---

① 永乐九年，1411 年。

建五日不支，岁共支银五百二十六两八钱二分。

一、旧额马夫十一名，杠夫二十五名，共三十六名。内扣留二夫五名，实存三十一名，每名日支工食银三分，米折银一分，除小建五日不支，岁共支银三百三十两一钱五分，米折银一百一十两五分。

一、续增马夫十名，铡草喂马夫四名，二共一十四名。每名日支工食银五分四厘，除小建五日不支，岁共支银二百六十八两三钱八分。

一、续增马牌子一名，日支工食银七分二厘，除小建五日不支，岁共支银二十五两五钱六分。

以上驿费，岁共支用夫马工料等银一千二百九十一两四钱九分。遇闰按月加增。

又马匹需用并杂支等项，共银一百九十六两三钱六分六厘。

又买补倒马十二匹，共银一百八两。

同治十年，分本驿于额设工料银内扣夫马小建五日银二十三两八钱一分四厘，留二夫银五十三两二钱五分，本色料豆三石八斗五升，米折银一两五钱五分，豆折银三两零八分，麦麸价银七钱九分一，岁统共支用夫马工料杂支等银一千五百九十五两八钱五分六厘，本色料豆二百七十三石三斗五升，豆折银二百一十八两六钱八分，米折银一百一十两五分，麦麸价银五十六两二钱三分四厘，豆石在龙门县屯豆内支给，其工料等银在本县地粮银内留支一千二百二十三两一钱四分七厘，其不敷银四百四十九两七钱七分三厘，同米折豆、折麦麸价银俱在布政司库请领支给。遇闰加增，小建扣解。以上《司册》。

雕鹗驿，在龙门县东四十五里雕鹗堡。元为云州之雕窠站，明洪武初置浩岭驿，永乐中改今名，次冲，有驿丞。《大清一统志》及《雍正志》。地当北路之中，为往来要道。《方舆纪要》。

额设马四十三匹，夫二十一名半，杠轿等夫二十二名。《大清会典》。

现额实存夫役四十三名半，夫役额本四十七名半，内扣留二夫四名。驿马四十三匹。

额设裁存夫马工料共银一千六百四十七两五钱四分，米折银一百二两六钱，豆折银二百三十一两八钱四分，本色料豆二百八十九石八斗，麦麸一百六十五石六斗价银五十九两六钱一分六厘。《司册》。《雍正志》及《府志》：驿本额设草折银一百六十五两零，豆设五百七十九石六斗，麸设一百六十五石六斗，月米一百三十五石，工食银四百五十两。又新增马夫买马杂支等银五百三十六两有奇，续增马匹夫役额设夫马工料银一千九十九两零，雍正年分银共□千一百九十三两，豆、麸、月米额同，遇闰加增。

一、旧额马二十三匹，每匹日支草折银一分八厘，本色料豆三升半，豆折银二分八厘，麦麸三升，除小建五日不支，岁共支草折银一百四十六两九钱七分，本色料豆二百八十五石七斗七升五合，豆折银二百二十八两六钱二分，麦麸价银五十八两七钱七分六厘。

一、续增马二十匹，每匹日支豆草麸价银七分四厘二毫，除小建五日不支，岁共支银五百二十六两八钱二分。

一、旧额马夫十一名半，杠夫二十一名，二共三十二名半。内扣留二夫四名，实存二十八名半。每名日支工食银三分，米折银一分，除小建五日不支，岁共支银三百三两五钱二分五厘，米折银一百一两一钱七分五厘。

一、续增马夫十名，铡草喂马夫四名，二共一十四名。每名日支工食银五分四厘，除小建五日不支，岁共支银二百六十八两三钱八分。

一、马牌子一名，日支工食银七分二厘，除小建五日不支，岁共支银二十五两五钱六分。

以上驿费共支用夫马工料等银一千二百七十一两二钱五分五厘。遇闰按月加增。

又马匹岁需并杂支等项，共银二百零二两二钱六分三厘。又买补倒马十二匹，共银一百八两。

同治十年，分本驿于额设工料银内扣夫马小建五日银二十三两四钱二分二厘，留二夫银四十二两六钱，本色料豆四石二升五合，豆折银三两二钱二分，米折银一两四钱二分五厘，麦麸价银八钱三分一，岁统共支用夫马工料杂项等银一千五百八十一两五钱一分八厘，本色料豆二百八十五石七斗七升五合，豆折银二百二十八两六钱二分，米折银一百零一两一钱七分五厘，麦麸价银五十八两七钱八分六厘，豆石在龙门县屯豆内支给，其工料等银在本县地粮银内留支银一千一百二十两一钱，其不敷银五百二十七两四钱四分，同米折豆、折麦麸价银俱在布政司库请领支给。遇闰加增，余银扣解。以上《司册》。

龙门城、赵川堡二递皆僻。龙门递，在县西二十五里，明本为驿，宣德六年建，今改为递。赵川旧亦为驿，在县西五十里。二递康熙三十二年置知县管理。《雍正志》及府县志。

额设龙门城递马四匹，马夫二名。赵川堡递，马四匹，马夫二名。《大清会典》《司册》同。

现额裁存夫马工料等银九十五两零四分，米折银一十四两四钱，豆折银八十两六钱四分，本色料豆一百石零八斗，麦麸，五十六石八斗。价银二十两四钱四分八厘。递马除小建五日，岁共支用草折银五十一两一钱二分，本折料豆九十九石四斗，豆折银七十九两五钱二分，麦麸价银二十两四钱四分六厘，马夫除小建五日，岁共支用工食银四十两六钱，米折银一十四两二钱，豆石在龙门县屯豆内支给，工料银并米折豆、折麦麸价银在于布政司库请领支给，闰月加增。《司册》。

○独石口（第 268～269 页）

独石口站，在赤城县北九十里，明置开平驿，康熙三十二年改设赤城县县丞管理，三十三年归并蒙古驿站部员管理。《口北三厅志》。

谨按外蕃来京师者喀尔喀、苏尼特、阿霸垓、蒿齐忒诸部咸取道于独石、张家二口，而阿尔泰二十九军台路通葱鄯又候骑所从出也。

额设马四十九匹，马夫二十名，杠轿等夫三十三名，驿书一名，兽医一名。《大清会典》。

现额实存夫役四十五名，站马四十九匹。《司册》。《口北三厅志》：雍正十三年奏准，原额部马十匹，归独石驻防，实存驿马二十九匹。

额设夫马工食草价等项银一千一百三十八两六钱六分，料豆八百四十九石三斗。《司册》。《口北三厅志》：旧额草料银二百八两八钱，豆六百二十六石四斗，工食银五百四十三两九钱，月米一百五十四石八斗，杂支银一百一十六两。

一、额马四十九匹，每匹日支豆六升，草价银二分，内驿马二十九匹，自正月初一日起，至年底止，除小建五日，岁共支豆六百一十七石七斗，草价银二百五两九钱。其部马二十四匹，自正月初一日起，至三月底止，又自九月十五日起，至年底止，除小建三日不支，岁共支豆二百三十一石六斗，草价银七十七两二钱，通共支豆八百四十九石三斗，草价银二百八十三两一钱。

一、马夫二十名，杠夫二十三名，二共夫四十三名，每名月支工食银二两，除小建五日不支，岁共支银五百八两八钱三分。

一、书手一名，月支工食银一两五钱七分五厘，岁共支银一十八两九钱。

一、兽医一名，月支工食银七钱五分，岁共支银九两。

以上站费，岁共支用夫马工料等银八百一十九两八钱三分。

又马匹需用并杂支共银一百八十两八钱一分。

又买补倒马一十九匹，共银一百二十三两五钱。每匹价银六两五钱。

同治十年，分本站于额设工料银内扣夫马小建三日及五日银一十一两二钱七分，倒马截零银三两二钱五分，岁共支用额银一千一百三十四两一钱四分，料豆八百四十九石三斗。料豆在赤城县存仓豆内支领，其工食、草价等项俱在藩库请领支给。遇闰加增，余银扣解。以上《司册》。

◎经政三十二（卷125《略八十·经政三十二兵制七　镇司》，第634册）

国朝

〇赤城县（第288页）

额设五铺，铺司兵十名，总铺西二十里至沃麻坑铺，又二十五里至龙门县三岔口铺。北三十里至云州堡铺，三十里至三山堡铺，三十里至独石口铺，《大清会典》。《雍正志》：旧设有睦、姻、任、恤等。《府志》：在城铺与外设□铺，铺兵各二名。铺兵每名岁支银六两，共银六十两。《县志》及《赋役册》。

〇龙门县（第288~289页）

额设七铺，铺司兵十四名，总铺东十五里至三岔口铺，又二十五里至赤城县沃麻坑铺。西二十里至龙门关铺，二十里至赵川堡铺，又二十里至宣化县双儿营铺。又三岔口铺东南五十里至郭家窑铺，五十里至新井庄铺，二十五里至石河铺。又五里至怀来县土木铺，在城铺北三十里至大边。《大清会典》。《雍正志》：旧设有射、御、文、行等铺。《府志》：本城铺与三岔口铺铺兵各三名，龙门关、赵川堡、郭家窑、新井庄暨石河、东山庙、杏林等铺，铺兵各二名。

铺兵每名岁支银六两，共银八十四两。《赋役册》。

◎经政三十三（卷126《略八十一·经政三十三铨选》，第634册）

国朝

光绪七年[①]，直隶总督李鸿章奏定，张家口、独石口、多伦诺尔

---

① 光绪七年，1881年。

三厅理事同知改为抚民同知。旋奉部覆议准将<u>张家口</u>、<u>独石口</u>、<u>多伦诺尔</u>理事同知三缺裁撤，改为抚民同知，均作为冲繁疲难①四项题调要缺②，遇有缺出，应仿照<u>热河</u>、<u>奉天</u>添设各缺，咸令该督于通省人员内不谕满汉拣员升调，如无合例人员，亦准于后补人员拣选请补。同上③。（第 307 页）

○<u>独石口抚民同知</u>请旨，冲繁疲难要缺。（第 324 页）

○<u>赤城县</u>（第 324 页）

知县，部选专冲简缺④。

县丞，简缺。

典史，简缺。

教谕。简缺。

○<u>龙门县</u>（第 324 页）

知县，部选简缺。

典史，简缺。

教谕。简缺。

○<u>独石协左营</u>（第 333 页）

副将，题缺⑤。

都司。部推缺。

○<u>右营</u>（第 333 页）

守备。沿边推缺。

○<u>镇安堡</u>（第 334 页）

---

①　"冲"指地当孔道，"繁"为政务纷纭，"疲"是赋多逋欠，"难"指民风刁悍、命盗案多，这一制度始于雍正年间。

②　要缺，其中四要素俱全、或兼其二三、或一项突出者，定为"要缺"；而四项俱无者，定为"常缺"。

③　同上，即《吏部章程》。

④　简缺，指职务较简单、低级的官缺。

⑤　题缺，谓奏请任命出缺官职。

守备。边缺①。

○龙门所（第 334 页）

守备。边缺。

○龙门路（第 334 页）

都司。边缺。

◎经政三十四（卷 127《略八十二·经政三十四刑律》，第 634
册）

○张家口、独石口，凡出入人等均令守口旗员验票盘查，如有
失察违禁等物，责在旗员，营员免其处分。（第 344 页）

◎经政三十六（卷 129《略八十四·经政三十六城池二，第 634
册》）

○赤城县（第 399～400 页）

城周三里一百八十四步，旧作四十八步，今考正。高二丈九尺，广
二丈二尺。东门、南门各一，无池。《雍正志》。旧土城，明宣德五
年②创筑。《府志》。谨案《明史》：宣德五年，阳武侯薛禄疏请筑之。景泰
初，都督杨洪甃以砖，万历二十四年③增修。《雍正志》。天启元年④拓
东南隅内墙。《府志》。

附：

云州所城，在县城北三十里。《县册》。周三里一百五十八步，东
门、南门各一，明宣德五年阳武侯薛禄重筑，景泰五年⑤参政叶盛、

---

① 边缺，旧时指边地职官中因原任人员死亡或去职而空出来的职位。
② 宣德五年，1430 年。
③ 万历二十四年，1596 年。
④ 天启元年，1621 年。
⑤ 景泰五年，1454 年。

指挥沈礼甃以砖石，隆庆二年①重修。《县志》。

龙门所城，在县城东三十里。《大清一统志》。原名李家庄，周四里九十步，高二丈六尺，南北门各一，南一关，垣周一里三十步，高二丈，明宣德六年筑，隆庆四年重修。《县志》。

牧马堡城，在龙门所北。《大清一统志》。周一里二百四十四步，高三丈五尺，南一门，明宏治十年②筑，万历十五年甃以砖。《县志》。

样田堡城，在龙门所西南二十里，旧名鸡田。《大清一统志》。周二里六十步，高三丈五尺，原民堡，嘉靖二十七年③改为官堡，万历十六年甃以砖。《县志》。

马营堡城，在县城西北六十里，西至边界二十五里。《大清一统志》。旧名震（川）［州］，又名西猫儿峪，周六里五十步，高三丈五尺，门四，明宣德间筑。《县志》。

仓上堡城，在马营堡东南。《大清一统志》。周一百五十九丈二尺，高三丈五尺，门一，明万历十六年筑。《县志》。

滴水崖堡城，在县城东八十里。《大清一统志》。周三里一百三十步，高二丈七尺，南门、西门各一，明宏治九年筑，嘉靖二十九年重筑，隆庆二年甃以砖。《县志》。

宁远堡城，在滴水崖东。《大清一统志》。周二里一十三步，高三丈五尺，门一，明嘉靖二十八年筑，四十五年甃以砖。《县志》。

长伸地堡城，在宁远堡东北。《大清一统志》。周一里八步，高三丈五尺，南北门各一，明万历七年砖筑。《县志》。

镇宁堡城，在县城西北三里。西至边界三十里。《大清一统志》。周二里五十七步，高三丈五尺，门一，明宏治十一年筑，万历十五

---

① 隆庆二年，1568 年。

② 宏治，原为"弘治"，为明孝宗朱祐樘年号，清代清高宗纯皇帝爱新觉罗氏名弘历，避偏讳"弘"，以"宏"代"弘"。下同。弘治十年，1497 年。

③ 嘉靖二十七年，1548 年。

年甃以砖。《县志》。

羊房堡城，在县城西北五十里。《县册》。东西长二百六十八丈，南北长二百七十二丈，高三丈，广九尺，门一，明天启元年筑。《府志》。

松树堡城，在县城西北七十里。《县册》。马营正西，周二里，高三丈五尺，门一，明嘉靖二十五年筑，万历元年甃以砖。《府志》。

君子堡城，在县城西北八十里。《县册》。马营西北二十余里，周一里三百五十步，高三丈五尺，门一，旧堡残毁，明嘉靖二十五年重筑，万历八年甃以砖。《府志》。

镇安堡城，在县城东北五十里。《大清一统志》。周二里六十六丈三尺，高三丈五尺，门一，明成化八年筑，正德六年重筑，万历十五年甃以砖。《县志》。

○龙门县（第 401~402 页）

城周四里五十六步，高二丈五尺，东门、南门各一，池久埋，旧土城，明宣德六年建，隆庆二年指挥张凤冈甃以砖。明徐之蒙记略：龙门，属宣府下北路，孤悬一隅，当独石之冲，而扼宣镇之要者也。考唐穆宗时，原名龙门县，属卢龙，改属河东。（北）[元] 隶上都。洪武三年，徙其民于居庸，而县遂废。宣德六年，置龙门卫于废龙门县，设兵戍守。正统己巳之变，为外据。至景泰初，协理军务大参叶公盛、昌平侯杨公洪共图恢复。招集流亡，缮修城郭，而边境始宁谧矣。历今百二十年，日渐倾圮。隆庆戊辰[1]春，两院、宪[2]视龙门城之将圮，而议加修筑，委守备张凤岗董其事。凤岗亲率士卒，陶砖运石，阅三年而告厥成功。高三丈五尺，周四里五十六步，门楼雉堞巍然、焕然。足以内拱神京，外控边境矣。城之士夫乐观，夫城之成也。属予为之记，俾后之坐享升平者，知有所自云。万历二十年，指挥陈懋功重修南门。明窦文纪略：龙门，以龙泉得名，发源发脉俱自乾隅，黄虞[3]之世已入版图。汉为龙城，

---

① 隆庆戊辰，隆庆二年，1568 年。
② 宪，指道宪，对道台的尊称。
③ 黄虞，黄帝、虞舜的合称。

唐为县治，属山后云州。自石晋割献契丹，不内属者，四百八十余年。我高皇帝定天下，抚有一统，龙门隶北平，属宣府。文皇帝亲征沙漠，曾驻警跸。宣德六年设卫所守备，称富强矣。正统己巳土木之变，龙门八城皆弃不守。景泰三年，山西大参昆山叶公盛、都督孙公安，奉命经略，旋即恢复。顾卫城仅四里许，南廓附之。隆庆初，虽经修葺，而南门重闉，历久倾圮。万历乙巳①，霪潦倒塌。陈君懋功来守兹土，即有志修筑。请于兵宪大参华容张公，用军士力陶砖、炼灰、斩石、伐木、版砌具举，逾年而礮成。前参戎云中张公应武署路事，副戎上谷韦公子宣、今参戎遵化贾公应隆，均有督率之绩。前饷府新乡朱公黄实与谋议，今饷府黄冈王公升观厥成焉。由是，城垣孔固，楼橹一新矣。崇祯九年，从邑人窦维辂议浚城濠。《雍正志》。谨案《县志》：南关有城，与县城连属。

附：

长安所城，在县城东南九十里。《县册》。周五里十三步，高三丈，南北二门，明初置丰裕驿，永乐九年筑城，正统间都督杨洪礮以砖。《府志》。

雕鹗堡城，在县城东四十五里，周二里一百二十步，高二丈八尺，南门、西门各一，关厢三，旧本元云州之雕窠站，明初置驿，永乐间筑城，成化八年礮以砖，隆庆四年增修。《府志》。谨案《两镇三关志》作：宣德六年创筑。《北中三路志》作：西一关，与此稍异。

三岔口堡城，在县城东十五里。《县册》。周三百七丈二尺，高三丈五尺，东西二门，旧属民堡，嘉靖三十五年改筑官堡，万历十七年礮以砖。《府志》。

隆门关堡城，在县城西二十五里。《雍正志》。周四百二十丈五尺，高三丈五尺，东西二门，明宣德三年建，嘉靖四十三年土筑，万历四十四年礮以砖。《府志》。

赵川堡城，在县城西五十里。周七百三十八丈，高三丈五尺，东门、南门各一，城外有池，明宣德三年筑，隆庆五年礮以砖。《县

---

① 万历乙巳，万历三十三年，1605 年。

志》。

　　葛峪堡城，在县城西八十里，周四里二百九十三步，高三丈五尺，南门、西门各一，明宣德五年筑，万历六年甃以砖。同上。

　　常峪堡城，在县城西八十七里，周三里四十步，高三丈五尺，南门、西门各一，明宣德五年筑，成化五年加修，万历十三年甃以砖。《县志》。谨案《府志》引《宣府镇志》：成化五年展筑，高三丈五尺。又引《宣镇图说》：万历十五年砖包。与《县志》稍异。

　　青边口堡城，在县城西一百二里许，周三里一十步，高三丈五尺，南一门，明宣德五年筑，万历九年甃以砖。同上。

　　羊房堡城，在县城西一百十七里，周二里一百十三步，高三丈五尺，南一门，成化元年筑，宏治二年展筑，嘉靖四十三年重修，万历十三年甃以砖。《县志》。谨案《宣府镇志》作：方二里一百八步，东、南二门。又案《宣镇图说》作：万历十七年砖甃。与此稍异。

　　小白阳堡城，在县城西北四十五里，周二里三百步，高二丈五尺，南一门，明宣德五年筑，嘉靖四十三年重筑，万历十三年甃以砖。《县志》。谨案《府志》引《宣镇图说》作：万历二十三年砖包。

　　大白阳堡城，在县城西北七十里，周二里五十一步，高三丈五尺，南一门，明宣德五年筑，景泰五年增修，万历十三年甃以砖。《县志》。

　　金家庄堡城，在县城北二十里。《县册》。周三百七十八丈，高三丈五尺，门一，明成化二年筑，万历四年甃以砖。《府志》。谨案《两镇三关志》作：宏治十四年筑。与此异。

　　○独石口厅（第407页）

　　城周六里有奇。《宣镇图说》。城楼四，角楼四，城铺八，东、南、西三门，旧本开平卫城，宣德五年，旧作元年，今据《明史》改正。左都督薛禄奏允徙独石驻此，委指挥杜衡筑城，《宣府镇志》。万历十年甃以砖。《北中三路志》。明郑洛记略：城周围一千三十一丈七尺，高三丈七尺，展修五十八丈三尺，增建东南角敌台一座，起工于**万历**十年四月，讫工于十二年十月。

附：水关，长一百四十二丈，水门三，上炮台二，陆门一，年久倾圮，本朝**康熙**元年工部估修同知**胡之浚**督工，十二年工竣，**雍正**八年复修。《宣化府志》。

◎经政三十七（卷130《略八十五·经政三十七公署》，第634册）

○**赤城县**（第444~445页）

县署，在县城南门内，本旧分巡道署，**明嘉靖**三十八年建，本朝**康熙**三十二年改为县署，**乾隆**九年知县**孟思谊**重修。《县志》。

县丞廨①，在县城北**独石口**。

典史廨，在县治前，**康熙**三十二年建。俱同上。

○**龙门县**（第445页）

县署，在县城内东北隅，本旧**保定**通判行署，**明正德**元年建，本朝**康熙**三十二年改为县署。《县志》。

典史廨，在县城内东南隅，本旧卫经历廨，**康熙**三十二年改建。同上。

○**独石口厅**（第446页）

抚民同知署，在**独石口**城内，本理事同知署，**乾隆**七年建。《雍正志》。**光绪**七年改为抚民厅署。《厅册》。

◎前事二（卷132《略八十七·前事二》，第634册）

明

---

①　廨，音 xiè。官署，旧时官吏办公处所的通称。

○成祖（第 511 页）

壬戌永乐十年①，敕边将自长安岭在今龙门县东迤西至洗马林今万全县西北筑石垣，深濠堑，以固防御。

○宣宗（第 512～514 页）

庚戌宣德五年②，薛禄帅师筑赤城、今赤城界。雕鹗、在今龙门县界。云州、今赤城界。独石、今赤城境。团山，古永宁治，在今延庆州界。各城堡。

徙开平卫于独石，弃地三百里，尽失龙冈、在今多伦厅界。滦河之险，边备益虚。

○英宗（第 512 页）

丁巳正统二年③，独石守备都指挥杨洪击败乌梁海之众于西凉亭。在今多伦厅界。

甲子正统九年，遣成国公朱勇等分兵四路击乌梁海，左参将杨洪等亦败乌梁海于独石。

己巳正统十有四年，额森诱挟诸部大举入寇托克托布哈，以乌梁海寇辽东，阿拉知院寇宣府，并围赤城。额森自拥众，从大同入。王振劝帝亲征，车驾发京师，令郕王居守，过居庸关，群臣请驻跸，不允。至宣府风雨大至，边报益急，群臣交章请留，振虓怒④不从。帝至大同，王振尚欲北行，郭敬密止之，始班师。额森兵袭军后，恭顺侯吴克忠及其弟都督克勤御之，力战死。后军溃散，师次土木。在今怀来县西。日未晡⑤，去怀来仅二十里，众欲入保城中，振辎重未至，留待之，即驻营土木。掘井二丈余，不得水，人马饥渴，敌分

---

① 永乐十年为壬辰，二者必有一误。按《明会要·边防》："永乐十年，敕边将治濠垣，自长安岭迤西，至洗马林，皆筑石垣，深濠堑，以固防御。"故"壬戌"误，当为"壬辰"。永乐十年，1412 年。

② 宣德五年，1430 年。

③ 正统二年，1437 年。

④ 虓怒，暴怒。虓音 xiāo，虎吼。

⑤ 晡，音 bū。申时，即午后三点至五点。

道自旁近口入，都指挥郭懋拒战，终夜敌益增。明日，围御营，不得发。额森遣使请和，帝诏曹鼐，草敕许之。敌佯退，振遽令移营回旋间，行列已乱，敌大呼四面，蹂躏入，众裸袒蹈藉①死，帝与亲军突围不得出，下马据地坐，敌拥之去。中官喜宁从振等皆死，帝既入敌营，敌以校尉哀彬来侍。额森拥帝至宣府，传谕杨洪、罗亨信开门，出迎城上。人对曰："所守者陛下城池，日暮不敢。"奉诏乃复拥帝至大同，索金币，广宁伯刘安、都督郭登出谒②，登谋夺驾入城，不果。额森遂拥帝北行。

辛未景泰二年，卫拉特寇宣府马营。今赤城县界。敕游击将军石彪等巡边，遣都督佥事孙安守备独石，复以杨洪镇守宣府。

○孝宗（第 514 页）

戊申弘治元年，鞑靼犯独石、马营。

○世宗（第 515～516 页）

甲辰嘉靖二十有三年，诸达入寇，犯黄崖口、今密云界。大水谷、今怀柔界。龙门所。今赤城界。

己酉嘉靖二十有八年，诸达入犯宣府滴水崖，今赤城县东南。把总江翰、指挥董旸战死，全军覆，遂犯永宁，关南大震。总兵官周尚文力战，败之于曹家庄。密云县有曹家砦。

癸丑嘉靖三十有二年，诸达犯宣府，参将史略、副总兵郭都皆战死，至七月，复大举入寇，犯广昌，攻插箭、浮图等峪，均在广昌县界。游击陈凤、朱玉力战御之，敌复分兵犯蔚州等处。小王子寇赤城。

○穆宗（第 517 页）

锡林阿谋犯蔚州，诱马芳出，别以精骑袭宣府，芳预伐木环城，寇不得上，乃解去。芳率参将刘潭等出独石塞外，袭其帐于长水海

---

① 蹈藉，犹践踏。
② 出谒，外出拜见。

子，即白海子。还至塞，追者及鞍子山，芳迎战，又大败之①。

◎艺文五（卷137《略九十二·艺文五直隶方志》）（第634册，第706页）

○《赤城县志》八卷。国朝孟思谊修。赤城在前明为宣化北路，监司李氏有《北中三路志》。国朝改县后，邑令张良标、廖三友先后成有志稿。乾隆十二年，知县孟思谊纂订成编。二十四年，知县桐城黄绍七订补、校正。光绪七年，知县许憕续增十卷附后。

○《龙门县志》□卷。国朝章焯修。邑无志，事迹皆附于《镇志》《三路志》中，康熙五十一年知县章焯修《县志》。

○《口北三厅志》十六卷。国朝黄可润修。乾隆二十三年戊寅，可润任宣化知县，前有自序。

◎金石十二（卷149《略一百四·金石十二》，第635册）
○赤城县（第356~357页）
元

洞明真人祁志诚道行碑。李谦德撰，不忽术正书。大德三年，立在县北云州西南十里金阁山灵真观。金石分域编。灵真观在云州西南十五里金阁山，有元学士李谦碑记。《府志》。谨案：祁志诚为长春真人邱处机四传弟子，附见《元史·处机传》。

真人祁志诚石坊刻字。去灵真观门一里有冢，冢前一坊，大书"祁真人蝉脱处"。《府志》。

滴水崖石柱刻字。石壁刻字，摩崖题名。滴水崖在雕鹗堡西北三里许②，朝阳观在焉，观前一石柱，上凿"天柱"二大字，正西石壁上有"乾坤柱石"四大字，又摩崖题刻甚多，皆为风雨蚀剥。

---

① 该条为隆庆二年，1568年事。
② 滴水崖在雕鹗堡西北三里许，误。疑为滴水崖在滴水崖堡西北三里许。

金志章《巡边日记》。

龙门峡摩崖碑。龙门峡在云州东北五里，即舍身崖。崖上有元人畏吾字摩崖碑。《府志》。

"龙门峡"三字石刻。

"朔方屏嶂"四字石刻。

"雄峙畿辅"四字石刻。

"三路咽喉"四字石刻。

龙门峡诗文题名摩崖。舍身崖上诗文题名摩刻甚众，有"龙门峡"三字，"朔方屏嶂"四字，字皆大如屋，高十余丈。又有"雄峙畿辅""三路咽喉"二大刻。《府志》。

○龙门县（第 357~358 页）

元

回光轩碑。回光轩在小白阳东南，元建，有碑刻。《府志》。

行尚书省丞相刘敏别墅碑。刘丞相别墅在葛峪东南，碑刻尚存。《府志》。

葛峪石碣。《宣府镇志》云："正统间，葛峪人穴地，见遗碣，谓其地为武川，唐建雄武军于此"。《县志》亦载此作武州。案：武川在今山西，不当在此。《县志》改"川"作"州"是也。但《唐·地理志》雄武军在蓟州渔阳，不在今宣郡境内。《辽·地理志》归化州雄武军为唐武州地。盖遗碣本作辽，传者误辽为唐耳。《府志》。谨案：此碣久亡，无年代可考释。《府志》所云，碑中文义乃追叙前代地理，则非辽时刻石可知，今据此录入元碑之末。

○独石口（第 367 页）

元

羊川楼砖。独石口北明沙滩山上有楼，甃砖为之，题曰："羊川楼"，盖亦所筑候台也。《口北三厅志》。

李陵台驿令谢□德政碑。永乐二十年，王英扈从北征。师旋，过威卤镇。帝召英曰："闻城中有石碑，可往观之？"既至，不识碑所。而城北门有石，出土尺余。发之，乃李陵台驿令谢某德政碑也。具以闻。帝曰："碑有駄靼名，后日且以为己地，启争端。"命再往击碎之。沉诸河，还奏。帝喜其详审。《明史稿·王英传》。谨案：威卤废驿，一名李陵台。今牧厂地，土人呼为博罗城，在独石口东北一百四十里，见《三厅志》。

　　碑阴题名。刻达鲁花赤等氏名。《明史稿·王英传》。

　　◎古迹五（卷158《略一百十三·古迹五城址五》，第635册）
　　○赤城县（第590～592页）

　　古赤城，今县治。《水经注》："沽水迳赤城东，赵建武年并州刺史王霸为燕所败，退保此城。城在山阜之上，下（抗）[枕]深隍"。旧志：后魏登国二年，幸广宁，遂如赤城。三年，燕将慕容麟击擒贺讷于赤城。既而，魏主幸东赤城。即此。加"东"者，以平城西又有赤城也。五代晋天福六年，遣使如契丹，见契丹主于赤城。亦即此。元置赤城站。明宣德五年筑城，曰赤城堡。正统末，陷废。景泰初，收复。嘉靖元年，设兵备驻此。本朝顺治十年，裁。康熙元年，设上北路厅于此。三十二年，改置赤城县，以开平卫、龙门所、滴水崖、云州、镇安、马营、镇宁等七堡并入。《大清一统志》。

　　云州故城，在县北，本望云川地，辽景宗于此建潜邸①，及入绍国统②，号曰御庄。后置望云县，属奉圣州。金属德兴府。元中统四年，升为云州。至元二年省望云县入州。明初，州废，今为云州堡。同上。元杨奂《云州》诗：官路人家少，边城驿使频。季鹰终去洛，王粲近归秦。天地群龙斗，泥沙尺蠖伸。亲朋应笑我，头白傍风尘。揭奚斯《望云道中》

　　① 潜邸，指皇帝即位前的住所。
　　② 国统，君主一脉相传的统绪。犹正统。《汉书·诸侯王表》："而本朝短世，国统三绝。"颜师古注："谓成、哀、平皆早崩，又无健嗣。"

诗：南连鹊谷北龙门，一带风云际塞垣。草树每迎天仗过，河山高揖帝畿尊。两都形胜司津要，九域轮蹄据吐吞。谁道古阳居僻陋，圣朝今日是中原。又《望云感秋》诗：天崖节序去忽忽，秋色人情特地同。昨日轩窗犹酷暑，今朝庭院已凄风。苍凉短发侵晨镜，牢落羁怀怯候虫。乡国三年归未得，又将愁眼送归鸿。陈旅《云州道上闻异香》诗：年年骑马踏龙沙，金阁山前席帽斜。海上谁移千载草，空中时度七香车。丹崖翠壁横秋野，玉磬琅琇出暮霞。我亦往年驰骤过，不知仙枣大如瓜。

御夷镇城，在县东北独石城东，后魏置，为六镇之一。《水经注》：大谷水南迳御夷镇城西，魏太和中置，以捍北狄也。又旧卤城在居庸县西北二百里，太和中更名御夷镇。同上。六镇俱在塞外，御夷最东。然据《水经注》御夷城在独石之南，则仍在塞内。《府志》。

白城，在县北云州堡东北百里，金世宗纳凉之所，章宗诞生于此。又有黑城，在白城西南九十里。《大清一统志》。

古长城，在县北。《魏书·明帝纪》："泰常八年筑长城，自赤城西至五原，延袤二千余里"。旧志："望云县有古长城"。又《唐书·地理志》："怀戎北有长城，开元中张说筑"。在今怀来县北。同上。北魏高闾请于六镇北筑长城，表臣闻为国之道，其要有五：一曰文德，二曰武功，三曰法度，四曰防固，五曰刑赏。故远人不服，则修文德以来之；荒狡敖命，则播武功以威之；民未知战，则制法度以齐之；暴敌侵陵，则设防固以御之。临事制胜，则明刑赏以劝之，用能辟国宁方，征伐四克。北部土性，剽疾悍愚，所长者野战，所短者攻城。若以彼之所短，夺其所长，则虽众不能成患，虽来不能内逼。又彼散居野泽，随逐水草，战则与家产并至，奔则与畜牧俱逃，不赍资粮而饮食足。是以古人伐北方，攘其侵掠而已。历代为边患者，良以倏忽无常故也。六镇势分，倍众不斗，互相围逼，难以制之。昔周命南仲，城彼朔方，赵灵、秦始，长城是筑；汉之孝武，踵其前事。此四代之君，皆帝王之雄杰，所以同此役者，非智术之不长，兵众之不足，乃防狄之要事，理宜然也。《易》称："天险，不可升；地险，山川丘陵。王公设险，以守其国"。长城之谓软？今宜依故于六镇之北筑长城，以御北虏，虽有暂劳之勤，乃有永逸之益。如其一成，惠及百世。即于要害，往往开口，造小城于其侧，因施御敌，多置弓弩。彼来，有城可守，有兵可捍。既不攻城，野掠无获，草尽则走，终必惩艾。宜发近州武勇四万人，及京师二万人，合六万人，为武士。于苑内立征北大将军府，选忠勇有志干者以充其选。下置官属，分为三军。二万人专习弓射，二万人专习戈盾，二万人专习骑稍。修立战场，十日一习。采诸葛亮八阵之法，为平地御寇之方，使其解兵革之宜，识旌旗之节。器械精坚，必堪御寇。使将有定兵，兵有常主，上下相信，昼夜如一。七月，发六部兵六万人，各备戎作之具，敕台北诸屯仓库，随近作米，俱送北镇。至八月，征北部率所领与六镇之兵，直至碛南，扬威漠北。彼若来拒，与之决战；若其不来，然后散分其地，以筑长城。计六镇，东西不过千里，若一夫一月之功当三步之地，三百人三里之地，千人三十里，三万人三百里，则千里之地，强弱相兼，计十万人一月必就。军粮一月，不足为多，人怀永逸，劳而无怨。计筑长城，其利有五：罢游防之苦，其利一也；北部放牧，无抄掠之患，其利二也；登城观敌，以逸待劳，其利三也；省境防之虞，息无时之备，其利四也；岁常游运，永得不匮，其利五也。又任将之道，特须委信，遣之以礼，恕之以情，阃外之事，有利辄决，赦其小过，要其大功，足以兵力，资其给用，君臣相体，若身之使臂，然后忠勇可立，制胜可必。是以忠臣尽其心，征将竭其力，虽三败而逾荣，虽三背而弥宠。国朝乔重禧《宣镇二长城说》：顾氏炎武谓长城不独在北边，中国亦有之。《史记·苏代传》：燕王曰，齐有长城，巨防足以为塞。《竹书纪年》：梁惠王二十年，齐闵王筑防，以为长城。《后汉志》：济北国卤有长城，至东海。《太山记》云，太山下长城，缘河，经太山一千余里，至琅琊台入海，此齐之长城也。《史记·苏秦传》说，魏襄王曰，西有长城之界。《后魏志》：河南郡有长城，经阳武到密。此魏之长城也。《汉书·匈奴传》：秦宣太后起兵伐灭义渠，于是有陇西北地上郡，筑长城以拒胡。此秦未有天下之长城，虽在北地，而非今宣府之塞垣。宣府塞垣，则以燕、秦、元魏之两长城为断。燕将秦开袭破东胡，筑长城自造阳至襄平，置上谷、渔阳、右北平、辽东、辽西诸郡。师古曰：造阳在上谷，今妫州地。襄平即辽东所治，其可考者，一秦灭六国，始皇帝使蒙恬将十万之众，北击胡，悉收河南地，因河为塞，筑四十四县城临河，徙适戍以充之。而通直道，自九原至云阳，因边山险堑溪谷，可缮者治之。起临洮至辽东，万余里。又渡河据阳山，北假中。余案《太康·地理志》：秦塞，自五原北九〔百〕里谓之造阳，即上谷。可考者，且若元魏之长城，则始赤城，止于五原，长二千里，为今宣化、大同外垣，其可考者三。余案《宣镇图志》：

镇垣实自东四海冶镇南墩，接顺天府蓟州火焰山墩起，西至西阳河南土山墩接大同府界牌墩界止，长二千一十五里，为边墩一千一百余座，皆为宣镇外蔽。而燕与秦之长城，则在今宣大之南。此二长城之说也，蔚人尹氏《两镇三关志》云，秦长城起临洮至辽东，上谷在其中。据此，则燕长城自造阳至襄平者，与秦长城俱为宣府外垣，彼汉所谓斗辟之造阳，俨然在塞原中矣。而《前汉·匈奴传》何以有弃斗辟县造阳北九百里之说。况斗辟为极北地，汉上谷北境，尽于女祁，女祁之北不设县邑，斗辟犹在塞内，岂有弃长城内九百里之理。《宣志》云，欲知古，当证今。今之自陕至辽亘万里，以为限者，一长城也。自四海冶至河东，亘二千里，以为固者，又一长城也。此两长城者，一自昌平北之居庸关，历雕鹗接嵯西，折至龙门卫城，又折而北至六台子卧阳墩，与外垣接。外垣则逾张家口，迤逶而西，又越中高、西大等山，以接于大同镇之东阳河堡界，顾相接而仍有不可合一之势。若据尹氏之说，合之，则将使今之郡地廓之，至于襄平，而后可以合燕之长城。又将使燕之长城约之，至于四海冶，而后可以合今之郡地，且将使秦长城之自临洮而东者，至大同西境，又折而北而东而南，与今宣大之地悉收之长城之中，然后折而东，筑以尽于辽东，而内三关之间，不但有城，且与起临洮至辽东者为一城，而与四海冶至河东之城，截然为二，则尹氏之说不可通矣。明嘉靖间，翁万达屡筑塞垣，盖即元魏起赤城止五原之旧，而增葺之。魏都平城于此，故筑外垣与大同西千八百之河朔，并亘内垣之外北塞形势，至是大备。若燕与秦所筑，俱在上谷南境，即今宣府之南山谷，名为万里长城是也。而亦谓之造阳者，居庸本隶上谷，则亦造阳地耳。又《史记》赵武灵王北破林胡、楼烦，筑长城自代至阴山下，至高阙为塞，置云中、雁门、代郡。《括地志》谓阴山在朔州绝塞外突厥界，高阙则在朔方临戎县北连山，山中断两峰，俱峻余，以图粮考之，当在今北高岩梁两墩之间，属云州界。山高林密，旧为朵颜支部落游牧所者是此，又宣镇外垣长城之一说也。汉武帝元朔二年，遣将军卫青等击匈奴，取河南地，筑朔方，复缮故秦时蒙恬所为塞。北齐天保二年，自黄栌岭起长城，北至杜平城四百余里，置三十六戍。六年，发民一百八十万，筑长城自幽州夏口西至恒州九百余里。《通鉴注》幽州夏口即居庸下口。隋文帝开皇五年，使司农少卿崔仲方，发丁三万于朔方灵武筑长城，东距河西绥州，绵历七百里。六年，复发丁二万，于朔方以东，缘边险要，筑数十城。七年，又修长城。此宣镇南山长城之可证者也。《唐书·地理志》：妫州妫川郡怀戎县，妫水贯其中，北九十里有长城，东南五十里有居庸塞。而即继之曰，东连卢龙、碣石，西属太行、常山。长城与居庸相去一百四十余里，曰东连，曰西属，指居庸而言也。周静帝大象元年，发山东民筑长城，立亭障，西至雁门，东至碣石，不言居庸，而居庸在其中，由居庸而东，曰古北口，亦曰虎北，即右北平再折而东而南，至永平属之临榆，曰山海关，皆燕秦之长城所至者也。出居庸关而越八达岭、岔道、怀来县土木堡，逾保安、鸡鸣驿至宣镇，折而北过宁远站，出张家口外为台站。明永乐间，又筑石垣，绵亘千里，为塞垣外蔽，其西北则草地河套，直达伊犁，皆沙漠瀚海之区。由是言之，宣镇临大边，为神京枕背，北门管钥，于是乎，在前汉方拒保塞之请，后汉乃启延敌之门，刘石、符秦、慕容、拓跋扰于始，宇文、突厥、契丹、匈奴、鲜卑、瓦剌、台吉纷于后，金人冶铁钢阔门而不效。明正统至有土木之难，是岂长城之重叠，捍卫不足自固欤，亦世运之所系者，大而所以守者，无可恃也。夫疆域形势随时变易，燕秦之世，居庸塞外皆匈奴地，故筑城起临洮至辽东，足以自限。元魏以后，兼有上谷、云中、女祁诸地，故必筑赤城至五原者，为长城，而后可以为攻战扼守计，顾长城皆恃山为险，其溪谷开隙堑，险中断之处。明又筑自四海冶至河东者，亘二千里以相接。而边防乃无虞其疏。《史记》郦食其曰：距飞狐示诸侯实形胜之势。后汉《耿况传》注谓渔阳、上谷北接塞垣，至彼如入彀中。明唐龙谓宣府、大同藩篱也，居庸长城门户也。藩篱密斯门户，固神灵奥宅，赤县之首区，畿辅之屏翰，边徼之门□，皆恃此两长城者，以为拱卫扼御。《易》曰："王公设险，以卫其国"。有备无患之计，虽日人事亦地利使然，惜乎，兵燹迁易，数百年以来，载籍已不能详言之矣。世之言长城者，多据刘昌《两镇边关说》、翁万达《宣大河西诸边图论》、魏焕《九边通考》、霍冀《九边图说》及《寰宇通志》《一统志》诸书。然所载宣镇塞垣，不过十之一，其书已多不可考，而又与正史、《畿辅通志》互有异同。他若尹耕《两镇三关志》、孙世方《宣镇志》、胡以温《宣镇续志》，则又于二长城建筑分合界墩垣瞭官军之迹不合，即一事。而政治之得失，亦可考而见焉。我朝混一海宇，漠内外皆归版图。自讨诸逆蒙古兵，从张家口调遣。康熙三十五年征噶尔丹，乾隆间讨准噶尔，余孳运粮至乌里雅苏台，或由张家口，或独石口皆出入于长城间。至于今边境清谧，民生其问者，不知干戈且二百年。墩台、屯戍、垣墙间有倾圮，而守卫既密，边计自严，则城与戍之交，相为用大也。余丙戌、丁亥往来宣镇，览南北两长城之雄丽绵亘而窃叹①，边民之混而称之也，故作《二长城说》，以补顾氏之所不及，亦以备后之考城者采焉。

○龙门县（第 592～593 页）

女祁故城，在县东，汉置县，属上谷郡，为东部都尉治，后汉省。《水经注》：阳乐水迳女祁县故城南。按：《辽志》以文德县及中京北安州为女祁县地，皆非是。《大清一统志》。

龙门旧县，今县治，唐末所置也。《辽史·地理志》：龙门县在奉圣州东北二百八十里，元改置望云县，明初废，宣德中因其地置龙门卫，本朝康熙三十二年，改置龙门县，以葛峪、赵川、雕鹗、长安岭四堡并入。同上。

广边城，在县东雕鹗堡东。《唐书·地理志》：怀戎北有广边军，故白云城也。宋白曰：军在妫州北百三十里，近雕窠村。按雕窠村，盖即雕鹗也。同上。谨案：《怀来县志》：在今怀来卫，唐置为镇，迤北至张说所筑长城九十里，而《府志》引《通鉴注》，广边军在妫州北百三十里，谓非怀来境地。又引《水经注》：下洛城在鸣鸡山西南三十里，潘城又在下洛城西南四十里，谓此城当近今之桃花堡。

故羊城，在县东南三十里，元人市易处。《两镇三关志》：龙门有故羊城，辽筑，以便市易。旧曰苏武所居，非。案羊城，未详。据《县志》：葛峪堡西有羊房堡，其是欤。又《通志》有羊城，在县东南二十里，疑即此故羊城也。《府志》。

枪杆故城，葛罗禄②迺贤《金台集》诗注：山腰长城遗迹尚在。案《元史·世祖本纪》：中统三年③，立枪杆岭驿，以便转输。同上。

① 窃叹，窃：私自。私自叹息。形容无可奈何。

② 葛罗禄，亦称葛逻禄，卡尔鲁克等，是 6～13 世纪中亚的一个操突厥语的游牧部落，是铁勒人诸部之一，地处北庭西北，金山（今阿尔泰山）之西，与车鼻部接。有三姓，一曰谋落，或谋剌；一曰炽俟，或婆匐；一曰踏实力，故文献中常称为三姓葛逻禄。首领号叶护，伊纳勒，故又号三姓叶护。

③ 中统三年，1262 年。

故芦城，《两镇三关志》：长安所有故芦城。同上。

○独石口（第 602 页）

黑河州城，太保山黑河之东，辽时置黑河州于此。喜峰嵯，独石口东南一百三十里，危峰十二，耸峭峥高，其下有古城遗址尚存，疑即辽之黑河州故基也。《辽史·地理志》：本太保山黑河之地，巘谷险峻，穆宗建城，号黑河州，每岁来幸，射虎障鹰于此，统和八年州废。《口北三厅志》。

◎古迹十（卷 163《略一百十八·古迹十署宅四》，第 635 册）

○赤城县（第 715～716 页）

长春宫，在县北云州堡西南，辽建，景宗尝游此。《大清一统志》。

御庄，《辽史·地理志》：景宗建潜邸于望云川，因成井肆，后入绍国统，号御庄。《府志》。

歇马台，在县东龙门所东五十里口外。相传辽箫后歇马处。《大清一统志》。

景明宫，在云州北。《县志》。

太和宫，在云州，金章宗避暑处。同上。

祁志诚故居，《元史·邱处机传》：处机四传有祁志诚，居云州金阁山，道誉甚著。《府志》：元李谦祁真人道行碑，志诚初至云州，择地卓庵处之，扁曰"乐全"，间出廓，入西山，至刘家谷，见其峰峦秀峙，爱之。土人谓其地昔金阁仙人隐所，乃诛茅卜筑，名其山曰"金阁"，峪曰"游仙"，观曰"崇真"，寻徙居其中。

嘉禾亭，在县南五里。《采访册》。明叶盛《赤城嘉禾亭记》：景泰五年，岁次甲申①，居庸关外独石、马营、云州、赤城、龙门卫所、雕鹗、长安岭

_____

① 岁次，岁次也叫年次，古代以岁星（木星）纪年。古人将天空的赤道部位分作 12 等分，每等分中以某些恒星为标志。木星正好每年走一等分，12 年走一周。每年岁星（木星）所值的星次与其干支称为岁次。景泰五年为甲戌年，而不是甲申，其必有一误。

八堡，五谷皆大熟。赤城之西郊产嘉禾①，一木三穗者若干，五穗者若干。耕戍函②以来，镇守副总兵官都督孙安，谂③于众曰："方今圣人御宇，贤人在辅，边境大宁。安与若等安与耕守而无征伐之劳，圣上之德也。今兹瑞应嘉禾，实为至和之气融结而成，上德所由致，愚下曷敢私有，驰奏可乎？"协赞军务参政叶盛继而曰："古之大臣事君，弑逆④、风雨、灾异奏，水旱、贼盗奏，祥瑞不奏，有以也。今上龙飞⑤首下明诏，止献祥瑞，圣人之见卓矣。矧⑥今水旱荐臻⑦，诸方告灾，兹嘉禾不奏可矣。"于是，其裨将都指挥周贤率众而言曰："总戎之奏进嘉禾，其心欲尊于上，义也；监军之钦承上制，不欲奏进嘉禾，亦义也。义皆不可废也。郊南三里之旁有亭焉，盖因岁熟合众力而成之，期以岁观农课耕于斯而作也。而亭未有名，请以"嘉禾"名之，且置众穗于中，使四方人来者，知赤城有嘉禾，为吾君之德之所在。如是，则上之制不违，而上之德不泯矣。如何？"安与盛合辞而应之曰："可也"，乃以亭之记属盛。盛不能辞，据事实书亭中，以竣善记，如苏扶风者取焉。又《嘉禾亭》诗：天意人心两不违，大田呈瑞岂云私？黄云覆地几千顷，香穗同茎三两歧。《击壤歌》传丰稔岁，负戈人贺太平期。如何不作祯祥奏？犹恐多方尚阻饥。

屡丰亭，在马营堡，明景泰年建。《县志》。明叶盛《马营屡丰亭记》：马营在口外八城中军士最伙，耕地为最宽阔，然比年耕地夺于有力之家，

---

① 嘉禾，生长奇异的禾，古人以之为吉祥的征兆。亦泛指生长苗壮的禾稻。典出《书·微子之命》："唐叔得禾，异亩同颖，献诸天子。王命唐叔，归周公于东，作《归禾》。周公既得命禾，旅天子之命，作《嘉禾》。"孔颖达疏："此以善禾为书之篇名，后世同颖之禾遂名为'嘉禾'，由此也。"

② 函，包含，容纳。《诗·周颂·载芟》："播百谷，实函斯活"。孔颖达疏："函者，容藏之义"。

③ 谂，音 shěn。规谏，劝告。

④ 弑逆，指弑君杀父。亦仅指弑君。晋范宁《＜春秋谷梁传＞序》："弑逆篡盗者国有，淫纵破义者比肩。"杨士勋疏："弑谓臣弑君；逆谓子弑父。"弑音 shì，封建时代称臣杀君、子杀父母。

⑤ 龙飞，《易·干》："飞龙在天，利见大人。"孔颖达疏："若圣人有龙德，飞腾而居天位。"遂以"龙飞"为帝王的兴起或即位。

⑥ 矧，音 shěn。况且。

⑦ 荐臻，接连到来；屡次降临。荐，通"洊"。《诗·大雅·云汉》："天降丧乱，饥馑荐臻。"

非军士所能有也。圣天子中兴①，修复城守以来，以<u>少保</u>于谦②言，与口外买牛白金三百；以右佥都御史<u>李秉</u>言，与<u>宣府</u>买牛白金一千，而<u>马营</u>前后得白金总一千三百焉。于是而官为军士得牛以角计者一千二百有奇，地以亩计者四千五百有奇。牛足供耕驾而多牸③，其孳育无穷。地皆膏腴可谷，拢子利数可倍他处。至若鞅鞶衡轭耒耜④种粮，悉出于官。今讲武之隙，共力田事，秋成口置之外，听自便。而军装百需亦用是不烦于私。又以副总兵都督同知<u>孙安</u>，右参将都指挥佥事<u>周贤</u>与协副指挥同知<u>吴良</u>相继视事，合其同事者之议，相地之宜筑屯堡，以便作息，备不虞，其为堡者四。又环城之三面界为菜圃，人各一区，给蔬茹，其为地又一十四顷有奇，而适数载连熟，由是公私向裕，上下相安，而比年之俗革矣。菜圃在南面者独秀而大，诸部将吏尝治亭其间，以为督府往来休息之所。<u>盛</u>闲登而乐之，为大书其楣曰："屡丰之亭"。盖取诗所谓"屡丰年"，以幸既往，愿方来且以为来者告，庶以为耕地永久之托焉。尔书已，有歌而过于亭下者曰："我亩我田兮，我牛我犊；我谷既升兮，我菜亦熟；我饱而歌兮，我无不足；我土以宁兮，荷我皇之福。"又《屡丰亭》诗：战罢归耕事若何，丰年欢庆度关河。旧租未散千仓腐，新谷增收万顷多。拟咏《甫田》增雅乐，会看《良耜》奏清歌。陇头更卜明年事，依旧仁风转太和。

心远亭，在县城内。**明景泰年建**。同上。

独石亭，在<u>独石</u>，有《重修碑记》，碑字剥落，署款：<u>康熙二十二年</u>，岁次癸亥季夏中浣⑤之吉日，分镇<u>宣府独石路</u>等处地方副总兵

---

①　中兴，特指恢复并非由本人失去的帝位。指土木之变，明英宗被也先停虏，1450年也先战败，被迫送回英宗，1457年英宗复辟。

②　少保，古代官名。"三孤"之一。周代始置，为君国辅弼之官。后一般为大官加衔，以示恩宠而无实职。《书·周官》："少师、少傅、少保曰三孤。"孔传："此三官名曰三孤。孤，特也。言卑于公，尊于卿，特置此三者。"土木之变后，于谦任兵部尚书，拥立景帝，反对南迁，并调集大军在北京城外击退瓦剌军有功，加少保衔。

③　牸，音zì。雌性牲畜。

④　鞅鞶衡轭耒耜，鞅，古代用马拉车时套在马颈上的皮套子。鞶，音bàn，驾车时套在牲口后部的皮带。衡轭，亦作"衡扼""衡枙"。车辕前的横木和架在马颈上用以拉车的曲木。耒耜，音lěi sì，古代耕地翻土的农具。耒是耒耜的柄，耜是耒耜下端的起土部分。

⑤　中浣，浣，唐代定制，官吏十天一次休息沐浴，每月分为上浣、中浣、下浣，后来借作上旬、中旬、下旬的别称。

管参将事加一级古越□□□重建，行人司司正男秉璋撰文。考黄志①《职官》，独石路参将，顺治十一年设，雍正十年改设副将缺裁，王之任，山阴人，康熙二十一年任，当是此人，盖其子秉璋撰记耳《采访册》。

燕然台，在赤城道署前，明崇祯年修。《雍正志》。国朝黄绍［七］《重修燕然台记》：非班仲升②纪功之台而亦名燕然，何也？志乘③失其考矣。意者赤城前明为用武之地，寇燹④不息，当事者欲靖烽烟而不得，故名是台以待之欤。或曰：为衙署计，左城虚，以是实之。或曰：所以镇城若浮图然。或又曰：燕，闲也，亦安也。励精之宰，政简刑清，暇日登之以望氛祲⑤，察民事，高瞻远瞩，农安于野，商安于市，士安于弦诵，四顾陶然，心旷神怡，故名之。是说也，于理近是。余惜其倾颓之已半也，修之亭于上。敢曰政闲民安，务为适观已乎？盖今天下颂太平久矣。圣明之化，无远弗届；遐荒⑥丑类，皆望风投忱。内外分，而边可不设。则登斯台者，快烽烟之靖其即，以是台之名，纪圣天子巍巍之成功于无既⑦也哉！是为记。

○龙门县（第 717 页）

庆宁宫，在县界。《金史·地理志》：龙门有庆宁宫，行宫也。《大清一统志》。

回光轩，在小白阳东南，有碑刻。《府志》。

---

① 黄志，指清乾隆二十四年黄绍七修订之《赤城县志》。

② 班仲升，即班超，字仲升，扶风平陵（今陕西咸阳）人，班彪子，班固弟。明帝时曾为兰台令史。随窦固出击匈奴，受命率三十六人出使西域。先后攻杀匈奴派驻鄯善、于阗的使臣，平定莎车、龟兹、焉耆等叛乱。在西域活动三十余年，平定五十余国，维护了中央政府在西域地区的有效统治。官至西域都护、射声校尉。

③ 志乘，志书。清章学诚《文史通义·和州志政略序例》："夫州县志乘，比于古者列国史书，尚矣。"

④ 燹，音 xiǎn，火。特指兵火，战火。

⑤ 氛祲，指预示灾祸的云气。《诗·大雅·灵台》"经始灵台"宋朱熹集传："国之有台，所以望氛祲，察灾祥，时观游，节劳佚也。"氛，古代迷信指预示吉凶的云气。多指凶象之气。祲，日旁云气。古时迷信，认为此由阴阳二气相互作用而发生，能预示吉凶。常指妖气，不祥之气。

⑥ 遐荒，边远荒僻之地。

⑦ 无既，无穷；不尽。

官园，《元史·百官志》：龙门官园，龙庆栽种，提举主之，管领瓜果桃梨等，物以奉上供。同上。

刘丞相别墅①，在葛峪东南，碑刻尚存。同上。

○独石口（第722~723页）

景明宫，《金史·地理志》：景明宫，避暑宫也，在凉陉②。《金史·移剌子敬传》：世宗将如凉陉，子敬等奏于行宫之内，乞迁之界上，以屏蔽环卫。帝曰：（普）［善］。（招）［诏］尚书省曰：招讨斜里虎可徙界上，治（著）［蕃］部事。《董师中传》：明昌三年，上将幸景明宫，师中及侍御史贾铉等谏，章宗不从，师中复上书极谏，上御后阁，召师中等赐对，即从其奏，仍遣谕辅臣曰："朕欲巡山后，（口地）［无他］③，不禁暑热故也。今台谏④官咸言民间缺食处甚多，朕初不尽知，既已知之，暑虽可畏，其忍私奉而重民之困哉！"遂罢北幸。《许安仁传》：章宗将幸景明宫，安仁与同列谏曰："昔汉、唐虽有甘泉，九成避暑之行，然皆去京师不远，非如金莲千里之外，邻沙漠，隔关岭，万一有警，何以应变，此不可不虑也。"疏奏遂罢幸。《元史·本纪》：太祖十年，避暑桓州凉陉。《口北三厅志》。金董师中《谏幸景明宫疏》：近年水旱为沴⑤，明诏罪己求言，罢不急之役，省无名之费，天下欣幸。方春东作，而亟遣有司修建行宫，揆之于事，似为不急。况西、北二京，临潢诸路，比岁不登。加以民有养马签军挑壕之役，财力大困，流移未复，米价甚贵，若扈从至彼，又必增价。日籴升合者口以万数，旧藉北京等路商贩给之，倘以物贵或不时至，则饥饿之徒将复有如曩岁，杀太尉

---

① 不在今赤城境内，在今张家口市宣化区。

② 凉陉，在今河北沽源县西南闪电河上源处。

③ 据《金史》卷95《董师中传》改。

④ 台谏，唐宋时以专司纠弹的御史为台官，以职掌建言的给事中、谏议大夫等为谏官。两者虽各有所司，而职责往往相混，故多以"台谏"泛称之。明初废谏院，以给事中兼领监察与规谏，两者开始合流。至清雍正元年，又使之同隶都察院，于是台谏完全合二为一。

⑤ 沴，水流不畅。《说文·水部》："沴，水不利也。"引申为阻水的高地。

马、毁太府瓜果、出怨怨言、起而为乱者矣。《书》曰："民情大可见，小人难保。"况南北两属部数十年捍边者，今为必里哥孛瓦诱胁，倾族随去，边境荡摇如此可虞，若忽之而往，岂圣人万举万全之道哉？乃者太白昼见，京师地震，又北方有赤色，迟明始散。天之示象，冀有以警悟圣意，修德销变。矧夫逸游，古人所戒，远自周、秦，近逮隋、唐与辽，皆以是生衅，可不慎哉？可不畏哉？

扬武殿，《金史·地理志》：凉陉有扬武殿，皆大定二十年命名。同上。

温泉宫，《辽史·本纪》：重熙二年①八月幸温泉宫。案：今塘子口外黑河川汤泉，土人相传辽时建行宫于此，疑即是也。同上。

蝀台，《魏书·帝纪》：明元帝神瑞二年②六月，次于濡源，筑立蝀台。案：《北史·帝纪》同，但无"筑"字，故知台系一字名也。同上。

晾马台，在镇安口堡东南。相传为辽齐天后游幸之所。同上。

西凉亭③，独石口北，上都河店南十余里，俗呼为萧后梳妆楼。其制内外皆方，以砖为之。高二丈余，顶如平台，半圮，门东南向左右两旁各有石恩，其外四面各广三丈，其内下方中为八角，上圆起花，如覆盂④，然外有缭垣，基址尚存，蒙古又谓之察汗格尔。案：《元史》载：作鹿顶殿于上都。不一。而足考陶九成《辍耕录》：宫阙制度，鹿顶殿皆作盝顶⑤，盖以其顶平如盝，无脊，故也。然则楼殆其遗制，而为当时所作之一欤。同上。

羊川楼，独石口北明沙滩有前朝外边一道，山上有楼，甃砖为

---

① 重熙二年，1033 年。
② 神瑞二年，415 年。
③ 西凉亭，在今河北省沽源县境内。
④ 覆盂，亦作"覆杅"。倒置的盂。喻稳固、安定。
⑤ 盝顶，中国传统建筑屋顶形式之一。系将庑殿或重檐庑殿的尖顶部分除去而成平顶，并保留周围的屋檐和屋角起翘，以减低屋顶高度。北京故宫御花园中的钦安殿即为重檐盝顶。新中国成立后采用重檐盝顶兴建的大型公共建筑和纪念性建筑的艺术造型都具有较强的民族特色。如北京的人民大会堂等。盝音 lù。

之题曰"羊川楼"，盖亦所筑候台①也。同上。

炼丹台，《北中三路志》：在龙门所口外东南聚阳山。相传曾有仙人修炼于此，盖即元人开冶处也。同上。

明安驿②亭，《一统志》：太仆寺牧厂南稍西，土人呼为五盐城址。周二里二百步有奇，门二。明初为开平西南第三驿城西凉亭故址，又西即白海子也。案：明安城，今人呼为红城子，蒙古名诺海霍朔，亦曰五蓝城，五蓝华言③红也。在独石口北一百里。同上。元陈孚《明安驿道中》诗：野鹊山头野草黄，野狐岭上月茫茫。五更但觉无风冷，帐顶青毡一寸光。风吹滦水勇如淮，十万雕弓引马来。长啸一声鞭影动，金鞍飞过李陵台。

隰宁驿④亭，《一统志》：在牧厂南界麻尼图岭之北，土人呼为齐伦巴尔哈孙城。周一里半，门四。明初为开平西南第四驿，在独石口北三十七里。《明史·本纪》：永乐二十二年，阿鲁台犯大同，开平谕诸将亲征。四月庚午，次隰宁。《永乐北征记》：二十二年四月庚午，［发］独石，次隰宁，忠勇王所部指挥同知把里秃获谍者，言敌遁答兰纳木儿河，上命诸将速进。以获谍功，升巴里秃为指挥佥事。辛未，次西凉亭。案：隰宁城，土人呼为石头城，又讹为石柱子，以城之东西有石柱二，故也。蒙古名为齐伦巴尔哈孙，犹华言石城子耳。同上。

◎古迹二十（卷 173《略一百二十八·古迹二十陵墓九》，第636 册，）

○赤城县（第 257~258 页）

---

① 候台，即烽火台。古代边境要地为守望报警而筑的高台。
② 明安驿，明初置，属开平卫。即今河北沽源县东北闪电河。后废。
③ 华言，指中原地区的语言。后泛指汉语。
④ 隰宁驿，又名盘谷镇。明初改牛群头站置，属开平卫。在今河北沽源县南小厂。后废。隰音 xí。

元后妃太子陵，在独石北毡帽山。《金台集》诗注。案《读礼通考》载潘埙《楮记室》云，元园陵在直北，埋后用万马蹴平，无复考。志则后妃等陵当亦如之。今独石北无遗迹可求，以此。《府志》。

果罗洛纳延诗：停骖眺青林，独石当广路。峨峨龙君祠，殿屋隐云雾。前山过微雨，暝色起高树。溪湾夕溜清，岩窦寒云聚。东原有陵寝，龙虎蔚盘聚。行人下马过，敛衽夙惊惧。凉风吹华发，感激岁年暮。怅望南天云，徘徊不能去。

元祁志诚墓，在云州金阁山，有学士李谦碑，载志诚事较详。今摘录其说：祁志诚，阳翟人，师事①披云宋先生，出居庸，至云州。将士礼遇良厚，为卓庵处之。扁庵曰"乐全"，疾者来谒，（祝符）[符祝]②，疗治辄愈。一日，杖履入西山，至一谷，意甚爱之。土人谓其地昔金阁仙人隐所。乃诛茆卜筑③，名其山曰"金阁"，谷曰"游仙"，观曰"云溪"。丞相安童荐于朝，授诸路道教都提点④，赐所居云溪观曰"崇真"。明杨洪复建祠宇，请于朝，赐名"灵真"。命偕御史中丞崔彧，往祀南岳。礼成，即趣装归，行未及两舍，岳祠为盗所据矣。人谓其前知。志诚明性理，通世务，平生所学造极，阃奥⑤间为诗，辄传诵四方，如"曾把一瓢盛海月，常垂两袖舞天风。"外国犹知之，有《西云集》三卷行世。旧志稿载，有金阁山人邱长春。金阁山人事无考，不过因志诚传中，土人一语，而衍饰其说，今删《邱传》云。邱长春，不知何处人，元大德间结小庵于金阁山隈⑥，精修炼术，尝于山下凿石为洞，号长春洞，一名了真

---

① 师事，谓拜某人为师或以师礼相待。

② 祝符，同"符咒"。《后汉书·刘焉传》"不置长吏，以祭酒为理，民夷信向"李贤注引三国魏鱼豢《典略》："太平道师持九节杖，为符祝，教病人叩道思过，因以符水饮之。"祝音 zhòu。

③ 诛茆卜筑，诛茆，茆同"茅"。芟除茅草。引申为结庐安居。卜筑，择地建筑住宅，即定居之意。

④ 提点，官名。宋始置，寓提举、检点之意。掌司法、刑狱及河渠等事。

⑤ 阃奥，比喻学问或事理的精微深奥所在。阃音 kǔn。

⑥ 隈，角落。

处。洞内倚山凿石像，像两旁石脚，二泉流出龛外，前汇为池。乾隆十年大旱，泉涸。由洞螺旋而上，可二里，石梁一凹，相传即捣药臼云。考《元史》邱处机，自号长春子，盖生于金、宋之季，元太祖锡之虎符玺书①，世掌道教，四传而为祁志诚。当世祖成宗之间，居云州，道誉甚著。大德即成宗年号，窃谓洞中石像即志诚辈所凿。以像其先者，土人耳熟长春之名，而不能考其世次，即以又出一神仙相诩矣。偶然木居士②，何可究诘，故削其人，而附辩其说如此。《县志》。

明杨洪墓，在县北旧开平卫。按：墓在县东一十八里，今名杨善庄。《采访册》。明于谦《题像赞》：神完气足，貌伟言扬，江湖宇量，铁石肝肠。胸盘韬略而鬼神莫测，手操剑戟而星斗垂芒。摧锋万里，轰雷迅电，号令三军，烈日秋霜。一骑前驱，万夫莫当，旌旗所指，犬羊遁藏。知其内者以为孙、吴、管、乐③，识其外者以为卫、霍、关、张④。曰福曰寿，自天降祥，尔公尔侯，子孙蕃昌⑤。噫！殆所谓勋业盖世，而声名流芳者欤！景泰二年十一月朔⑥，赐进士出身荣禄大夫、太子少保、兵部尚书西平于谦。林钟祚《道经墓下》诗：放眼筹边旧戍楼，料公宿将有成谋。屯田待弊赵充国⑦，坚壁养威周绛侯⑧。天步艰难甘引咎，人心团结誓同仇。武襄美谥宜辉映，铜面奇兵本一流。按：林钟祚，山东掖县人，父林牟贻，曾官赤城县知县。

---

① 玺书，秦以后专指皇帝的诏书。

② 木居士，对木雕神像的戏称。

③ 孙、吴、管、乐。孙是孙武，春秋末期军事家。吴是吴起，战国时期政治家、军事家。管是管仲，春秋初期齐国政治家。乐是乐毅，战国时燕将。

④ 卫、霍、关、张。卫是卫青，霍是霍去病，西汉大将。关是关羽，张是张飞，三国蜀汉大将。

⑤ 蕃昌，蕃衍昌盛。

⑥ 景泰二年十一月朔，1451年11月23日。

⑦ 赵充国（前137～前52年），西汉大将。字翁孙，陇西上邽（今甘肃天水）人。熟悉匈奴和羌族的情况。武帝、昭帝时，率军反击匈奴的攻扰，勇敢善战，任后将军。宣帝即位，封为营平侯。后与羌族作战，在西北屯田，对当地农业生产的发展起了一定作用。

⑧ 周绛侯，即周勃（？～前169年），汉初大臣。沛县（今属江苏）人。秦末从刘邦起义，以军功为将军，封绛侯。

明杨能墓，在杨洪墓侧。洪从子，封武强伯。

明王本墓，在县界。明嘉靖间指挥同知，死事。①

明张承宪墓，在县界。龙门所参将，死事。以上俱《大清一统志》。

明将军郭升墓，在独石，穆其先茔茔侧。树有万历五年②丁丑春三月将军自撰阡表③，字多剥落，不可读其略，自叙在嘉靖时以边功得官始末。《采访册》。

明王国勋墓，在马营。《县志》。

明烈女田氏墓，在云州龙门峡。烈女投崖死，土人穴石壁瘗之，外封以石，上刻“夫人”二字，盖即死所以壁为墓云。故龙门峡今呼为舍身崖以此，余详《烈女传》。龙门峡，《宣化府志》：在云州东北五里，两山相对如门，壁立千仞，其下塞外诸水循崖屈注，琮潺有声，即《水经注》沽水南出峡崖，所谓独固门是也。崖半凿石架木为观音阁，旁镵④为舍身大士像。相传前明土木之变，仓上堡千户田坤战没，其女投崖自殉于此，至今秋溪水落石上血影尚隐然可辨，此即其像也。崖上诗文、题名、摩刻甚众，有“龙门峡”三字，“朔方屏幛”四字，字皆大如屋，高十余丈。又有“雄峙畿辅”“三路咽喉”二大刻，并元人畏吾儿字摩崖碑。其北有宝济乡地涌暖泉七十二眼，散流南下，即此水也。《县志》。

国朝郭世荣墓，在独石。

国朝宋之屏墓，在县境。

国朝李承矿墓，在龙门所。

国朝张国勋墓，在本城。以上俱《县志》。

○龙门县（第258～259页）

明都督同知郤永墓，在城东十里跑沙原。明孙世芳撰《墓志铭》：荣

---

① 死事，指死于国事者。

② 万历五年，1577 年。

③ 阡表，墓表。犹墓碑。因其竖于墓前或墓道内，表彰死者，故称。

④ 镵，音 chán。雕刻；錾凿。

禄大夫①后军都督府都督同知卻公，以嘉靖戊申正月廿六日②卒，寿七十有八，距生盖成化辛卯二月二日③云。卒三岁为辛亥，其孤诹十月十三日奉枢跑沙原而窆④焉。乃执币祈余文，勒石，将以丕扬⑤休伐，垂示永久。余职史也，其何可辞。按状，公讳永，字世延，别号龙泉。裔出春秋晋大夫谷，世寓绵蔓，不可第详。逮我明高皇帝起凤阳，凤阳义人有讳聚者，仗剑往从之，建奇勋，历阶指挥，公高祖也。聚生璟，遗业以死勤事，晋指挥使。璟生清，补荫⑥，调直隶金山卫。清弟暹⑦，调宣遂为龙门人。暹乏嗣，弟文亦早世⑧，今赠荣禄大夫都督同知。文配魏氏，赠夫人，生子海。实公父，甫成童，幼不可官，文弟珐姑嗣之。累以功晋都指挥同知，父海止席指挥使。今以公赠荣禄，母夫人陈受诰命云。公生十岁，即失怙⑨，然警敏有大志。稍长，游校庠，矢心读孙吴兵书。秉藻鉴⑩者，业已器之。宏治壬戌⑪任行伍，遇敌辄奋勇献馘⑫，晋金都指挥事。乙丑⑬，拒寇虞岭，官军困七日夜，公出奇解围。当道交荐，声称籍甚。正德己巳⑭，晋都指挥同知，视万全都司，篆擢阳和、独石参戎，寻转游击将军。辛未⑮，京辅盗兴，氓鲜宁宇。上用廷议，征公兵。公感忿敌忾，靡坚⑯弗摧，擒获二千，降散殆数

---

①　荣禄大夫，官名。金为从二品下文官，元为从一品文散官，明为从一品文、武散官，清为从一品封阶。

②　嘉靖戊申正月廿六日，嘉靖二十七年，1548 年 3 月 6 日。

③　成化辛卯二月二日，成化七年，1471 年 2 月 21 日。

④　窆，音 biǎn。下葬。

⑤　丕扬，大力宣扬。

⑥　补荫，对因故而被取消的荫封予以补封。

⑦　暹，音 xiān。日升。

⑧　世，通"逝"。去世，死亡。《左传·昭公三年》："则又无禄，早世陨命，寡人失望。"《后汉书·桓帝纪》："诏曰：'曩者遭家不造，先帝早世'"

⑨　失怙，丧父。怙，音 hù，依靠，仗恃。

⑩　藻鉴，品藻和鉴别（人才）。

⑪　弘治，明孝宗朱祐樘年号，清高宗纯皇帝爱新觉罗氏名弘历，避偏讳"弘"，以"宏"代"弘"，故清代一般写作"宏治"。弘治壬戌，弘治十五年，1502 年。

⑫　献馘，古时出战杀敌，割取左耳，以献上论功。馘，被杀者之左耳。亦泛指奏凯报捷。《诗·鲁颂·泮水》："矫矫虎臣，在泮献馘。"郑玄笺："馘，所格者之左耳。"

⑬　弘治乙丑，弘治十八年，1505 年。

⑭　正德己巳，1509 年。

⑮　正德辛未，正德六年，1511 年。

⑯　靡坚，磨琢坚硬之物。靡，通"磨"。比喻艰难之事。

万众。凡追回掠物给主，无主始给军，秋毫无私①。一日得女媛，同事文吏欲之。公毅然曰："毋"。亟遣人物色其父母而归焉。过郡邑，搜阅志图，务稔知平险，俾从事弗迷。军中得家音，知母氏平安辄喜，不省其余。初，公受命止幽燕齐鲁。及贼南，将兵蹑之，昕夕②战不休。时有客谓公："曷守界，需成功。"公曰："吾岂越境哉？第贼骑入深，如病切心腹，除恶不务本，吾其阶厉夫人。臣在征战义得专，安可袭常故也？"客惭退。追至镇江，擒元憝③，殪④余丑，而大难卒攘。迄今江淮间咸戴卲将军功矣。当是时，捷音上毅皇帝，嘉悦褒之，玺书锡之金币，擢都督佥事，屯镇河间。甲戌，佩征西前将军印，镇云中。乙亥⑤，佩镇朔将军印，镇上谷。逾三月，寇侵宁夏孔棘，移配征西将军印，往镇之。旌旗所至，华戎慑服。丁丑，土番忠顺王入寇。上命公佩平羌将军印，督三秦兵剿抚之。[公集将校谕曰："兵法，攻心为上。故善为国者不师也。若知所以即戎乎？"乃多出文告，布于边徼，以警惕之云。兹役讨不庭也。今已誓番汉兵百万众，某将，可某地某师；某将，可某师某地。毋怯，毋贪，毋虐，毋纵，罔克有勋，毋贷！义正辞严。声灵赫濯。番谍知，祈仍入贡焉]。⑥ 既振旅旋，廷臣列疏上，擢左军都督左都督云。已卯，再受命开府，三关权将逆彬忌之，中以事系于理，赖汪给事救章获免焉。已乃，复奉命佩将军印，镇辽左。时开原封守废，公会抚监城之，相与顿兵境上防护。一日，既结寨，时将晡⑦，公占象察形，即以移垒言抚监。不可，公再言，竟迁一舍许。无何，暴雨如注，旧寨水盈丈。抚监逊谢曰："微公早见，我师鱼鳖矣。"嘉靖壬午⑧，上恩礼内外重臣，使行人来锡公命，旌城边

---

① 秋毫无私，清《龙门县志》作"秋毫不己私"。

② 昕夕，朝暮。谓终日。

③ 元憝，元憝亦作"元憝"。大恶。大恶之人；元凶。憝音 duì，怨恨，憎恶。汉杨雄《法言修身》："君子微慎厥德，悔吝不至，何元憝之有？"李轨注："元憝，大恶。"

④ 殪，音 yì，杀死。

⑤ 正德乙亥，正德十年，1515 年。

⑥ 据清《龙门县志》补。

⑦ 晡，音 bū，申时，即午后三点至五点。

⑧ 嘉靖壬午，嘉靖元年，1522 年。

绩成也。癸未，贼寇宁静，众二十万，耄倪①号号②。公曰："贼众我寡，势不相格。主客劳逸，利在我也。"乃遍喻诸将，坚壁遏冲。躬帅将骑往。敌之计，[沉谋英识悬合妙中，计斩四十首，辎重无算]。③ 捷奏，上降敕褒赏焉。丙戌④疾，恳辞。方就闲，廷臣更荐之，再佩镇朔将军印，镇上谷。公扶疾视事，出塞扬武。边众惊曰："中国将卻太师矣！"戊子，疾转剧，累辞俞允。三月甫痊，即起金左军都督事，又督京城内外巡捕。都人晏肃。癸巳，寇逼三晋，羽檄⑤日驰。上拊髀⑥思大将兵之。朝臣佥谋推公，复佩平羌将军印，约制宣大、偏保往平之。寇寻北去。乙巳，数上章⑦，以老辞归。怡泉石⑧三载，病弥留，进二子诀，遂目暝。上闻之，震悼，遣官谕祭，议谥隐怀，可谓君臣之义，克协终始矣。公天性孝友，事母夫人谨恪。少时家鲜厚蓄，或伐薪代养，不自愧耻。君子以先民负米者称之，待弟方亲爱备至，方亦克友其兄。居常在私第，人罕见其惰容，往往敬惮至苙。军即正体统⑨、严纪律，小敌至无轻动，大敌至无怖色。功不以微掩，过不以微宥。此其忠勇大节，又非寻常之韬钤⑩而巾帼者伦矣。

○独石口（第268页）

汉李陵墓，在东北境。旧称在桓州，居庸东北，计其地应在今独石口外。元萨都拉《遇李陵墓》诗：降入天骄愧将才，山头空筑望乡台。苏郎有节毛皆落，汉主无恩使不来。青草战场雕影没，黄沙鼓角雁声哀。那堪携手河梁别，泪洒西风骨已灰。

---

① 耄倪，老少。语出《孟子·梁惠王下》："王速出令，反其旄倪，止其重器。"赵岐注："旄，老耄也。倪，弱小，系倪者也。孟子劝王急出令，先还其老小，止勿徙其宾重之器。"
② 号号，清《龙门县志》作"憠（jué）号"。号号，象声词。表示哀切。
③ 据清《龙门县志》补。
④ 嘉靖丙戌，嘉靖五年，1526年。
⑤ 羽檄，古代军事文书，插鸟羽以示紧急，必须迅速传递。裴骃集解："魏武帝《奏事》曰：'今边有小警，辄露檄插羽，飞羽檄之意也。'推其言，则以鸟羽插檄书，谓之羽檄，取其急速若飞鸟也。"
⑥ 拊髀，以手拍股。表示激动、赞赏等心情。
⑦ 上章，向皇帝上书。
⑧ 泉石，指山水。
⑨ 体统，清《龙门县志》作"统体"。
⑩ 韬钤，古代兵书《六韬》《玉钤篇》的并称。后因以泛指兵书。借指用兵谋略。

◎古迹二十九（卷 182《略一百三十七·古迹二十九寺观五》，第 636 册）

〇赤城县（第 553 页）

静海寺，在县西南隅，明景泰四年建。《雍正志》。

瑞云寺，在汤泉，宣德五年建。《县志》。

镇疆寺，在独石城西北隅，明正统七年建。《雍正志》。

朝阳观，在滴水崖堡西北三里，明正统七年建。同上。《巡边记》：滴水崖在堡西北三里许，山半千松岭，松阴茂密，其上平冈蜿蜒，有松十二株，亭亭如排衙，正对石壁，上有石幢，刻汪道亨《滴水崖填星记铭》①。又西上纡回复一里许，朝阳观在焉。观依傍石壁，面东南，故名"朝阳观"。傍凿石为楼，架木横度。有石室为三官殿，观前一石柱，高可百尺，上凿"天柱"二大字，石上有孔，土人谓前明人，凿孔架木为楼，周盘而上，筑亭其巅，为游乐所。今废，碑刻尚存。左石壁有"滴水崖"三大字，明御史安肃王汝梅书。左右各有汤（京兆）[兆京]、吴亮、吴礼嘉碑碣四通，嵌置崖下。其左正西石壁上有"乾坤柱石"四大字。又摩崖题刻甚多，皆为风雨所剥面。东石壁半中忽开豁二丈许，至地道，人即于其中建楼三层，下层为水母殿，中有石门，门内一池泓然，崖水下滴，清冷不竭，即崖所由名也。上层为关帝阁，再上为佛殿，像设侍从，皆凿石而成。稍南有阶级数层，其上架石为平台，内凿石真武殿，殿左凿石为门，曲折而入，上开石窗，行可二十许步，忽转东，凿石堂，祀观音神像其中，妙好庄严，颇极华饰。滴水崖高百仞，其下仰望不见巅际，稍远回望，则高崖之上，尚有石壁二层，石嵯一层，更倍于所见之壁也。关员外宁曾登其巅云，上平广约有二十里。吴礼嘉《游滴水崖朝阳观值雪》诗：绝塞何缘得此奇，蓬壶疑自海天移。丹崖壁立三千尺，碧水珠悬十二时。观宿层云霄汉迥，径迥曲折薜萝敧。朝阳不独晴光好，玉树清樽雪更宜。

灵真观，一名崇真观，在云州堡西南十五里金阁山中，旧名云溪观，元改今名。本朝康熙十一年重修。《大清一统志》。元揭傒斯《游金阁山崇真观》诗：路入林峦十里幽，忽惊华构讶瀛州。金峰特立海鳌泣，玉室

_____

① 清《赤城县志》作"滴水崖镇星记"。

凿开山鬼愁。物外烟霞空揽结，壶中日月许迟留。赤城只在山门外。何必天台事远游。

○龙门县（第553~554页）

普济寺，在县东北隅。明正统十四年建。《雍正志》。刘儁《敕赐普济寺记》略：龙门，古缙云氏地。旧尝为邑，废置不常，《图经》无所考。元季①兵兴，蹢为邱墟。天朝混一区宇②，经理边疆，以其地当要冲，立城池，置军卫以守之。城北隅，旧有华严寺，废已久，惟遗塔半层，颓圮于荒榛野草中。断甓③残椽，见者兴嗟④。今游击将军后军都督六合杨公，始领兵符来靖边难，当障垒未立，正筹画之，不暇也。一日，巡城过而见之，慨然曰："是为如来所栖亦至此耶？吾待事辑⑤，必图之。"既而，公挥戈所指，靡不克捷，边境以宁，城堡以完，累积功勤，荐臻⑥今秩。及此暇豫兴废举坠，首作泮宫⑦以先教化，次寻故址，以偿夙志。感神梦而获工师，出私帑以购良材。因塔故址崇以百尺，五檐琢甓为材，中洞外轩，范金为顶，势重举轻。塔之北，建大殿以栖佛像。殿之后，创杰阁⑧以藏释典。又其后有法堂两庑⑨，东西对峙，则为观音、地藏堂。塔之南相次而列，则有天王金刚殿，直前有山门，累甓为之。钟鼓有楼，护法有祠，绘塑庄严，曲尽其妙。幡幢香花种种具足，以及僧寮、方丈、香积、斋厨、宾客之

---

① 季，指某一朝代、年号或季节的末期。

② 区宇，境域；天下。

③ 甓，音 pì。砖。

④ 兴嗟，引起感叹。

⑤ 辑，成。《资治通鉴·汉献帝建安九年》："绍问操曰：'若事不辑，则方面何所可据？'"胡三省注："辑，犹集也；集，成也。"

⑥ 荐臻，接连地来到；一再遇到。

⑦ 泮宫，西周诸侯所设大学。后泛指学宫。

⑧ 杰阁，高阁（置放书籍、器物的高架子）。

⑨ 庑，音 wǔ。堂下周围的走廊、廊屋。

馆，以次而备。绿瓦朱檐，翚飞①鳞次，金璧丹垩，眩目烁日。虽天竺祇园②，殆无过也。既毕工，请于上，赐今名"普济"，塔曰"重光"，且遣中使送大藏经以庋③于阁。择有戒行苾刍④，昕夕⑤转咏，以祈天永命殄⑥疠⑦迎祥。吁，盛矣哉！适予以使事经龙门，公携予游而登之。心目恍然如在仙界。公不鄙，予俾⑧纪其成。因记公之美，以致祷焉，俾来者有征云。附冯益《杨武襄公祠记》：龙门古县也，其废已久。宣德中，始更置兵卫以守。有寺曰普济，塔曰重光，皆上所赐名，而镇朔将军都督杨公之所鼎建也。于是众相谓曰："自公之来，烽燧不惊，我之所以安妇子而宁寝处者，皆公之惠也。今复尊隆象，教期以保佑于民，公之德岂能一日而忘耶？且公未尝信宿而处于此，盍为祠以像公，以致恭于朝夕。不亦可乎？"众皆曰："诺"，遂建祠。佛殿中门之东偏西向，以俸公像。举凡从公战阵之士，分侍左右，总十人。乃请记之。昔者，周公⑨之居东，东人⑩德之。于其去而不得觐也，因为九罭⑪之诗，以致其不忘之意。其诗曰："是以有衮衣兮，无使我公归兮，无使我心悲兮。"其欣慕眷恋有若此者，亦惟德入人之深，有不能忘耳。公与周公所居之地虽殊，而为人所恋慕，宜非有二也。然诗人之于周

---

① 翚飞，《诗·小雅·斯干》："如翚斯飞。"朱熹集传："其檐阿华采而轩翔，如翚之飞而矫其翼也。"后因以"翚飞"形容宫室的高峻壮丽。按，此种屋翼檐角向上的建筑形式，俗称"飞檐"，近代建筑学称"翚飞式"，为我国古代所特创。翚，音 huī，古书上指有五彩羽毛的雉。飞翔。

② 祇园，"祇树给孤独园"的简称。梵文的意译。印度佛教圣地之一。相传释迦牟尼成道后，憍萨罗国的给孤独长者用大量黄金购置舍卫城南祇陀太子园地，建筑精舍，请释迦说法。祇陀太子也奉献了园内的树木，故以二人名字命名。玄奘去印度时，祇园已毁。后用为佛寺的代称。祇音 qí，又音 zhǐ。

③ 庋，音 guǐ。置放，收藏。

④ 苾刍，即比丘。本西域草名，梵语以喻出家的佛弟子。为受具足戒者之通称。苾音 bì。

⑤ 昕夕，朝暮。谓终日。昕，太阳将要出来的时候。

⑥ 殄，音 tiǎn。尽，绝。

⑦ 疠，音 lì。瘟疫。

⑧ 清《龙门县志》作"俾予"。

⑨ 周公，西周初期政治家。姓姬名旦，也称叔旦。

⑩ 东人，《诗·小雅·大东》："东人之子，职劳不来。"朱熹集传："东人，诸侯之人也。"本指西周统治下的东方诸侯国之人，后泛指陕以东之人。

⑪ 九罭，一种带有囊袋以捕捞小鱼的网。罭，音 yù。捕小鱼的密眼网。《诗·豳风·九罭》："九罭之鱼，鳟鲂。"毛传："九罭，总罟，小鱼之网也。"朱熹集传："九罭，九囊之网也。"

公，即其服御而发之歌咏。而今则祠像俨然，常与目接。所以为公之思者，不亦至乎？是庸宣示于后，俾夫来者愈远而愈恭，相与仰公于无穷云。公名洪，字宗道，广陵人。其十人姓名列于后：张能、杨能、柳春、张林、陶俊、黄敏、杨信、沈礼、吴良、支荣。

龙恩寺，在长安岭西山。明天启二年①建。《府志》。丁进《龙恩寺记》略：本岭之□，有古刹佛像，亦未知起自何时，创自何氏。乃寻其生产，则苍松萃于前，源泉涌于右。问其景致，则马鞍山若屏，八仙洞如案，松头恍然挂月，樵径宛若穿云。其继起而重建者，则法华僧也。续后地灵人杰，简藏者有净宝，食力者有净宾。通字韵而甘淡薄者，复有真泉氏焉。佐以两弟子，一名如棕，一名如程。居恒戮力相肩一担自汲。重修以来，由嘉靖中年，至于今，业几百稔余矣。基址俭陋，殿庑倾颓。天启壬戌②岁，遂刻意恢前人之丕烈③，大先辈之耿光。岭北之香火仍旧，城东之属庵更鲜。一时灿然，万古芬若④。故藉匠石勒之，以志龙恩寺之不朽云。

悬珠观，在县城南门外南岩。同上。杨日升《悬珠观记》⑤：壬戌⑥之岁，余上春官⑦，不得见天子。归来，寻盟山水，乃北观燕幽之胜。概逾峻岭，临绝壑，怪石虎踞，孤峰云拥，断岸千尺，茫然无所止也。然入山惟恐不深，若不知此外有天之长地之阔者。逾三日入龙门道。层峦突兀，出眉宇间。叱瘦马而前，嘉川一带，高邱累累。守是地者，乃余里中⑧魏将军也。将军讳汝孝，起家进士科，雅有床头捉刀人气色。故谈笑而却退干戈。一榻之外，已无他人鼾睡。公余，与余登南岩。其路甚危，扪萝⑨而上，盘旋之际，足高于山。四望秀色可

---

① 天启二年，1622 年。

② 天启壬戌，天启二年，1622 年。

③ 丕烈，大功业。

④ 清《龙门县志》作"一时灿烂，万古芬芳"。

⑤ 清《龙门县志》标题作"南岩悬珠观记"，标题下有双行小字"天启二年"，作者杨日升上有"陕西孝廉"四字。

⑥ 天启二年壬戌，1622 年。

⑦ 春官，官名。明初四辅官之一，洪武十三年罢中书省，九月置春、夏、秋、冬四辅官。所任皆耆儒，位列都督之次。敕以协赞政事，均调四时。月分三旬，人各司之。秋冬官未备，以春夏官兼摄。寻罢。

⑧ 里中，指同里（乡）的人。

⑨ 扪萝，攀援葛藤。

餐。然沙寒浦口，风落城头，轻烟织碧，远岫含青。松声与鸟韵同吹，云影并天光共映。其中有玉皇殿，后有天仙宫，亦未问其创于何代也。然登山如读异书，不极其趣不止也。历阶而升，为三清阁，呼吸之间，可通帝座矣。道士谒余曰："燕然一片石磨之久矣。一以答神庥①，一以勒将军殊勋也。望为文，以续古名将烈士②。"夫予之于此地，不啻南北海之不相及也。或者，山灵有缘，先作之合，不徒予之奇于遇山灵，亦山灵之奇于遇予也。第紫塞黄沙，一望摧颜③，感时溅泪，惜别惊心。又不能无燕云秦月之叹。惟神大奋神威，使边境晏宁，烟氛如扫。予当再寻深山之约可也。魏将军曰："唯唯④"。遂勒石以纪之。其庙起于<u>正德初</u>年，<u>嘉靖壬戌</u>⑤经寇乱后，赖神之功实多。今又一甲子矣。住持道士<u>赵慈恩</u>立石。

大龙王堂，在县口十五里。《县志》。<u>章焞</u>⑥《游大龙王堂记》：距县治十五里而近，曰<u>大龙王堂</u>。有泉焉，周丈余，深倍之，土人庙其上，缭垣⑦逼仄⑧，甃以石，缘木为栅，望之黝然，而黑流伏砌中。门外有榆树一木，悬崖若瞰，根浮于外而空其中，泉从空处喷泼以出。就视之，鲜不以为穴。在树下有声，轰轰溅于石间。或试以手，批之故土也。其冲射激发，叠若碎玉，散若明珠，旧为八景之一。夹溪草木蓊翳⑨，有大树横卧溪上，若坠而登，若俯而伸，若一而平。溪多小鱼，长寸许。邑之泉以数十计，沙石湍急，稍远至数里许，即入于地中，鱼不能生，生而不知为之所，无由得长且巨。余始至其地，见溪在山隈⑩，土厚气郁，水可使肥，用是教以蓄泄之法。鱼之小者，纵不能巨，可渐生渐长，以为民利。已，又思之山川生于都会之区，人物蕃阜⑪，官有余力，择其胜地，

---

① 神庥，神灵护佑。庥音 xiū，庇荫，保护。

② 烈士，清《龙门县志》阙"士"字。

③ 摧颜，犹言愁容满面。

④ 唯唯，恭敬的应答声。《汉书·司马相如传上》："齐王曰：'虽然，略以子之所闻见言之。'仆对曰：'唯唯。'"颜师古注："唯唯，恭应之辞也。"

⑤ 嘉靖壬戌，嘉靖四十一年，1562 年。

⑥ 章焞，号枝石，浙江山阴人，内务府教习。壬午北闱经魁，康熙四十五年（1706年）任龙门知县，《游大龙王堂记》为任知县的第二年所作。章焞任龙门县知县期间鼎力纂修《龙门县志》，并于康熙五十一年刊刻，次年调入京城。

⑦ 缭垣，围墙。

⑧ 逼仄，亦作"逼侧"。狭窄。

⑨ 蓊翳，草木茂密貌。

⑩ 山隈，山的弯曲处。

⑪ 蕃阜，丰盛。

崇而饰之，以为游观之所。不则，僻处荒遐①，闲庭无事为之吏者，又以谪居自分，投闲置散，不复奋志于功名之路，因为之寄傲②任达③。以抒其抑郁无聊之气。如柳子厚东山钴鉧潭④之所为，非是。或山川所产，足以给民之求，而通邻之商，为货财之所生聚⑤。若是者，名胥得而归之。今泉在龙邑，民穷于山，吏穷于民。邑当独石之冲，去京师才三百余里。吏斯土者，孰敢肆志⑥于簿书鞅掌⑦之外，而放情于山巅水涯之间，以相为娱乐。虽有奇胜地，无所产，商贾不通，又孰从过而传之。虽然，泉有本之水，浚之在人，民有为之力，导之在官。因其自然，而俾不汩没于樵夫牧竖⑧。随吾所至，而用吾之心，以寓目⑨焉，其孰从而禁之？是役也，以谋农得泉而憩息焉。又一时之遇也，不可以不记。时丁亥⑩四月。

○独石口厅（第 560 页）

万全寺，在滴水崖盘道口外东南十里。旧名乱泉寺，康熙二十年重修。《口北三厅志》。

灵泉寺，在龙门所塘子口外十里。雍正二年重修。同上。

无碍寺，在滴水崖口外东南，今废。同上。

石佛洞，旧有佛一尊。同上。

---

① 荒遐，远方边陲的地方。
② 寄傲，寄托旷放高傲的情怀。
③ 任达，放任旷达。
④ 钴鉧（gǔ mǔ）潭：形状像熨斗的水潭。钴鉧，熨斗，也有学者认为钴鉧是釜锅。
⑤ 生聚，繁殖人口，聚积物力。
⑥ 肆志，快意；随心；纵情。
⑦ 簿书鞅掌，簿书，官署中的文书簿册。鞅掌，谓职事纷扰烦忙。
⑧ 牧竖，牧奴；牧童。
⑨ 寓目，犹过目；观看。
⑩ 康熙四十六年，1707 年。

◎宦绩九（卷 191《录九·宦绩九国朝三》）（第 637 册，第 92页）

○国朝

张餗①，字鼎实，山西拔贡。康熙三十二年，知赤城县时，宣府□养旗马，餗一切雇运，不以病民②。三十四年夏，灾，力请蠲赋。独石口税务旧属县收，三十七年，改归张家口监督，餗详请照旧量征，商民赖之。《宣化府志》。

田仁，字寿山，山东阳信人。康熙三十二年，知龙门县，操守廉介，终始不渝。岁歉，奉行蠲免，煮粥赈饥，活灾黎无算。乙亥③丙子，调喂养马，费五千余金，鬻产给之。尤喜培育人才，详改旧生归籍。设义学，重师儒，人文以振。《龙门县志》。

海凤翥，字石亭，湖南衡阳人，康熙甲戌进士。三十八年，知龙门县，革私派陋弊，勒石永禁之。县城为坝水所□，多倾圮，凤翥捐建石坝，引水东流以固。《湖南通志》。去任时，南山堡等处雹灾，民苦逋赋，出金偿之。同上。

黄良栋，安徽桐城人。乾隆二十六年，知龙门县。甫下车，革除一切陋规。听狱④片言，立决，案无留滞。尤加意培植人才，义学书院皆亲往督课，捐廉增置膏火，士皆奋兴。《采访册》。

◎列传三十二（卷 224《列传三十二明九》，第 637 册）

○明

王继，开平卫指挥，宏治十一年⑤任云（川）［州］堡守备。有

---

① 餗，原字（弓束弓），同"餗"字，故以"餗"字代。餗音 sù，古代指鼎中的食物，后泛指美味佳肴。
② 病民，为害人民。
③ 康熙三十四年，1695 年。
④ 听狱，听理讼狱。
⑤ 清避清高宗纯皇帝爱新觉罗氏名弘历。避偏讳"弘"，以"宏"代"弘"。弘治十一年，1498 年。

勇略，数御寇有功。十三年，寇大掠宣西北路，选锐赴援，寇旋自两河口突入，继领本部卒堵截。身先奋击，而援师不至，死。《赤城县志》。（第 230 页）

　　王轼，开平卫人，宏治十二年进士。嘉靖初，官顺天府尹。房山地震，轼言召灾有由，语多指斥，忤旨①切责②。寻迁右副都御史，巡抚四川。芒部土官，招降四十九砦，玺书奖劳。及为户部侍郎，核九门③苜蓿地，以余地归之民。勘御马监草场，厘④地二万余顷，募民以佃。时帝锐意除弊，近幸莫敢捷。房山民以牧马地献中官韦恒，轼厘归官，奸人冯贤等复献中官李秀，秀为请于帝，轼抗疏劾之。帝虽宥⑤秀，竟治贤等如律，出核勋戚⑥庄田，请如周制，计品〔秩〕，别亲疏，以定多寡，非诏赐而隐占者，俱追断。户部尚书梁材采其言，兼并者悉归官。轼居身俭素，为缙绅仪表，累迁兵部尚书，参赞机务，诏举将材，荐正卿、沈希贤等二十一人，帝皆擢用焉。《明史》。（第 230 页）

　　刘海，开平人，袭父荫为前所百户。巡抚刘源清奇其状貌，拔为哨长，且语之曰："若相当贵，否即为忠义人，宜自勉"。海顿首谢。嘉靖庚寅⑦，寇犯马营，时海为北路参将选锋⑧，直前搏战，遇敌骑万余，从山峪中突出。海慷慨语曰："我辈今惟以死报国耳。"遂陷阵，手击二贼坠马。群贼环射之，遂死。源清疏请赠荫祀褒忠祠。《赤城县志》。（第 234 页）

　　刘传，蔚州人，守备赤城。嘉靖庚寅，敌犯马营，传率百余骑

---

①　忤旨，违抗旨意。
②　切责，严词斥责。
③　九门，借指天子。
④　厘，治理，整理。
⑤　宥，音 yòu。宽容，饶恕，原谅。
⑥　勋戚，有功勋的皇亲国戚。
⑦　嘉靖庚寅，嘉靖九年，1530 年。
⑧　选锋，古代指挑选精锐的士兵组成的突击队。

赴援，直前搏战。敌围之数重，传令士卒下马步战，傅引满四射，矢无虚发，最后杀其一长，敌引去。而传亦身被重创，中矢如猬，甲裳尽赤，比撤围而卒。诏加褒录，赤城士卒建祠祀之。《雍正志》。（第 234 页）

郭甫，赤城人。嘉靖十九年，以马营百户御寇榆林，力战死。时□有百户王贤、军校任怀亦死敌，著声。《赤城县志》。（第 235 页）

范瑾，赤城之马营人，由指挥累迁参将，乞归家居。嘉靖三十三年，俺答将薄马营，指挥赵堂率兵迎击，中途被困。瑾约诸耆老武弁登堡，相向拜誓死守。众皆咸奋曰："惟公令"。指麾①甫定，敌负梯薄马营，守堡者炮箭交发，敌惊遁。乡人德之。《赤城县志》。（第 238 页）

王国勋，开平卫人，由指挥同知历迁总兵官。父没，请如文臣例终制②。不许，毁瘠③几不胜丧。事继母葛尽孝，终身如一日。《雍正志》。万历中，迁左军都督佥事，善抚将士，有余廪尽散给之。《赤城县志》。（第 243 页）

张荣，龙门所人，幼丧母，哀毁如成人，事继母姚，亦以孝闻，姚视之亦如己出。父没未窆，邻失火，将延其家，荣倾货求人舁棺，且号泣呼天，棺未及舁，风反火息，人以为孝感云。《雍正志》。（第 243 页）

王全，开平卫人，父卒，穴墓旁以居，躬伐薪陶甓，誓完父墓。其母兄往视，则相见哭，妻来供饘粥，则避云。《雍正志》。案：张荣、王全均不详年代。姑从原序次，王国勋后俟考。（第 243 页）

张承宪，龙门人，有气节，娴文艺，历任独石参将。天启三

① 指麾，指挥亦作"指麾""指搞"。
② 终制，父母去世服满三年之丧。
③ 毁瘠，因居丧过哀而极度瘦弱。

年①，黄台吉遣所部毛乞炭驻牧龙门边外，因入掠，承宪不及介胄②，疾驰与战，死。赐祭荫祀褒忠祠，入名宦。《雍正志》。（第245页）

张国威，赤城人，任龙门所守备。滴水崖人崔原以罪逃塞外，屡导敌扰边。天启七年春三月，原突入龙门，跃马冲突，国威单骑往擒之，埋骗马冲墩下。《赤城县志》。（第245页）

徐毓光，字子玉，龙门人，崇祯六年③拔贡。庚辰，朝廷破格用人，举贡生二百六十三人，俱赐秩出身。毓光除中牟令，时流寇猖獗，毓光亟募乡兵，缮城垣，实仓廪，备御严密。监军道黄澍荐其有御侮才，命守开封。李自成围城，坚守三月，援兵不至，城中乏食，贼乘夜决河灌城，遂死于难。《龙门县志》。（第245页）

薛昌润，赤城人，防守半壁店。崇祯七年，大清兵入独石口，至半壁店，昌润登堡发矢捍御。寻被杀，堡遂陷。《赤城县志》。（第246页）

◎列传四十九（卷241《列传四十九国朝十六》，第637册）

国朝

○赤城县（第700～701页）

宋之屏，字维都，父奎力田④养母以孝闻之。屏登顺治三年⑤丙戌进士，知山东高密县，有政声。行取礼部主事，改兵部，迁郎中，多所建白⑥，陈请《复要地道臣》略曰：赤城原设道臣，统辖三路。前因省费，裁缺，归并宣镇、怀来二道。但地方辽阔，守土者悉是

---

① 天启三年，1623年。
② 介胄，铠甲和头盔。
③ 崇祯六年，1633年。
④ 力田，努力耕田。亦泛指勤于农事。
⑤ 顺治三年，1646年。
⑥ 建白，谓对国事有所建议及陈述。

武弁，仅一同知，难资抚御。宣为京师门户，赤城为宣镇肩臂。今一切边防废弛①，臣生长其间，深思远虑，窃谓此道臣决不可不复。臣非不知裁一官，则省一费。然所省有几，所关甚大，不得不预为计也。疏入，上嘉纳②之。出任荆州芜湖道，历官至陕西参议，卒，祀乡贤。《县志》。

张文衡，字聚奎，先世以指挥隶开平卫。文衡早孤，事母以孝闻。通天官、舆图、凤角之说，尤邃易术，能前知禨③详。天聪八年④，自大同徒步来归，上书言安民计，太宗嘉纳之。顺治八年，守青州，诱擒流贼余党赵应元等，山东遂平。移守淮安，修战具军需，应机立办，请于帅，禁士卒入城。寻迁徽宁道副使，剿灭大盗刘时祥等，累擢佥都御史，巡抚甘肃。总督孟乔芳调回兵往征川寇，其酋米喇印丁国栋结连生羌，乘闲至兰州，为乱执总兵刘良臣。文衡仓卒闻变，部兵已与贼合，仅得亲卒三十余人，与贼巷战，为流矢所中，遂遇害。僵立不扑，贼惊惧。罗拜誓，不敢轻犯，眷属尸乃仆。事平，诏赠右都御史。雍正十二年，入祀昭忠祠。《大清一统志》。

饶承德，字伯祚，顺治初官口北中军守备，值兵变，抵死御之，卒擒叛者以献。巡抚荐其能，擢浙江定海镇标游击。康熙十三年，耿逆叛，随贝勒亲王南下，攻取小凉山。复出不意，焚贼战舰，贼势大蹙。事平论功，迁山西利民中路参将。《县志》。

纪肇修，顺治五年举于乡官学正⑤。康熙十一年，迁知浙江龙泉县。耿逆之变，浙中戒严。肇修集义勇为防守计，贼骤至，□以行百计诱之降，誓死不屈，且斥贼，以大义。贼怒，并执其家人，系

---

① 废弛，废弃懈怠。谓应施行而未施行。
② 嘉纳，赞许并采纳。多为上对下而言。
③ 禨，音jī。迷信鬼神，向鬼神求福。
④ 天聪八年，1634年。
⑤ 学正，地方学校学官。

狱①。会大兵入闽，耿逆诛，肇修得释，改授为福建沙县知县。同上。

刘国兴，字振宇。父汉鼎官参将。国兴入闽，以军职宣力②行间③，剿平古田土寇，积功迁守备，晋游击。康熙十七年，海寇攻厦门，国兴出击之，擒其渠④，乘胜招安，反侧抚流亡，纪律严明，□士卒房掠妇女，有犯必惩，民戴其德，擢西安副将。三十四年，从征葛尔旦有功，迁广东碣石卫总兵，卒于官。子世明，有父风，官至闽浙总督。人谓国兴能以阴骘⑤作贻谋⑥焉。《福建通志》兼采《县志》。

董正位，字贞家，康熙间以拔贡生，知广西上林县。上林地处岭嶠之间，奸宄⑦出没不测。正位修城垣，严保甲，掩获贼渠数人，治以法，民得安堵已。又辟地垦荒，兴学课士，期年善政毕举，以忧去。复起为江苏昆山令，岁荒多方赈恤，全活饥民无算。浚七十二支河，大兴水利。上官知其能，深委任焉。后罢归，卒于家。《府志》。

黑天池，字南溟，明都督云龙之后。敦行好学，有声庠序间。康熙二十年丁丑，成进士，选授广西义宁县知县。义宁多盗，号难治，吏不能禁。天池下车，即掩捕最著者数人，置之法，境内以安。居官清慎，自持而尤善抚字⑧。岁荒请发仓储，贷穷黎，皆亲自散给，不辞劳瘁。上官嘉其贤，交章⑨推荐擢知南宁府，在任六年，兴利除弊，威惠所加，内外咸帖服焉。迁桂平梧郁驿盐道，以疾卒于

---

① 系狱，囚禁于牢狱。

② 宣力，效力；尽力。

③ 行间，行伍之间，指军中。

④ 渠，大。通"钜"。

⑤ 阴骘，默默地使安定。

⑥ 贻谋，《诗·大雅·文王有声》："诒厥孙谋，以燕翼子。"后以"贻谋"指父祖对子孙的训诲。

⑦ 奸宄，亦作"奸轨"。违法作乱的事情。《书·舜典》："蛮夷猾夏，寇贼奸宄。"孔传："在外曰奸，在内曰宄。"孔颖达疏："又有强寇劫贼外奸内宄者为害甚大。"宄音guǐ，奸邪、作乱。泛指坏人、歹徒。

⑧ 抚字，谓对百姓的安抚体恤。

⑨ 交章，谓官员交互向皇帝上书奏事。

官。《县志》。

○龙门县（第702页）

李遵度，字武玉①，少颖悟，家贫，力学。顺治二年，举于乡，逾年丙戌，成进士，知浙江德清县。时盗贼充斥，遵度号召民团联保甲，□其尤悍者，捕治之，余党四散。在官五载，政简刑清，境内靖谧，为忌者所中，罢归读书养亲，绝意仕进，处兄弟间和睦无间，士谕媺之。《县志》。

窦文，字质夫，岁贡生，荐于内行官河南卫辉府同知，有政声。致仕②归里，以著述自娱。卒，祀乡贤。又徐章，字息园，为诸生有声于庠，中年贡成均，授职州判，不就，事亲，亦以孝闻。同上。

汤应，武官教谕，荐擢陕西汉阴知县，为政不喜繁苛，勤于听断。一日坐厅事③，民有小过，当答，答辄重。谓答者曰：彼罪当死耶，忍令死汝手乎？立释之民，皆感泣其慈惠，类如此。《陕西通志》。

◎列女六（卷250《列女六明五》，第639册）

明

○赤城县（第185～186页）

池宽妻陈氏，宽为指挥池信子，信监云州练兵，挈家以行。正统己巳，案：己巳乃十四年，《一统志》作己巳误，也先入寇，宽随其父提兵④援马营、云州，陷，陈先为缳⑤，令小姑⑥及其子女皆缢⑦，然后自缢死，一门殉节者九人。景泰初，诏旌之，立祠以祀。《大清一统志》参《康熙志》。

---

① "字武玉"，清《龙门县志》作"字式玉"。

② 致仕，辞去官职。

③ 厅事，官署视事问案的厅堂。古作"听事"。

④ 提兵，率领军队。

⑤ 缳，用绳套勒死；绞杀。

⑥ 小姑，称丈夫之妹。

⑦ 缢，吊死，用绳子勒死。

田坤女，坤千总，己巳之变，坤战殁，女年十九，闻君掳父亡，不胜义愤，遂投龙门峡死，即所谓舍身崖也。土人穴石壁瘗焉。天顺初，特旨旌之，关宁为作记。《府志》。赵维屏《龙门峡舍身崖烈女赞》：舍身难，舍身成义尤难；舍身成义士子难，女子尤难。嘻噫！冰霜之洁，铁石之坚，凛凛烈烈流芳万年！

李宗妻杨氏，《康熙志》。年二十六，宗殁，抚遗孤敬，长袭父职，未几，敬亡，复育孤孙与嫠妇①共守者四十年，门户肃然，寂无笑语。景泰初，旌表。《府志》参《县志》。

王贤妻冯氏，名妙秀。《康熙志》。贤为百户，战死，冯年二十四，其姑②恸子弗解，冯泣曰："姑母苦，妇即儿也。"乃以织纴养姑，生死尽礼，缟衣③素食以终。《府志》。

钱恂妻冯氏，少寡，守节终身。诏旌表。《康熙志》。

任怀妻刘氏，名妙善。《康熙志》。怀为军校，阵亡，刘年二十，其家欲使他适，刘以刀断发曰："发断可长，颈断难续，必欲吾断颈耶。"自是孝奉舅姑，苦节④三十年，乡人呼为刘女师。《府志》。

杨玺妻申氏，年二十六，夫亡，抚子继聪成立。聪娶，又亡。扶孤孙钺，官至总戎。嘉靖辛丑⑤旌表。《康熙志》参《府志》。

鄢维高妻陈氏，高仕山东，卒于官。陈年二十，矢志抚子博飞及长，戍开平，陈从之，备经艰苦，后飞以军功，官佥事，克尽孝养，陈寿八十四卒，正统四年⑥旌表。

---

①　嫠妇，寡妇。《左传·昭公十九年》："莒有妇人，莒子杀其夫，已为嫠妇。"嫠音lí，寡妇。《小尔雅·广义》："凡无妻无夫通谓之寡。寡夫曰鳏（qióng），寡妇曰嫠。"

②　姑，旧时妻称夫的母亲。《尔雅·释亲》："（妇）称夫之母曰姑。"

③　缟衣，旧时居丧或遭其他凶事时所著的白色衣服。

④　苦节，《易·节》："节，亨。苦节，不可贞。"孔颖达疏："节须得中。为节过苦，伤于刻薄。物所不堪，不可复正。故曰'苦节，不可贞'也。"意谓俭约过甚。后以坚守节操，矢志不渝为"苦节"。

⑤　嘉靖辛丑，嘉靖二十年，1541年。

⑥　正统四年，1439年。

潘铖妻邢氏，年二十八，夫故，遗孕生男珙，长袭千户职。嘉靖丁巳①，珙战死。邢泣曰："夫嗣绝矣，吾何偷生？"以忧思卒。俱同上。

王承华妻李氏，年十五适华，八月而夫死，有遗腹，越五月生子之凤。及凤游庠②，受室③生子，未周，而凤又卒。《府志》。案：《续镇志》《县志》作未周□媳又亡。乃育孤孙以终，提学御史表其门。《府志》。

王洪《县志》作琪妻刘氏，事舅姑孝，少孀④抚遗腹子经成立，苦节五十年卒，被旌表。《康熙志》参《府志》。

张钦妻晁氏，夫死，甘贫训子，茕⑤苦百端，八十五岁卒。《康熙志》参《县志》。

夏承勋妻孙氏，年十八守节，抚孤世袭，历四十余年卒。《府志》。

郭甫妻江氏，嘉靖庚子⑥甫战死，江年十九，守节以终。《康熙志》参《府志》。

史纲妻张氏，祖姑汤氏、姑罗氏俱守节。张年二十八，纲又死，张上事重帏，下抚二幼，辛勤毕世，七十一岁卒。一门三世贞节，乡闾⑦矜⑧之。《府志》。

饶汝桂妻徐氏，夫亡，食贫，事姑抚子，有司屡旌其节。

袁凤桐妻阎氏，守节，抚孤得袭世职。

杨清澄母邵氏，少孀，抚孤终身，高节。

---

① 嘉靖丁巳，嘉靖三十六年，1557年。
② 游庠，就读于府或州县的学宫。庠，原是周代的乡学，后泛称学校。
③ 受室，娶妻。
④ 孀，寡妇。《淮南子·原道》："童子不孤，妇人不孀。"高诱注："无父曰孤，寡妇曰孀也。"
⑤ 茕，音qióng。没有兄弟，孤独。忧愁。
⑥ 嘉靖庚子，嘉靖十九年，1540年。
⑦ 乡闾，古以二十五家为闾，一万二千五百家为乡，因以"乡闾"泛指民众聚居之处。乡亲；同乡。
⑧ 矜，敬重；崇尚。

胡宁妻程氏，郭英妻赵氏。俱同上。案《县志》：宁为总旗，英为百户，陈、赵俱龙门所人，别无事实。

○龙门县（第 186～187 页）

张洪妻刘氏，《康熙志》。年二十二，夫亡，守节安贫，事姑极孝，抚子成长袭荫。卒年五十八。《府志》。

贺郁妻高氏，郁为总旗，战死，高年二十六，遗子四龄，缝纫自给，以节寿终。《康熙志》参《府志》。

曹贤妻沈氏，守节四十余年，诏旌其门。同上。

沈洪妻邢氏，洪嗜学早亡，邢嫠居①二十八年，卒，有司旌之。同上。

信雄妻黄氏，二十一岁，雄没，守志抚二子成立。黄有妹，适指挥支棠，年二十三，棠亦卒。姊妹并励坚贞，年皆八十余岁，人称为黄氏双璧。《府志》。

仝胜妻魏氏，胜为旗校，宏治乙丑②战没，魏闻大恸，既而慨然曰："夫死王事，不愧为男子矣，吾其有以尽妇道。"遂食贫苦节孝养舅姑，抚育孤子，至六十余岁卒。《康熙志》参《县志》。

窦璋妻冉氏，年二十，璋故。家贫，素工机织，自食其力，苦节三十七年，未尝窥户，乡闻称之。《康熙志》参《县志》。

窦玹妻孙氏，年十六，归玹，未几，玹卒，遗孤永甫周岁，惟恃浣濯③缝纫以易食，躬自课读，迄于成人。历五十余年，卒。

张棐妻王氏，嘉靖壬午④棐卒，遗孤甫周岁，抚育垂四十年，及见孙，曾绕膝⑤犹康强⑥，能事针术云。俱同上。

---

①　嫠居，寡居。

②　宏治乙丑，清代清高宗纯皇帝爱新觉罗氏名弘历，避偏讳"弘"，以"宏"代"弘"。弘治十八年，1505 年。

③　浣濯，亦作"澣濯"。洗涤。指洗过多次的衣服；旧衣。

④　嘉靖壬午，嘉靖元年，1522 年。

⑤　绕膝，围绕膝下。多用于形容子女侍奉父母。

⑥　康强，康彊亦作"康强"。安乐强健；康健。

窦维舆妻王氏，年二十而寡，奉亲克孝，孝子有方，守志四十余年。事闻，建坊旌表。《府志》参《县志》。

葛之罩妻王氏，年十九，夫殁，家寒，姑老子幼，纺织为生，艰辛数十年，卒。直指①为之请旌，后子大荣中顺治丙戌武进士。《县志》。

张进妻王氏，年二十五，夫亡，无子，乃却饮食，伏秸藁，而哀泣者八昼夜，遂死柩前。事闻，诏旌其庐。《康熙志》参《府志》。

周允益妻李氏，沈明泰妻张氏，张国瑞母倪氏暨二媳、国瑞妻章氏、国英妻王氏，王进纲《府志》又作姚进纲妻黎氏，江腾龙母杨氏，腾龙妻张氏，姚世纯母李氏，索惟仲妻李氏，张汝奇妻章氏，以上皆雕鹗堡人，俱于崇（正）［祯？］甲戌殉节者，均被旌表。《府志》。案：此十一人《雍正志》《县志》俱失载，今据《府志》补录。

◎列女三十五（卷279《列女三十五国朝二十九》，第640册）
国朝
○赤城县（第254～256页）
孙崇业妻金氏，龙门所银工金龙冈女。崇业性嗜酒，不事生业，氏谏之，不听，家遂中落，食贫茹苦，略无怨言。顺治中，岁大祲②，崇业谋嫁之。氏以死自誓，崇业阴受人聘，而以戚属相邀绐③之出，使务者中途迎之。妇觉其诈，曰：夫忍我嫁我嫁乎？至彼就死而已，此两全之道也！然归君家二十余年讵忍恝然，盍④沽酒⑤为别。业信之，沽酒去，妇乃揽镜以刀断喉死。《县志》。

---

① 直指，直言指出，无所回避。
② 大祲，大侵亦作"大祲"。严重歉收，大饥荒。《谷梁传·襄公二十四年》："五谷不升谓之大侵。"范宁注："侵，伤。"
③ 绐，音dài。通"诒"。欺骗；欺诈。《玉篇·系部》："绐，欺也。"
④ 盍，何不，表示反问或疑问。
⑤ 沽酒，从市上买来的酒；买酒。

卜孔淑妻张氏，年二十七，夫亡。事姑抚子，苦节四十余年同上。

饶绍德妻朱氏，年十九于归夫官浮梁县令，携朱以从。耿精忠之叛，浮梁并乱，夫妇相对投缳①，绍德以救苏，朱竟死。康熙二十七年旌。《县志》兼采《大清一统志》。

生员龚尔昌妻朱氏，于归越一载夫亡，时年二十一，矢志靡他②。又沈铣妻封氏，年二十六夫亡，守节至三十七岁，卒。

李伟瀛妻朱氏，伟瀛以贡入太学③，卒于京，朱抚四子成立，守节四十九年，寿七十有八，卒。

生员沈元培妻石氏，年二十三夫亡，安贫守志，教二子成立，历四十二年完节以终。

杜延觐妻程氏，广东人，舅④邦璨官广东都司，父子相继卒。程携子归丧，母家挽留之，不可，比抵家，余资已罄，拮据营葬，子绳武并夭⑤，茕独⑥无依，苦守五十年，卒年七十有六。

葛某妻孙氏，年十七于归期岁夫亡，家贫无嗣，以女红自存，七十年如一日。

监生李馥妻冯氏，年二十三夫亡，事祖翁姑及母，生死尽礼，子长儒入邑庠。

---

　　① 投缳，自缢。《后汉书·吴佑传》："因投缳而死。"李贤注："谓以绳为缳，投之而缢也。"

　　② 靡他，靡它亦作"靡佗""靡他"。谓无二心。

　　③ 太学，国学。我国古代设于京城的最高学府。西周已有太学之名。汉武帝元朔五年（前124年）立五经博士。弟子五十人，为西汉置太学之始。东汉太学大为发展，顺帝时有二百四十房，一千八百五十室。质帝时，太学生达三万人。魏晋到明清，或设太学，或设国子学（国子监），或两者同时设立，名称不一，制度亦有变化，但均为传授儒家经典的最高学府。

　　④ 舅，古代称丈夫的父亲。《尔雅·释亲》："妇称夫之父曰舅。"

　　⑤ 夭，早死；殇亡。《释名·释丧制》："少壮而死曰夭，如取物中夭折也。"

　　⑥ 茕独，孤单；孤独。亦指孤独无依的人。"

饶价妻王氏，年二十七夫亡，奉侍翁姑，教子成立，有声庠序①，历四十余年。

王家祯妻赵氏，年十七于归，二十三夫亡，抚遗子至十二岁而夭，守节五十五年。

生员董之熙妻张氏，年十九夫亡，敬事孀姑，教子国勋成名，苦节四十余年。

乔俊杰妻张氏，年二十一夫亡，矢志五十余年，抚一子二女成立。

朱呈霞妻卜氏，年二十二夫亡，家贫子幼，茹苦守志，寿七十卒。子尔屏、尔昌俱入庠。

生员李应甲妻孙氏，家贫，姑病瘫，侍奉惟谨。夫死，守节，训子成名。

张恫妻孙氏，恫觅食边外，遭虎噬，孙绝粒不食，所亲②劝以扶孤，乃甘贫守节，训子入庠。俱同上。

庠生③宋标妻刘氏，年二十九夫亡，遗孤士奇尚幼，茶苦鞠育④，守节四十余年，已旌。《县志》兼采《府志》。案：遗孤士奇以下三语，皆《府志》文载入龙门县中，而《龙门县志》无此，入《府志》误也，今去彼从此。

生员徐绍祖妻周氏，年二十六夫亡，守节抚孤历三十二年，学使赵表其门曰："茹荼⑤节著"。《县志》。

刘愈芬妻萧氏，年二十八夫亡，守节历四十二年。

生员纪芳蹁妻尚氏，夫亡，遗孤甫三月，苦节自矢⑥，抚子

---

① 庠序，古代的地方学校。后亦泛称学校。
② 所亲，亲人；亲近的朋友。
③ 庠生，科举时代称府、州、县学的生员。明清时为秀才的别称。
④ 茶苦，艰苦；苦楚。鞠育，抚养；养育。语本《诗·小雅·蓼莪》："父兮生我，母兮鞠我，拊我畜我，长我育我。"毛传："鞠，养也。"郑玄笺："育，覆育也。"
⑤ 茹荼，比喻受尽苦难。荼，苦菜。
⑥ 自矢，犹自誓。立志不移。

成名。

生员傅成志妻门氏，夫亡守志，训子德种、孙熙玮俱入庠，苦节五十余年，寿八十有四。

典史李珍妻武氏，二十八夫亡，守节训子入庠。

任世信妻王氏，年二十九夫亡，无子，家贫，苦志守节。俱同上。

孟博妻郜氏，幼读书过目不忘，年十七于归①。二十九夫亡，遗二子，亲教之读，孝事媚姑。夫弟私遗产皆让之，不与校。子若孙力学，皆知名于时，孙华拔贡生。守节五十六年，卒。咸丰九年②旌表。《采访册》。

廪生王一清继妻吴氏，年十八于归，二十一夫亡。以夫侄作相为嗣。守节三十三年，存年六十有四。咸丰年间已旌。

马英妻宋氏，年十五于归，二十四夫亡，子昌福早世，抚四孙成立，守节五十九年卒。昌福妻张氏，年二十六夫亡，守节二十五年卒。俱同治十年③旌。

张万银妻郝氏，年十七于归，二十七夫亡，抚三子三孙俱成立。守节五十年卒。同治十年旌。

庠生李亲贤妻王氏，年二十于归，二十四夫亡。孝事翁姑，抚孤子祥麟成立。守节三十年卒。同治十年旌。

廪生④何嘉会继妻孔氏，年十七于归，二十三夫亡。孝事翁姑，

---

① 于归，出嫁。《诗·周南·桃夭》："之子于归，宜其室家。"朱熹集传："妇人谓嫁曰归。"

② 咸丰九年，1859 年。

③ 同治十年，1871 年。

④ 廪生，明清两代称由公家给以膳食的生员。又称廪膳生。明初生员有定额，皆食廪。其后名额增多，因谓初设食廪者为廪膳生员，省称"廪生"，增多者谓之"增广生员"，省称"增生"。又于额外增取，附于诸生之末，谓之"附学生员"，省称"附生"。后凡初入学者皆谓之附生，其岁、科两试等第高者可补为增生、廪生。廪生中食廪年深者可充岁贡。清制略同。

抚前室子女如己出，婚嫁以时。守节三十七年，存年六十有七。<u>同治</u>十年旌。

处士诏琳继妻<u>寿氏</u>，年十七于归，二十二夫亡。孝事媪姑，缄纫积资，归葬夫骨，抚侄<u>世俊</u>为嗣子。守节三十六年。<u>同治</u>十一年旌。

刘明妻<u>王氏</u>，年十七于归，二十一夫亡。孝事翁姑，无子，以侄<u>朝宗</u>为嗣。守节三十二年，存年五十有三。<u>同治</u>十年旌。俱同上。

<u>李栋妻聂氏</u>，年二十八夫亡，守节五十一年。

<u>王镇通妻王氏</u>，年二十九守节。

<u>李先玉妻赵氏</u>。夫亡，守节四十二年。

○龙门县（第 261～262 页）

<u>徐毓光</u>继妻<u>周氏</u>，性端敏。<u>毓光</u>令<u>中牟</u>，值流寇猖獗，志在死守，遣<u>周</u>归。甫离县治里许，贼锋迫近，<u>周</u>微服入村舍，嘱左右曰："汝守空舆，如贼至，同车中人安在？谓去久矣。"遂免于难。行至中途，京兵南下，则表司马封□于舆前，兵睨之而去，不敢动，其智足应变如此。夫殉难后，外辑凌侮，内抚诸孤，备历忧患，卒年六十有五。子<u>章</u>入成均①，<u>立</u>与前室子皆入庠。《县志》。

<u>张玉振妻王氏</u>，<u>明宣镇</u>总兵<u>王应辉</u>女，年十七于归，二十一夫亡，水浆不入口者数日，冰雪之操，老年弥□，卒年八十有一。

<u>管九经妻阎氏</u>，年二十四夫亡，亲老子幼，支持门户，卒年八十有四。

<u>郭宪妻赵氏</u>，<u>宪</u>死于难，<u>赵</u>年甫十八，苦节抚孤七十余年。

生员<u>陈吉印妻姜氏</u>，年二十七夫亡，奉姑抚子，子稍长，俾就外傅②，夜则篝灯课读，与孙相继入庠。

---

① 成均，古之大学。泛称官设的最高学府。《礼记·文王世子》："三而一有焉，乃进其等，以其序，谓之郊人，远之，于成均，以及取爵于上尊也。"郑玄注："董仲舒曰：五帝名大学曰成均。"

② 外傅，古代贵族子弟至一定年龄，出外就学，所从之师称外傅。与内傅相对。《礼记·内则》："十年，出就外傅，居宿于外，学书记。"郑玄注："外傅，教学之师也。"

张程式妻史氏，夫早亡，矢志守节，藉针指以给饔飧①，抚子成立。俱同上。

韩玉妻杨氏，年二十四夫亡，家贫，事姑抚幼，自忍饥寒，寿七十有一。雍正十年旌。《府志》。

程守荣妻王氏，年二十二夫亡。范可章妻郭氏，夫早亡，皆矢志苦守，课子②成名。王寿至六十余，雍正十年旌。郭寿至七十有一，雍正十一年旌。

吴安国妻申氏，年二十八夫亡，安贫抚子，寿七十余岁，人称"白首完贞"。

王宠妻沙氏，年十九于归，越五载，夫亡。养姑抚子，完节终身，寿至六十有三。雍正十一年旌。

生员李象昱妻钱氏，夫亡，矢志抚孤，夫侄俱幼孤，亦藉以养，守节三十六年。乾隆元年③旌。俱同上。

任廷楷④妻王氏，年十七于归，十八夫亡。抚子孔璜成立，入成均，守节五十二年。道光二十六年⑤旌。《采访册》。

生员王辅仁妻庞氏，年十七于归，二十八夫亡，抚子俱能成立，入庠。道光二十六年旌，时守节已四十三年。

生员任开福妻白氏，年十八于归，三十夫亡，抚子俱能成立，贡入城均。道光二十六年旌，时守节已四十年。俱同上。

生员刘溥妻王氏，高应龙妻韩氏，俱夫亡守节，乾隆十二年旌。

生员于守龄妻郭氏，夫亡守节。

武生王懋赏妻汪氏，年二十八夫亡，守节三十余年。

武生张昶妻郤氏，年二十五守节，寿五十有七。以上俱见《府志》。

---

① 饔飧，音 yōng sūn。饔，早餐。飧，晚餐。饔飧指熟食。
② 课子，督教儿子读书。
③ 乾隆元年，1736 年。
④ 民国《龙关县志》作"任延楷"。
⑤ 道光二十六年，1846 年。

陈（左詹右殳）妻柯氏。年二十九守节，卒年七十有九，光绪五年①旌。

◎杂传五（卷291《杂传五五代》第640册，第596～597页）
○五代

高行周，字尚质，妫州人。薛史②作"幽州"，《高行珪传》作"燕人"。世为怀戎戍将。父思继。兄弟薛史："昆仲三人"以武勇雄于北边，为幽州节度李匡威戍将。匡威为弟光俦所篡，晋王将讨其乱患，思继兄弟遣人至孔领关招之。燕俗重气义，思继等闻晋为匡威报仇，欣然从之，为晋兵前锋。薛史：思继兄为先锋都将、妫州刺史，思继为中军都将、顺州刺史，思继弟为后军都将。匡俦闻思继兄弟皆叛，弃城走。克用以刘仁恭守幽州，思继兄弟为诸军都指挥使，分掌燕兵。克用临决属仁恭，善防之。留晋兵千人为仁恭卫兵。多犯法，思继等数诛之。仁恭诉高氏于克用，由是晋尽诛思继兄弟。以其兄之子行珪为牙将，而思继子行周年十馀岁，亦收之帐下，长，补以军职。仁恭被囚，守光以行珪为武州刺史。后守光背晋，晋攻之。守光将元行钦牧马山后，闻守光且见围，即率所牧马赴援，而麾下兵叛，推行钦为留后，行钦素悍，行珪乃遣人之怀戎，絷其子而招行珪曰："守光可取而代也。当从我行，不然，且杀公子。"行珪谢曰："与君俱刘公将，而忍叛之？吾当为刘氏也，尚何顾吾子！"行钦即以兵围行珪。谨按《通鉴考异》云，《唐庄宗实录》《薛史纪》及《元行钦传》云，行钦闻行珪降晋，帅兵攻之。惟《周太祖实录》及《本传》云，行钦称留后，行珪城守，不从。行周卒时，去燕亡及行钦之死已久，行周名位尊显，门生故吏虚美其兄弟，故与诸说特异也。月余，城中食尽，行珪告州人曰："吾非不为

---

① 光绪五年，1879年。
② 薛史，是指宋薛居正修《旧五代史》简称。《旧五代史》，原名《五代史》，也称《梁唐晋汉周书》，后人为区别于欧阳修的《新五代史》，便习称《旧五代史》。下同。

父老守也，今刘公救兵不至，奈何？可杀吾降晋。"父老皆泣，愿死守。时行周适从行珪在武州，即夜缒出城驰见庄宗，庄宗遣明宗救之。比至，行钦已解去，行珪乃降晋。谨按薛史：明宗谕以顺逆之理，行珪乃降。守光将元行钦率部下攻行珪，行珪遣弟行周告急于周德威，是降晋，后告急也。与欧史①稍异。庄宗时，历朔、忻、岚三州刺史，大同节度使。明宗立，徙镇威胜、安远。行珪性贪鄙，所为多不法，副使范延策，数规谏行珪，衔②之。已而戍兵有谋叛者，行珪先觉之，潜徙库兵于他所。戍兵叛，趋库劫兵无所得，乃溃去，行珪追而杀之。因诬奏延策同反，并其子皆见杀，天下冤之。行珪卒于镇，赠太尉。《五代史》。当行珪之降晋也，行周隶明宗帐下，初为裨将。《五代史》。梁刘鄩之据莘，与太原军对垒，转斗。（常）〔尝〕一日，元行钦为敌军追蹑，剑中面，血战。行周以麾下精骑突阵解之，行钦获免。庄宗召行周抚谕赏劳，欲置帐下，密令人以利禄诱之。行周辞曰："总管用人，亦为国家，事总管犹事王也。余家昆仲③，脱难再生，承总管厚恩，忍背之乎！"及两军屯河上，觇知梁军自汴入杨村寨，明宗晨至斗门，设伏将邀之，众寡不敌，反为所乘。矛稍丛萃，势危甚。行周出骑横击之，梁军遂得解去。《旧五代史》。明宗东袭郓州，行周将前军，行遇雨，军中皆不欲进，行周曰："此天赞我也！郓人恃雨，不备，宜出其不意击之。"即夜驰涉济，入其城，军人方觉，遂取之。庄宗灭梁，以功领端州刺史，迁绛州。明宗时，从平朱守殷，克王都，迁颍州团练使、振武军节度使。历镇彰武、昭义。晋高祖时，为西京留守，徙镇天雄。薛史：晋祖建义于太原，唐末帝命张敬达征之，行周与符彦卿引骑拒之，寻为契丹所败，遂与敬达保晋安砦，累月救军不至。杨光远欲图敬达，行周知之，引壮士护之。敬达性戆，不知营护，谓人曰：

---

① 欧史，是唐欧阳修撰《新五代史》的简称。《新五代史》，原名《五代史记》。后世为区别于薛居正等官修的五代史，称为《新五代史》。

② 衔，恨，怀恨在心。《汉书·酷吏传班固》："衔，含也。苞含在心，以为过也。"

③ 昆仲，称人兄弟。长曰兄，次曰仲。

"行周每踵余后，其意何也?" 縡是不复敢然，敬达遂为光远所害。晋祖入洛，行周还藩，加同平章事。晋祖都汴，以行周为西京留守，未几，移邺。安从进叛，以为襄州行营都部署，讨平之。《五代史》。谨案《五代史纂误补》云，《晋纪》安从进反，京都留守高行周为南面军前都部署以讨之。此处语本薛史《本传》与《纪》不同。然薛史《晋纪》与《传》故自不同。考《纪》云，天福三年①十一月，以西京留守高行周为邺都留守。六年七月，以前邺都留守高行周为西京留守，十一月，安从进叛，以西京留守高行周为南面行营都部署以讨之，是行周自西京徙天雄后，复留守西京而讨安从进时，则固西京留守也，《传》略不具。晋少帝嗣位，加兼侍中，移镇睢阳。开运初，从幸澶渊，拒敌于河上。还，代景延广为侍卫亲军都指挥使，移郓州节度使。时李彦韬用事，改归德以李守贞代掌兵柄，许行周归藩。晋军降于中渡也，少帝命行周与符彦卿同守澶州。契丹入汴，召赴京师，会草寇攻宋州，急遣归镇。《旧五代史》。契丹灭晋，许王②从益召行周，拒汉高祖，行周叹曰："衰世难辅，况儿戏乎!" 乃不从。汉高祖入立，加守中书令。谨案薛史《晋少帝纪》：天福七年，西都留守、襄州行营都部署高行周加兼侍中。则行周之为使相已久矣。徙镇天平，谨案《五代史纂误补》云，《慕容彦超传》杜重威反，以天平节度使高行周讨之。后重威出降，以行周为天雄军节度使。薛史《本传》：汉祖入汴，代李守贞为天平节度使。邺平，授邺都留守。乾祐中，复授天平节钺。此多不具。又考《薛传》：行周以汉初，自宋州徙郓州，而《高祖纪》则云，以邺都留守杜重威为宋州节度使，徙行周为邺都留守，而其代李守贞为天平节度者，则白文珂也，盖《纪》《传》又复互异云。封临清王。周太祖入立，封齐王。薛史：乾祐中，入觐，加守太师，进封邺王，复授天平节钺，改封齐王。太祖践阼，加守尚书令，增食邑至一万七千户。卒，赠尚书令，追封秦王。《五代史》。谥武懿。《五代会要》。有子怀德。《五代史》。

---

① 天福三年，938 年。

② 许王，中国古代王爵。

24. 《嘉庆重修一统志》

【题解】　　有清一代是中国历史上最重视搜集、编纂历史文献的封建王朝，在清政府的大力倡导、督促下，在一批学界巨子的全力参与下，清代成为中国历史上地方志和方志理论发展的鼎盛时期。从朝廷到地方，各府州县无一不修志，而且不断重修、续修，保证其记述的历史连续性。尤其是在《一统志》的编纂上，清政府更是凭借其雄厚的物力、人力资源，于康熙、雍正、乾隆、嘉庆、道光短短的 100 多年时间里，前后 3 次编纂《大清一统志》（分别为康熙《大清一统志》、乾隆《大清一统志》和《嘉庆重修一统志》）。其规模之大，历时之长，成果之丰富，对后世史学研究影响之深远，都是罕见的。

第一次纂修《大清一统志》始于康熙二十五年（1686 年），成书于乾隆九年（1744 年），经 3 位帝王、历时 58 年修成，该志共计 356 卷。该志的编修过程一波三折，由于编写时间长，参加编写的人员变化也很大。

康熙十一年七月，保和殿大学士卫周祚就曾上疏奏请纂修《大清一统志》，建议各直省应以贾汉复所修《河南通志》体例为样板纂辑通志，待通志修齐，再以其为资料纂修《一统志》。该建议经部议准。康熙十二年十二月，"三藩之乱"骤起，各地的修志工作难以继续，《一统志》的纂修自然也被搁置。"三藩之乱"平定后，国事恢复正常，该志的编修再度为朝廷所重视。清廷于康熙二十五年正月或之前设立了《一统志》馆，并于同年三月"命纂修《一统志》，以大学士勒德洪、明珠、王熙、吴正治、宋德宜，户部尚书余国柱，左都御史陈廷敬为总裁官……"康熙二十九年五月，专理馆事的徐乾学遭人弹劾，被迫乞归。四年后，徐乾学逝世。清政府命韩菼在其所呈初稿的基础上，继续纂修。康熙四十三年，韩菼去世。至康熙朝终，纂修之事再也没有引起朝廷的重视。雍正三年（1725年），清廷重设《一统志》馆。雍正重申了继续修纂《一统志》的决心，对地方志的质量及奖惩标准做出了规定，还提出了"二三年内"成书的时间限额。针对部分省份迟迟没有修成通志而影响了《一统志》进程一事，雍正再次严厉督饬各省及早克成。李卫监修之《畿辅通志》，鄂尔泰之《贵州通志》等16种通志，都在这一时期完成。不久，雍正又下诏，规定各地每六十年修志一次的成例。然而他最终未能见到《一统志》之竣事。直至乾隆五年十一月，此书终于克成，至刻制成书已是乾隆八年了。是志启修于康熙朝，为了和乾隆、嘉庆两朝所修相区别，故称康熙《大清一统志》。

第二次清修《一统志》始于乾隆二十九年，成于乾隆四十九年，历时20年，全书424卷。该书启修、完成俱在乾隆一朝，因此称乾隆《大清一统志》。从乾隆八年一修告成至乾隆二十九年第二次修，中间仅隔20余载，有违雍正"六十年一修"的规定。究其原因，一是一系列开疆拓土的战事，西域、新疆2万多余里的国土，都归中央政府管辖，使中国的疆域版图大为增加，因此把西域、新疆等地增入到《一统志》，"以昭圣朝一统无外之盛"。二是这一时期的清朝正值"康乾盛世"，国内情况变化巨大。三是康熙《大清一统志》刊行后，书中疏漏、错误之处逐渐为人们所认识。四是乾隆颇具治理之才，常与圣祖相比，自诩文治武功古今一人。为了宣扬自己的"十全武功"，将如此丰功伟绩述之于《大清一统志》，亦属情理之中。

乾隆《大清一统志》没有专门设馆，而是命方略馆承办。方略馆是军机处的下属机构，初为特开之馆，后成常设。方略馆不设专职的总裁官，而以军机大臣兼任。该馆除纂修各种方略、纪略外，

三衛本朝初省左右二衛入前衛為宣府鎮〇

治康熙二十二年改置宣化縣為宣化府治〇赤

城縣 北距在府東北一百七十里〇東至邊界

龍門縣界三十里〇南至延慶州界五十

界一百里〇東南至龍門縣界二十

十五里〇本漢上谷郡地後魏置御夷鎮地唐為媯

四年升為雲州明初州廢宣德五年〇置赤城堡

州地邊置雲州縣屬德興府元中統五年

本朝初屬宣府鎮曰上北路康熙

三十二年改置赤城縣屬宣化府 萬全縣 北八十

黑〇東西距一百三十里南北距七十里〇東至宣化

縣四十五里〇西至山西大同府天鎮縣界八十五

里〇南至懷安縣界四十里〇北至神威臺接邊界三

十里〇東南至張家口前屯接宣化縣界三十五里

西南至陽門堡接懷安縣界七十里〇東北至窰

于接龍門縣邊界四十里〇西北至鎮河臺接邊界

九十里〇本漢上谷郡寧縣地明洪武二十六年〇置

元為宣德府宣平縣地明洪武二十六年置德勝

《嘉庆重修一统志》书影

中通線道

鵰鶚堡在龍門縣東四十五里元為雲
州之鵰窠明初置浩嶺驛承
齊為險要
樂中改為鵰鶚堡宣德六年築戍周二里有奇門
二當北路之中為往來要道本朝設把總駐守

滴水崖堡在赤城縣東八十里北去龍門所五十
里有奇門二東去大邊二十里即薊門古北口之
後也本朝初設号備雍正十年改設都司轄馬
營松樹君子三堡又守遠堡在滴水崖東舊為朵
顏易馬市已明嘉靖二十八年築堡周二里有奇
東去盤道口邊十五里又長伸地堡在宇
遠堡東北明萬歷十年築周一里有奇 鎮寧堡
在赤城縣西北三里西至邊界三十里北至邊界
三十五里明弘治十一年築周二里有奇
備 本朝康熙 雲州堡在赤城縣北三十里即元
元年改設把總 雲州堡故云州也明洪武初廢州
置雲州驛宣德五年於河西大路築城置戍景泰
五年增設千戶所後又設上北路參將 本朝改

康熙《大清一统志》书影

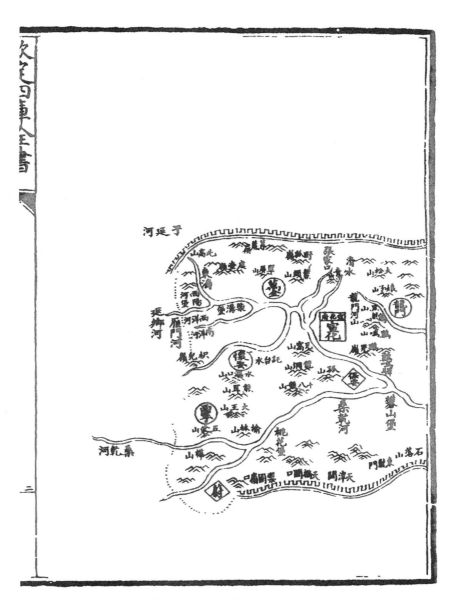

乾隆《清一统志》宣化府图一

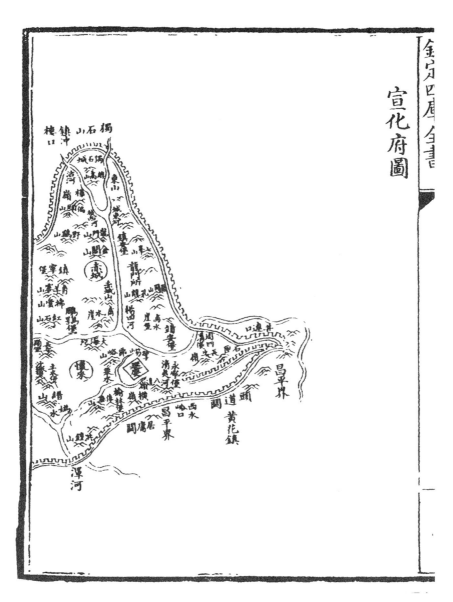

乾隆《清一统志》宣化府图二

还纂修奉旨交辑的其他书籍，《一统志》当属后者。在其编纂后期，和珅为总裁官，总领其事。和珅天资聪颖，善于揣摩乾隆的心思。为了迎合乾隆"事半功倍"的愿望，和珅极力督促，不求完备，但求速成，致使该书颇多纰漏、错讹之处。是该书质量粗糙的主要原因。

第三次清修《一统志》始于嘉庆十六年（1811 年），成书于道光二十二年（1842 年），前后历时 31 年。全书 560 卷，比乾隆《大清一统志》还要多出 136 卷。因其采用的资料以嘉庆二十五年为断，故称《嘉庆重修一统志》。

《嘉庆重修一统志》并没有特设馆舍，而是依照方略馆的意见，由国史馆承办此事。主持《嘉庆重修一统志》的总纂修官是工部尚书廖鸿荃，纂修提调是潘锡恩。《嘉庆重修一统志》体例严谨，内容详实，颇具实用价值，故多为后人所采用。所以为修一部烁古鸿篇而多费些时日，总比乾隆《大清一统志》之急功近利要有意义、有价值。

本辑据上海古籍出版社《续修四库全书》影印本第 613 册史部地理类《嘉庆重修一统志》辑录有关赤城内容，并与康熙《大清一统志》、乾隆《大清一统志》互校。

◎宣化府表（卷 38《宣化府表》，第 540～542 页）

	赤城县	龙门县
秦	上谷郡地	
两汉		女祁县属上谷郡，为东部都尉治，后汉省
三国		
晋		
南北朝	后魏御夷镇地	

续表

	赤城县	龙门县
隋		
唐	妫州地	龙门县属新州
五代 辽附	望云县辽置，属奉圣州	龙门县辽属奉圣州
宋 金附	望云县金属德兴府	龙门县金属德兴府，明昌三年属宣德州
元	云州中统四年升州，属上都路	望云县至元二年省入宣德，二十八年复置，改名，属云州
明	洪武初州废，宣德五年置赤城堡	龙门卫洪武初省，宣德六年置卫，属万全都司

◎宣化府。在直隶省治北七百里①，东西距三百六十里，南北距二百七十五里。东至边界二百十五里，西至山西大同府边界一百四十五里，南至易州涞水县界二百十里，北至张家口边界六十五里，东南至顺天府昌平州界二百五十里，西南至大同府广灵县界二百六十里，东北至独石口边界三百十里，西北至边界一百六十里，自府治至京师三百四十里。（卷38《宣化府一》，第550页）

○分野②（第550页）

天文尾箕③分野，析木④之次。

○建置沿革（第550~551页）

---

① 康熙本《大清一统志》（以下简称康熙志）、乾隆本《大清一统志》（以下简称乾隆志）均作"在京师西北三百四十里"，《嘉庆重修一统志》（以下简称嘉庆志）末尾作"自府治至京师三百四十里"。

② 分野，与星次相对应的地域。古以十二星次的位置划分地面上州、国的位置与之相对应。就天文说，称作分星；就地面说，称作分野。如：以鹑首对应秦，鹑火对应周，寿星对应郑，析木对应燕，星纪对应吴越等。

③ 尾箕，尾宿和箕宿的并称。尾，星名。二十八宿之一，东方苍龙七宿的第六宿。有星九颗。箕，星宿名。东方青龙七宿的末一宿。有星四颗。

④ 析木，星次名。十二星次之一。与十二辰相配为寅，与二十八宿相配为尾、箕两宿。古代幽燕地域的代称。古代以析木次为燕的分野，属幽州。

《禹贡》冀州之域。周幽州之域。春秋战国时为燕地。秦为上谷郡地。汉置广宁等县属焉。郡治沮阳，属幽州，西南①境兼为代郡地。后汉因之。晋分上谷置广宁郡。后魏兼置燕州。北齐属北燕州。后周属燕州。隋属涿郡。唐初属妫州，唐光启中②始置武州，属河东道。石晋天福初，入辽，改曰归化州，兼置雄武军，属西京道。《辽史·地理志》：归化州，本唐武州，僖宗改毅州，后唐太祖复武州，明宗又为毅州，潞王仍为武州，晋高祖割献于辽，改今名。宋宣和五年③归宋④，寻复入金。大定七年⑤，改曰宣化州，八年又改曰宣德州，属西京路。元初升宣宁府，太宗七年⑥改山东路总管府，中统四年⑦改宣德府，属上都路，后至元三年⑧改顺宁府。明洪武四年⑨府废；二十六年，置宣府左、右、前三卫，隶北平都指挥使司；永乐七年⑩，直隶京师，又置总兵镇此，称宣府镇；宣德五年⑪，置万全都指挥使司。领宣府左、右、前三卫，及万全左、右，隆庆左、右，怀安，永宁，保安，怀来，龙门，开平，蔚州，共一十四卫；云州、永宁等七所；城堡三十有三。其延庆⑫、保安二州，则直隶京师。本朝初仍曰宣府镇，领宣府前卫及万全左、右，怀安，怀来，永宁，龙门，开平，保安，蔚州等十卫；延庆、保安二州。康熙三十二年⑬，改置宣化府，并以山西之蔚州来属。乾隆二十二年⑭，裁蔚县，并入蔚州。

---

① 西南，乾隆志作"西北"，康熙志仍作"西南"。
② 唐光启中，康熙志、乾隆志均作"唐末"。
③ 宣和五年，1123 年。
④ 归宋，康熙志作"来归"，乾隆志仍为"归宋"。
⑤ 大定七年，1167 年。
⑥ 太宗七年，1235 年。
⑦ 中统四年，1263 年。
⑧ 后至元三年，1337 年。
⑨ 洪武四年，1371 年。
⑩ 永乐七年，1409 年。
⑪ 宣德五年，1430 年。
⑫ 延庆，康熙志、乾隆志均作"隆庆"。
⑬ 康熙三十二年，1693 年。
⑭ 乾隆二十二年，1757 年。

今领州三，县七①。

赤城县，在府东北一百七十里，东西距七十五里，南北距一百二十里，东至边界四十五里，西至龙门县界三十里，南至龙门县界二十里，北至边界一百里，东南至延庆州界九十里，西南至龙门县界十里，东北至边界五十七里，西北至边界五十五里。本汉上谷郡北境。后魏御夷镇地。唐为妫州地。辽置望云县，属奉圣州。金属德兴府。元中统四年，升为云州。明初州废，宣德五年，置赤城堡。本朝初属宣府镇，曰上北路，康熙三十二年，改置赤城县，属宣化府。

龙门县。在府东少北一百十里，东西距一百十五里，南北距一百四十五里②，东至赤城县界六十里③，西至宣化府界五十五里，南至怀来县界一百十五里④，北至边界三十里，东南至怀来县治一百七十里，西南至宣化县界七十里，东北至赤城县界五十里，西北至边界二十五里。汉置女祁县，属上谷郡，为东部都尉治，后汉省。唐末置龙门县，属新州。辽属奉圣州。金初属宏州⑤，后属德兴府，明昌三年⑥又改属宣德州。元至元二年⑦，废为镇，属宣德县；二十八年，复改置望云县，属云州。明洪武初⑧，州县俱废；宣德六年，置龙门卫⑨，属万全都指挥使司；嘉靖元年⑩，分为中路。本朝属宣府镇；顺治六年⑪，改曰下北路；康熙三十二年，复置龙门县，属宣化府。

---

① 康熙志作"康熙三十二年，改置宣化府，直隶京师，今领州三县八"，乾隆志作"康熙三十二年，改置宣化府，今领州三县七"。

② 康熙志作"东西距一百九十里，南北距一百里"。

③ 六十里，康熙志作"七十里"。

④ 康熙志作"西至万全县界一百二十里，南至保安州界七十里"。

⑤ 宏州，乾隆志作"弘州"，康熙志仍作"宏州"。本作"弘州"，作"宏州"者，疑为清代避讳"弘"字，以"宏"代"弘"。

⑥ 明昌三年，1192年。

⑦ 至元二年，1265年。

⑧ 明洪武初，康熙志、乾隆志均作"明初"。

⑨ 龙门卫，康熙志作"龙门县"，误。

⑩ 嘉靖元年，1522年。

⑪ 顺治六年，1649年。

○形势（第552页）

前望京都，后控沙漠，左扼居庸之险，右拥云中之固。明统志。
飞狐、紫荆控其南，长城、独石枕其北。旧司志。群山环抱于东北，
洋河萦绕于西南，居道里①之中，为要会之地。旧镇志。

○风俗（第552页）

人性鸷悍，不惮战阵，喜立功业，勤俭务农，无浮末②之习。明
统志。地方千里，山高水激，风劲气寒，人性勇健，敦信义，故多贞
烈之节。旧镇志。

○城池（第552页）

赤城县城，周三里有奇，门二。本赤城堡，明宣德五年筑。本朝乾隆六
年修。

龙门县城。周四里五十三步，门二。明宣德六年筑。

○学校（第552～553页）

赤城县学，在县治东，明景泰五年③建。入学额数八名。

龙门县学，在县治东北。明宏治④初建，入学额数八名。

赤城书院，在赤城县。本朝乾隆四十年，知县李维峤建。

龙门书院。在龙门县⑤。

○户口原额人丁五万九千三百八十五，今滋生男妇大小共八十三万八千五
百三十七名口，计一十六万二千四百六十七户⑥。（第553页）

○田赋田地六万九千三百七十一顷二十二亩二分有奇，额征地丁正杂银六
万二百六十二两四钱四分七厘，粮六万一千五百十九石六斗七升四勺，改折银一

————————

① 道里，道路村落。
② 浮末，旧指工商行业。古代以农为本，工商为末，以其追逐浮利，故称。
③ 景泰五年，1454年。
④ 本为"弘治"，明孝宗朱祐樘年号，因清高宗纯皇帝爱新觉罗氏名弘历，避偏讳"弘"字，清代书籍一般以"宏"代"弘"。乾隆志作"弘治"。
⑤ 康熙志无赤城书院、龙门书院条。
⑥ 康熙志作"原额人丁五万九千三百八十五，又滋生丁四千五百十三"，乾隆志作"原额人丁六万四千一十三，又滋生丁一万九百七十九"。

万五千五百五十五两七钱七分一厘①。（第553页）

◎宣化府二（卷39《宣化府二》）

○山川（第553~561页）

赤城山，在赤城县东二里，山石多赤，古赤城在其上。

鹰窝山，在赤城县东，龙门所东南四里。又有鹰嘴山，在所西南四里。

聚阳山，在赤城县东，龙门所东南三十里，元人开冶处。

孔宠山，在赤城县东，龙门所南十五里，崖有孔六七尺透明，有笔架峰。

黑峪山，在赤城县东，龙门所南十里，中有仙鹤峪最深，常有鹤栖宿其内。又有燕窝石，其形如燕窝，可容数十人。

西高山，在赤城县东②，龙门所西二里，山势高耸③，登其岭可以望远。又有北高山，在所北二十里，亦峻拔，经夏冰雪常存。

青羊寨山，在赤城县西南十五里。又偏头山，在县西北十五里。

红山，在赤城县西北马营堡东南二十里，山势高险，石色多赤，下有红泉，东流合大河入龙门峡。

苍崖山，在赤城县西北马营堡南二十里，其上有飞泉。

纱帽山，在赤城县西北马营堡北二里④，以形似名，一名冠帽山。

野鸡山，在赤城县西北七十里，多产野鸡。

鹤山，在赤城县西北马营堡东二里⑤，俗名东山，上多桧柏，一望森然，野鹤恒来栖止。

---

① 康熙志作"田地六万八千四百五十八顷八十五亩六厘零，额征地丁银八万二千四百二十二两一分八厘零，粮八万五千八百三十三石一升四合零"，乾隆志作"田地七万一千一百三百五顷一十八亩零，额征地丁银六万二千三百九十九两四钱六分零，米六万三千三百一石八斗六升零，改折银一万五千七百六两五钱三分零"。

② 以上聚阳山、孔宠山、黑峪山条，康熙志均无"赤城县东"四字。

③ 康熙志无"山势"二字。

④ 以上红山、苍崖山、纱帽山条，康熙志均无"赤城县西北"五字。

⑤ 康熙志无"赤城县西北"五字。

雷山，在赤城县西北马营堡东五十里，上有雷神庙，下多①积雪坚冰。

金阁山，在赤城县北②云州堡西南十五里，元建崇真观③长春洞于此，前有游仙岭，又有琼泉，在长春洞前。

龙门山，在赤城县北云州堡东北，即古独固门也。《水经注》："沽水南出峡岸，有二城，世谓之独固门。以其籍险凭固，易为依据，岩壁深耸④，疏通若门。"故得是名。《辽史·地理志》："龙门县有龙门山，石壁对峙，高数百尺，望之若门，徼外诸河及沙漠潦水皆于此趋海。雨则俄顷水逾十仞，晴则清浅可涉，实塞北控扼之冲要也。"《宣府志》："龙门山在云州堡东北五里，又名龙门峡，龙门川经此南下。"又保安州北，与宣化县接界处，亦有龙门山，去府城三十里。本朝康熙三十五年，圣祖仁皇帝驾幸龙门山，御制有诗⑤。

棋盘山，在赤城县北，独石城南四十里，山峰高峻，人鲜能到，上有石棋盘。相传有仙人弈于此。

崆峒山，在赤城县北⑥，独石城东南十里。

毡帽山，在赤城县北，独石城西北十里，圆耸卓立，远望如帽，因名，一名簪缨山。

偏岭山，在赤城县北，独石城北四十五里，或曰即天岭也。胡峤记："自归化州行三日，登天岭，东西连亘⑦，有路北下。"盖讹天为偏也。

总高山，在赤城县北⑧，独石城东北十里，登眺可见辽海。

东山，在赤城县北，独石城东三十里，极高峻，上有墩台，可瞭三百余里。

刘不老山，在赤城县东北十里，相传有刘姓者，修炼于此，因名。

红石山，在龙门县东五里，上产红石，可供玩好。

---

① 多，康熙志作"有"字。

② 康熙志无"赤城县北"四字。

③ 崇真观，康熙志作"崇贞观"。

④ 岩壁深耸，康熙志、乾隆志均作"兼壁深耸"。

⑤ 乾隆志无"本朝""仁皇帝"五字。康熙志无"本朝"及以下文字。

⑥ 以上棋盘山、崆峒山条，康熙志均无"赤城县北"四字。

⑦ 康熙志、乾隆志"东"前有"岭"字。

⑧ 以上毡帽山、偏岭山、总高山条，康熙志均无"赤城县北"四字。

拂云山，在龙门县东雕鹗堡北百步。

双尖山，在龙门县东南长安堡北十里，双峰并峙。

八仙山，在龙门县东南长安堡西二里①，八峰高耸，中有石室。又龙潭山，在堡西一里，有瀑布泉。

松山，在龙门县东南②长安堡东南里许。又石盘山，在堡东南二十五里。

大松山，在龙门县西。辽开泰九年，如鸳鸯湾③猎于松山。明永乐中北征，尝驻跸于此。《明统志》：山在卫西十里，上有古松盘曲，因名④。

塔沟山，在龙门县西十五里，两峰相峙，俱极高险，上各有浮图。元至元中所建，亦名双塔山。

娘子山，在龙门县西二十里，极高耸而无险恶之势，迤南有龙门山，极高峻，明置龙门关于此。

椴树山，在龙门县西北。《宣府志》：在大白阳堡南四里，上有古椴树⑤。

东高山，在龙门县西北常峪口北十五里。又有西高山，在青边口西北十二里。

青山，在龙门县西北青边口北八里，色比群山独青。

石嵯山，在龙门县西北。《宣府志》：在青边口北十余里。旧志⑥谓之石崖山，在葛峪堡西北三十五里。

鳌头山，在龙门县西北。《宣府志》：在羊房堡西北十五里，上有巨石突出，高阔数十百丈，因建墩台，以便瞭望。

双峰山，在龙门县北二十里，两峰相向，高出众山。

大海沱山，在怀来县东北三十里，接延庆州界，高百仞许，下有龙潭。

大翩山，在延庆州西北。《水经注》：阳沟水迳大翩、小翩山南，高峦截

---

① 康熙志无"东南"二字。

② 康熙志无"东南"二字。

③ 鸳鸯湾，乾隆志作"鸳鸯泺"，是也。康熙志仍作"鸳鸯湾"。

④ 康熙志"因名"后有"册说在县西北四十里"九字。

⑤ 康熙志"古椴树"后有"册说在赵川堡西北二十四里"十二字。

⑥ 旧志，康熙志作"册说"。

云①，层凌断雾，双阜共秀，竟举群峰之上。郡人王次仲，改苍颉旧文为隶书。秦始皇奇而召之，三征不至，始皇怒，令槛车送之。次仲化为大鸟翻飞而去，落二翮于斯山，故其峰峦有大翮、小翮之名。《土地记》②曰：沮阳城东北六十里，有大翮山、小翮山，其山在县西北二十里，峰举四十里，上有庙，即次仲庙也。《隋书·地理志》：怀戎县有大、小翮山。《明统志》：大翮山在延庆州北二十五里，相连者为小翮山，差卑。旧志③：有佛峪山，在州西北三十里，下有温泉，盖即大翮山也。

浩门岭，在龙门县东雕鹗堡北二十五里。明初以此名驿，上有古松数百株，郁然苍秀。

长安岭，在龙门县东南，本名枪杆岭，明永乐中改名，今有堡。

洗马岭，在龙门县北。

滴水崖，在赤城县东南滴水崖堡北二里。石崖滴水，去地百余仞，隆冬不冻。东有香炉峰④。

望国崖，在赤城县北望云州东北。下有担子洼。

舍身崖，在赤城县北云州堡北五里。

雕鹗崖，在龙门县东雕鹗堡西一里。

龙王嵯，在赤城县东龙门所西北八里。嵯峨高耸，夏月云从此出则大雨。又磨盘嵯，在所西十里，以形似名。又有木龙王嵯，在滴水崖堡南十五里。

太保峪，在赤城县北独石城西南十五里。内有古墓石羊，盖前有官太保者葬此，故名。

剪子峪，在龙门县东三十里。其形如剪，一名大岭山。

李老峪，在龙门县东南长安堡北十里。又狮子峪⑤，在堡北三十里。

独石。在赤城县北独石城南一里。《水经注》："大谷水流迳独石北界，其

---

① 高峦截云，康熙志作"高峦绝云"。
② 乾隆志"土地记"前有"魏氏"二字，康熙志有"魏"一字。
③ 旧志，康熙志、乾隆志均作"册说"。
④ 康熙志、乾隆志"香炉峰"后均有"又有滴水崖在西宁县西南三十五里"一句。
⑤ 狮子峪，乾隆志作"狮子谷"。

石孤生，不因河而自峙。"《宣镇志》："在开平城南，一石屹起平地，上可构屋数楹，有独石神庙"。

沽河，源出边外自独石口流入，流迳独石城西，又南迳赤城县东，又南至延庆州东北界，仍出边外。《水经注》：沽河出御夷镇西北九十里丹花岭下，东南流，大谷水注之。水发镇北大谷溪，西南流，径独石北界。又南，九泉水注之，水导北川，左右翼注，八川①共成一水，故有九源之称。其水南流，至独石注大谷水。大谷水又南流径独石西，又南径御夷镇城西。又东南，尖谷水注之，水源出镇城东北尖溪，西南流径镇城东，又西南流注大谷水，乱流南注沽水。又南出峡，世谓之独固门。又南，左合乾溪水，水引北川西南径一故亭东，又西南注沽水。沽水又西南径赤城东，故河有赤城之号。又东南与②鹊谷水合。又东南合高峰水，水出高峰戍东南，西南流，又屈而东南入沽水。沽水又西南流出山，迳渔阳县故城西。《畿辅通志》：沽河在赤城县东，其源有二，皆自塞外流入，一曰独石水，由独石城为西河；一曰红山水，由红石山迳独石城东为东河，俱流至城南而合。又南迳龙门山下，名龙门川。又南迳云州堡东。又南迳县东门外。又南迳龙门所南，曰扬田河。又南与阳乐河合。又东南迳滴水崖堡南，亦曰白河。又南迳延庆州静安堡。又东至东河口，由边外达顺天府密云县之石塘岭关，此通州白河之上源也③。

汤泉河，在赤城县西。《明统志》：温泉在赤城西十五里，又西河在赤城西，合温泉，东流分为二：一从西北入城，一从城南流合东河。又有赤城汤，在宣府镇城东一百四十里。自龙门镇北乡赤城寺侧山根涌出，暴热而流，旁有冷泉，随人浴之，皆可愈疾。《畿辅通志》：汤泉河，在赤城西，源出西山，东流至

---

① 八川，乾隆志作"入川"。
② 与，乾隆志作"其"，误。
③ 康熙志，《畿辅通志》及以下所有内容作"册说：有城西河，在开平卫西五里，发源口外夹城，东南流，至卫南与城东河合，其水亦自口外流入，经卫东五里。又南合流。又南经龙门山下，名龙门川。又南经云州堡东一里。又南经赤城东门外，曰东河。又南经龙门所西南，曰杨田河。又南与南河合，通曰南河。又东南经滴水崖堡南门外，亦曰白河。又东南绕靖安堡之西南东三面。又东北至东河口，仍出边外"。

城西南，合水泉河①，又东合东河②。

水泉河，在赤城县西北五里，亦名城西河，源出赤城西北二堡子，南流入汤泉河。

阳乐河，在龙门县南，东流至赤城县界入沽河。《汉书·地理志》：且居县阳乐水出东南入海。《水经注》：鹊谷水有二源，南即阳乐水也，出且居县。东北流径大翮山、小翮山北，历女祁县故城南。世谓之横水，又谓之阳曲河。又东，左与旧卤水合，水出西北山，东南流径旧卤城北。又东南流注阳乐水。阳乐水又东南傍狼山南。又东南迳温泉东。又径赤城西，屈径其城南，东南入赤城河。《畿辅通志》：今龙门县有龙门河，源出县西娘子山，东南流迳县南二里。又东迳雕鹗堡西南，即《水经注》所云横水也。又有南河，源出县南狗儿村，东北流至堡西南七里，合龙门河，即《水经注》所云旧卤水也。龙门南河合而东迳堡南，统谓之南河。又东至赤城县界，合沽水③，即《水经注》所云阳乐河，东南入赤城河者是也④。

韭菜川，在赤城县北。《明统志》：在开平卫城东，发源东山，流迳城南，合毡帽川。

大海沱潭，在龙门县东雕鹗堡东三十里大海沱崖谷间，有泉下汇为潭，祷雨辄应。

龙潭，在龙门县西赵川堡东北十三里，潭水涌出，南流一里，沙淤。又怀来县西北四十里，亦有龙潭。

暖汤，在赤城县北云州堡宝济乡，一处出泉，凡七十二眼。

鳌底汤，在龙门县西。《明统志》：在宣府镇东六十里，冬夏水溢，望之热气氤氲，病者浴之立愈。《畿辅通志》⑤：在赵州堡⑥东南八里。

---

① 水泉河，乾隆志作"水全河"。

② 康熙志，《畿辅通志》及以下作"册说：汤泉河，源出西山，东流至赤城西南，合水泉河，又东入东河。"

③ 沽水，乾隆志作"沽河"。

④ 乾隆志无"是"字。康熙志，《畿辅通志》及以下作"册说……"，字不完全一致，但意同，故不复录。

⑤ 畿辅通志，康熙志作"册说"。

⑥ 赵州堡，乾隆志作"赵川堡"，是也。

东庄泉，在赤城县东龙门所东二里。又有凉水泉，在所东南七十里。

神泉，在赤城县西北马营堡北三里。池方一亩，其水迸出，转流成河，浴之愈疾。

独石泉，在赤城县北独石城东北隅。水极澄澈，其甘如饴，满而不溢。

鹰窝泉，在龙门县东南长安堡西北三里。引流入堡中，汇而为池，可给居人①。

娘子山泉，在龙门县西娘子山下。泉水溢出，势甚浩瀚，可资灌溉。明正统十四年竭，后涌出如旧。

洪赞井。在龙门县东南长安堡西。

◎宣化府三（卷40《宣化府三》）

〇古迹（第562~565页）

云州故城，在赤城县北。本望云川地，辽②置望云县，属奉圣州。金属德兴府。元中统四年升为云州，至元二年省望云县入州。明初州废。今为望云堡③。按旧志：谓辽景宗尝潜居于此，后国人访求立之，遂作屋宇于旧居，号曰御庄，置望云县。今考《辽史》，景宗年四岁，穆宗养诸永兴官即位④，并无遁荒民闲访求迎立之事⑤。

女祁故城，在龙门县东。汉置县，属上谷郡，为东部都尉治，后汉省。《水经注》：阳乐水历女祁县故城南。按《辽志》，以文德县及中京北安州为女祁县地，皆非是。

龙门旧县，今龙门县治，唐末所置也。《辽史·地理志》：龙门县在奉圣州东北二百八十里，元改置望云县。明初废，宣德中因其地置龙门卫。本朝康熙三十二年，改置龙门县，以葛峪、赵川、雕鹗、长安岭四堡并入。

---

① 居人，乾隆志作"居民"。
② 康熙志"辽"字后有"景宗于此建潜邸及入绍国统号曰御庄后"十七字。
③ 望云堡，康熙志、乾隆志均作"云州堡"，是也。
④ 乾隆志"即位"前有"后"字。
⑤ 乾隆志"之事"后有"今并削之"四字。康熙志"按旧志"及以下均无。

　　旧赤城①，今赤城县治。《水经注》：沽水径赤城东，赵建武年，并州刺史王霸为燕所败，退保此城。城在山阜之上，下枕深隍。旧志：后魏登国二年②，临幸广宁③，遂如赤城。三年，燕将慕容麟击擒贺纳④于赤城，既而魏主幸东赤城，即此。加"东"者，以平城西又有赤城也。五代晋天福六年⑤，遣使如契丹，见契丹主于赤城，亦即此。元置赤城站。明宣德五年，筑城曰赤城堡；正统末陷废；景泰初收复；嘉靖元年，设兵备驻此。本朝顺治十年裁；康熙元年，设上北路厅于此；三十二年，改置赤城县，以开平卫、龙门所、滴水崖、云州、镇安、马营、镇宁等七堡并入；三十五年，圣祖仁皇帝临幸⑥，御制⑦有诗。

　　御夷镇城，在赤城县东北，后魏太和中置⑧，为六镇之一。《水经注》：大谷水南径御夷镇城西，魏太和中置，以捍北狄也⑨。又候卤城⑩，在居庸县西北二百里，太和中⑪更名御夷镇。

　　古长城，在赤城县北。《魏书·明元纪》：泰常八年⑫筑长城，自赤城县⑬西至五原，延袤二千余里。旧志：望云县有古长城。又《唐书·地理志》：怀戎北有长城，开元中张说筑。在今怀来县北。

　　广边城，在龙门县东雕鹗堡东。《唐书·地理志》：怀戎北有广边军，故白云城也。宋白曰：军在妫州北百三十里，近雕窠邨。按雕窠邨即明雕鹗堡⑭。

　　羊城，在龙门县东南三十里。辽筑以便市易⑮。

---

① 旧赤城，康熙志、乾隆志均作"故赤城"。
② 登国二年，387 年。
③ 临幸广宁，康熙志无"临"字。
④ 贺纳，康熙志作"贺讷"。
⑤ 天福六年，941 年。
⑥ 乾隆志无"仁皇帝"三字。康熙志无"三十五年"及以下所有文字。
⑦ 御制，帝王所作。亦指帝王所作之诗文书画乐曲。
⑧ 康熙志、乾隆志"后魏"前均有"独石城东"四字。
⑨ 乾隆志无"魏太和中置，以捍北狄也"十字。
⑩ 候卤城，康熙志、乾隆志均作"旧卤城"。
⑪ 太和中，乾隆志作"魏"。
⑫ 泰常八年，423 年。
⑬ 自赤城县，康熙志、乾隆志均无"县"字，是也。
⑭ 即明雕鹗堡，康熙志作"盖即雕鹗堡"。
⑮ 辽筑以便市易，康熙志作"元人市易处"。

长春宫，在赤城县北云川堡①西南，辽建，景宗尝游于此②。

庆安宫，在龙门县界。《金史·地理志》：“龙门有庆安宫，行宫也”③。

歇马台。在赤城县东，龙门所东五十里口外，相传辽萧后歇马处。

○关隘（第 565～568 页）

独石口，在赤城县东北一百里，府东北三百十里，其南十里为独石城。本元云州之独石地。明初建城，周六里，门三；宣德五年，自故开平城移置开平卫于此，属万全都指挥使司；景泰三年，设上北路参将。本朝初属宣府镇，曰上北路；康熙三十二年，并卫入赤城县，仍设参将防驻，曰“独石口”④，并设县丞分驻其地；雍正六年⑤，改设副将，辖云州、赤城、镇安、滴水崖、龙门所五营；十二年，增设理事同知⑥。口外为太仆寺牧厂，察哈尔游牧处，及阿霸垓诸旗分地；康熙三十五年，圣祖仁皇帝驾次独石口⑦，御制有诗。

龙门所，在赤城县东三十里，东至边界十五里。本元云州之东庄地。明宣德六年，建千户所，筑堡周四里有奇，南北二门。万历十八年，以北路地势隔远，增设下北路参将驻此。本朝顺治八年⑧，改设守备，辖镇靖⑨一堡。

滴水崖堡，在赤城县东八十里，北去龙门所五十里，本龙门所地，明宏治⑩八年筑堡，周三里有奇，门二。东去大边二十里，即蓟门古北口之后也。本朝初设守备，雍正十年改设都司，辖马营、松树、君子三堡。又靖远堡⑪，在滴水崖东，旧为朵颜易马市口，明嘉靖二十八年筑堡，周二里有奇，东去盘道口边十五里。又长伸地堡，在（靖）〔宁〕远堡东北，明万历十年筑，周一里有奇。

---

① 云川堡，康熙志、乾隆志均作“云州堡”，是也。
② 康熙志、乾隆志均无“于”字。
③ 庆安宫，康熙志、乾隆志均作“庆宁宫”。按《金史·地理志》：龙门“有庆宁宫，行宫也。”是也。
④ 独石口，康熙志、乾隆志均作“独石路”。
⑤ 六年，康熙志、乾隆志均作“十年”。康熙志无“并设县丞分驻其地”八字。
⑥ 康熙志、乾隆志无“理事”二字。
⑦ 乾隆志无“仁皇帝”三字。康熙志无“康熙三十五年”及以下内容。
⑧ 八年，康熙志、乾隆志均作“九年”。
⑨ 镇靖，康熙志、乾隆志均作“镇宁”。
⑩ 宏治，乾隆志作“弘治”。康熙志仍作“宏治”。
⑪ 靖远堡，康熙志、乾隆志均作“宁远堡”，是也。

样田堡①，在赤城县东，龙门所西南二十里，旧名鸡田，民堡也。明嘉靖三十七年，始为官堡，改名样田，周二里有奇。又牧马堡，在龙门所北，故牧场也，明宏治②十年筑，周一里有奇。皆久废。

镇靖堡，在赤城县西北三里③，西至边界三十里，北至边界三十五里，明宏治④十一年筑，周二里有奇，旧设守备。本朝康熙元年，改设把总。

马营堡，在赤城县西北六十里，西至边界二十五里，北至边界三十里。元为云州之大猫儿峪。明宣德七年，筑堡，周六里有奇，门四。本朝设把总驻守；雍正十年，改设千总。其东南有苍山堡⑤，周不及一里，明嘉靖三十七年筑，久废。

松树堡，在赤城县西北马营堡西，明嘉靖二十五年筑⑥。又君子堡在松树堡北，明宣德初筑，俱周一里有奇。本朝雍正十年，于松树堡增设千总，君子堡增设把总。

云州堡，在赤城县北三十里，即元故云州也。明洪武初废州，置云州驿；宣德五年，于河西大路筑城置戍；景泰五年，增设千户所，后又设上北路参将。本朝改设守备，旧有驿丞，今裁⑦。城周三里有奇，门二。其北二十里为猫儿峪堡，又北二十里为半壁店堡，俱明嘉靖中修筑，周一里有奇，久废。

镇安堡，在赤城县东北五十里，明成化八年筑堡，周二里有奇。本朝⑧设守备驻此。

清泉堡，在赤城县东北，独石城边外，山下有清泉涌出，绕堡东，因名。

---

① 样田堡，康熙志、乾隆志均作"杨田堡"。
② 宏治，乾隆志作"弘治"。康熙志仍作"宏治"。
③ 镇靖堡，康熙志、乾隆志均作"镇宁堡"。按顾氏《读史方舆纪要》，镇宁堡条载"在（赤城）堡西北四十里"，该条本志均载"在赤城西北三里"，相差甚远，疑为"三十里"之误。
④ 宏治，乾隆志作"弘治"。康熙志仍作"弘治"。
⑤ 苍山堡，疑为今"仓上堡"，或笔误，或时实名。康熙志、乾隆志均作"仓山堡"。
⑥ 二十五年，乾隆志作"三十五年"。按顾氏《读史方舆纪要》作"二十五年"。是也。
⑦ 康熙志、乾隆志均无"旧有驿丞，今裁"六字。
⑧ 本朝，康熙志、乾隆志均作"今"字。

明景泰四年筑，周二里有奇，久废。

雕鹗堡，在龙门县东四十五里，元为云州之雕窠站，明初置浩岭驿，有驿丞①，永乐中改为雕鹗堡。宣德六年筑城，周二里有奇，门二。当北路之中，为往来要道。本朝裁驿丞②，设把总驻守。

长安岭堡，在龙门县东南九十里。明洪武初置丰峪驿，设驿丞③。永乐中④筑城置戍，改今名。宏治⑤三年，增置守御千户所。本朝初，设守备；雍正十年，改设都司驻防；十三年，增设把总，裁驿丞⑥。城周五里有奇，东西跨岭，中通线道，称为险要。

龙门关堡，在龙门县西二十五里，明宣德三年筑堡，周二里有奇，关门在堡东五里。又三岔口堡在县东十五里，明嘉靖二十八年筑，周一里有奇。金家庄堡，在县西北七十里，明成化二年筑，周二里有奇。三堡皆本朝顺治八年并入。

赤城驿。在赤城县治东北，明永乐中置，旧曰云门驿，今改名⑦。

○津梁（第 568 页）

样田河桥，在赤城县东南样田堡北四里许。

顺济桥。在赤城县东北独石城南三里。

○陵墓（第 569 页）

明

杨洪墓。在赤城县北旧开平卫，相近有洪从子武强伯杨能墓。

○祠庙（第 569 页）

义烈祠，在赤城县北云州堡，明景泰三年建。祀死事谷春、孙刚等九十余

---

① 康熙志、乾隆志均无"有驿丞"三字。
② 康熙志、乾隆志均无"裁驿丞"三字。
③ 康熙志、乾隆志均无"设驿丞"三字。
④ 永乐中，康熙志、乾隆志均作"永乐九年"。
⑤ 宏治，乾隆志作"弘治"。康熙志仍作"宏治"。
⑥ 康熙志无"十三年，增设把总，裁驿丞"十字。
⑦ 康熙志、乾隆志均有"雕鹗驿，在龙门县东雕鹗堡，明宣德五年置，旧名浩岭驿，今改名，旧有驿丞，今裁（康熙志作"有驿丞"，无"今裁"二字）。长安驿，在龙门县东南长安岭堡，旧曰丰峪驿，今改名，有驿丞。云州驿，在赤城县北云州堡，明洪武初置，有驿丞。"

人，<u>叶盛</u>有记。

温泉神庙，在<u>赤城县</u>西<u>温泉</u>上，<u>明</u>正统六年因旧重修①。

独石神庙。在<u>赤城县</u>北，<u>独石城</u>南。<u>明</u>正统七年建，祀土神。

○寺观（第569页）

灵真观。在<u>赤城县</u>云州堡西南十五里金阁山中，旧曰云溪观，<u>元</u>改名②。本朝<u>康熙</u>十一年修③。

◎宣化府四（卷41《宣化府四》）

○名宦（第570~571页）

明

薛禄，<u>胶州</u>人④。<u>宣德</u>初，佩镇朔大将军印守<u>宣府</u>⑤，屡立功⑥。建议徙<u>开平</u>于内城⑦，以便戍守。又筑<u>独石</u>、<u>隆庆</u>等城，躬视版筑⑧，与卒伍同劳苦。

杨洪，<u>六合</u>人。<u>正统</u>初，守备<u>赤城</u>、<u>独石</u>，以击寇功进都指挥同知，充右参将。建议加筑<u>开平</u>城，拓<u>龙门</u>所。自<u>独石</u>至<u>潮河川</u>增至墩台六十，形势相接。十二年充总兵官，镇<u>宣府</u>。<u>景泰</u>中，佩镇朔大将军印，以疾召还京，卒，赠<u>颖国公</u>⑨。<u>洪</u>御军严肃，士马精强，为一时边将冠，迤北惮之，称为"<u>杨王</u>"。性好儒雅，请建学<u>宣府</u>，教诸将子弟。

叶盛，<u>昆山</u>人，<u>景泰</u>时为右参政，督饷<u>宣府</u>协赞军务。自⑩<u>土木</u>之变，<u>独石</u>、<u>马营</u>、<u>龙门</u>诸卫，<u>赤城</u>、<u>雕鹗</u>诸堡将士皆弃城遁，<u>盛</u>悉收复之。发帑市牛种

---

① <u>康熙</u>志、<u>乾隆</u>志"重修"后均有"祀泉神"三字。

② <u>康熙</u>志、<u>乾隆</u>志"名"前均有"今"字。

③ <u>康熙</u>志、<u>乾隆</u>志"修"前均有"重"字。

④ <u>胶州</u>人，<u>康熙</u>志作"<u>胶</u>人"。

⑤ <u>康熙</u>志、<u>乾隆</u>志均无"大"字。

⑥ <u>康熙</u>志、<u>乾隆</u>志"功"前均有"战"字。

⑦ 内城，<u>康熙</u>志、<u>乾隆</u>志均作"内地"。

⑧ 版筑，泛指土木营造之事。

⑨ <u>康熙</u>志无"<u>景泰</u>中……赠<u>颖国公</u>"二十字。

⑩ 自，<u>乾隆</u>志作"值"。

给军，尽心拊循，惠政大著。宪宗初①，以金都②御史巡抚宣府，复举官牛官田之法，垦田四千余顷，以其余积，市战马千八百匹，修屯堡七百余所，边塞益安③。

○人物（第 572~575 页）

五代后唐

高行周。妫州人④，初隶明宗帐下为裨将，庄宗遣明宗袭郓州，行周将前军，乘夜雨入其城⑤，郓人方觉，遂取之。庄宗灭梁，以功领端州刺史，迁绛州。明宗时，从平朱守殷，克王都，历振武、彰武、昭义节度使。周太祖时⑥卒，赠尚书令。

明

孙刚，宣府前卫人⑦，以功迁都指挥，守备永宁。正统中，敌陷独石、马营，刚率兵往援，遇敌数万骑猝至，刚大呼，陷阵死。都指挥⑧谷春，卫指挥向通、王敬、张澄同死之。事闻，予祭荫，后叶盛奏建义烈祠祀之。

王轼。开平卫人，宏治⑨进士。正德初，历工部员外郎，出监遵化铁厂，劾前郎中鲍（左王右莘）等亏耗，因乞减岁办谷以宽民，禁豪家毋揽纳⑩薪炭，诏从之。嘉靖时，以副都御史巡抚四川⑪，讨平芒部陇政，迁户部侍郎，核九门苜蓿地，勘御马监草场，多所厘政⑫，又出核勋戚庄田，疏请如周制，计品秩，别亲疏，以定多寡，于是兼并者悉归之官，终南京兵部尚书。

---

① 宪宗初，康熙志、乾隆志均作"天顺中"。
② 金都，康熙志、乾隆志均作"左金都"。
③ 益安，康熙志作"益宁"。
④ 康熙志、乾隆志"妫州人"前均有"字尚质"三字。
⑤ 康熙志、乾隆志"夜雨"后有"驰涉济"三字。
⑥ 康熙志、乾隆志均无"周太祖时"四字。
⑦ 宣府前卫人，乾隆志作"宣化前卫人"。
⑧ 都指挥，康熙志、乾隆志均作"都知监"。
⑨ 宏治，乾隆志作"弘治"。康熙志仍作"宏治"。
⑩ 揽纳，包揽代纳赋税。
⑪ 康熙志、乾隆志"副都御史"前均有"右"字。
⑫ 政，康熙志作"正"。

本朝

张文衡。赤城人①，先世以指挥隶开平卫。文衡早孤，事母以孝闻，通天官舆图风角之说，尤邃于易术，能前知機祥②。天聪八年③，自大同徒步来归，上书言安民计，太宗嘉纳之。顺治八年，请守青州，诱擒流贼余党赵应元等，山东遂平。移守淮安，修战具，军需应机立办，请于帅，禁士卒毋入城，迁徽宁道副史，剿平大盗汪张飞、刘时祥等，累擢佥都御史，巡抚甘肃，总督孟乔芳调回兵往征川寇。其酋米喇印丁国栋结连生羌，乘闲至兰州为乱，执总兵刘良臣。文衡仓卒闻变，部兵已与贼合，仅得亲卒三十余人，与贼巷战，贼矢攒射，遂遇害。僵立不仆，贼惊惧罗拜，誓不敢轻犯眷属，乃仆④文武十余人，俱不屈死，赠右都御史，入祀⑤昭忠祠。

○烈女（第 576~577 页）

明

池宽妻陈氏。开平卫人，年十六，归指挥池信子宽，信监云川⑥城操演，挈家以行。正统间⑦，边骑大入，宽随其父提兵援马营，云川⑧陷。陈先为缳，令小姑及其子女皆缢，然后自缢死，一门死者九人。景泰初，诏旌之，仍立祠以祀。

本朝

龚尔昌妻朱氏，赤城人，夫亡守志，苦节终身。同县节妇乔俊又妻李氏，均乾隆年间旌⑨。

---

① 康熙志、乾隆志"赤城人"前有"字聚垣"三字。
② 機祥，指变异之事。谓吉凶之先兆。《史记·天官书》："所见天变，皆国殊窟穴，家占物怪，以合时应，其文图籍機祥不法。"张守节正义引顾野王曰："機祥，吉凶之先见也。"
③ 天聪八年，1634 年。
④ 康熙志、乾隆志"乃仆"前均有"尸"字。
⑤ 入祀，康熙志、乾隆志作"雍正十二年入"。
⑥ 云川，康熙志、乾隆志均作"云州"，是也。
⑦ 正统间，康熙志、乾隆志均作"正统乙巳"。"乙巳"应为"己巳"。
⑧ 同⑥。
⑨ 该条乾隆志作"龚尔昌妻朱氏，赤城县人，青年矢志，至老不移。又同邑乔俊义妻李氏，夫亡。俱乾隆年间旌表。"康熙志无该条。

刘溥妻王氏，龙门人①，夫亡②，事舅姑以孝闻，抚育遗孤成立。同县节妇高应龙妻韩氏，贞女郝全女郝氏，均乾隆年间旌③。

王福妻张氏，赤城人，守正捐躯，嘉庆年间旌。

格绷额妻于氏。独石口驻防披甲满洲人，夫亡守节。又节妇德升妻觉罗禅氏，吗勒洪阿妻黄氏，乌林泰妻丁氏，伊凌阿继妻杨氏，乌云保继妻那拉氏，领催额尔登布继妻刘氏，均嘉庆年间旌④。

○土产（第 577～578 页）

磁石。与大赭石俱出龙门县。

---

① 乾隆志"人"前有"县"字。

② 夫亡，乾隆志作"夫殁"。

③ "贞女郝全女郝氏，均乾隆年间旌"，乾隆志作"夫亡，守节，均于乾隆十三年旌表。"

④ 康熙志、乾隆志均无王福妻张氏，格绷额妻于氏等。康熙志有"饶绍德妻朱氏，赤城人，绍德官江西浮梁知县，耿精忠反，兵民皆应，贼势猖獗，氏与夫相对投缳，夫救苏，氏已气绝，康熙二十七年旌表。"

25.《水经注疏要删》

【题解】　《水经注疏要删》40 卷，杨守敬著。当杨守敬所撰《水经注疏》初成时，已66 岁，他深恐易世之后，书稿为他人所得，也增一"赵戴之争"①。于是"既《疏》中之最有关系者剌出"（《水经注疏要删序》），先刊成了《水经注疏要删》40 卷（光绪三十一年观海堂刊本，6 册）。这实际上是《水经注疏》的一个简本，节录的内容"大抵考古者为多，以实证无可假借也；其脉水者为略，以文繁非全书不明也。"（《水经注疏要删序》）其用心之良苦，对《水经注疏》之重视，由此可见一斑。其后，因《要删》错误较多，疏文续有所得，于宣统元年又续刊成《水经注疏要删补遗及续补》40 卷，6 册。另外还有一部《水经注疏要删再续补》40 卷，稿本，册数不详。对于《要删》及《补遗》《续补》《再续补》之价值，熊会贞在《关于水经注之通信》中早就明确说过："若《水经注疏》告竣，则《要删》等可废也"。

---

①　"赵戴之争"，指郦学史上的大论战——赵、戴《水经注》案。其主要内容是，清乾隆时期三位郦学大师全祖望的七校《水经注》（简称七校本）、赵一清的《水经注释》（简称赵本）、戴震的武英殿聚珍版本《水经注》（简称殿本）著名于后世。三本之中，最后完成而却最早刊行的是殿本。戴震于乾隆三十八年（1773 年）奉诏入四库馆，次年就校订了《水经注》，由武英殿刊行。赵本成稿于乾隆十九年（1754 年），比殿本早20 年，但正式刊行乾隆五十一年，比殿本晚 12 年。四库开馆之时，朝廷曾颁令全国采进藏书。赵书钞本由浙江巡抚呈进。上海图书馆所藏孙沨鼎校殿本中，有一段孙在当年所写的跋语："吾友朱上舍文藻自四库总裁王少宰所归，为予言：此书参用同里赵□□（按当是诚夫或东潜二字）一清校本，然戴太史无一言及之。"这条跋语的关键当然是"然戴太史无一言及之"一句。因为在著述中参用他人之书，这是古今皆然的事。但参用而不著一言，这就成剽袭，是一个道德和人格的问题了。到乾隆五十一年，赵本在开封刊行问世。学者所见此书与殿本在体例和内容上"十同九九"，于是舆论哗然，随之便引起郦学界大论战，以至到民国以后，学术界许多知名之士，都先后卷入这场争论。这就是著名的《水经注》"戴赵之争"。

沽水

沽在狐奴西南不在狐奴西此經文西下脫南字

注南即陽樂水也出且居縣　右四

按此水今猶謂之陽樂河今本漢志作樂陽誤

注又逕赤城西屈逕其城南

熊會貞曰古赤城即今赤城縣泊陽樂水在赤城

之南數十里不能逕其西蓋有錯簡此十字當在

上文又東南流注陽樂水上緣候鹵水在陽樂水

之北故能逕赤城西又逕赤城南也　右五

注河水又東南右合高峯水　右五

清刻本《水经注要删》书影

2139

　　本辑据国家图馆网站数字方志影印本《水经注疏要删》辑录有关沽水内容。该网首页显示责任者：杨守敬。出版者：宜都杨守敬观海堂。出版时间：清光绪三十一年（1905年）。版本：刻本。总册数：8册。描述：书衣有杨守敬墨笔题识。索取号：地710.1/916+1。

◎沽水（卷14）

《注》：南即阳乐水也，出且居县。四右

按：此水今犹谓之阳乐河，今本《汉志》作"乐阳"，误。

《注》：又迳赤城西，屈迳其城南。五右

熊会贞曰：古赤城即今赤城县治，阳乐水在赤城之南数十里，不能迳其西。盖有错简。此十字当在上文"又东南流，注阳乐水"上，缘候卤水在阳乐水之北，故能迳赤城西，又迳赤城南也。

《注》：河水又东南，右合高峰水。五右

熊会贞曰："右"当作"左"。

26. 《水经注图》

【题解】　　郦道元的《水经注》一书，以河流水道为脉络，记述古往今来各项地理要素，是研究北魏以前地理问题的基本文献。为这样一部地理巨著绘制地图，一直是历代学者的愿望，曾有不少学者为此作过努力。从现存的资料看，最早为《水经注》绘制地图的是宋人程大昌，后为《永乐大典》所存录，今日所见就是此"大典本"，共有3幅，分别名为：《水经济汴互源图》《郦道元张掖黑水图》《水经叶榆入南海图》。清代黄仪、董祐诚等人也为《水经注》绘制过地图，可惜已佚。今日能见到的还有汪士铎的《水经注图》2卷，但内容"粗疏缺漏"（陈桥驿先生语），杨守敬亦有批评，说："汪氏《水经注图》不能参合郦氏各篇互见之文，往与郦然说相反。"这说明汪氏之图考证不严、学术不精，而且绘制技术不佳。

特别值得一提的是清代著名学者王先谦，他研究《水经注》几十年也曾有绘制《水经注》地图的愿望，他在《合校水经注序》中讲到："余耽此三十年，足迹所至，必以自随，考按志乘，稽合源流，依《注》绘图，参列今地……人事牵率，惧不获卒偿斯愿。"积30年尽心努力，然心愿未了，留下终身遗憾，令人叹惜不止。

在清代编绘刊行的所有《水经注图》中，最出类拔萃的无疑就是杨守敬的《水经注图》。杨守敬是晚清著名的地理学家，他从同治、光绪之间起，就潜心郦学研究和《水经注疏》的编撰。在光绪五年（1879年）完成了第一次初稿以后，又在其门人熊会贞的襄助下，按文制图，于光绪三十年完成了《水经注图》的绘制，于光绪三十一年由观海堂刊行问世。全图8册，以胡林翼刊印的《皇朝中外一统舆图》亦即《大清一统舆图》为底图，采用古今对照、朱墨套印的形式，并依《水经注》目录顺序，每水绘1图。40卷后另补绘滏水、洺水等28水图，合之一共有305幅图。该图在记叙各条水道的同时，对这些水道流经的州县城邑、名胜古迹、湖泽等也都作了较精确的标绘，一切"皆循郦氏步趋，必一一证合，以书考图，以图复书，无不吻合，而流移变动如指诸掌。"从此《水经注》总算有一部有科学基础的、能与其对照使用的地图集。虽然该图是为《水经注》而作，但与杨守敬另一部舆地巨著《水经注疏》并非毫无关联，事实上杨氏正是因为撰著《水经注疏》的需要，才"复为图以经纬之"的，图与疏不但可以互证，而且相得益彰，诚为杨守敬舆地学研究的两部不朽之作。

本辑据2009年中华书局出版杨守敬等编绘《水经注图（外二种）》，辑录杨守敬《水经注图》和汪士铎《水经注图》中沽水图部分。

◎杨守敬《水经注图》（《水经注图（外二种）》，图1~2，第82~83页；图3~5，第112~113页）

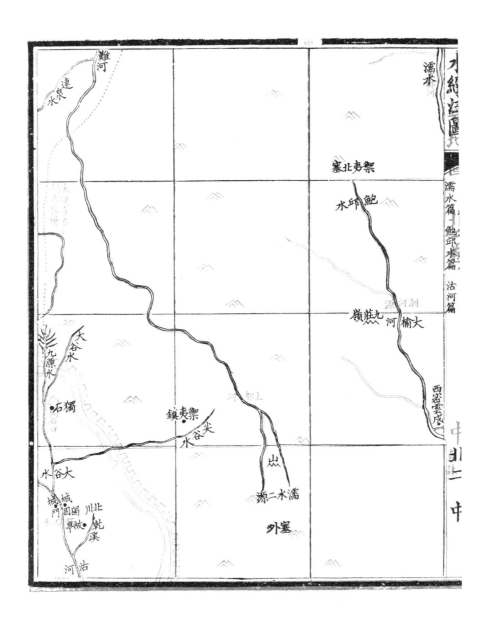

杨守敬《水经注图》1

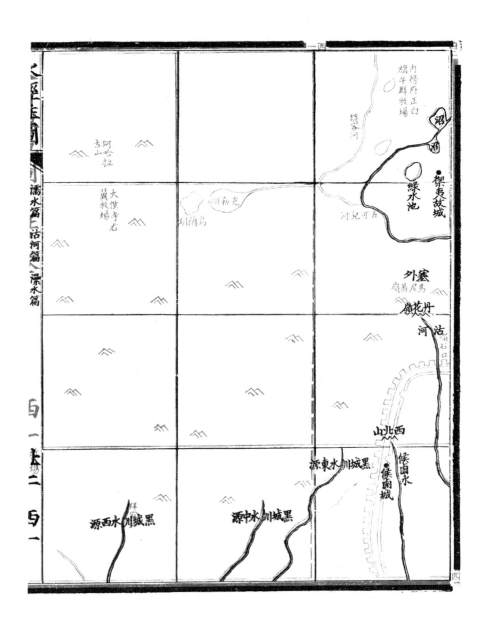

杨守敬《水经注图》2

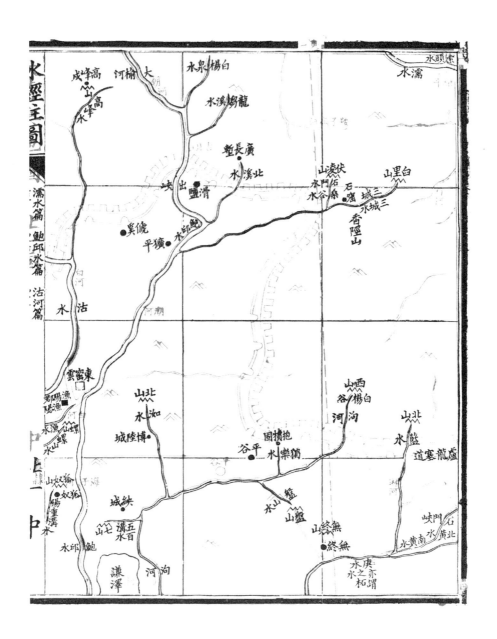

杨守敬《水经注图》3

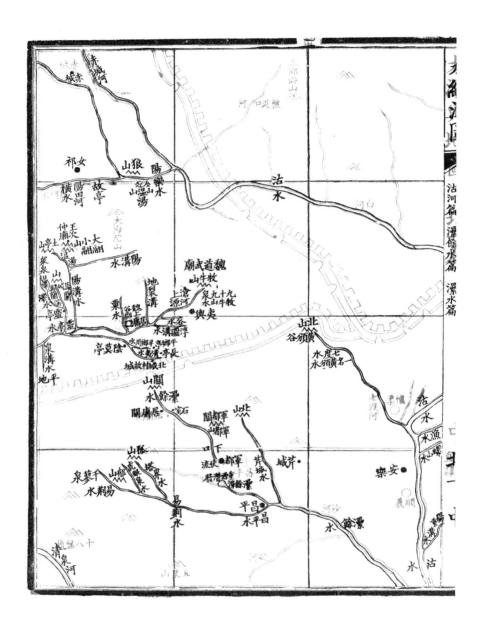

杨守敬《水经注图》4

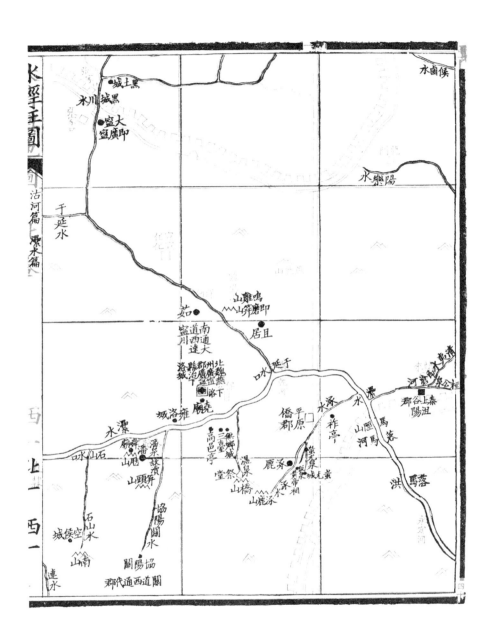

杨守敬《水经注图》5

◎汪士铎《水经注图》（《水经注图（外二种）》，第710～711页）

汪士铎《水经注图》1

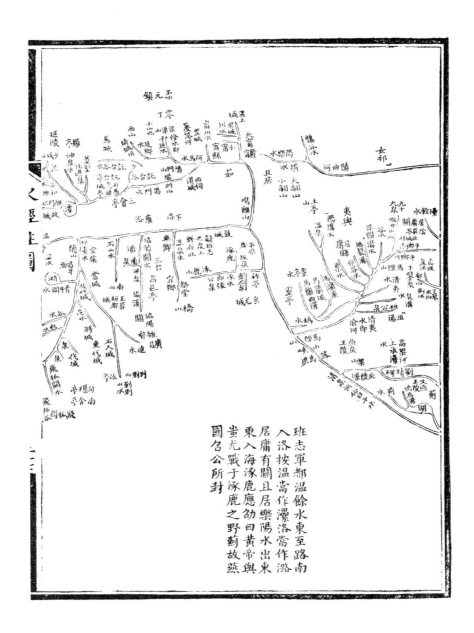

汪士铎《水经注图》2

27. 《水经注疏》

【题解】　　《水经注疏》80卷，为杨守敬、熊会贞疏。杨守敬（1839~1915年），字惺吾，晚号邻苏老人，湖北宜都陆城镇人。清末民初著名历史地理学家、金石学家、目录版本学家、书法家、藏书家。熊会贞（1859~1936年），字崮芝，湖北枝江人。从杨守敬习地理之学，曾聘为杨宅童子师，教授杨守敬儿子杨必昌读书。杨守敬每有著述，熊会贞为其查找资料，编纂索引，条举得失，为人处事矜慎不苟，深为恩师倚重，先后协助杨氏完成多部著作。

《水经注》是郦道元为《水经》所作的注文。《水经》全书1万余字，而《水经注》40卷字数超出《水经》20余倍，名为注释《水经》，实则以《水经》为纲，自成巨著。郦道元在注文中纠正了《水经》的许多错误，并指出文献引用处的正误。由于当时南北分裂的政治形势，郦道元的足迹未能到达南方，因此涉及此部分的注文也有不少错误。明清两代学者，十分重视《水经注》的校理工作。明代朱谋㙔著有《水经注笺》，光绪年间，又有王先谦汇列全、赵、戴三家校语，参考其他研究成果，撰成《合校水经注》等。然而，上述诸家仍存在不少问题。杨守敬在《水经注疏要删·自序》说："自全、赵、戴订《水经注》之后，群情翕然，谓无遗蕴。虽有相袭之争，却无雌黄之议。余寻绎有年，颇觉三家皆有得失，非唯脉水之功未至，即考古之力亦疏。往往以修洁之质而漫施手㳅者，亦有明明斑疵而失之眉睫者。"乃与门人熊会贞发愤为《注》文又作疏文，形成《经》《注》《疏》于一体的《水经注疏》，其编撰体例、大小纲领皆由杨守敬拟定。

鎮志獨石在開平城南一石矻起平地上可司橫屋數楹在今赤城縣北獨石城南一里 又南九源水注之

木入此一作入

全趙戴改 木源此一作東 水導北川左右翼注八川共成一水

故有九源之稱其水南流至獨石注大谷水大谷水又南遷堠

是鎮城西魏太和中置以捍北狄也又東南夾谷水注之水源

出鎮城東北尖漢西南流逕鎮城東西南流注天谷水亂流南

注沽水

又南出峽夾岸有二城 全趙戴增 世謂之獨固門以其藉險惡

此作夾岸字

固易為依據 宋本此尖字宋本依據 宋本作居矣四字宋本作依據 宋本作居矣古據壘通用據宋為遂戴改壘

又南流逕赤城 戴改 嚴壁

《水经注疏》书影

2151

　　光绪三十年（1904年），《水经注疏》稿成。杨守敬一直奔波寻求刊印之事。此时杨守敬已年华垂暮，眼见《水经注疏》杀青无日，易篑之际，心有不甘，耿耿于此书的完成与刊印，谆谆叮嘱熊会贞"此书不刊，死不瞑目。"会贞顿首涕泣答曰："誓以毕生精力，完成此书，以尽未竟之志。"临终前，杨守敬叮嘱其子："吾死后，汝等仍馆熊先生于吾家，分年谷八十石，为熊先生助膏火。"杨守敬去世以后，熊会贞继承师志，继续编纂，积22年之功，校勘改定六七次，于民国二十五年基本完成最后定稿。是年杨守敬之孙杨勉之私自出售了《水经注疏》手稿，5月25日，熊会贞含恨去世。以后，《水经注疏》的版本及熊氏撰《补疏水经注疏遗言》39条中提到李子魁的补订等，其下落显得更为复杂。1937年，卢沟桥事变后，抗日军兴。出于学术和军事上的考虑，国民党政府要求对杨氏图书和书稿加以保护，予以强购，以免落于敌手。中央研究院总干事、历史与语言研究所所长傅斯年和商务印书馆王云五等人协商，与杨守敬之孙杨勉之签订了刊印《水经注疏》的合同，付款3000元。1938年秋，书稿由傅斯年带到香港，准备由商务印书馆在港的印刷厂出版印行。当年又由香港转运重庆，交中央图书馆妥存。1949年初，傅斯年将书稿携往台湾。

　　从光绪初年至民国二十五年，由杨守敬纂疏、熊会贞参疏的《水经注疏》历时近60年，终获完成，兑现了对恩师的耿耿夙诺，这是师生精诚合作、勤奋耕耘、共洒汗水的结晶。

　　《水经注疏》是近代以来最著名的《水经注》校释本，是郦学史上注释郦注最大最为精详的版本，堪称《水经注》校注之集大成者，为治郦学者所必读之书。学者对此本评价甚高。潘存在《水经注要删序》中曰："《水经注疏》，神光所照，直与郦亭共语，足使谢山却步，赵、戴变色。"谢承仁指出，此书系自朱郁仪《水经注笺》以来三百余年郦学研究水平最高、成就最大之划时代著作。

1957 年，中国科学院将从武汉藏书家徐恕手中购得《水经注疏》副稿本，由科学出版社影印出版。1971 年，台北中华书局影印出版了熊氏已校改的一个钞本。1989 年，江苏古籍出版社出版了由段熙仲和陈桥驿整理的《水经注疏》铅印本。1997 年，湖北人民出版社与湖北教育出版社出版的《杨守敬集》收录了由谢承仁、侯英贤等点校《水经注疏》。

本辑据上海古籍出版社《续修四库全书》第 726 册史部地理类景印中国科学院藏写本《水经注疏》辑录有关赤城内容。

◎河水三（卷 3，第 347～348 页）

又南过赤城东。① 全云：“胡三省曰：后魏明元帝泰常八年，筑长城于长川之南，起自赤城，西至五原，延袤二千余里，即此城也。但考登国二年‘幸赤城’，三年‘又幸东赤城’，疑有两赤城，而今不可考矣。”赵云：“按顾祖禹曰：赤城堡在万全指挥司东北二百里，其地相传蚩尤所居。后魏主珪登国二年，幸广宁，遂如赤城；主嗣神瑞二年，复如赤城。此东赤城也。司治即今宣化府。史云：‘幸广宁，遂如赤城’。其为东赤城无疑。东赤城见《沽水篇》②，河水所径之赤城在朔州西北。”守敬按：全氏以泰常中筑长城所起之赤城为此赤城，误；又不知有两赤城，尤疏。赵氏辨之，亦未详尽。互见《沽水篇》。董祐诚曰：“城当在今鄂尔多斯左翼前旗界中。”

---

① 《水经注疏》内含《水经》、郦氏《注》文、杨氏《疏》文三种内容，为区分，《经》文用黑体字，《注》文用同号宋体，《疏》文用稍小一号仿宋体字。页下注释，没有特别说明情况下，均为谢承仁、侯英贤整理时所作的注释。下同。下文提到的“全”指全祖望，“赵”指赵一清，“戴”指戴震。

② 《沽水篇》实际应作《沽河篇》。见《水经注》卷十四。台湾本“祖禹”改作“景范”，抹“复如赤城”之“复”字。

◎漯水^①朱作"濕水"，下同。（卷13，第690～692页）

又东过涿鹿县北。涿水出涿鹿山……有粟水入焉。水出县下，守敬按：水在今延庆州东。城西枕水，又屈迳其县南，南注沧河。又西，戴"又"上增"沧河"二字。右与阳沟水合。水出县［东北］^②，守敬按：水今名板桥河，在延庆州西北十五里。西南流，迳居庸县城北。全、赵、戴"城"上增"故"字。守敬按：不当增。西径大翮、小翮山南，高峦截云，层陵断雾，双阜共秀，竞举群峰之上。郡人王次仲，少有异志，年及弱冠，变苍颉旧文为今隶书。秦始皇时，官务烦多，以次仲所易文简，便于事要，奇而召之。三征而辄不至。次仲履真怀道，穷数术之美。始皇怒其不恭，令槛车送之。《序仙记》"送"作"迎"。次仲首发于道，朱《笺》曰：古本作"首发于迈"。赵云："道"字不误。守敬按：《序仙记》作"道"。化为大鸟，朱作"乌"，《笺》曰：《御览》四十五引［作］"大鸟"。全、赵、戴改鸟。^③出在车外，翻飞而去。落二翮于斯山，故其峰峦有"大翮""小翮"之名矣。守敬按：张怀瓘《书断》引《序仙记》，叙次仲事略同，盖即本此《注》。《述异记》亦载之，又增饰其神仙之迹。而皆谓次仲变苍颉旧文为隶书。《书断》则以次仲编入《八分篇》，而以程邈别编入《隶书篇》，后人遂谓"程邈隶书"即今之"真书"。余谓王次仲、程邈所作，皆简于篆书，便隶人之用，故并谓之"隶书"。观所传汉碑，皆作隶书，不过小有异同，无一作今之真书者。至魏、晋时，始渐变为真书之形，而犹谓之"隶书"，《王羲之传》称为"善草隶"，其明征也。南北朝碑版文字，真书仍带隶意，至隋、唐，真、隶始分途矣。《魏土地记》曰：沮阳城东北六十里有大翮、小翮山。守敬按：《书断》引《魏土地记》同。山上神名大翮神，山屋东有温汤水口。会贞按：以上《魏土地记》文，以下至"大翮山东"句，

---

① 漯，音 lěi。漯水。即本辑所指。又音 tà，漯河，古水名。其水屡有变迁。古漯河为古黄河的支流，其故道自河南省浚县西南分出，行今黄河之北，经河北省入山东省，行今黄河之南，东流入海。非本辑所指的漯水。又解，低湿；潮湿。后作"濕"。"濕"是"湿"的异体字。又音 luò，漯河，地名，在河南省。

② 水出县东北，原脱"东北"二字，各本均有，今补。

③ 引作大鸟，原脱"作"字，依台湾本补。

为郦氏驳语，惟下"其山"句首当加"按"字，乃愈分明。**其山在县西北二十里，**守敬按：此"县"谓居庸县也。居庸之西北即沮阳之东北，至郦氏时沮阳县已废，故专就居庸为说耳。北齐又废居庸入怀戎，故《隋志》谓"怀戎有大、小翮山"。大翮山在今延庆州北二十五里，相连者为小翮山。**峰举四十里，上庙则次仲庙也。**守敬按：《序仙记》：山上立祠，水旱祈焉。**右出温汤，疗治万病。泉所发之麓，俗谓之"土亭山"。**守敬按：今温泉河在延庆州西北三十里，源出佛略山，即土亭山也。**此水炎热，倍甚诸汤，下足便烂，人体疗疾者，要须别引消息用之耳。不得言。**《笺》曰：谢云："不得言"三字似衍。孙云：谓不得声言其热耳，言之则更灼热矣。赵云：下有缺文。全氏意"不得言"三字，与下"大翮山东"不属，删下四字。会贞按："不得言"当合下"大翮山东"为句，郦氏言温汤出大翮山右之土亭山，则在大翮山西。《魏土地记》乃言大翮山东有温汤水口，故驳之。谓温汤"不得言在大翮山东"也。谢、孙、全、赵皆未覆勘全文，不得其句读而漫为之说。戴氏无说，或已得之。**大翮山东。其水东南流，左会阳沟水，乱流南注沧河。沧河又左得清夷水口。**《魏土地记》曰：牧牛泉西流与清夷水合者也。自下二水互受通称矣。**清夷水又西，灵亭水注之。**朱"亭"下衍"城"字，全、赵、戴删。**水出马兰西泽中。**

◎沽河（卷14，第698~699页）

沽河从塞外来。会贞按：《汉志》"渔阳，沽水出塞外"。

沽河出御夷镇。会贞按：镇详下，又见《鲍邱水》篇。**西北九十里丹花岭下，**会贞按：沽河，即今之白河，上源曰"独石水"，出独石口边外。**东南流，大谷水注之。水发镇北大谷溪，西南流迳独石北界。石孤生，不因阿而自峙。**朱"阿"讹作"河"。赵同。全、戴改。会贞按：《宣镇志》：独石在开平城南，一石屹起平地上，可构屋数楹。在今赤城县北，独石城南一里。**又南，九源水注之。**朱"源"讹作"泉"。全、赵、戴改。**水导北川，左右翼注八川，共成一水，**朱"八"讹作"入"。全、赵、戴改。**故有**

"九源" 之称。其水南流至<u>独石</u>，注<u>大谷水</u>。<u>大谷水</u>〔又南迳<u>独石</u>西〕①，又南径<u>御夷镇城</u>西。<u>魏太和</u>中置，以捍<u>北狄</u>也。又东南，<u>尖谷水</u>注之。水源出镇城东北尖溪，西南流迳镇城东，西南流注<u>大谷水</u>，乱流南注<u>沽水</u>。

又南出峡，夹岸有二城，_{<u>朱</u>脱 "夹" 字，<u>全</u>、<u>赵</u>、<u>戴</u>增。}世谓之 "<u>独固门</u>"。以其藉险凭固，易为依据，_{<u>朱</u>作 "居"，《笺》曰：宋本作 "依据"，疑作 "依據"。<u>全</u>改作 "據"。<u>赵</u>云："按古 '据' '據' 通用，'据' 字为近。"<u>戴</u>改 "据"。}岩壁升耸，_{<u>朱</u> "岩" 讹作 "兼"。<u>赵</u>同。<u>全</u>、<u>戴</u>改。②}疏通若门，故得是名也。

<u>沽水</u>又南，左合<u>乾溪水</u>，引北川西南迳一故亭东，又西南注<u>沽水</u>。

<u>沽水</u>又西南，径<u>赤城</u>东。<u>赵建武</u>年，<u>并州</u>刺史<u>王霸</u>为<u>燕</u>所败，退保此城。_{<u>守敬</u>按：有两<u>赤城</u>，一见《河水经》，一见此《注》。而此<u>赤城</u>在后<u>魏</u>为尤著。<u>道武帝登国</u>二年，幸<u>广宁</u>，遂如<u>赤城</u>。二年，<u>燕</u>将<u>慕容麟</u>击擒<u>贺讷</u>于<u>赤城</u>，既而<u>道武</u>幸<u>东赤城</u>。<u>明元帝神瑞</u>二年，如<u>赤城</u>。<u>泰常</u>八年，筑长城于<u>长川</u>之南，起自<u>赤城</u>，西至<u>五原</u>。皆此<u>赤城</u>。亦称 "<u>东赤城</u>" 者，对彼 "<u>赤城</u>" 言也。<u>胡三省</u>于<u>慕容麟</u>擒<u>贺讷</u>之 "<u>赤城</u>"，<u>全</u>氏于<u>魏</u>筑长城所起之 "<u>赤城</u>"，皆以《河水》篇之 "<u>赤城</u>" 当之，疏矣。}城在山阜之上，_{<u>守敬</u>按：今<u>赤城县</u>东二里有<u>赤城山</u>，石多赤，古<u>赤城</u>在其上。}下枕深隍，_{<u>朱</u> "枕" 讹作 "杭"。<u>全</u>、<u>赵</u>、<u>戴</u>改。}溪水之名，藉以变称，故河有 "<u>赤城</u>" 之号矣。

<u>沽水</u>又东南，与<u>鹊谷水</u>合。水有二源，_{<u>朱</u>无 "水" 字，<u>全</u>、<u>赵</u>、<u>戴</u>增。}南即<u>阳乐水</u>也。出<u>且居县</u>。_{<u>朱</u>《笺》曰：《汉志》：<u>且居县</u>有<u>乐阳水</u>。<u>守敬</u>按：<u>王念孙</u>据此《注》谓《汉志》 "乐阳" 当作 "阳乐"。今犹名 "<u>阳乐河</u>"，出<u>龙门县</u>西<u>娘子山</u>。"<u>且居县</u>" 见《漯水注》。《地理志》曰：水出县东。}北流，_{<u>戴</u>改 "北" 作 "南"。}迳<u>大翩山</u>、<u>小翩山</u>北，_{<u>朱</u>二 "翩" 字讹}

----

① 大谷水又南迳独石西，原脱 "又南迳独石西" 六字，今补。

② 赵同。全、戴改不尽实。核赵本作 "岩壁昇耸"，不同朱。当作 "全、赵、戴改"。

作"融"，《笺》曰：宋本作"翮"。全、赵、戴改。守敬按：大、小翮山详《漯水注》。历女祁县故城南。守敬按：前汉县属上谷郡，后汉废。在今龙门县东。《地理志》曰："东部都尉治"。王莽之"祁县"也。世谓之"横水"，又谓之"阳田河"。朱"田"讹作"曲"，全同。赵云："按直隶赤城县水今谓之'阳田河'，又曰'样田河'。则'曲'乃'田'之误。《方舆纪要》：样田本曰'鸡田'。又《资治通鉴・晋纪》：成帝咸康二年，段辽别遣段兰将步骑数万屯柳城西回水。胡三省曰：回水，《载记》作曲水。《水经注》：阳乐水出上谷且居县东，北流迳女祁县，世谓之'横水'，又谓之'阳曲水'。又濡河从塞外来，西北迳御夷镇城，又东北径孤山南，又东南，水流回曲，谓之'曲河镇'。又据《载记》，曲水当在好城北。胡氏所引有两曲水：一为阳乐河，今宣化府龙门县之龙门河也；一为濡水，今滦河。两地悬殊，非可混而为一。彼'曲水'文云：濡水又东南，水流回曲，谓之'曲河镇'，东北三百里。所云'镇'，即御夷镇也。此水在御夷镇之东北三百里，胡氏乃误为曲河镇耳。且此曲水，史云'柳城西'，则当在滦州东北界，去上谷绝远。引阳乐水之阳曲河当之，尤谬。'回''曲''田'三字盖易致混淆，而此水今有'样田'之名，则固不可以曲水实之矣。"戴依改作"田"。又东南迳一故亭，又东，左与候卤水合。朱"候"讹作"旧"。赵云："详下文，当作'候'，下'旧卤城'同。"全、戴依改。水出西北山，守敬按：今有南河出龙门县南狗儿村，东北流，合龙门河。《畿辅通志》谓：即候卤水。但《注》叙候卤水出西北山，东南注阳乐水，在阳乐水之北。南河东北入龙门河，则在阳乐水之南，非古候卤水也。东南流，迳候卤城北。城在居庸县，守敬按：县见《漯水注》。西北二百里，故名云"候卤"，朱"候"作"侯"，《笺》曰：孙云：当作"候"。全、赵、戴改。太和中，更名"御夷镇"。会贞按：御夷镇在濡源之地，尚在沽河东，候卤水则在沽河西，候卤水东南迳候卤城北，则城更在水西。候卤城与御夷镇实非一地，盖初置候卤城于此，至太和中废为御夷镇地耳。又东南流，注阳乐水。阳乐水又东南，傍狼山南。朱"傍"上衍"迳"字，全、赵、戴删。守敬按：《地形志》：渔阳郡无终有狼山。又《新唐志》：幽州昌平有狼山。皆非此山也。此山当在今赤城县之东南。山石白色，特上朱无"白"字，《笺》曰：石，一作"白"。赵以《笺》为误，而增"白"字，全、戴增同。亭亭孤立，超出群山之表。又东南，迳温泉东，泉在山曲之中。守敬按：《一统志》：温泉神庙在赤城县西温泉上，明正统六年，因旧重修。祀泉神，即此温泉也。又径赤城西，屈径其城南。会贞按：阳乐水在赤城之南数十里，不能迳其西。盖有错简。此二句疑是叙候卤水文，当在上"又东南流注阳乐水"之上。缘候卤水在阳乐水北，故能迳赤城西，又迳赤城南也。东南入赤城〔河〕。[①]赵云："按《汉志》且居县，阳乐水出东，东入海。盖自沽以达海也。"河水又东南，左合高峰水，朱作"右合"会贞按："右"当作"左"，赤城河东南流，而高峰水西南流，屈入之，则高峰水在左，乃"左合"也。今订。水出高峰戍东南，城在山上。其水西南流，又屈而东南，入沽水。

沽水又西南流出山，迳渔阳县故城西。……

---

① 东南入赤城河，原脱"河"字，今补。

政書類

1.《大明会典》

【题解】　《大明会典》为明代官修的专述有明一代典章制度的史书，是中国历代政书中具有会典体性质的重要史著。它首纂于弘治十年（1497 年），记明初至弘治十五年各级行政机构、设官职掌、典章格律以及事例等，经正德四年（1509 年）李东阳重校、正德六年由司礼监刻印颁行，共 180 卷，通称正德《会典》，实为弘治《大明会典》。嘉靖时复加修补，增入弘治十六年以后事例，仅有原写稿本 200 卷，尚未刊行。万历四年至十五年，大学士申时行等奉敕重修《会典》，除校订补辑前两朝《会典》外，又增入嘉靖以后所行事例卷数亦增至 228 卷，于万历十五年刊行，即目前所通用的万历本。全书以六部为纲，以事则为目，记载了明代开国至万历十三年 200 余年间职官的建置沿革，及所掌职事，史志所载不详者，多具始末，于研治明史特具参考价值。

本辑据 1936 年商务印书馆万有文库万历重修《明会典》辑录有关赤城内容。

◎丁忧①（第 1 册，卷 11《丁忧》，第 272 页）

凡官吏匿丧者。正统七年②，令俱发原籍为民。○十二年，令内外大小官员丁忧者，不许保奏夺情起复。○天顺二年③，令官吏以旧丧诈作新丧者，发顺天府昌平、遵化、蓟州等处为民。系顺天府者，

---

① 根据儒家传统的孝道观念，朝廷官员在位期间，如若父母去世，则无论此人任何官何职，从得知丧事的那一天起，必须辞官回到祖籍，为父母守制二十七个月，这叫丁忧。中国封建社会传统的道德礼仪制度，后世往往指用于拥有官吏身份之人。

② 正统七年，1442 年。

③ 天顺二年，1458 年。

至保鎮該添草料銀四千一百三十七兩七錢五分自本年爲始於保定府存留支剩銀內照數動支徑

解易州鎮該交收如在永鎮多支一日在易鎮扣支一日不許彼此重支

凡京運年例永樂十七年以口外糧料數少令於京倉支撥選取營造次撥旗軍償運其攏堡運糧及坐

堡管堡官除軍職外仍於吏部聽選方面府州縣官內選取一百員差用以文職大臣把攏堡運糧○十九

宣德六年令五軍操備幷彭城永清左右三衛旗軍攏償運糧料一十萬石赴獨石等處差武職一員

年以宣府等處缺糧令法司四人運糧贖罪雜犯死罪十石流罪八石徒罪六石杖罪四石笞罪二石○

把總提督○正統十二年令每歲運銀十萬兩于遼東糴買糧料○又令每歲運銀十五萬兩於宣府糴

買糧料○景泰三年令五軍等營撥軍七萬運糧七萬石於懷來每人給脚銀三錢○嘉靖四十五年令

宣大山西除民屯鹽引外每年主兵發銀一十二萬兩客兵一十三萬五千兩薊州鎮主兵馬太二路共

銀五萬六千三十八兩永平鎮燕石二路共銀四萬八千六百七十二兩密雲鎮主兵共銀三萬三千九

百二十四兩昌平鎮銀一萬兩○又令各鎮除民屯鹽引外每年延綏主兵發舊例銀一十九萬五千七

十九兩九錢八分新增料銀二萬二千一百八十五兩二錢三分客兵八萬兩寧夏主兵二萬五千兩客

兵二萬九甘肅主兵二萬二千九百二十二兩八錢一分固原主兵銀五萬兩以後各視此爲準○隆慶

元年議准昌平鎮主客兵該銀一萬兩永安翊華四營軍士防秋三個月月糧銀該一萬六千二百兩增

《明会典》书影

发口外为民。若父母见在，诈称死亡者，发口外独石等处充军。其闻父母丧，匿不举哀，不离职役者，原籍三千里之上，限一年；不及者，限半年；过限者，发口外隆庆、今改延庆。永宁等处为民。近例止革去职役。成化十五年①，令诈匿丧官员，所在官司，容情起送，或因他事发觉，正犯悉照见行事例发落。经该官吏，以枉法从重论。

◎仓庾一（第 5 册，卷 21《仓庾一》）

国家设仓庾储粟，以赡军赈民。两京、直隶各布政司、府州县，各都司卫所以及王府，莫不备具。其收贮有时支给有数，注销有册，各有通例，兹具列于后，而分内外仓于前。至预备仓常存二年之蓄，以需缓急。因附见云。

……

两直隶府州县都司卫仓：

○延庆州

本州仓，怀来广阜仓、云州堡仓、独石广积仓、长安岭仓、赤城广备仓、宣德十年置。雕鹗堡仓、龙门广盈仓、龙门仓、马营广盈仓。（第 553～554 页）

○万全都司

洪州旧堡仓、大小白羊二堡仓、青边常峪二堡仓、新开口堡仓、张家口堡仓、西阳河堡仓、新河口堡仓、兵储仓、顺圣川新城马房仓、宣府在城仓、镇安堡仓、青泉堡仓、松树堡仓、君子堡仓、猫儿峪仓、上堡仓、伴壁店堡仓、三岔口堡仓、镇宁堡仓、金家庄堡仓、牧马堡仓、样田堡仓、滴水崖堡仓、万全右卫仓、万全左卫仓、宁远站仓、渡口堡仓、李信屯堡仓、羊房堡仓、沙城堡仓、鸡鸣驿仓、保安新城仓、保安旧城仓、岔道城仓、靖胡堡仓、周四沟堡仓、

---

① 成化十五年，1479 年。

黑汉岭堡仓、东城仓、西城仓、蔚州城仓、广昌城仓、深井堡仓、黑石岭堡仓、万亿仓、龙门所仓、土木榆林二驿仓、南山岔东岔西仓。（第 555 ~ 556 页）

　　〇凡管粮专官。宣德八年，添设万全都司都事一员，提督所属卫所仓。〇正统五年，添设保德州判官一员，于偏头关仓监收支粮；龙门守御千户所吏目一员，监收支粮。（第 558 ~ 559 页）

　　◎仓庾三（第 6 册，卷 23《仓庾三·马房等仓草场附》，第 614 页）

　　〇草场

　　边草场六处：

　　宣府在城草场、鸡鸣山草场、怀安等处草场、赤城等处草场、永宁等处草场、万全左等卫草场。

　　◎草料（第 7 册，卷 25《草料秋青草附》，第 707 ~ 708 页）

　　凡措备草料。……〇成化元年，独石、马营、龙门所、云州四仓急缺粮料。开中淮、浙、长芦、河东运司，官盐九十五万二千三百二十二引，召商上纳米豆，至六年报中未完，除两淮仍令照旧，两浙等运司酌量时价，改中草束。

　　◎边粮（第 8 册，卷 28《会计四·边粮》）

　　〇按职掌，凡有军马去处，所需钱粮等项，户部必先查考某处蓄积有余。某处岁用不给，量其水陆路程，地理远近难易，计其人夫多寡，明白具奏。差官于粮多处所，拨运缺粮卫分支用。今边方所在屯兵，转饷尤急。其粮料本折，有民运、有屯种、有盐引、有京发年例。嘉靖中，虏患频仍，年例发银几三百万，边费浩大，于斯为极矣。至于籴买召纳，收掌支放，各有事例，具载于后。

凡拨运本色。<u>洪武</u>二年、令户部于<u>苏州府太仓</u>粮储三十万石、以备海运、供给<u>辽东</u>……○五年①，令岁运<u>开平</u>粮四万石。自京师至<u>独石</u>，立十一堡，每堡屯军一千名，各具运车，以六十日为限。其<u>开平</u>备御官军，轮班于<u>独石</u>搬运。仍令都督一员，领军防护。伯一员总督。……○<u>景泰</u>四年②，令法司及<u>直隶</u>罪囚，于<u>通州</u>仓支豆，运<u>赤城</u>。<u>直隶</u>并<u>万全</u>都司等处罪囚，于<u>隆庆</u>卫仓支米，运<u>龙门</u>。○又令召人，自<u>通州</u>仓支米赴<u>独石</u>，每石给脚银六钱，<u>马营</u>五钱五分。（第 829~830 页）

○凡京运年例。<u>永乐</u>十七年③，以口外粮料数少，令于京仓支拨，选取营造次拨旗军儹运。其摆堡运粮，及坐堡管堡官，除军职外，仍于吏部听选方面府州县官内，选取一百员差用，以文职大臣，把总管运。○十九年，以<u>宣府</u>等处缺粮，令法司囚人，运粮赎罪，杂犯死罪十石，流罪八石，徒罪六石，杖罪四石，笞罪二石。○<u>宣德</u>六年，令五军操备并<u>彭城</u>、<u>永清</u>、<u>左右</u>三卫旗军摆堡，儹运粮料一十万石，赴<u>独石</u>等处，差武职一员，把总提督。（第 834 页）

◎赏赐（第 10 册，卷 40《经费一·赏赐》，第 1136 页）

国朝赏赐用钞锭、胡椒、苏木、铜钱并银两、衣服等项，其系礼兵掌行者，具见二部。惟岁给军士冬衣布花等项，沿革则例不一，系户部掌行。备载于此。……

○<u>景泰</u>三年，令<u>永宁</u>夜不收马军，并<u>保安</u>等城旗军，内陆续解到卫新军，给赏冬衣布花。○又定，<u>通州左</u>、<u>右</u>，<u>永平</u>，<u>蓟州</u>，<u>遵化</u>，<u>忠义中</u>，<u>镇朔</u>，<u>隆庆</u>，<u>东胜左</u>、<u>右</u>，<u>密云中</u>，<u>兴州中屯</u>、<u>左屯</u>、<u>右屯</u>、<u>前屯</u>、<u>后屯</u>，<u>营州中屯</u>、<u>左屯</u>、<u>右屯</u>、<u>前屯</u>、<u>后屯</u>，<u>定州</u>，

---

① 宣德五年，1430 年。
② 景泰四年，1453 年。
③ 永乐十七年，1419 年。

河间，大同中屯，浉阳中屯，茂山，保定前后、左、右、中，定边，开平中屯，天津，天津左、右，武清，抚宁，真定，涿鹿，涿鹿左、中，卢龙，神武中、右等卫及广昌，平定，蒲州，梁城，宽河等守御千户所，正军、恩军有家小该布三疋者，内一疋折钞五锭，绵花一斤八两。只身旗军及发去异姓军士，巡营守门铺，养马、看仓、看草、老幼久病、残疾，复役未及三年逃军，俱该布二疋者，内一疋折钞五锭，绵花一斤八两。宣府前、左、右，万全左、右，怀来，山海，密云，后开平，蔚州，保安，保安右，永宁，怀安，隆庆左、右，龙门等卫，兴和、美峪、龙门等守御千户所，除夜不收守墩旗军布四疋，全支本色。其余正军、恩军并旗手等卫调去入伍军匠，有家小该布四疋者，内一疋折钞绵花一斤八两。只身旗军调去入伍军匠，只身者，及养羊小厮，巡营守门铺，养马、看仓、看草，老幼久病、残疾，复役未及三年逃军，及习学军匠，不分有无家小，全支布二疋，绵花一斤八两。

◎月粮（第11册，卷41《经费二·月粮》，第1151页）

○正德元年……○又题准，将宣府北路独石、马营、青泉、云州、镇安、镇宁等堡，孤悬口外，及大同右卫霜旱地寒，为一等。每石比常量加折银，不过七钱。四海冶、赤城、龙门、雕鹗、滴水崖、金家庄并中路葛峪等堡，西路万全左、右，怀安等卫，沿边洗马林、柴沟堡、西阳和、大同左、威远、平虏、井坪、怀仁等卫所并二镇会城、阳和、天城，为二等，每石不过六钱。朔州、应州、浑源、山阴、马邑、蔚州、广昌、顺圣川东西二城、保安、怀来、隆庆、永宁，为三等，每石不过五钱。

◎武职袭替（第23册，卷120《铨选三·武职袭替》）

凡犯罪革袭。……○又例，凡舍人因父老疾，以活作死，袭职，照文职诈称父母死亡，发<u>口外独石</u>等处，充军例。其袭后盗支仓粮，监追完日发配。本犯子孙、不许承袭。（第 2481 页）

凡功次减革。……○<u>正德</u>三年，<u>宣府独石</u>，二人共斩贼级一颗，为首，陞实授一级者，准袭。内有二人共斩贼级一颗，为从又被伤陞署一级者，俱不准袭。（第 2485 页）

◎都司卫所（第 23 册，卷 124《职方清吏司·城隍一·都司卫所》，第 2569 ~ 2570 页）

<u>万全都司</u>_{宣德五年，分直隶及山西等处卫所添设。}

<u>万全左卫</u>、<u>万全右卫</u>、<u>宣府前卫</u>、<u>宣府左卫</u>、<u>宣府右卫</u>、<u>怀安卫</u>、<u>开平卫</u>、<u>延庆左卫</u>、旧为<u>大宁左卫</u>，又为<u>营州左护卫</u>，属<u>北平行都司</u>。<u>延庆右卫</u>、旧为<u>大宁右卫</u>，又为<u>营州右护卫</u>，属<u>北平行都司</u>。<u>龙门卫</u>、<u>保安卫</u>、<u>保安右卫</u>、二卫，旧为在京<u>天策卫</u>，属前府，今改属。<u>蔚州卫</u>、旧属<u>山西行都司</u>。<u>永宁卫</u>、<u>怀来卫</u>、<u>兴和千户所</u>、<u>美峪千户所</u>、<u>四海冶千户所</u>、<u>广昌千户所</u>、旧属<u>山西都司</u>、后改。<u>长安千户所</u>、<u>云（川）〔州〕千户所</u>、<u>龙门千户所</u>。

◎将领（第 24 册，卷 126《镇戍一·将领上》，第 2604 ~ 2607 页）

凡天下要害地方，皆设官统兵镇戍。其总镇一方者，曰镇守；守一路者；曰分守；独守一堡一城者，曰守备；与主将同守一城者，曰协守；又有提督、提调、巡视、备御、领班、备倭等名，各因事异职焉。其总镇，或挂将军印，或不挂印，皆曰总兵，次曰副总兵，又次曰参将，又次曰游击将军。旧于公侯伯都督指挥等官内，推举充任。其镇守内臣，自<u>永乐</u>初，出镇<u>辽东开原</u>及<u>山西</u>等处，自后各边，以次添设。而镇守之下，又有分守、守备、监枪诸内臣。<u>嘉靖</u>十七年，令镇守内臣，原不系太祖定制，次第裁革。十八年，尽数取回。于是边政肃清，军民称便。今以见设镇守等官，备列于后。

......

宣府

镇守一员

镇朔将军总兵官。旧设。

协守一员

副总兵。旧设，驻札宣府镇城。嘉靖二十八年，令移驻永宁城。

分守七员

北路独石马营参将。此下俱旧设。所属[独]石城、马营堡、龙门卫城、赤城堡、龙门所城、滴水崖堡、马安岭城、云（川）[州]堡八守备。

东路怀来永宁参将。所属靖胡堡、四海冶堡、保安旧城、保安新城、怀来城五守备。嘉靖二十八年，令移驻四海冶。仍募兵三千，充二路防守。

上西路万全右卫参将。所属万全右卫、左卫城，张家口堡，新开口堡，新河口堡，膳房堡六守备。

南路顺圣蔚广参将。所属圣顺川西城、东城，深井堡，蔚州城，广昌城五守备。

中路葛峪堡参将。所属葛峪堡守备。

下西路柴沟堡参将。嘉靖四十五年添设。所属柴沟堡、怀安城、西阳河堡、洗马林堡四守备。

提调南山参将。嘉靖四十五年添设，驻札柳沟口。所属岔道城守备，统募兵三千，防守南山。

游击将军三员。旧有标正营游击，并车兵营坐营官，俱万历九年革。

旧游兵。旧设。

新游兵。旧设。以上二员，每年轮流一员，入卫蓟镇，回驻镇城。

东路。嘉靖三十六年添设，驻札怀来城。

坐营中军官二员

巡抚下。万历五年设，带管标兵坐营，兼抚夷事务。

总兵下。隆庆四年设。

守备三十一员。旧有延庆守备、领班备御二员，万历八年革。

巡抚下。万历八年设，标下管抚夷事务。

独石城。此下俱旧设。

马营堡。

赤城堡。

蔚州堡。

龙门卫。

龙门所。

云州堡。

长安岭堡。

滴水崖。旧守雕鹗堡，嘉靖二十五年改守此。

万全左卫。此下俱旧设。

万全右卫。

张家口堡。

怀安城。

柴沟堡。

新开口堡。

西阳河堡。

新河口堡。

洗马林堡。

保安新堡。

保安旧堡。

怀来城。

四海冶。

顺圣东城。

顺圣西城。

葛峪堡。

<u>膳房堡</u>。嘉靖二十五年添设。

<u>靖胡堡</u>。隆庆五年改设。

<u>岔道城</u>。嘉靖三十五年添设。

<u>深井堡</u>。嘉靖三十七年添设。

<u>广昌城</u>。旧系守备。嘉靖三十二年，改设参将，今备磁窑等口。三十七年复设。

◎督抚兵备（第 24 册，卷 128《镇戍三·督抚兵备》，第 2642 页）

总督<u>宣大山西</u>等处军务、兼理粮饷，一员。

巡抚<u>宣府</u>地方、赞理军务，一员。

分巡<u>口北道</u>一员，管理北中二路，驻札<u>马营</u>、<u>赤城</u>等城，兼管屯田、马政。

分守<u>口北道</u>一员，驻札<u>宣府</u>镇城，兼理兵备。

<u>怀隆</u>兵备一员，驻札<u>怀来</u>，整饬南山等处。分理北东二路。嘉靖四十五年，除去北路，<u>万历</u>八年革，十一年复设。

◎宣府（第 24 册，卷 130《镇戍五·各镇分列二》，第 2667～2669 页）

国初，逐虏漠北，即元<u>上都</u>，设<u>开平卫</u>守之，置八驿，东接<u>大宁</u>，西接<u>独石</u>，边境无事。后以<u>大宁</u>界虏，<u>兴和</u>亦废，<u>开平</u>孤立难守。<u>宣德</u>中，乃移卫于<u>独石</u>。<u>土木之变</u>，<u>独石</u>八城皆破，旋亦收复，虽地势险狭，旧称易守。然去京师不四百里，迫近陵寝，寔肩背重地。近年以虏款，边境稍宁，兵马墩墙始渐次整饬云。

一城堡。<u>嘉靖</u>二十八年，令<u>宣府</u>东路，起<u>四海冶</u>镇南墩，西至<u>永宁</u>尽界。<u>北路</u>，起<u>滴水崖</u>、而北、而东、而南至<u>龙门城</u>尽界，为边凡七百里，创修石墙，添设墩台。○四十二年题准，<u>四海冶</u>迤南，渤海所迤北，建墩防守。○隆庆元年①题准，宣大挑修边濠，盖造营房，砌独石、马营二城。○二年题准，宣府北路龙门所自盘道墩起，迄靖胡堡大衙口止，建设外边一道，益以墩台。东北二路有径道，互相应援，且拓地百里，以资屯牧。见存城堡七十一座。

一兵马。原额官军一十五万一千四百五十二员名，见额七万九千二百五十八员名，原额马五万五千二百七十四匹，见额马驼骡驴三万三千一百四十七匹头。

一入卫兵。本镇官军，每年二千五百员名入卫。

一防守。嘉靖三十年题准，今后防秋之期，总督领标兵，驻宣府东路，不拘保安，怀来总摄诸军。巡抚领标兵、车兵、游兵，督同兵备副使驻岔道，或隆庆，以防南窥。陵京总兵官统领镇兵，仍在镇城，防东西有警，以便策应。奇兵驻顺圣川东城，以防蔚州等处南下紫荆之路。○三十四年题准，行宣大总督，如贼犯居庸、紫荆，则宣大兵追蹑于外，蓟辽兵拒于内。贼犯古北口，则倚墙拒守。

一车营。嘉靖三十八年题准，令宣府置兵车，选老成废将管领。○四十年题准，宣府制双轮兵车，各将官将步兵训练，各为一营，给火器，防守本路。

一贡市。嘉靖三十一年议准，龙门所距滴水崖仅七十里，俱肷冲捷径，不许开市。○又题准，龙门所、永宁城抚赏夷人，每年六月十五日一次，十月二十日一次，仍宣谕大头目，每年止二次大赏。此外不许零贼窃偷骚扰，能约束如命者，临赏时，大头目另加花段一疋。○隆庆五年题准，宣大、山西俱于五月进贡马匹，其新平、得胜、张家口，市期俱依原期，定于六月毕事。

一抚夷。隆庆二年题准，宣大两镇各边城外盖造抚夷房屋，凡夷人传报声息及求索赏赉者，令在彼安歇，惟许头目进见出境之时，

---

① 隆庆元年，1567年。

官军搜检，不许挟带铁器硝黄违禁等物，其馆伴人等不许诱引生事，违者督抚官挐究。

◎各镇通例（第 25 册，卷 132《镇戍七·各镇通例》）

凡防御。<u>正统十四年</u>，令每岁七月兵部请敕各边遣官军往虏人出没之地，三五百里外，乘风纵火，焚烧野草，以绝胡马，名曰烧荒。事毕，将拨过官军烧过地方造册奏缴。○又令每年十月，兵部请敕各边镇守总兵、巡抚官，遇冬年节，不许宴乐，仍转行分守守备官，一体遵守。（第 2699 页）

凡巡阅。<u>宣德七年</u>，令居庸、<u>山海关</u>、<u>荆子村</u>、<u>黑峪口</u>，北抵<u>独石</u>，西抵<u>天城</u>，每三月，差武官二员，御史二员，点视。（第 2699 页）

凡防边功罪。……○三十四年①议准，<u>蓟州</u>门户，必由<u>宣府独石大山墩</u>等处。<u>独石</u>参将，能精选夜不收，哨报明的，照军功陞赏。夜不收陞一级，赏银二十两。如误机宜，参将从重治罪，夜不收以军法从事。（第 2708~2709 页）

◎营操（第 25 册，卷 134《营操》）

凡听征人马。……○又议准，出征在逃、临阵退缩者，俱送刑部，查照律例问拟。应了哨者，编发<u>宣府独石</u>等处。沿边了哨，再犯及因而失误军机者，俱拟死罪。仍查一伍中逃至二人，一堡中逃至五人以上，千把总官不行检举通行连坐。（第 2761 页）

凡行军号令。……○<u>弘治十三年</u>②奏准，凡官军遇有征调，点选已定，避难在逃者，依律问断。若征期已过，发<u>宣府独石</u>等处，沿边哨瞭半年，满日回卫。若仍发出征及哨瞭，而复逃者，依从征私

---

① 嘉靖三十四年，1555 年。
② 弘治十三年，1500 年。

逃再犯者律处绞凡优处官军。（第 2765 页）

◎关换（第 28 册，卷 152《马政三·关换》，第 3109 ～ 3110 页）

嘉靖以后续增各处马数。……宣大二镇各城堡马。万历四年[①]，以二镇援兵迎送夷使疲苦议准，将互市马及各路老家营军，拨给大同新平得胜二堡马各三百匹，军各二百名。平远、保平、镇羌、弘赐等四堡，马各二百匹，军各一百名。其沿边每城堡，各一百匹，老军喂养。宣府驿马二百匹，中路赵川堡马六十匹，北路龙门等四城堡马各五十匹，上西路三城堡马各五十匹，膳房等八堡各三十匹，怀安城五十匹。每马拨一军喂养，专一供应夷使。

◎军政（第 29 册，卷 154《军政一·编发》，第 3159 ～ 3160 页）

凡改编调卫。……计改调卫所：
原充南方极边卫分者
河南布政司。
开封府调保安卫。
河南府调万全左卫。
彰德府调开平卫。
卫辉府调龙门卫。
怀庆府调龙门守御千户所。
汝宁府调怀来卫。
南阳府调美峪守御千户所。

◎祭礼（第 31 册，卷 165《律例六礼律·祭礼》，第 3392 页）

① 万历四年，1576 年。

匿父母夫丧

凡闻父母及夫之丧，匿不举哀者，杖六十，徒一年。若丧制未终，释服从吉，忘哀作乐，及参预筵宴者，杖八十。若闻期亲尊长丧，匿不举哀者，亦杖八十。若丧制未终，释服从吉者，杖六十。〇若官吏父母死，应丁忧，诈称祖父母伯叔姑兄姊之丧，不丁忧者，杖一百，罢职役不叙。无丧诈称有丧，或旧丧诈称新丧者，罪同。有规避者，从重论。〇若丧制未终，冒哀从仕者，杖八十。〇其当该官司，知而听行，各与同罪。不知者不坐。〇其仕宦远方丁忧者，以闻丧月日为始，夺情起复者，不拘此律。

一文职官吏人等，若将远年亡过父母，诈作新丧者，问发为民。若父母见在，诈称死亡者，发口外独石等处充军。其父母丧，计原籍程途，每千里限五十日，过限匿不举哀，不离职役者，俱发口外为民。

◎军政（第 31 册，卷 166《律例七兵律一·军政》，第 3411 ～ 3412 页）

从征守御官军逃

凡军官军人从军征讨，私逃还家，及逃往他所者，初犯，杖一百，仍发出征。再犯者，绞。知情窝藏者，杖一百，充军。里长知而不首者，杖一百。若军还而先归者，减五等。因而在逃者，杖八十。若在京各卫军人在逃者，初犯，杖九十，发附近卫分充军。各处守御城池军人在逃者，初犯，杖八十，仍发本卫充军。再犯，并杖一百，俱发边远充军。三犯者，绞。知情窝藏者，与犯人同罪，罪止杖一百充军。里长知而不首者，各减二等。本管头目，知情故纵者，各与同罪，罪止杖一百，罢职充军。其在逃官军，一百日内，能自出官首告者，免罪。若在限外自首者，减罪二等。但于随处官司，首告者，皆得准理。〇若各卫军人，转投别卫充军者，同逃军论。〇其亲管头目，不行用心钤束，致有军人在逃，小旗名下，逃去五名者，降充军人。总旗名下，逃去二十五名者，降充小旗。百户名下，逃去一十名者，减俸一石；二十名者，减俸二石；三十名者，减俸三石；四十名者，减俸四石；逃至五十名者，追夺、降充总旗。千户名下，逃去一百名者，减俸一石；二百名者，减俸二石；三百名者，减俸三石；四百名者，减俸四石；逃至五百名者，降充百户。其管军多者，验数折算减降，不及数者不坐。若有病亡残疾，提拨等项事故者，不在此限。

一军官军人。遇有征调，点选已定，至期起程，不问已未关给赏赐。若有避难在逃者，依律问断。其征期已过，送兵部编发宣府独石等处沿边墩台，哨了半年，满日放回原卫，还职着役。若仍发出征，及哨了在逃者，依从征私逃再犯者律，处绞。

◎罪名（第 32 册，卷 174《罪名二》，第 3555～3556 页）
嘉靖二十九年定附三十一年续增。

真犯死罪

绞罪

强夺良家妻女，卖与他人为妻妾者，比强夺良家妻女，奸占为妻妾律。

盐徒聚众止十人以下，原无兵仗响器，遇有追捕拒敌伤人，至二命者，下手之人，比罪人聚众打夺下手者律。

军官军人，征调起程避难在逃，编发宣府独石等处，沿边墩台哨瞭半年，还职着役。若仍出征，及哨瞭在逃者，依从征私逃，再犯者律。

◎牛只（第 37 册，卷 202《屯种·牛只》，第 3555～3556 页）

洪武二十六年①定，凡屯种合用牛只，设或不敷，即便移文取索。若官厩数多，差人发遣。如果路途窎远，此间地方出产，可以收买，务在公私两便，就给官价，民间买用。其孳生数目，每岁年终通报。

弘治中报册屯牛，共八万二千九百四十三只。

……

万全都司所属宣府前等一十六卫所，共牛一千一百二十八只。

宣府前卫、宣府左卫、宣府右卫、怀来卫、隆庆左卫、隆庆右卫、保安右卫、永宁卫、开平卫、长安岭堡、云州堡、龙门卫、美峪守御千户所、永宁后卫、龙门守御千户所、兴和守御千户所。

---

① 洪武二十六年，1393 年。

2. 《皇明九边考》

【题解】　《皇明九边考》10卷，明魏焕编。魏焕字原德，又
名东洲，长沙卫（今湖南长沙）人，生于明宪宗二十一年（1485
年），卒年不详，嘉靖八年（1529年）进士。初授嘉兴府推官，在
任时为官清廉，有"青天之谣"，后升兵部职方司主事，利用职务上
的便利，编成《皇明九边考》，进兵部员外郎，编写成《皇明拱卫
录》，后再升四川夔州府佥事，在任时更加洁身自爱，体恤民情，赈
济贫民百姓，德化苗民。后以疾归，病逝于家中。

明朝自建立之初便承担着沉重的边防压力，其朝思夕虑的便是
退居漠北后仍具有强大实力，君臣一心"欲图恢复中原"，以"意
图中兴"为目标，拒绝承认失败的残元政权的威胁。因此明朝在北
部防线部署重兵，形成了中国历史上独具特点的北边防线，造成边
防甚重的局面。但是由于明朝自身政治腐败，以及军事策略和相关
民族、贸易政策的不当，造成明朝中后期严重的北部边防危机。严
重的边防军事危机唤起了世人深深的忧患意识。由于边防危机关系
国家的安危，其影响社会之广泛、之直接，远远压倒社会上的其他
问题，甚至成为其他社会问题、危机发生和深化的根源，不能不使
世人感到切肤之痛而引起深思。明代文臣指挥、武将作战的军事指
挥体系，使大量在儒家文化熏陶下成长的文臣加入到军事防务部门，
也对边防史地撰述产生了积极的影响。而儒家思想中原本蕴含的入
世精神和忧患意识，使他们能自觉地从历史理性的角度探讨边防军
事危机的问题。作为当时身任职事和身历其官的文职军事官员，或
利用工作之便搜集官方图籍档案为帙，或将身历见闻的事实记录
成书。

宣府西北八十里至萬全右衛

西南二百五十里至蔚州

迤東二百里至獨石城

東北二百里至龍門關

東南二百里至隆慶州

居庸關五十里至隆慶州

八十里至永寧衛

一百四十里至四海冶

一百六十里至保安州

二

《皇明九边考》书影

成书于嘉靖二十年（1541 年）的《皇明九边考》就是魏焕任兵部职方清吏司主事时，利用公务之余"谨按兵部职方清吏司掌天下地图、城隍、镇戍、烽堠之政，其要害重大者，莫如九边，而事之不可臆度者，亦莫如九边。本兵之在朝廷九边之枢也，其机自职方始，非考验素定宁无负明时之委耶！焕不敏，承乏是司，窃用惧焉！乃拣集堂稿，博采边疏，询诸边将、译使有所闻，遂书之册，积久编次成书，分类备考。"这也从一定程度上反映出了当时这些深受儒家思想熏陶地文官武将们，能够比较自觉地从历史理性的角度探讨边防危机，体现了一种忧国忧民的文人情怀。

《皇明九边考》又名《九边图考》，共分 10 卷，内容由边图和考述文字两部分组成。《皇明九边考》流传后世的主要有两种版本：嘉靖刻本和清同治年间的《明辨斋丛书》本。《四库全书存目丛书》《四库禁毁书丛刊》史部、民国二十五年（1936 年）《国立北平图书馆善本丛书》第一集本中也收录有嘉靖刻本影印版的《皇明九边考》。

本辑据 1996 年 8 月齐鲁书社出版《四库全书存目丛书》第 226 册史部地理类《皇明九边考》辑录标点有关赤城内容。

◎番夷通考① （《皇明九边考》卷 1《番夷通考·北虏始末》，第 26～28 页）

一、虏莫强于辽、金、元之时，而莫弱于我朝，始盛于今日。夫自我太祖高皇帝汛扫②之后，胡裔半留中国，入遁沙漠者无几。太

---

① 目录作"番夷通考"，正文标题作"番夷总考"。
② 汛扫，洒扫。

宗文皇帝又复申北伐之威，三犁其庭①，于是穷荒余魄仅存喙息②，是以九边戍卒所须不过四十万，视宋人备西夏一路而屯戍七十万盖倍蓰③矣。故曰虏莫弱于我朝。奈何百余年来生聚既蕃，侵噬渐近，防御之略不可一日不讲也。其类有二：曰北胡，曰西番。

北胡种类不一，历代异名，夏曰獯鬻④，周曰玁狁⑤，秦汉曰匈奴，唐曰突厥，宋曰契丹。自汉匈奴盛，其弱也乌桓兴。汉末鲜卑灭乌桓，后魏蠕蠕⑥强，其弱也突厥兴。唐（真）［贞］观李靖灭突厥。五代及宋，契丹复盛。其别部小者曰蒙古，曰泰赤乌，曰塔塔儿，曰克列。后蒙古盛，兼并入寇中国，代宋称元，国位十四传，天命归我国朝，元帝遁于朔漠。

洪武七年⑦，元安定王遣使来朝，诏其酋长立兵为四部，赐以印诰。八年，立安定、阿端二卫于迤西。是年，丞相苫术子塔力（尾）［尼］等率所部男女五百来归，诏建赤斤蒙古于迄西。万户把丹据平凉，至是归附，授平凉卫正千户，部落散处开、平等县，编为民，仍号土达，其壮者选为平凉卫军。二十五年，王师追讨，北虏远遁，不敢近边住牧者十年。永乐二年，因其奉贡，封迤北顺宁、（真）［贤］义、安乐三王。宣德脱脱不花为王，居沙漠之北，顺宁王马哈木之子脱欢、欢之子也先，居沙漠之西北。

正统十四年⑧，也先入寇独石，至秋，势益猖獗。八月三日⑨，

---

① 三犁其庭，三犁亦作"三犂"。谓屡次征伐扫荡边庭。语本《汉书·匈奴传下》："犂其庭，扫其闾。"《明史·翁万达传》："河套本中国故壤，成祖三犁王庭，残其部落。"清查慎行《拟玉泉山大阅二十韵》："忆昨三犂候，亲征万里逾。"

② 喙息，犹喘息。短暂的休息。

③ 倍蓰，亦作"倍屣""倍徙"。谓数倍。倍，一倍；蓰，音 xǐ，五倍。

④ 獯鬻，音 xūn yù。

⑤ 玁狁，音 xiǎn yǔn。

⑥ 蠕蠕，我国古代北方民族名。即柔然。

⑦ 洪武七年，1374 年。

⑧ 正统十四年，1449 年。

⑨ 正统十四年八月三日，1449 年 8 月 20 日。

上从太监王振计，亲率六师讨之。十五日，师至狼山土木，主将不识地利，远绝水路，我军焦渴，窘促不备。而虏骑奄至，王师败绩，死者盈壑，上北狩①。报至，京师大震。

成化七年②，虏始入套，抢掠而去。弘治十三年③，虏首火筛大举，始入套住牧。

正德初，北虏小王子弟阿尔秃厮与丞相亦不剌杀小王子子，小王子怒，二酋惧。四年，奔出河套，拥部落万余至凉州，乞空地安住。凉州将官闭门不敢应。凡十余日，始大掠庄堡，入西海，攻破西宁安定王等族，夺其印诰，诸番散亡，据其地住牧。九年，总制杨一清令总兵官徐谦帅兵征之。虏闻，南渡河掠洮、岷，奔四川松潘。未久，复回西海住牧。后二酋俱归顺小王子，北徙。未几，亦不剌一枝仍遁入西海住牧。嘉靖八年八月，阿尔秃厮北渡河出套，由宁夏北境入庄浪住牧。九年二月，由庄浪入西海，与亦不剌女和亲。亦不剌女先许嫁小王子，至是阿尔秃厮娶为子妇。五月二十六日，阿尔秃厮子领众二万并所娶亦不剌女复过宁夏入套。

今访小王子居沙漠之地，其属北有黄毛达子，南有吉囊阿尔秃厮居套，东有满惠三居宣府外，西有亦不剌居西海。其余散达皆数酋部落。黄毛达子惧吉囊等酋仇杀，不敢南向。东自宣府，西至甘肃，近边抢虏者皆吉囊等数酋部落。

虏中走回人口传说，胡虏运盛时，凡部落皆太师统之。太师即华所谓大将也，有纪律，志不在抢掠。后废太师，以那颜④领之。那

---

① 北狩，皇帝被掳到北方去的婉词。
② 成化七年，1471年。
③ 弘治十三年，1500年。
④ 那颜，亦作"那衍""那延"。蒙古语音译。义为官吏，王公，长官。后为贵族的通称。

颜即华所谓小官也，而差遣日繁。惟台吉①领者得免差遣，是以诸部落乐为台吉所领。台吉即华所谓宗室也。凡台吉在孕，即争以为主，而供给其母，生即奉归本营，故今之部落多领于台吉。台吉荒淫无节，志在抢掠，故曰胡运②实当其衰也。不知吉囊阿尔秃斯亦台吉也，近闻各酋多附。其东朵颜革兰台、其西亦不剌皆与之和亲，所不与者惟女直耳，岂可概以台吉论乎？

◎宣府镇（《皇明九边考》卷4，第52~60页）

○疆域考

宣府古冀州之域，秦为上谷郡；汉以下或为县，或为州；五代石晋时入金，辽为宣德、宣化州；元改名宣宁，寻为宣德府，沦没于夷狄异域者盖四百余年。我太祖高皇帝驱胡元③而一天下，尽徙其民于关内，号其地为宣府，置万全都司。其地东据黑山，南距紫荆关，西据枳儿岭，北据西高山，东南距居庸关，西南尽顺圣川，西北跨德胜口，距野狐岭，东北据独石，广四百七十里，袤八百六十五里。

居庸关，三十里至岔道，二十里至榆林驿，三十里至怀来卫，三十里至土木驿，四十里至保安卫，二十里至鸡鸣驿，六十里至宣府城，六十里至万全左卫，六十里至怀安卫，六十里至天城卫，六十里至阳和城。

宣府，西北八十里至万全右卫，西南二百五十里至蔚州，迤东一百里至独石城，东北二百里至龙门关，东南二百里至隆庆州。

居庸关，五十里至隆庆州，八十里至永宁卫，一百四十里至四

_____

①　台吉，古时蒙古贵族的称号。源出汉语"太子"。成吉思汗时只用于皇子，后来渐成为成吉思汗后裔的通称。清朝沿用其名作为封爵之一，在王、贝勒、贝子、公之下，分四等，以封赠蒙古及西北边疆某些民族的贵族首领。

②　胡运，泛指非汉族人的气数、国运。

③　胡元，对元朝的贬称。

海冶，一百六十里至保安州。

〇保障考

洪武二十六年，始置万全都司于镇城，统卫一十九。外分五路：东路所统永宁城、怀安城、隆庆州城、保安城，南路所统顺圣（州）〔川〕西城东城、蔚州城、广昌城，西路所统万全左右卫、怀安、洗马林，北路所统独石、马营、赤城、云州、龙门卫城、长安岭，中路所统葛峪、大小白阳、常峪、青边、赵（州）〔川〕六堡。成化初增羊房堡，俱镇城耕牧之所，设兵戍守。五路各设参将一员，营堡紧要处各设守备一员，以严边防，宿以强兵，统以主将，监以内外重臣，遂为朔方一巨镇焉。

成化二十一年①，总督都御史余子俊亲自踏勘，过宣府小边，东西长七百三十三里，该用墩三百五十八座，摆合要害。见有墩八十九座，该修墩二百六十九座。

〇责任考

巡抚都御史一员，驻札宣府城，坐名敕书②。

责任：与辽东同。③

镇守太监一员，驻札宣府镇城，嘉靖十八年④五月裁革。

镇守总兵官一员，驻札宣府镇城，坐名敕书。

责任：务要操练军马，修理城池，督瞭墩台，防御贼寇，抚恤士卒，保障居民。凡一应边务须与镇守太监、巡抚都御史计议停当而行。尤须持廉秉公，正己率下，仍要振扬军威，制服虏寇，以副

---

① 成化二十一年，1485 年。

② 坐名敕书，坐名，具名，署名。敕书，皇帝慰谕公卿、诫约朝臣的文书之一。

③ 《皇明九边考》卷 2《辽东镇》（第 30 页）载辽东镇责任：防御虏寇，操练军马，修理城池，听理词讼，区画粮储，禁革奸弊，保障军民。一应边机军务，须与同事内外守臣计议停当而行。分守、守备等官悉听节制。

④ 嘉靖十八年，1539 年。

委托。或有因循偾事①，责有所归。

协守副总兵一员，驻札<u>宣府</u>镇城，坐名敕书。

责任：务要协同操练军马，修理城池，督瞭墩台，补葺边堡，防御贼寇，保障居民。凡一应边务须与镇守太监、总兵官、巡抚都御史计议而行，不许偏执违拗②。本官尤须持廉秉公，正己率下，以副委托。

游击将军二员，俱驻札<u>宣府</u>镇城，坐名敕书。

责任同。务要选定游击兵，精加训练以作其气，善为抚恤以安其心。遇本镇并邻境报到贼情，依时统众，相机截杀，不许轻率寡谋，逗留误事。尤须持廉秉公，正己率下。如或贪残③偾事，法难轻贷④。

分守<u>北路独石</u>、<u>马营</u>等处左参将一员，驻札<u>独石</u>城，坐名敕书。

分守<u>东路怀安</u>、<u>永宁</u>等处右参将一员，驻札<u>永宁</u>城，坐名敕书。

分守<u>西路万全右卫</u>等处左参将一员，驻札<u>万全右卫</u>城，坐名敕书。

分守<u>南路顺圣</u>、<u>蔚</u>、<u>广</u>等处右参将一员，驻札<u>顺圣川西</u>城，坐名敕书。

责任同。务要操练军马，修理城池墩台等项，遇警身先士卒。凡遇军中一应合行事宜，须与本处分守内臣计议停当而行，仍听镇巡官节制。尤须廉以律己，公以行事，不许贪黩财物，克害下人，恣肆安逸，废弛武备。国典俱存，难以轻贷。

分守<u>中路葛峪堡</u>等处左参将一员，驻札<u>葛峪堡</u>地方，坐名敕书。

---

① 偾事，败事。《礼记·大学》："一家仁，一国兴仁；一家让，一国兴让；一人贪戾，一国作乱，其机如此。此谓一言偾事，一人定国。"郑玄注："偾，犹覆败也。"偾音fèn。

② 违拗，不依从；违背。

③ 贪残，贪婪凶残。亦指贪婪凶残的人。

④ 轻贷，轻易饶恕。

责任：提督本路守备并所属六堡。余同前四分守。

守备倒马关官一员，驻札倒马关地方，不坐名敕书。

守备紫荆关官一员，驻札紫荆关地方，不坐名敕书。

守备浮图峪官一员，驻札浮图峪口地方，不坐名敕书。

守备蔚州城官一员，驻札蔚州城地方，不坐名敕书。

守备独石城官一员，驻札独石城地方，札付。①

守备马营堡官一员，驻札马营堡地方，札付。

守备赤城堡官一员，驻札赤城堡地方，札付。

守备龙门卫官一员，驻札龙门卫地方，札付。

守备龙门所官一员，驻札龙门所地方，札付。

守备云州堡官一员，驻札云州堡地方，札付。

守备长安岭官一员，驻札长安岭地方，札付。

守备雕鹗堡官一员，驻札雕鹗堡地方，札付。

守备柴沟堡官一员，驻札柴沟堡地方，札付。

守备隆庆州官一员，驻札隆庆州地方，札付。

守备怀来城官一员，驻札怀来城地方，札付。

守备怀安城官一员，驻札怀安城地方，札付。

守备保安新城官一员，驻札保安新城地方，札付。

守备保安旧城官一员，驻札保安旧城地方，札付。

守备永宁城官一员，驻札永宁城地方，札付。

守备万全左卫官一员，驻札万全左卫地方，札付。

守备万全右卫官一员，驻札万全右卫地方，札付。

守备张家口堡官一员，驻札张家口堡地方，札付。

守备新开口堡官一员，驻札新开口堡地方，札付。

守备新河口堡官一员，驻札新河口堡地方，札付。

---

① 札付，官府上行下的文书，多指手谕。

守备<u>西阳河堡</u>官一员，驻札<u>西阳河堡</u>地方，札付。

守备<u>洗马林堡</u>官一员，驻札<u>洗马林堡</u>地方，札付。

守备<u>顺圣川东城</u>官一员，驻札<u>顺圣川东城</u>地方，札付。

守备<u>顺圣西城</u>官一员，驻札<u>顺圣西城</u>地方，札付。

守备<u>四海冶</u>官一员，驻札<u>四海冶</u>地方，札付。

守备<u>广昌所</u>官一员，驻札<u>广昌所</u>地方，札付。

守备<u>葛峪堡</u>官一员，驻札<u>葛峪堡</u>地方，札付。

责任同。务要操练军马，整搠器械，修理关隘墩堡，防御贼寇，保障居民。一应合行事宜，须与同事官员公同计议停当而行。仍听抚按官员节制。尤须持廉秉公，正己恤下，图副委任。如或贪残偾事，罪有攸归。

<u>河南</u>领春秋班<u>宣府</u>备御官二员，俱驻札<u>宣府</u>镇城，不坐名敕书。

责任：管领上班、下班官军往回，经行去处，严加钤束。本等关支粮草之外，不许恃强作践人田禾，砍伐人树木，占宿人店舍，多买人货物，拐带人人口，奸淫人妇女，夺用人车辆等项，亦要善加抚恤，不许分毫科扰①，亦不许纵容逃窜，有误边机。如违事发，一体重罪。到边之日，仍听镇巡官调拨。若是下班回司，凡比较事故、官军马匹等项，听于公堂，排设公座与同军政官协和，比较以济军务。其休息官军，行令所属每月初一日点视一次，以防远出，有误上班。本官果能不易初心，仍听本部推举，别项重用。今次所领敕旨，直至官有更代方才更换，不许每以奏请换给，以致烦渎。

○军马考

一、本镇并各路城堡，原有操备马步及新增召募官军、舍余、土兵、壮勇兵，五万八千六十二员名，实在官军人等五万四千九百九员名，事故官军人等三千一百五十三员名。

_____

① 科扰，谓以捐税差役骚扰百姓。

本城原有常操马步并新增召募官军一万六千四百四十五员名，实在官军一万六千四百二十五员名，事故等项官军人等二十员名。

西路分守左参将所属万全右卫等一十二城堡，原有马步并召募官军一万三千七百六十一员名，实有官军一万三千五百四十五员名，事故等项官军二百一十六员名。

北路分守左参将所属独石等八城堡，原有常操马步官军一万二千八百九十七员名，实有官军一万九百六十八员名，事故等项官军一千九百二十九员名。

东路分守右参将所属永宁等六城堡，原有常操马步官军六千二十五员名，实有官军五千六百一十二员名，事故等项官军四百一十三员名。

南路分守右参将所属顺圣川等五城堡，原有常操马步官军、舍余、土兵、壮勇四千八百五员名，实有官军人等四千四百十四员名，事故官军人等三百六十一员名。

中路分守左参将所属葛峪等七堡，原有常操马步并新增召募官军四千一百二十七员名，实有官军三千九百一十三员名，事故等项官军二百一十四员名。

紫荆并隘口原额马步官军、舍余五千八百八十六员名，见操马步官军三千一十五员名，下班休息并农种官军、舍余二千八百七十一员名，常守马步官军二千五十七员名，实有马步官军一千九百五十八员名，事故等项官军九十九员名。……

本镇原额马四万五千五百四十三匹，正德元年①起至十六年止，六次共领过马二万八千一百四十四匹，马价银五万两，以后年分未经清查。

○钱粮考

---

① 正德元年，1506 年。

山东、山西、河南、北直隶岁入本镇：夏税秋粮五十四万七千四百八十石七斗，每石折银一两，内粟米二万石，每石折银八钱。折布一十八万九千六百一十八匹，大约每匹折银叁钱。绵花绒三万七千五百斤，大约每斤折银八分。草七十万束，大约每束折银七分。

本镇屯草四百四十三束，大约每束折银一分。

户口食盐钞折银一万一千七百九十二两八钱零。

年例银八万两。

额派客兵引盐银二万六千六百两。

补岁用不敷引盐银八万九千四十五两。

河东运司盐价银八万两。

本镇屯粮六万二千三百二石，草一十五万六千一百八十六束，团种粮五万三千一百石，草五万三千七百余束。

○边夷考

北虏(冈) ［罔］留、罕哈、尔填三部常在此边住牧，兵约六万，与朵颜诸夷为邻。（同）［冈］留部下为营者三，大酋满惠王领之。罕哈部下为营者三，大酋猛可不郎领之。尔填部下为营者一，大酋可都留领之。入寇无常，近来套虏亦同此虏入寇。

○经略考

宣府，汉上谷郡也。国初，常忠武王破虏于漠北，即元之上都，设开平卫守之。置八驿，东则凉亭、沈河、赛峰、黄崖四驿，接大宁古北口，西则桓州、威虏、明安、隰宁四驿，接独石。太宗文皇帝三犁虏庭，皆自开平、兴和、万全出入。尝曰："灭此残虏，惟守开平、兴和、（太）［大］宁、辽东、甘肃、宁夏，则边境可永无事矣。"后（太）［大］宁既以与虏，兴和亦废，而开平失援难守，宣德中乃徙卫于独石，弃地盖三百里。土木之变，独石八城皆破，虽旋收复，而宣府特重矣。今边人谓独石不如开平险隘可守。

一、宣府山川纠纷①，地险而狭，分屯建将，倍于他镇，是以气势完固，号称易守。然去就师不四百里，锁钥所寄，要害可知。北路独石、马营一带，地虽悬远，然南阻长安领，虏难径下。中路之葛峪、大白阳、青边诸堡，西路之柴沟、洗马林、万全诸城，南路之东西顺圣，皆称虏冲，边警屡至焉。东路永宁、四海冶及龙门所，则三卫窥伺之地，而四海冶上通开平大路，下连横岭儿，又要地矣。《易》曰："王公设险，以守其国。"今考塞垣所据，险亦几尽。第时异势殊，有不可不为之经画者。若曰补长峪城、镇边城之募军，重浮图峪、插箭岭之防守，留茂山卫京操之士以益紫荆，筑李信屯交界之堡以固两镇，此岂容已乎？

一、宣府之兵素称敢战矣，何近年参将都勋出边烧荒，遇虏二十骑而溃，关山、王经前后陷没，此犹可诿也。若滴水崖郭举之叛及诸军告粮而噪，则渐不可长。况伊迩大同，耳目习染，不可不虑哉？是故有抚绥之将而后有节制之兵，有节制之兵而后有疆圉之固，筹宣府者此其大计矣。

按边储一节，员外杨守谦所论，盖得权宜之术，附见于后，以备一时参考云。守谦曰，尝谓弘治中，宣府各城粟荄之积多至有六七年者，少亦不下三四年，今则止数月耳。仓廒仅存瓦砾，场地鞠②为茂草，或势家佃以为业，然则饱歌腾槽之势，安得而复见哉？边镇弊坏，亦至此极矣。赖国威灵，侥幸无事，使遇也先、火筛之变，将何以待之？司国计者不可不深长思也。宣府至京师仅三百余里，有必不得已之事，则挑运之策可得也。此盖先朝已试者，亦一时拯溺救焚之方云。又按边军月饷，法曰：折色者六月，本色者六月。在边者折银七钱，在内者折银六钱。又曰：本折间支。此诸边之通

---

① 纠纷，交错杂乱貌。晋左思《蜀都赋》："山阜相属，含溪怀谷；岗峦纠纷，触石吐云。"

② 鞠，盈；多。《尔雅·释言》："鞠，盈也。"邢昺疏："谓盈多。"

例也。然春夏之月，禾稼未登，粟价腾踊①，边臣苦于蓄积之未多也，则固与之折银；秋冬之月，粟价稍平，仓廪稍积，则始与之本色，当其腾踊也。银一钱或止易粟六七升或四五升，是一月折银犹不及半月之粟，如之何其不饥而疲且至死也？欲责其死绥之节不亦难哉？说者谓宜于岁例之外，每镇发银十余万两，遇大熟之岁，则于岁例招买之外，籴粟六七万两，中熟亦籴三四万两，俱别储之。每春夏粟价腾踊，若岁例之粟尚足支持者勿动，惟腾踊之甚不可不支持者，借支二三月，秋熟之后即于岁例内招买者补尝，仍别储之。如此，则士得实惠而所少亦且数倍，即有重大虏患，征发旁午②，缓急亦有所济矣。此诚今日之急务，而司国计者所当讲求云。俱见《九边论》。

一、宣府顺圣川东城有隘口三，其一丁宁口，其二鳌鱼口，其三水峪口。成化十九年，虏从西阳河、枳儿岭进到于东城，大肆抢掠，俱从前项隘口经行往来，两三月方靖。今议每口须筑一墩，就可阻截。余见《肃敏奏疏》。

---

① 腾踊，物价飞涨。《汉书·魏相传》："今岁不登，谷暴腾踊。"颜师古注："价忽大贵也。"
② 旁午，亦作"旁迕"。交错；纷繁。《汉书·霍光传》："受玺以来二十七日，使者旁午，持节诏诸官署征发。"颜师古注："一从一横为旁午，犹言交横也。"

3. 《五边典则》

【题解】 《五边典则》24 卷，明徐日久撰。徐日久（1574～1631 年），字子卿，又字鲁人，号率真，浙江衢州人。《明史》没有为之立传，生平事迹不详，徐日久在万历三十八年中进士后，被任命为上海知县，在任 1 年左右，因漕运事件遭到弹劾，被贬为湖广藩幕，署江夏事。任满以后，升迁至工部为郎官，但是不久就辞职隐退了。天启年间补任兵部职方主事，当时的兵部尚书高第经略山海关，他随之入幕，为赞画，之后因为得罪阉党而被削籍。崇祯元年（1628 年）重新被启用，出任巡海使，后来升迁至山东按察使。徐日久被重新启用之时，大明王朝在内统治集团腐朽不堪，党派争夺不断，在外边防军备空虚，将士们的战斗力不堪一击，王朝的四境战祸不断，周边其他民族和国家纷纷出兵入侵，国家在内忧外患的双重打击下摇摇欲坠。徐日久与他同时代的许多士大夫一样，对大明王朝的日益衰落忧心忡忡，身任兵部职方主事的他为了挽救明政府在边疆战争中的颓势，总结明朝从建国到隆庆 200 多年的治边事迹，意欲当朝统治者可以从先辈们治边的得失和经验教训中得到一些启发，以此来指导和改善日益危急的边防形势。因此，他以《明实录》和兵部所保存的堂稿，总结明代从开国到隆庆年间的治边措施，编纂了一部记载边防军事问题的《五边典则》。

《五边典则》是徐日久在任兵部职方主事时开始撰写的，成书于崇祯年间，全书分为 5 部分共 24 卷，分别是帝国疆域的东北、北边、西北、西南和东南五边。该书因涉及建州及蓟辽方面之史料达 4 卷之多，故清廷加以禁毁，传本极少。此书大陆民间无他本，甚稀见，公家仅中央民族大学图书馆藏 1 部。9 行 18 字，白口四周双边。

罗通议赤城云州鹏鹉等堡地临边境官军
本为守御而设若使运草马营深虑有警无
措今遮击将军杨洪所顾旗军俱丁多有刀
之家其馀丁别无差遣乞令采撷秋青草束
以备饲养请如其议从之
初宁夏总兵史昭送来降达子脱军沙至京
言阿台王子被其州大军及万户不剌哈赤
等逐散止有五百馀人欲徙寻朶兒只怕又
来犯边兵部以闻

《五边典则》书影

该书的编纂，其主要目的在于总结历朝御边的历史，以图弘扬列祖列宗的文治武功，将历朝皇帝御边的诏旨、大臣关于御边的筹划等作为后世的典则，加强边备，以图拯救明王朝面临的边疆危机，带有明显的经世致用意图。全书以编年记事，同时兼有纪事本末体的性质。

本辑据1997年北京出版社《四库禁毁书丛刊》史部《五边典则》影印本辑录有关赤城内容，据《明实录》校，径改、补。

◎七年五月①，成国公朱永奏，永乐间运粮口外，止供开平官军及备大军支用。近来不依旧例樽节②，一概放支③，以致连年儹④运不息。若辽东卫所亦系极边，且耕且守，其供不出于民。今诸边卫皆请仿此。遂上便宜八事。其一，万全都司所辖地方洗马岭、长安岭、黑峪口等处烟墩隘口并宣府神机营官军月粮，宜令于本处附近支，不许擅离信地⑤。其二，开平哨备官军粮料就于独石仓支为便，万全左等卫宜令于宣府仓带支前去。其开平卫旗军家小见在云州、赤城、雕鹗屯住，月粮宜令于长安岭、怀来仓支。其三，蔚州、保安、隆庆、永宁等州县俱与长安岭相近，其所征豆料秋粮今后岁输独石仓为便。其四，万全都司所属怀来、永宁、隆庆左右等卫旗军家小月粮，永乐间于在京及昌平等处关，请依旧例，今年自九月收成之后至十二月，宣府等卫所军士月粮乞以其半折阔布，不为常例。其五，宣府未调左、右二卫官军之时，调蔚州、美峪等卫所官军操备。今宣府既有左、右二卫在城，原有宣府前卫并兴和所官军守备，其蔚州等卫所调者各令回卫。马队俟开平输哨，步队俟来春屯田。

---

① 宣德七年，1432年。

② 樽节，节省。樽，通"撙"。

③ 放支，发放支付。

④ 儹，同"攒"。

⑤ 信地，军队驻扎和管辖的地区。

除食用之外，每人岁纳细粮六石，蔚州、保安二卫，美峪、广昌二所俱令送宣府仓收，其余卫分就本处仓收。宣府前等卫守城等项旗军亦宜照例摘拨屯田，如有警急，悉听调用。其六，隆庆州乃是腹里，已有永宁等四卫并神机营在外保障。今调怀来官军二百余名备御，且无盔甲器械，闲逸费粮，令回卫屯种为便。其七，怀来等卫所调官军挈家于顺圣川草场养马，离卫三百余里，关粮往复艰难。宜令本卫委官径赴蔚州等卫仓就近支给。其八，宣府前卫及广昌等卫有官军千户蒋镇等一百六十余人，永乐间调去辽东备御，经久不代，支费甚难，宜令回原卫。上命行在户部官会议，皆以为宜。惟宣府调赴辽东官军不动，余悉从之。令郎中王良、都督毛翔专理屯种，务臻成效。（史部第25册，卷1，第463~464页）

◎宣德四年六月①，虏寇入，自西冲（出）［山］②至赤城，掠人口而去。开平卫指挥方敏在赤城管屯，率兵追之，尽得所掠，且获贼马而还。事闻，上敕敏曰，寇之入境，皆尔平昔不严约束所致。今既追回，亦有所获，姑记尔罪。自今益宜慎防。谕行在兵部臣曰，西冲山守烽堠官军失于警备，致虏劫掠，其悉处军法。仍以此戒饬大同、宣府等处守边将士。（史部第25册，卷5，第617页）

◎四月③，户部言，万全都司奏，会同户部员外郎罗通议，赤城、云州、雕鹗等堡地临边境，官军本为守御而设，若使运草马营，深虑有警无措。今游击将军杨洪所领旗军俱丁多有力之家，其余丁别无差遣。乞令采积秋青草束，以备饲养，请如其议。从之。（史部第25册，卷5，第622页）

---

① 宣德四年，1429年。
② 据《明宣宗实录》卷50改。
③ 正统元年四月，1436年。

◎九年①正月，敕守备独石参将杨洪、宣府总兵官谭广、大同总兵官朱冕各率军出境杀贼，中途或遇瓦剌迎接贡使人马，宜明谕以截杀兀良哈犯边贼寇之意，庶免其惊疑②相犯。（史部第 25 册，卷 5，第 624 页）

◎十年八月③，巡抚宣大都御史罗亨信言，宣府至怀来几④二百里，其间空阔，别无城壁。而保安卫乃在鸡鸣山南二十里，阻隔大河。美峪千户所又在卫南六十里，其地洼下，难于筑城。乞于驿路沙城西、雷家店东移保定卫及美峪所合为一城，而保安州就附其间，诚为便利。又榆林驿东岔道西地名棒槌峪，胡虏每于此牧放窥伺，宜于驿东设一卫，岔道南立一关，如此则边围⑤固矣。又言，京城至居庸关空无居人，夷虏朝贡往来，无以竦其瞻视⑥，乞于榆河立一卫。上曰，榆河不必立卫。其言移城及设关事，兵部移文宣府独石总兵等官熟议可否来闻。（史部第 25 册，卷 5，第 625 页）

◎宣府总兵官杨洪言边备五事⑦：一、宣府操备哨守等官项下，马步官军止一万三千五百余人，城堡关隘一十四处，内西阳河、洗马林、张家口、新开口堡、野狐岭关最为要害，其余白羊口等六堡实非要地，乞归并以便戍守。一、柴沟堡地近万全，却调宣府等卫官军守备。其宣府城所领官军，却有调自万全等卫，彼此两不便，乞依地方对换。一、柴沟堡调来备御官军，其刍粮仍于本卫支给，往来道途动经旬月，乞于柴沟立仓，就令山西民运粮输纳，或给银

---

① 正统九年，1444 年。
② 惊疑，惊讶疑惑。
③ 正统十年八月，1445 年。
④ 几，音 jī。将近，差一点。
⑤ 边围，音 biān yǔ。边疆，边地。
⑥ 瞻视，观看；顾盼。
⑦ 该条为正统十二年八月，1447 年事。

收籴，或召商中盐，庶免军士奔走负戴①之劳，而亦不妨戍守。一、守边军器惟火箭最要。朝廷恐其传习者多，不许边方自造。然京库关领者多有不堪，而臣在独石亦蒙朝廷许以自造，乞如前例自造应用。一、宣府沿边，臣躬行相度，其间墩台阔远者择地添设，古路窄狭者用石砌塞，地平坦者置门关领，无事则巡逻出入，有警则发兵策应。上悉从之。（史部第25册，卷5，第627页）

◎九月②，提督居庸关兵部员外郎罗通言，虏欲送车驾回京，恐其假此率众齐来。虽居庸可守，然永宁、怀来、独石、马营［俱已空虚］，大小关口三十六处，可通人马者七处，宜各添一千人守备，可通人不可通马者二十九处，各宜添一百人守备。仍命大将一员，将三万人分作十营，于关口策应。事下兵部议，请（副）［付］③指挥同知杨俊处置，及量升通职仍旧提督。从之。巡抚宣大罗亨信劾守备赤城（壁）［堡］指挥郑谦、徐福，雕鹗堡指挥姚瑄先于七月内闻贼入境，弃城挈家奔走，以致怀来、永宁等卫［亦行］④仿效，乞正其罪，以为边将不忠之戒。从之。（史部第25册，卷5，第629页）

◎景泰元年正月⑤，总督宣府粮储侍郎刘琏奏，比因达贼犯边，怀来、永宁、赤城、独石、马营等处守备官军俱各惊散，弃城至京，安插朝阳门外。即今春初农事将兴，乞命昌平侯杨洪等令该管官旗取勘名数，尽起发原卫所守备，就于京库及宣府关领器械。每处再推举骁勇能干都指挥一员镇守，抚恤军士，督修城堡。仍于要害之

---

① 负戴，以背负物，以头顶物。亦谓劳作。
② 正统十四年九月，1449年。
③ 据《明英宗实录》卷182改。下同。
④ 据《明英宗实录》卷182补。
⑤ 景泰元年，1450年。

处听添置墩台，挑掘濠堑，以备瞭望，庶宣府无孤悬之危，京师有藩屏之益。从之。（史部第25册，卷5，第630页）

◎八月①，于谦奏，今大同、宣府地方贼寇稍退，道路颇通，然所在城池粮储缺少，若不早为区画②，恐虏情奸诈，卒有缓急，军饷何所接济？乞敕山西都布按三司并管粮镇守等官公同计议，将所属应运大同粮草及附近山西大盈等仓粮运大同各城收贮备用。其宣府粮储，令户部设法催运。及敕总兵官朱谦等议，或将龙门等处遗粮运宣府各城，或将在库银两及时籴买，仍依臣原奏，允量减客商中盐米数，以广储蓄。此外别有可以储积粮草长策，听各官区画奏请。事下户部议，以二处中盐米数，宣府米豆价平，不须减少，惟大同纳米豆中淮、浙等处盐者，每引减米豆一斗。余悉如谦 ［言］③。从之。（史部第25册，卷5，第636页）

◎兵部尚书于谦等言④，丑虏⑤虽云纳款⑥，而谲诈之情难测，边境虽颇告宁，而窥觇⑦之寇未绝。况虏使黠傲⑧，弗循礼度，需索繁多，莫有纪极⑨，和议不足恃，而边备所当严，战守不可忘，而储蓄所当广。古人安不忘危，治不忘乱，治乱安危系于有备无备而已。谨上边务三事。一、宣府为京师屏蔽，大同乃西北要冲。自边方多事以来，所在官军逃窜，城郭空虚，自今宜令法司问拟充军罪囚，

---

① 景泰元年八月，1450年。
② 区画，筹划，安排。
③ 据《明英宗实录》卷191补。
④ 该条为景泰元年十月事。
⑤ 丑虏，是对敌人的蔑称。
⑥ 纳款，归顺；降服。
⑦ 窥觇，音 kuī chān。暗中察看；探察。
⑧ 黠傲，音 xiá ào。亦作"黠骜"。狡黠桀骜。
⑨ 纪极，终极；限度。引申为穷尽。

山西发大同沿边各卫，其余悉发宣府龙门、独石、雕鹗等处守备。其杨洪领来官军三千，亦令即还原卫所守备，仍令各总兵镇守等官修设城堡、墩台、沟堑，以备不虞。一、宣府、大同各城军民饥饿者多，户部准奏河南运粮八万，山西运粮十万接济，闻即今尚未起程，及彼处耕牛俱被抢掠，来春何以为东作之资。万一逃移愈多，必生变故。乞令山西、河南急运粮赴大同备用，仍设法或开中盐，或给冠带，或升文武官职，或令罪囚纳米赎罪。如犹不足，俟春和于五军神机等营拨军四万人，运一万石赴宣府各城备用。仍于苏、松等府折银粮内措置，或内府领银四万，委官运赴大同、宣府，每处二万，会同总兵等官给与无牛军民买牛耕作，务沾实惠。仍敕总兵等内外官，自今不得私地利，役军士，多养牲畜，积子粒，致下人怨咨，废坏边务，违者置诸刑典。……帝以所言皆边备重事，命该部悉议行之。（史部第25册，卷5，第637~638页）

◎十二月①，敕提督独石、马营等处都督佥事董斌曰，得奏，瞭见境外东猫儿峪等处烟火，引兵还宣府操备。虏寇出没，尔正宜出兵截杀，乃自引还，论罪本不可容，姑从宽宥。其即领兵速往原处守备，如遇贼众我寡，飞报宣府调兵策应，不得仍前退缩。（史部第25册，卷5，第638页）

◎二年②，宣府参将纪广等奏，请将独石等处官军暂于龙门卫驻扎，往来长安岭巡哨，候雷家站城完，以渐修复独石等处，方令官军家属前去。从之。（史部第25册，卷5，第638页）

---

① 景泰元年十二月。
② 景泰二年，1451年。

◎三月①，先是，口外独石、马营等处仓粮被贼烧毁八万余石，朝廷已责镇守等官罪。至是，敕户部署郎中张勉，令赴口外会同内外镇守参赞并管粮官计议，速调精壮官军，就令都督佥事董斌统领，并彼原有官军三千严加防护，委官同去独石、马营、云州等处有粮城池，逐一设法整理，或拨军屯守，或移军就食，或量力搬运，或掘窖埋藏，及别有长策，俱听从宜处置，务在仓粮不致弃毁，可备将来之用，不许因循误事。如各官敢有仍前畏避艰险者，悉听尔勉指实奏闻，罪之。（史部第 25 册，卷 5，第 638~639 页）

◎四月②，虏寇百余骑犯马营，烧城东门。宣府副总兵右都督纪广及提督独石、马营都督佥事董斌以闻。敕游击将军石彪、雷通各率官军三千，星驰出边巡哨。并敕杨能、董斌、杨信会兵剿捕。仍命兵部推选文臣一员总督军务，户部措办粮刍，锦衣卫指挥毕旺率旗校余丁一万运赴居庸关支给。赐出哨官军人等银一两，糇粮五升，运粮旗军人布一匹。

敕都督佥事孙安曰，龙门地方内捍宣府、怀来，外控云州、赤城及独石、马营一路，诚必守之地。已命都督董斌率官军三千守备，尚虑官军寡少，而斌独任颇劳。今增调官军二千，命尔安统领，往龙门驻扎，与斌分番巡哨，务在协和行事，抚恤士卒，以副付托之重。

提督军务工部尚书石璞言，口外赤城、雕鹗、（季）［李］家庄三处城池鼎足峙立，最为要地。往年守将不才，致令弃斥，即今（季）［李］家庄尚有旧粮五万余石，乞修复拨军戍守。事下兵部，少保兼尚书于谦等言，宜移文总兵官杨洪量拨精锐官军，选委能干都指挥三员统领，往彼三城守备。或常用在彼，或分番更代，从洪

---

① 景泰二年三月。
② 景泰二年四月。

区画而行。从之。（史部第 25 册，卷 5，第 639 页）

◎七月①，有鞑靼五人夺粮于马营仓，其一人马蹶②，为守仓余丁数人所擒。提督独石等处都督佥事董斌赏余丁人米一石，妄称已领军哨于东猫儿峪口，猝遇虏三百余，奋勇与战，因生擒焉。巡抚侍郎刘琏被旨覆得其诬，刑部请罪斌。诏自陈状。斌输罪，宥之。（史部第 25 册，卷 5，第 639～640 页）

◎八月③，赏口北赤城、雕鹗、（季）[李]④ 家庄三堡官军银各三钱，共赏银二千余两。先是，虏入寇，守将擅弃三堡。至是，新集士马守之，故有是命。（史部第 25 册，卷 5，第 640 页）

◎闰九月⑤，总督边储⑥李秉奏，迤北差来使臣纳哈赤等三千余名所带马驼等畜四万余匹。除进贡之外，余存养于宣府，日支草料。然宣府预备草不过二十余万束，料不过二万余石，本处马匹尚虑支给不敷，其虏使马驼等畜支粮草恐不足一月之用。且永乐、宣德间虏使所进马匹会官辨验，其不堪进者令自于草地牧放，不许入境驻扎窥伺。正统间方许大同驻扎牧放，以故深知地利，大肆犯边之举。今虏使数多，头畜不少，谲诈之计不可不防，乞敕该衙门计议。于是敕遣户部右侍郎孟鉴、兵部右侍郎王伟同往处之。兵部言，宣府、独石、怀来等处俱奏缺马，乞令伟将所进马匹选取其良者来京，其次堪骑操者，就给各卫缺马官军，又其次损瘦者散与军卫有司牧养，

---

① 景泰二年七月。
② 蹶，音 jué。跌倒。
③ 景泰二年八月。
④ 据《明英宗实录》卷 209 改。
⑤ 景泰三年闰九月。
⑥ 边储，边防用的储备粮食或物资。

以备供亿①使臣之费。户部奏，宜将两淮运司监召商于宣府纳豆及草，豆每引六斗五升，草每引三十束，不分大小官员军民人等报纳，限一月内完，不次支盐。俱从之。（史部第25册，卷5，第641页）

◎六年②四月，先是，守备独石周贤、协赞军务右参政叶盛出境巡哨，擒达贼十二人，解京，下法司问，则泰宁卫民也。以尝有旨许于近边牧放，无犯边情，又无械器，特宥之，发浙江安置。至是，泰宁卫都督佥事革（于）［干］③帖木儿遣人贡马求赎，适盛上官军功次册，请升赏，凡二千八百七十八人。都给事中苏霖等劾盛等贪功生事，以起衅端，乞正其罪，仍取回安置之人给还泰宁卫，庶信义昭明，远人悦服。帝曰，盛等振武边方，姑置之。官军仍给赏，其人安置已定，不必取还。（史部第25册，卷5，第642页）

◎十二月④，敕镇守大同太监王春、总兵官彰武伯杨信等曰，今得偏头关械所获达贼间谍刘三等至京，言系石彪家人，惧罪逃往房酋字来处，授以伪职。八月间尝导贼入寇，今又同贼众四十余人潜来各边探听，约以黄烧饼、衣针为信，又累石塔为号。但余贼尚多未获者，其严督官军及所属地方昼夜尽心挨究。况今正旦⑤已近，尔等慎勿以声息稍缓，纵情宴乐，懈弛防守。并敕宣府独石、怀来，辽东，山西，陕西，宁夏，甘凉，延绥各边关守臣亦如之。（史部第25册，卷5，第644页）

---

① 供亿，供给，供应。
② 景泰六年，1455年。
③ 据《明英宗实录》卷249改。
④ 天顺四年十二月，1460年。
⑤ 正旦，即元旦——每年的正月初一日，是明代汉族社会的三大节之一。

◎四年①正月，敕大同、宣府兵互相应援御寇。时巡抚大同、宣府等处都御史王越言，大同、阳和、天城、宣府、独石等八城堡俱险隘难行，且畜牧鲜少，虏所不由。惟大同中路猫儿庄，西路兔毛河、暖会川，宣府万全右卫、野狐岭等处地势平旷，虏众寇抄，恒必由之。因边军寡弱不支，及请兵缓不及事，每寇至辄自分彼此，坐视成败，不相救援。乞敕两处镇守总兵等官彰武伯杨信、都督颜彪等，自今凡遇小寇，径自剿除，大敌须相会合，庶几兵势盛而功易成。事下兵部，言朝廷命将守边，遇警策应，此其常也。何迩来将臣各分彼此，推避乃尔？宜从越请，降敕令其互相应援。今后敢有违慢②不相协济者，许越奏闻究治。（史部第25册，卷5，第647页）

◎五年③十一月，初，有敕宣府选兵三千赴游击将军许宁统领。都御史郑宁以宣府总镇之地，兵不可减，撤怀来、独石等处兵赴之。镇守独石参将李刚言，独石孤悬绝漠，东西延袤六百余里，控带宣府，屏蔽怀来，胡虏相去咫尺。况其地苦寒，士卒多逃亡内地就食者。今先后撤去六百余人，且保障之道宜壮外以卫内，未闻去唇而补齿也。兵部以闻。诏调还其军，且搜补其逃亡者。（史部第25册，卷5，第647页）

◎宣府龙门守御千户所火焚官草五十七万四百五十余束，有司获纵火者以闻④。刑部请遣官会巡按御史逮守备、经收、看守等官治罪，并鞫纵火者，得实即斩以徇，籍⑤其家赀，以抵草数，不足则于

---

① 成化四年，1468年。
② 违慢，违抗怠慢。
③ 成化五年，1469年。
④ 该条为成化八年四月，1472年事。
⑤ 籍，没收入官。

经收、看守等官取之。仍榜示各边仓场，永为惩戒。诏可。（史部第25 册，卷5，第650 页）

◎六月①，分守独石、马营参将李刚奏，比因御史有言，令各陈御边方略。切见北虏结构犯边，阴谋已久，招诱朵颜以为向导。然乌合之势，外附内疑，宜觇其入寇之时，预施反间之计，故为与朵颜密约之辞，广布于虏所经行之地，云将诱令入境，反兵相攻，马牛辎重随所取获，庶几携贰其心，分散其党。且朵颜巢穴俱在迤东，避其侵掠，必引而西。恐大同、宣府受敌最先。然其地与京师声势连络，贼乘锐锋，利于速战，我军慎勿轻出，沿边坚壁以伺。彼进不得逞，退无所掠，众难久合，势必渐分，然后诸军犄角攻剿，一军克捷，众必惊奔。彼如决意内侵，然后大军鼓勇以当其前，边兵合势以邀其后，使之首尾受敌，进退两难。章下兵部，言刚所言用间之术，固兵法所有。但朝廷抚驭四夷，怀远以仁，伐叛以义，不用他道以幸成功。且兵家所慎莫密于间，今窃恐机事先露。宜行刚等临机应变，勿堕其奸，且虑虏众入寇内外夹攻，其计良是。但军中事情开阖变化，难于预言，宜听临期酌量缓急具闻区画。上是之。（史部第25 册，卷5，第653 页）

◎八月②，守备独石指挥同知绳律奏，虏之入瞭远墩也，实尝躬率士卒与战，杀贼数人，士卒死者二人。久之，参将李刚、守备马营都指挥李英始领兵来援，皆为贼所邀，乃亡卒八人，马三十八匹。会镇守宣府太监弓胜等亦奏，虏之入境，止于千骑，而刚等飞报虚张至万，使人疑惧，以致此败。宜治其罪。事下兵部，言胜等前奏

---

① 成化十二年六月，1476 年。
② 成化十四年八月，1478 年。

贼情同词欺诈，既荷恩贷①，乃以实闻，宜行巡按御史究其误事之故。仍请敕切责，令各以忠勤自效，欺罔为戒。得旨，是之。仍令御史通行覆按，具实奏处。（史部第25册，卷5，第655页）

◎九月②，镇朔大将军朱永奏，八月，虏寇镇门墩，宣府总兵官都督同知周玉率指挥同知绳律等分哨夹击，败之。追至苇子沟，斩首十级，获马二十八匹。虏复寇镇海墩，独石、马营，无所得，散归。参将朱谦等伏兵于柳河东西冲射之，虏惊突西走。追至双望墩，复斩首十二级，获马十四匹，甲仗甚众。诏赐奏捷人钞五百贯。（史部第25册，卷6，第666页）

◎十一年③二月，初，兵部左侍郎兼都察院左佥都御史李介陈边务五事：一、便调集以节边兵。……一、宽住俸以恤边官。边方军职坐买马不及数，连年住俸④，困于饥寒。请行令宣府、龙门等卫所官买马不及八分住俸二年之上者，暂令支俸，立限补完。过限者仍住其俸。其系年远逃亡事故买马未完，自弘治九年以前连坐住俸者，亦准收俸。一、禁占役⑤以革边弊。边镇地方内外镇守等官占役军士动至数百，请立法禁革。自镇守总兵、分守守备、内外官原有奏定军伴名数外，其副总兵以下官亦宜定拟名数。凡协守副总兵与军伴三十名，游击将军二十六名，监枪内官二十名。仍出榜晓谕，不许于额外役占，违者听巡抚巡按官举奏，照例黜降⑥，尤甚者从重治罪。巡按官满日，将各官有无占役具实以闻。至是，兵部覆奏，谓

① 恩贷，施恩宽宥。多用于帝王。
② 成化十九年九月，1483年。
③ 弘治十一年，1498年。
④ 住俸，官制用语。停支俸禄称为住俸。
⑤ 占役，逾制占用公务人员当差。
⑥ 黜降，音 chù jiàng。斥退；降级。

介所言皆可行。但欲改姚信为游击恐不便于事体。请于三关择精兵三千充游兵，委骁勇都指挥二员分领，仍听调度为宜。从之。（史部第 25 册，卷 6，第 682~683 页）

◎正德元年①五月，户部议覆，本部左侍郎王俨言边务四：一清边地。谓宣府平衍土地，故屯田也。景泰中被在京僧寺夤缘②陈乞霸占，为庄者不下十余处，以致屯种失业，边饷匮乏，宜行抚按等官核实，分给无屯军人及新招土兵承种，验亩定赋，征收子粒，庶屯额不失，而边储有赖矣。一计边饷。谓大同、宣府二镇城堡道（理）〔里〕③远近不同，折放官军俸粮银两宜区别定拟，分为等第。如宣府北路独石、马营、青泉、云州、镇安、镇宁等堡孤悬口外，输运颇艰，大同右卫霜早地寒，谷粟少生之所为一等，每石不得过七钱；四海冶、赤城、龙门、雕鹗、滴水崖、金家庄并中路葛峪等堡，西路万全左右、怀安等卫，沿边洗马林、柴沟堡、西阳河、大同左、威远、平虏、井坪、怀仁等卫所，并二镇会城、阳和、天城为二等，每石不得过六钱；朔州、应州、浑源、山阴、马邑、蔚州、广昌、顺圣川东西二城、保安、怀来、隆庆、永宁为三等，每石不得过五钱。如遇年丰谷歉，巡抚管粮官因时酌量平准增减，庶轻重不至无别，而公私俱得其平矣。一处仓场。谓大同、威远仓廒原数少，平虏及顺圣川西城草场窄隘，所积不多，天城草场歧为二处，且逼近居民，难免意外之患，宜行二镇管粮官踏勘，从宜增展改移，及将天城草场并作一处，以便护视，或外筑夹墙一道，以远烟爨④，庶储峙⑤可多而外患可免矣。一迁站堡。谓大同高山站堡传报声息，按伏

① 正德元年，1506 年。
② 夤缘，音 yín yuán。本指攀附上升，后喻攀附权贵，向上巴结。
③ 据《明武宗实录》卷 13 改。
④ 烟爨，音 yān cuàn。升火煮食。
⑤ 储峙，亦作"储偫"。储备，特指存储物资以备需用。

军马，实当驿路要冲之地，但堡基下湿潮卤，粮草损泡，宜行镇巡守等官酌量议处，即为度高燥善地修筑城池，起构仓场，以储粮草，庶边军遂安土之愿，而蓄免亏损之虞矣。诏如议。（史部第 26 册，卷 7，第 4~5 页）

◎六年十月①，虏寇宣府龙门所，守备右监丞赵瑛、都指挥王继战死。事闻。兵部议，以太监陈贵、都御史燕忠、总兵刘淮、游击将军白春、参将詹冕等俱宜究治，且请亟调大同御之。时忠已升，代者赵璜未赴。得旨，贵、淮、忠且不究，令督诸路兵防御。忠俟璜代方许离镇，瑛赠太监，赐祭，荫弟侄一人为锦衣卫世袭百户。继赠都指挥同知，如例升袭。（史部第 26 册，卷 7，第 6 页）

◎十二月②，宣府滴水崖堡官军郭春、小蔡旺等数十人怨其债主牵诉，数群聚（环）［擐］甲③不服追逮。官司虑生变，为逐其债主，下令抚谕之。春等益横肆无忌，鼓行劫掠，至殴击烧荒官军，夺其马匹、器械，伪称大王、天师、知事等号。巡抚都御史刘源清密遣军卒捕之，为春等所觉，遂放火烧官草二万余，驱堡人登城拒敌，伤官兵甚众。副总兵刘渊乃遣人执旗晓谕，散其胁从。春等四人自（到）［刭］④死，小蔡旺等十余人就擒。源清以其事闻，请当各犯以谋叛律。都察院覆言，在律，强盗得财，不分首从皆斩，而例有强盗放火伤人及聚至百人以上者，奏请审决枭示⑤之文。此小蔡旺等所犯正条不为不重，源清欲用重典绳乱军，故据以谋叛，欲并罪其妻孥，没入其产。然于法太深矣。宜依正条拟罪为当。报可。

---

① 正德六年，1511 年。

② 嘉靖七年十二月，1528 年。

③ 据《明世宗实录》卷 96 改。擐甲，音 huàn jiǎ。穿上甲胄，贯甲。

④ 据《明世宗实录》卷 96 改。

⑤ 枭示，旧时谓斩头而悬挂在杆上示众。

是时小蔡旺等多瘐死①狱中，惟钱保监候②，乃斩戮于市，戮旺等尸，俱枭首③，妻子免坐，而藉其资产以偿所烧官草云。（史部第26册，卷7，第20~21页）

◎二月④，兵部覆，巡抚宣府都御史王仪言，宣镇五路，若北路则龙门城许家冲，中路则大白阳，西路则膳房、新开河、洗马林等堡，尤为要地，请得选民兵骄健敢死者，必以三千聚居镇城（两）［西］⑤，一千聚居万全右卫北路，一千聚居独石城，增给月粮，仍给戎器、马匹。而起原任参将李彬、游击董（肠）［旸］、守备江瀚、张忠，复其原秩，令部署之，以时训练，专听杀虏。能大克捷者将（倾）［领］赏银五百两，升三级，军则八十两，而遇害者即以优恤其家，仍录其后。选懦观望者，许镇巡官以军法从事。诏如议行。（史部第26册，卷7，第59页）

◎三月⑥，宣府征军修筑墩台，值虏五百余骑入寇龙门所，总兵郤永率副总兵崔天爵由滴水崖取路，会参将刘环等前后夹攻。至盘道墩，擒斩虏十五级，追及度⑦阳口，擒斩二十七级。虏复驰二百余骑西入碓（春）［舂］⑧沟，为千户乔永等擒斩九级，虏遁。兵部上郤永、总督翟鹏、巡抚王仪、副总兵崔天爵及诸司道将领等功，上深嘉悦，命升鹏兵部尚书兼都察院右副都御史，永都督同知，仪右

---

① 瘐死，音 yǔ sǐ。古代指囚犯在狱中因饥寒而死，后来也泛指在狱中病死。

② 监候，明清两代对判处死刑不立即执行者，暂行监禁，等候秋审、朝审复核的称为"监候"，有斩监候和绞监候二种。

③ 枭首，枭是一种动物，传说长得和猫头鹰极为相似。当枭的孩子出生后会把父母吃掉，剩下一个头颅。所以后来中国有一种刑法叫做枭首，即把人头砍下挂在城门上示众。

④ 嘉靖二十三年二月，1544年。

⑤ 据《明世宗实录》卷283改。下同。

⑥ 嘉靖二十三年三月。

⑦ 度，《明世宗实录》卷284作"庆"。

⑧ 据《明世宗实录》卷284改。

副都御史，俱如旧督抚，赐敕奖励。（史部第 26 册，卷 7，第 59~60 页）

◎四月己卯①，复发余盐事例银一万五千两于宣府修理松、君二堡。先是，宣府都御史王仪等议，称独石、马营孤悬边外，最为难守，宜将松、君二堡修整，分兵屯戍，首尾相应，胡虏可御。且田极膏腴，我边之所当复，丑虏之所必争。近日破虏获功，不于此时乘势兴复，则机宜一失，后将难图。于是命户部发银修复。（史部第 26 册，卷 7，第 60 页）

◎七月②，总督宣大尚书翟鹏上大同增筑墩台堡修浚墙壕功，及请于破虏、灭虏、威虏、宁虏、杀胡、拒胡、威胡、迎恩八大堡各设守备官一人，靖虏、破胡、残胡、败胡、阻胡、灭胡六小堡各设操守官一人，各隶本路参将。上嘉诸臣劳绩，赏鹏及总兵周尚文，参议李良，佥事赵一中、常时平，副总兵戴廉，前巡抚都御史赵锦及督粮郎中郭朝宾，大同知府张镐、刘永，都司刘恩各银币有差。各堡守备等官如议增设。又言，虏常避实击虚，今知大同有备，必移犯宣府，或由此以窥京师，不可不预为之所。下兵部，请发缺官银六千两付巡抚山东都御史端廷猷③募取长枪手三千人，分属将领，期八月趋涿州，听保定镇抚征调；檄辽东都御史董珊取副总兵郝承恩所辖奇兵三千人，期七月趋山海关，听蓟州巡抚征调；命东西官厅听征参将李俊趋喜峰口，徐州④趋大小谷，杨时趋白羊口，总兵许国趋蓟州，其参将罗文豸等士马并属节制。总兵郭宗、参将蔡珞、萧瑾及各营坐营官令厉兵守卫；宣府巡抚王仪、总兵郤永督东路参

---

① 嘉靖二十三年四月己卯，1544 年 5 月 2 日。
② 嘉靖二十三年七月。
③ 猷，《明世宗实录》卷 288 作"赦"。
④ 徐州，《明世宗实录》卷 288 作"徐府"。

将左灏守独石、龙门、四海治，与许国等相为犄角；蓟州抚镇朱方、郑重、戴廉、周彻督所属严设提备，与国等会议酌处。鹏察贼向往，督姜㭊随宜调遣诸军。诏俱如议行。（史部第 26 册，卷 7，第 60 ~ 61 页）

◎八月①，初，蓟州巡抚都御史郭宗皋奏报，虏四十万在宣府独石，欲东西分犯辄请京营山东、河南兵为援，而竟无其实。其后宣大总（兵）［督］② 翁万达奏，七月十一日，虏犯宣府北路龙门所，参将董麒不报督府而辄率所部剿之，斩首三十余级。其明日，守备陈勋死于阵，游击吕阳与虏战，二日乃归。麒与坐营指挥谷泰帅兵先还，不为救，遇游击郭都、旗牌官王浩于青沙［梁］③，告以虏且去，俱罢归。因劾其擅命辱师，请付法吏。上下其章，兵部因并责蓟州警报诪张④之罪。于是兵部参董麒、谷泰不救勋、阳之战，而遏都、浩之援，俱属有罪，而麒之匿报尤甚。巡抚孙锦、总兵赵卿不能发觉，俱宜并究，巡抚郭宗皋过听轻举，罪亦难辞。得旨，宣府之警匿报与宗皋之妄报诪张，遂使骚动京兵，糜耗粮饷，厥罪惟均，姑从轻。夺宗皋俸一年，锦、卿各半年。兵部覆奏，回互姑不究，董麒革任，与谷泰皆逮问。（史部第 26 册，卷 7，第 70 页）

◎翁万达奉诏⑤，会同三镇官议上边防修守事宜……其修边二事：一定规画。宣大镇边其极当虏冲者，北路则龙门、赤城至独石、云州，接连龙门所百二十里，西路则洗马林以至中路（年）［羊］⑥

---

① 嘉靖二十五年八月。
② 据《明世宗实录》卷 314 改。
③ 据《明世宗实录》卷 314 补。
④ 诪张，音 zhōu zhāng。欺诈、诳骗。
⑤ 该条为嘉靖二十六年二月，1547 年事。
⑥ 据《明世宗实录》卷 320 改。

房、常峪、葛峪、小白羊联络龙门城，尽界五十余里，此极当缮修
者也。其余稍缓者，每岁借用防秋兵粮从宜修举。一度工费。前工
约费粮赏银十六万六千一百余两，除旧所余，尚需银十六万三千六
百余两。乞命户部给发。其守边八事：一慎防秋。山西内边宁、雁
诸关原有戍兵及外边关以西至黄河岸山险水深者，遇秋但令戒严，
不必益兵。其偏关以东及宣大地方，当（画沂）［画圻］① 布兵，联
络戍守，仍随宜更调，及时聚散，以休人力。一并兵力。山西、大
同两镇外边，自偏关历老营至东阳河镇口台七百五十一里，宜将两
镇兵马通融分布，并守要害，仍量留宁、［雁］一带兵马以为内防。
一重责成。各镇总兵官务督偏裨往来防御，其防秋时，边界失事，
则查照分派之信地，防秋后，各城堡失事，则仍照原辖之地界因以
坐罪。一量征调。山西、宣、大前此既藉客兵振气势，遽难悉罢，
第当量减。况延绥新游兵二枝本为策应宣大而设，今宜量行征调，
檄延绥兵一枝，驻扎宣大适中地方备援三镇，保定兵一枝，驻赵
（州）［川］堡，辽东兵一枝驻赤城，比之往岁，十省其五六矣。一
实边堡。宣、大、山西各卫所军有愿携家住本镇边堡者，悉从其便。
或先审名他镇者，许其自首回卫。一明出塞。小战之利，大战之始
也。兵练而不试，一旦遇敌，则骄钝而难用。故出塞袭击，乃试兵
习攻之术也。今后遇虏临边住牧，或零虏并塞窥伺，及虏大举入寇，
其营帐老稚妇女孳畜留塞外者，许兵将得择便出塞（撩）［掩］② 袭
剿杀，获有首功，一体升赏。一计供应。客兵应援，往来无定，及
并守大同出百里外者，行粮料草全支。代州、宁、雁诸关守兵免调
者，不支行粮。其宣、大、阳和、万全等堡更番休息者，间日一支。
一省财用。近山西革罢民壮，宣大量减辽、陕客兵，计所省粮犒之
费且将六十余万，内地民力可使暂纾。兵部议，万达周善可行。修

① 据《明世宗实录校勘记》改。
② 据《明世宗实录》卷320改。

边请先自龙门、赤城始。今陕西、辽、蓟俱有警报，宣、大密迩，又恐房声东出西，宜以保定兵一枝，延绥兵一枝，如所议预调。辽东待有警然后发。财用既省，宜令首臣榜谕，使有司不得朦胧科派。上曰，兹修边守边诸议具见总督抚镇诸臣竭心边务，俱如拟行。（史部第 26 册，卷 7，第 72～76 页）

◎三月①，翁万达言，臣暗陋，不明于当世之故，自早年则听闻中外谈边事者以为必可见于行事及躬自任之，又辄大谬不然。语曰耕当问奴，织当问婢，谓必身亲其事而后知也。乃亦有骏婢狂奴不（诸）［谙］② 耕织，孟浪为之说者，听者以其亲于事也，鲜不为所惑矣。此古今通弊也。夫详内而略外者，治国抚民之道也。详外而略内者，御边防秋之道也。察形势，择要害，所以慎防也。……臣敢绘修完三镇边墙，而以边关形势冠于首简，进呈圣览，所有未尽事宜开列于左。一、宣府北路龙门、云州一带新筑边以内多膏腴土［田］③，宜分拨附近军民耕种，永不起科，随便增筑堡塞营房，听其居住。一、独石、马营、赤城各墩共计八十六里，并敌台一百七十三座，及滴水崖、四海冶、永宁等处宜次第修筑，工费以修边余银给之。……疏下部覆，［得］旨允行。既而山西抚按官议革平、潞二营所部募军三千名，选其精壮者半附入平、潞卫所，每值防秋，量调赴边。太原、岢岚官军及北楼口游击则仍旧云。（史部第 26 册，卷 7，第 82～84 页）

◎北虏入寇④，犯宣府滴水崖，把总指挥江瀚、董旸御之，战死，全军皆没。虏遂东犯永宁，关南大震。（史部第 26 册，卷 7，第

---

① 嘉靖二十七年三月，1548 年。
② 据《明世宗实录》卷 334 改。
③ 据《明世宗实录》卷 334 补。下同。
④ 该条为嘉靖二十八年二月，1549 年事。

85 页）

◎三月①，先是，正月间，大同侦虏酋俺答等纠众将由去秋旧路寇宣府，总督翁万达以宣府总兵赵卿怯懦，恐不能当虏，乃疏请预调大同总兵周尚文代卿。至二月十一日，贼果以数万骑犯滴水崖，指挥董旸、江瀚、唐臣、张淮等俱战死。虏遂南下，驻隆庆石河营，游骑分窥东及永宁川，南及岔道、灰岭、柳沟、大小红门诸口。游击王钥、大同游击袁正遇虏于隆庆州桥南，与战却之，士气稍振。虏移营向南，周尚文提大同兵万骑至南路，参将田琦率骑千余来附，与虏遇于曹家庄，搏（贼）［战］②竟日，相持未决。次日复殊死战，斩酋首四，搴③其旗，贼气沮。会万达督西路参将姜应熊等自怀来顺风鼓嗓扬尘而东，虏不测，以为有大兵至，遂结营东遁。宣府新任总兵赵国（张）［忠］闻警，驰出关，至岔道，简参将孙勇兵千余迎贼于大滹沱，败之，遂与尚文等分道追贼，复击败之，虏狼狈夜遁。于是万达以捷闻，因言，虏（狃）［狃］于去秋得利，知宣将不足忌，非时大举，垂涎关南，其氛甚恶。幸侦报早闻，先期征发，应急一时，诸将能奋死以抗，方张之虏使不得南瞰居庸，西下洪、蔚，扶伤驮尸，失利宵奔，而尚文功尤称奇绝。至于慢令偾师④避灾择便诸臣，则罪有不可逭者。臣谨究竟其得失之故，列上始末，惟皇上赏罚之。盖论功尚文最优，国忠、正、琦、勇、应熊次之，当录。瀚、旸、臣等死事甚烈，当恤。罪则宣府原任总兵赵卿、参将欧阳安、王臣当治。若祁勋、王钥则功不掩罪。都指挥杨钺、董玺，游击曾镇，守备（未）［朱］爵则罪有可原。会巡按御史王楠复劾赵卿、欧阳安、王臣等罪，并万达及宣府巡抚赵锦亦请示罚。

---

① 嘉靖二十八年三月。
② 据《明世宗实录》卷 346 改。下同。
③ 搴，拔取。
④ 偾师，音 fèn shī。使军队覆败。

疏俱下兵部覆，称虏近鸷甚，小人则小利，大人则大利，边民受其荼毒，我兵积怯，已成不振。今兹诸将能挫败其锋，使之狼狈出奔，盖数年所未见，所宜略过论功，用作敢战之气，风示诸镇。上曰，今次总镇等官督率官军逐斩虏寇，劳绩可嘉。尚文加太保兼太子太傅，赏银五十两，纻丝六表里。万达升兵部尚书兼右副都御史，总督如故，赏银五十两，纻丝四表里。仍赐玺书奖励国忠五十两，二表里，瀚、旸先各赏银三十两，臣、淮等二十两，令军门恤录其家。锦既罢去，姑不问。安等下法司讯治。辅臣严嵩荫一子，中书舍人赏银五十两，纻丝三表里。兵部尚书赵廷端加太子少保，银四十两，纻丝三表里。侍郎詹荣升俸一级。本司官各银五两，帛一匹。勋等功罪令巡按御史再勘，并（覆）［核］诸阵亡者一并奏闻。既而尚文疏言，诸将士奋不顾身，三战三捷，即所摧败，前此无闻。今臣独膺升赏，而阵亡及有功将士未沾恩赉，恐人心懈弛。愿辞升赏之命，少推恩将士，以图后效。上以升赏既有成命，不允辞。命兵部亟议赏格以闻。部臣仍请下按臣核实。从之。（史部第 26 册，卷 7，第 86～87 页）

◎翁万达奏[1]，边镇京师屏蔽，设险守要，惟在审形势、酌便宜而已。盖天下形势重北方，以邻虏也。而我朝与汉、唐异。汉、唐重西北，我朝重东北。何者？都邑所在也。汉、唐都关中，偏西北，故其时实始开朔方、城受降不但已也。我朝都幽、蓟，偏东北，则皇陵之后，神京之外，其所以锁钥培植以为根本虑者可但已哉。今日天下形便[2]重宣、大，以数警也，而近时与往年异。往年虞[3]山西，近时虞京后，何者？虏情不常也。往年急太原，其时内边之修，

---

① 该条为嘉靖二十八年四月事。
② 形便，《明世宗实录》卷 347 作"便宜"。
③ 虞，忧虑。

外边之筑，建议并守，不惮劳也。今时急隆、永，则皇陵之后，神京之外，其所以锁钥培植以为根本虑者可惮劳①哉。盖虏之为患犹泛滥之水。中国设守犹障水之堤，诸堤悉成，则渐成隙漏，诸堤未备，则先注空虚。乃今则已注宣之隆、永矣。昨岁承突于镇安，今岁狼顾于滴水，摇尾以归，骈首不解，安得不为之寒心哉。夫往年修边之役，宣府始西、中路者先所急也，北、东二路限于财力，间多未举，又以独石、马营、永宁、四海冶之间素称险峻，朵颜支部巢处其外，尚能为我藩篱。今西、中路边垣足恃，虏不可犯，其势必不肯以险远者自阻，而朵颜支部复为所逼，徙避他所，北、东二路之急视前盖数倍［也］②。试以二路边计之，东路起四海冶镇南墩而西至永［宁］尽界，北路起滴水崖，而北而东而南。至龙门城，尽界为边九千七百里，而二路马步官军防秋摆边者仅得二万有奇，乃复守南山三百四十里之边，兵分备疏，虏溃外防则隆庆、永宁之间仓皇骚动，南山诸口山梁多可漫走，我力不御，则畿辅内地不免震惊，又安得不为之寒心也。夫天下之事不有所待，无以全其力，不有所更，无以尽其利。宣之北路溪谷（辟）［僻］［仄］，地［产］贫瘠，往年不数数患虏者，彼诚避其险远而无所于利。近乃入寇至再［者］，志在内地，又知内无重垣耳。内设重垣，虏计斯沮，故今在左腋龙门卫杨、许二冲，右腋龙门所滴水崖一带，俱当厚为之备，以绝其所必窥。设使虏仍贪入，则须出独石、马营而南，逡巡前却于溪谷辟仄之间，而我内垣之守愈固。（次）［攻］不可隳，掠无所获，疲其力而冲其中虚，伺其隙而要其归路，当无不覆之寇矣。故外边以捍北路，内险以捍京师。寻常窃发，外边自可支持，万一侵轶③，内险复成犄角，缓急相资，战守并用，兹所谓审形势、酌便宜

---

① 惮劳，怕苦怕累。《左传·哀公二十年》："今君在难，无恤不敢惮劳。"

② 据《明世宗实录》卷347补。本条以下均据《明世宗实录》卷347改、补。

③ 侵轶，亦作"侵佚"。侵犯袭击。

而尽之于人谋者也。臣往来相度，拟于东路镇南墩与蓟州所属火焰墩接界，塞其中虚，筑墙仅三十余里，可以省数十里之戍兵。自此而西，历四海冶、永宁、先①头岭、新宁墩一带地势不可乘者，稍为更改，俱修创新墙一道。北路外边补修创修，务期通完。又自永宁墩历雕鹗、长安岭、龙门卫至六台子墩而止，另为创修一道，据其要害，是为近边，即与东路新墙连而为一。防秋之时，不必退守南山，俱须并力外险。盖不止备金汤之设崇虎豹在山之威，亦且成首尾之率然相应之利也。谨将经费工役事宜条为（互）〔五〕事：一处夫役。宣镇五路军人及河南班军仅可四万，请令山西、保定抚臣各籍所属民夫万五千人，给以资粮，委官督领，刻期赴镇。一计工费。宣府东路边墙一道，北路内外墙各一道，及诸墩舍水门计工当役七万人，以百五十二日为期，度支费银四十三万六千六百有奇，（谓）〔请〕发太仆寺马价银②及本部缺官柴薪银，不足以帑银③给之。一移将领。宣镇二路不必增兵，第移本镇副总兵于永宁城，移永宁参将于四海冶，奇援兵马愿从者听。否则就近交兑，不足从宜选补。副总兵专督团（练）〔操〕军骑，巡（微）〔徽〕山陵官将自参守而下，许会总兵调度。一议戍卒。原以东北二路边军单弱，不便分戍，欲摘京营步军六千赴永、隆协守，然京军未可轻发，第令朔州兵备召募三千益之。一备战车。永、隆、怀、保地势平夷，可车战。前保定巡抚刘隅创战车数千辆，置之腹地无所用。宜取三之二运赴本镇，则不加费而战守之备足矣。疏下兵部覆议，得旨，俱如议行。（史部第26册，卷7，第88~90页）

---

① 先，《明世宗实录》卷347作"光"。

② 马价银，明初规定各地蓄马以供边备，后以南方不产马而改征银，储太仆寺常盈库，称作马价银子。《明史·兵志四》："成化二年，以南土不产马，改征银，四年始建太仆寺常盈库，贮备用马价。"

③ 帑银，国库中的银子。《明史·河渠志六》："请帑银三万两，并灵州六年盐课，以给其费。"

◎八月①，虏酋俺答纠合套虏诸部大举入寇，至独石边外，驻金字河。（史部第 26 册，卷 9，第 93 页）

◎甲子②，虏犯宣府两河口，官军拒之，不得入。（史部第 26 册，卷 9，第 93 页）

◎虏酋小王子率众由宣府独石入犯赤城滴水崖等处，攻毁屯堡，焚戮甚惨，凡四日，驱掠人畜而去③。（史部第 26 册，卷 9，第 109 页）

◎虏复自宣府龙门入寇，经麻峪口犯怀来、保安，南山戒严。诏佐击将军伯昂、刘国宾、伊淮、刘涵各率部兵守护陵寝④。（史部第 26 册，卷 9，第 115 页）

◎六月⑤，宣大山西督抚杨博等条议备虏事宜。宣府四事：一、分布士马。令总兵李贤以正兵驻扎镇城，五路参将各守信地，巡抚标下及东路游击驻怀来，新旧游兵驻左卫东城，以防蔚州等处南下紫荆之路，奇兵驻龙门、雕鹗，以防麻（哈）［峪］⑥口南及怀、保之路总督移驻宣府或保安，以护陵寝。一、独石逼近虏巢，请暂留宣大入卫兵二枝备之，仍额外发银三万两预处兵粮。一、原调矿兵防秋三月，每月量于行粮数外加给米五斗，免给盐菜。一、请工部给发火器。大同五事：……山西八事：……疏入，下所司覆议，俱

---

① 嘉靖二十九年八月，1550 年。
② 嘉靖二十九年八月甲子，1550 年 9 月 13 日。
③ 该条为嘉靖三十二年八月，1553 年事。
④ 该条为嘉靖三十四年九月，1555 年事。
⑤ 嘉靖三十七年六月，1558 年。
⑥ 据《明世宗实录》卷 457 改。

可。惟防河官军在百里之内行粮不必添。上从部议。（史部第 26 册，卷 9，第 124~125 页）

◎先是[1]，右卫解围，虏仍驻牧近边，声言欲犯独石。独石孤悬塞外，乃虏入宣府趋蓟镇之路。时朝廷每岁发宣大兵戍蓟镇，名为入卫，专备关以内，陵京有变，听蓟镇、辽总镇官调遣，不佐关外之急。又宣府边外属夷日求内徙，抚臣议处之于宁远堡中，事久不决。总督尚书杨博以此为皆边境安危所系，所宜亟处。但大同祸已燃眉，当救一时之急，宣、蓟患在厝薪，当图万全之计。乃建议请罢怀来参将刘环、四海冶守备韩鉴，而于独石城中选有勇谋为众所推如尚表者，不拘见任、废弃，委之守城，功成一体升赏。其蓟镇入卫兵俱听宣大督抚官便宜调遣，先发后闻，与本镇互相应援。仍多设戍兵于怀、隆，为居庸南山之蔽。属夷来降者但厚其赏给，不得纵之入内，以启乱华之阶。上俱从之。（史部第 26 册，卷 9，第 126 页）

◎七月[2]，杨博言，独石孤危，非宪臣驻之不可。乞命分守口北道驻镇城兼管中路，而以分巡口北道参议专辖北路，改驻赤城。从之。（史部第 26 册，卷 9，第 126 页）

◎四月[3]，巡按直隶御史〔栾〕尚约上言，宣府（山）〔西〕[4]北二路为通虏要区，新旧游兵二营驻扎镇城，有警旋出御敌，疲于奔命。乞移二营兵，一驻赤城，防东、北二路；一驻左卫，防西、中二路。疏下总督尚书杨博勘议。博言，宣府新旧游兵家在镇城，

---

① 该条为嘉靖三十七年六月事。
② 嘉靖三十七年七月。
③ 嘉靖三十八年四月，1559 年。
④ 据《明世宗实录》卷 471 改。

今若移驻远边，乐改者少，惟入卫游兵家在各路，使复还故地，人必便之。宜改在北路者九百有奇为旧游兵驻赤城，在西路者一千有奇为新游兵驻左卫，更补足二千之数。其新旧游兵除选补入卫，余者分入正奇两营副总兵官统领。事下兵部议，入卫兵马乃原系挑选诸路之精锐以为内备，且不必更易，止令新旧游击各带领本营兵马前赴赤城、左卫驻扎，以壮声援。倘蓟东有警，仍驰入卫。俟秋防事竣，将新旧二营通行选练堪入卫精卒，然后议奏更替。上允部议。（史部第 26 册，卷 9，第 127～128 页）

◎六月①，先是，宣府边外有流夷史大、史二等，为黄台吉以兵威略属之，因用为导，以内讧，永宁、龙门之间颇被其害。然黄酋淫虐，凡史夷妻女，凡所部夷妇，有色者多为所渔，并攘其牛马。由是史夷怨恨不附，累通款边臣，愿内附保塞。边臣疑其诈，令杀虏自效，以立征信。史夷兄弟乃斩黄酋所署监部夷孙头目忍克等十余人，尽戕其众，以其俘馘来献。守臣以闻。诏赏史大织金纶丝衣一袭，彩段二表里，史二彩段二表里。夷人桃花带等、将官吕渊等五人令军门奖赏有差。（史部第 26 册，卷 10，第 135 页）

◎九月②，上谕辅臣曰，北虏为谋，深狡非常，本兵何乃不虑，原内（宜）[逆]③多，而胡不足较。今须益兵坚守，勿轻战。京营亦宜为备。于是部臣杨博上言，俺答、黄台吉二酋夏月会驻青山之后，其谋甚深。秋抄分屯宣、大之间，其迹渐露，大约声东击西，窥伺蓟镇。及知我有备，一路窥宣府马营等堡，一路窥大同平虏等城。臣移文各督臣日凡数四，贼在大同者，已檄将官（捕）[备]

---

① 嘉靖四十年六月，1561 年。
② 嘉靖四十年九月。
③ 据《明世宗实录》卷 501 改。下同。

其三面，邀其惰归。复屯兵守左、右卫，在宣府者，部分总兵游击官当北路之冲，而又留副将等兵守南山。内外之防不敢不豫。今仰承圣谕，请申饬各边诸臣部署士马，坚壁固垒，外收边围万全之功，将京营兵马通行整搠，必俟冬寒冰合乃可解严。从之。（史部第26册，卷10，第136页）

◎十一月①，宣府总兵马芳率所部参将刘浑②等千余人出独石边外二百里，袭击虏骑于长水海子，败之。还，入边未至，虏追及于鞍子山，芳等复战，又败之。前后擒斩共八十余人，夺马四十余匹。督抚官以捷闻。上嘉其绩，赏芳银四十两，纻丝二表里，荫一子正千户，总督侍郎陈其学四十两，二表里，巡抚都御史王遴三十两，一表里，各升俸一级。兵备副使方逢时、参将刘潭、千总解生各银二十两，解生仍升二级。上又以秋防无警，更多捷报，赏兵部尚书霍冀、侍郎曹邦辅、刘焘、冀炼、职方郎中孙应元等各银币有差。（史部第26册，卷10，第152页）

◎四月③，巡按直隶御史刘良弼言，国家制虏之全画，战守为先。今日贡市之权宜，恩威最急。臣请得熟陈于前。夫抚虏与贿虏异。虏诚心效顺，吾因而字之，曰抚。虏扣关呼索，吾苟且应之，以祈免祸，曰贿。不察顺逆，不谕是非，使人眩于名实，则恐今日抚虏之资，为他日贿虏之计，甚者借启衅之言，掩养乱之罪。其势积衰，为害滋大。请假边臣便宜，度虏情之诚伪，审事机之当否，顺则抚之，逆则拒之。倘或东西侵犯，即奋力擒斩，无待奏闻。虽小有损失，无得重治，但不令将官生事，以致损威。此议战之大略

---

① 隆庆二年十一月，1568年。
② 浑，《明穆宗实录》卷26作"潭"。
③ 隆庆六年四月，1572年。

也。夫宣大为京师藩篱，而独石为宣府屏蔽，龙门、赤城一带又独石咽喉。猝有虏警，难于应援。非预积糗粮，何以拒守。臣谓独石、马营八城堡宜蓄一岁之储，以守为战。中、东、西、南四路宜蓄数月之储，以战为守。此议守之大略也。臣又闻俺答已款附，而把都儿且老死。纵令黄台吉跳梁，亦终孤立。近又与察罕儿构隙，此正我间时也。诚阴广［间］①谍挑之，以成彼外患，而又少加裁节，以示［中国］牢笼之机权，抚赏可施，而诸凡分外邀求亦量为颁给，布帛可赐，而一切华靡②之服用则严为之禁。巡边［之夷］日渐增加，宜防其入犯，哨粮之减，岁计数万，宜［核以修边，其它边备事宜］，悉令边臣熟计。兵部覆请，上乃下其奏，令总督王崇古督率各镇巡官参酌行之。（史部第26册，卷10，第177页）

---

① 据《明穆宗实录》卷69补。下同。
② 华靡，豪华奢侈。

4. 《清朝通典》

【题解】 《清朝通典》原名《皇朝通典》，清代乾隆时三通馆臣嵇璜、刘墉等奉敕撰，十通①之一，100 卷。于乾隆三十二年（1767 年）开始编修，大约完成在乾隆五十一年至乾隆五十二年之间。其编纂目的正如其书总目中所指出的"用以昭示万年"。

该书共分"食货典""选举典""职官典""礼典""乐典""兵典""刑典""州郡典""边防典"九典。该书主要根据《清律例》《清一统志》《大清通礼》《大清会典》等书的内容编纂而成，汇总了清代开国至乾隆中期 170 多年间的社会典章制度，反映了这一阶段的历史变化，其作用为研究清史所不可或缺。如"食货典"中榷酤、算缗等细目，"礼典"中封禅的内容，编书者认为这都是前朝的弊法，清代没有推行，所以尽皆删去不用，"兵典"中则增加了介绍清代八旗制度的内容，"州郡典"分省排列，改变了以前按九州叙述的成例，这些细目的更改，都反映了当时的实际情况，表明了是书的史料价值。但也应当指出的是，是书内容虽较充实，但毕竟不能与《通典》相提并论，书中为巩固清代统治的目的显而易见，其在总目中的自我吹捧，也是需要加以甄别注意的。

该书有武英殿刊本和清末浙江书局的复刻本，都是与《三通》合刊的。上海商务印书馆于 1935 年至 1937 年出版《万有文库》二集，其中的《十通》合刊本中《清朝通典》影印精装 1 册，是目前仍在通行使用的本子，本辑就是据该本辑录有关赤城内容。

---

① 十通，是书名带"通"字的十大书的总称。唐代杜佑撰《通典》后，有南宋郑樵撰《通志》、元初马端临撰《文献通考》，合称"三通"。清乾隆时官修的《续通典》《清朝通典》《续通志》《清朝通志》《续文献通考》《清朝文献通考》，加上前面"三通"，称为"九通"。1935 年，商务印书馆再加入刘锦藻《清续文献通考》，总称"十通"。

《清朝通典》书影

◎田制官庄（卷2《食货二》，第2030页）

八年①，敕禁复行圈占民间房地。谕将本年见圈之地，悉还民间

---

① 康熙八年，1669年。

旗人。无地者，择边外空地拨给。寻议，以张家口、杀虎口、喜峰口、古北口、独石口、山海关外旷土①，宗室、官员、兵丁有愿将壮丁地亩退出，取口外闲地耕种者，本都统咨送按丁拨给。

◎关榷②（卷8《食货八》，第 2061 页）

○直隶天津关税七万四千五百六十两有奇，山海关税三万二千二百两，税有正税、商税、船料税，正税各按出产地道，商税按物价，船税按梁头大小。张家口税二万两，杀虎口税一万六千九百十有九两，潘桃口税七千六百四十五两，古北口税二千六百九十九两，呼纳呼河税二千三十两，辉发穆宸税二百八十两，伯都讷税二百八十两，凡牲畜计价值，货物分地道。龙泉、紫荆、独石等关口税四千三百六两有奇。系落地税，地方官随时酌收，无定例。

○七年③，定独石口、杀虎口差满洲笔帖式收税。八年，定各关专差，汉官每关一人例。九年，并西新关、江宁仓为一差，停独石口差，严关差留用，保家委官之禁，凡额设巡拦，各制号衣、腰牌。十年，令各关差刊示定例，设柜征收，不得勒扣火耗及陋规，并禁关役包揽报单。十一年，定各关兼差户部满汉官笔帖式例。十三年，定各关专差汉官两翼差笔帖式，张家口、杀虎口各差满官一人，笔帖式一人，均照例一年更代。十四年，令各关将部颁条列刊榜竖立关口，便商输纳。又令各关当堂设柜，设梁头货物条例，商民亲行填簿输银投柜。

◎职官（卷26《职官四》，第 2176 页）

又雍正七年④，置巡察游牧御史或部院司官一人，每岁更替，今

---

① 旷土，荒芜的土地。
② 关榷，设关卡征税。
③ 顺治七年，1650 年。
④ 雍正七年，1729 年。

改定五年抡遣一次。张家口、喜峰口、独石口、杀虎口、古北口管理驿站员外郎各一人，掌蒙古各处邮驿之政。令以宣传命令通达文移，凡百里为一传，自喜峰口至扎赉特置邮十有六，自古北口至乌珠穆沁置邮九，自独石口至浩齐特置邮六，自张家口至四子部落置邮五，自杀虎口至乌喇特置邮九，又自归化城至鄂尔多斯置邮八，仍为杀虎口路。均于水泉形势之地安设，五路各设员外郎一人，由本院司官内奏委，司其事，笔帖式一人佐之，三岁而代。围场总管一人，左右翼长各一人，章京八人，骁骑校八人，木兰围场在蒙古各部落中周一千四百余里，国语谓哨鹿为木兰，故以得名。圣祖仁皇帝因喀喇沁、敖汉、翁牛特等诸部落所献牧地置岁行秋狝①。

◎副将（卷38《职官十六·总兵副将》，第2224页）

副将，直隶督标一人，三屯协、河屯协、山永协、河间协、通州协、大名、张家口协、独石口协各一人。

◎宝印（卷54《礼》，第2384页）

巡视五城御史管理古北口驿务、管理独石口驿务，铜关防②长二寸八分，阔一寸九分。

◎亲征（卷59《礼》，第2433~2435页）

康熙三十五年二月③，圣祖仁皇帝以厄鲁特噶尔丹悖天虐众，侵掠喀尔喀诸部落，宜乘时剿灭，辑宁疆圉。遣发大兵分道并进，躬

---

①　秋狝，国君秋季狩猎之称。狝音 xiǎn，古代指秋天打猎。

②　关防，印信的一种，始于明初。明太祖为防止作弊，用半印，以便拼合验对。后发展成长方形、阔边朱文的关防。清代，正规职官用正方形官印称"印"。临时派遣的官员用长方形的官印称"关防"。

③　康熙三十五年，1696年。

统六师由中道声罪致讨，令钦天监①择吉启行。前期三日，分遣官祗告天地、宗庙、社稷、太岁，颁行军律令。至日，遣官致祭道路、火炮之神。銮仪卫陈卤簿②，自午门至堂子。不从征王、贝勒、贝子、公等于午门前齐集，候圣驾出跪接。随行从征王、贝勒、贝子、公等于外金水桥齐集，候过随往行礼。八旗鸣蒙古画角③，军士每旗四名，八旗吹海螺④，护军每旗二十五名，排列于堂子街门外。八旗护军、火器营护军参领各八人咸蟒袍、补服⑤，持纛⑥排列于堂子内门之外。至吉时，圣祖仁皇帝出宫，午门鸣钟，不作乐，至御河桥鸣角吹螺，进堂子街门，螺、角止。礼部堂官恭导就位，行三跪九拜礼，诸王、大臣、侍卫等按依序立随行礼，礼毕，螺、角齐鸣。礼部堂官恭导至内门外，致礼于旗纛之神，毕，螺角止。卤簿自堂子设至郭外，圣驾出，照常作乐。由安定门街出德胜门，八旗护军分翼陈列，先列鸟枪护军，次鸟枪骁骑，出征皇子、王等旗纛护卫各于本旗护军之中排列，其各旗鸟枪护军之下，列满洲炮兵，次汉军炮兵，次汉军火器营兵。圣驾出郭，三举炮。圣祖仁皇帝至陈兵处，官兵皆于马上俯伏，候过方起。其不随征王以下有顶带文武官以上咸蟒袍、补服，过大军排列之前，分翼跪送。并令八旗官兵肃清道路，严禁仆从马匹喧杂之声，候圣驾过，官兵各整队伍，相随进发至驻营处。前锋军过御营前驻札为二营，八旗军及骁骑列为十

---

① 天监，指皇帝的鉴察。

② 卤簿，古代帝王驾出时扈从的仪仗队。出行之目的不同，仪式亦各别。自汉以后亦用于后妃、太子、王公大臣。唐制四品以上皆给卤簿。

③ 画角，古管乐器。传自西羌。形如竹筒，本细末大，以竹木或皮革等制成，因表面有彩绘，故称。发声哀厉高亢，古时军中多用以警昏晓，振士气，肃军容。帝王出巡，亦用以报警戒严。

④ 海螺，海里所产的螺蛳，壳可以作酒杯、号角等。

⑤ 补服，明清时的官服。因其前胸及后背缀有用金线和彩丝绣成的补子，故称。通常文官绣鸟，武官绣兽。各品补子纹样，均有规定。清代规定，命妇受封，亦得用补服，补子各从其父之品以分等级。

⑥ 纛，音 dùo。古代军队里的大旗。

六营，火器营兵、随炮兵丁、炮手、棉甲兵列为四营，部院堂司官员、笔帖式等列为一营，左翼察哈尔兵列为二营，绿旗兵各为一营，御营网城内建刁斗设巡警二十一处，每处以旗员一人，内府护军及执事人十名，守卫网城三门，每门以护军及执事人十名，守卫外营安设巡警八处，每处以旗员一人，侍卫、銮仪卫官执事人共十名，守卫外营四门，共以护军执事人四十名，守卫马匹牧场于镶黄等三旗，每旗以旗员一人，侍卫、銮仪卫官执事人共三十名守之。大军分两路出口，并分翼牧马，前路牧马路左，必留路右，以待后路之牧。所过城池村舍，严禁驰骋骚扰辎重，出口皆按序结队而行。至居庸关及独石口，并遣官祭山川之神。师次青城雨雪交作，至驻营处，圣祖仁皇帝御雨具伫立旷野，俟军士结营毕，始入行营，各营举炊，然后进膳……六月在京皇子、诸王、大臣等奉表称贺。圣驾至独石口，城中居民及二三百里居民列香案欢呼叩首。是日，在京皇子、诸王、大臣来迎驻跸怀来县。时地方稍旱，驾甫至，即沛甘霖，百姓踊跃跪叩。驾发清河，设卤簿。在京皇子、王、公、文武群臣咸蟒袍、补服于郭外五里道旁跪迎，八旗护军、骁骑步军，近京绅士、商民、耆老、男妇焚香悬采扶携跪迎。命前驱勿警跸①，环集者数万人，欢声雷动。圣驾由德胜门入，卤簿大驾自土城关设至堂子，遵旨停排旗纛，画角作乐，前导礼部堂官恭导诣堂子就拜位，行三跪九拜礼，礼成，卤簿大驾自堂子设至午门，圣祖仁皇帝还宫。

◎驻防兵制（卷70《兵三》，第2539页）

察哈尔都统一人，驻札张家口，统辖游牧察哈尔八旗，辖分驻协领一，防守尉一。副都统一人，八旗总管八人，参领八人，副参领八人，笔帖式十六人，佐领一百十人，护军校一百十人，骁骑校一百十人。

---

① 警跸，古代帝王出入时，于所经路途侍卫警戒，清道止行，谓之"警跸"。

除半分佐领及半分之半佐领不计外。每佐领下设亲军二名，前锋二名，护军二十五名，领催六名，骁骑三十五名，共兵七千七百名。察哈尔八旗分左右二翼，东四旗为镶黄旗，又东为正白旗，又东为镶白旗，最东为正蓝旗。西四旗为正黄旗，又西为正红旗，又西为镶红旗，最西为镶蓝旗。镶黄旗驻苏门峰，正黄旗驻穆逊特克山，正红旗驻古尔班托罗海山，镶红旗驻布尔泉并在张家口外，正白旗驻布尔噶台，镶白旗驻布延阿海苏默，正蓝旗驻扎哈苏台泊并在独石口外，镶蓝旗驻阿巴该哈喇山。在杀虎口外其部众习于游牧，与扎萨克蒙古同俗，其旗务则掌之都统制与内八旗相等。张家口满洲协领二人，蒙古协领二人，佐领六人，防御十人，骁骑校十人，步军尉二人，笔帖式二人，八旗满洲蒙古领催四十名，前锋四十名，骁骑六百名，步军一百六十名，养育兵一百六十名，箭匠铁匠共二十名。独石口防守尉一人，兼辖千家店驻防一。防御二人，骁骑校二人，八旗满洲领催四名，骁骑九十名。千家店骁骑校一人，满洲领催四名，骁骑三十六名。

◎绿营兵制（卷70《兵四》，第2544～2545页）

宣化镇，总兵官一人，驻札宣化府。管辖本标官兵，分防各营镇标；中营，中军游击一人，中军守备一人，千总二人，把总四人，兵五百七十七名；左营，游击一人，中军守备一人，千总一人，把总四人，兵五百七十二名；右营，游击一人，中军守备一人，千总二人，把总四人，兵五百七十一名；宣化城守营，都司一人，千总一人，把总四人，兵五百四名。左卫城，营守备一人，驻札万全县左卫城。把总一人，兵一百四名。怀安路，都司一人，驻札怀安县。把总一人，兵一百十三名。张家口协，副将一人。驻札宣化府西北张家口。中营，中军都司一人，中军守备一人，千总一人，把总二人，兵三百六十七名；左营，守备一人，千总一人，把总二人，兵三百一名；右营，守备一人，千总一人，把总一人，兵四百三十九名。万全营，守备一人，驻札万全县。千总一人，兵一百四十二名。膳房汛，守备一人，驻札膳房堡。把总一人，兵一百三十名。新河口汛，守备一人，驻札新河口堡。兵一百十名。洗马林汛，守备一人，驻札洗马林堡。把总一人，兵一百十五名。柴沟营，都司一人，驻札柴沟堡。把总一人，兵一百三十八名。西阳河汛，守备一人，驻札西阳河堡。兵一百十六名。张家口捕盗，千总一人，把总一人，兵三十九名。独石口协，副将一人，驻札宣化府东北独石口。中军兼管左营，都司一人，千总一人，把总一人，兵二百一名；右营，守备一人，把总二人，兵二百八名。赤城堡，都司一人，驻札赤城县。把总一人，兵七十名。龙门所，守备一人，驻札龙门县。兵一百三十名。滴水崖汛，都司一人，驻札滴水崖。兵一百一名。云州营，守备一人，驻札云州堡。兵七十六名。镇安营，守备一人，驻札镇安堡。兵一百十四名。多伦诺尔，都司一人，驻札多伦诺尔厅。千总一人，把总二人，兵二百六十八名。马营堡，千总一人，兵五十八名。靖安堡，千总一人，兵五十一名。镇宁堡，把总一人，兵五十六名。松树堡，千总一人，兵五十名。君子堡，把总一人，兵二十九名。独石口捕盗，千总一人，把总一人，兵三十九名。蔚州路，参将一人，驻札蔚州。中军守备一人，把总三人，兵一百五十八名。东城，守备一人，兵六十七名。西城，都司一人，兵六十五名。龙门路，都司一人，驻札龙门县。千总一人，把总二人，兵一百五十七名。长安岭，把总一人，兵三十五名。葛峪营，守备一人，驻札葛峪堡。兵一百十一名。怀来路，都司一人，驻札怀来县保安城。把总四人，兵一百七十七名。怀来城，守备一人，驻札怀来县。兵一百三名。永宁路，都司一人，驻札延庆州永宁城。中军守备一人，千总一人，把总四人，兵一百三十三名。岔道口汛，守备一人，驻札岔道城。兵一百五名。四海冶汛，守备一人，驻札四海冶堡。兵八十六名。

◎州郡（卷90《州郡》，第2708~2709页）

直隶省。东西距一千一百八里，南北距二千余里。东至盛京锦州府宁远州界六百七十八里，西至山西大同府灵邱县界四百三十里，南至河南开封府兰阳县界一千四百三十里，北至边墙一百九十八里。自边外为热河道、口北道所辖地又四百余里，东南至海岸四百四十里，西南至河南彰德府安阳县界一千一百三十里，东北至喜峰口边墙四百二十里，自古北等口边外为承德府地，至木兰围场又五百余里，西北至山西大同府天镇县界五百三十里，自独石等口边外为口北三厅地又四百余里，自省治至京师三百三十里。

直隶，明以顺天府为京师，共领顺天、保定、永平、真定、顺德、广平、大名、河间八府，延庆、保安二州。皇朝顺治元年，世祖章皇帝定鼎建都，以保定府为省治。康熙三十二年，改宣化镇为宣化府。雍正元年。改真定府为正定府。二年，升正定府属之冀、赵、深、定、晋五州，并改天津卫俱为直隶州。七年，升河间府属之沧州为直隶州。九年，复升天津州为府，以沧州属之。十一年，于热河置直隶承德州。十二年，升保定府属之易州为直隶州，以晋州还属正定。乾隆七年，罢承德州改置热河厅。八年，升顺天府属之遵化州为直隶州。四十三年，升热河厅为承德府。凡领府十直隶州六。

宣化府，领州三县七。宣化。附郭，旧为宣府左、右、前三卫，本朝初省左、右二卫入前卫为宣府镇。康熙三十二年，改置宣化府并置县，为府治。蔚州，旧属山西大同府，雍正六年来属。乾隆三十二年，省蔚县入焉。延庆州，初属宣府镇，为东路。康熙三十二年属府。保安州。初属宣府镇，为东路。康熙三十二年属府。赤城，旧赤城堡，本朝初属宣府镇，曰上北路。康熙三十二年，改置县，属府。龙门，旧龙门卫，本朝初属宣府镇，曰下北路。康熙三十二年改置县，属府。万全，旧万全卫，本朝初属宣府镇，为西路。康熙三十二年，改置县，属府。怀来，旧怀来卫，本朝初属宣府镇，为东路。康熙三十二年，改置县，属府。西宁，旧废顺圣县，本朝初领于蔚州卫。康熙三十二年，改置县，属府。怀安。旧怀安卫，本朝初属宣府镇，为西路。康熙三十二年，改置县，属府。